转型社會的法律监督

理念、制度与方法

雪垚旺题

（上）

徐汉明 著

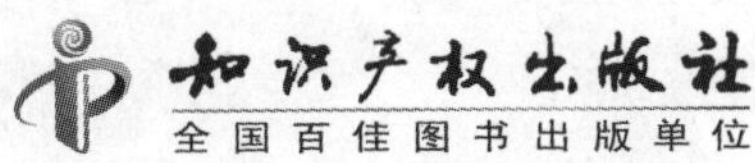

知识产权出版社
全国百佳图书出版单位

内容提要

本书是作者从事人民检察工作30余年中对检察制度的若干理论与实务问题的学习、思考和实践的结晶。全书分为六个部分：检察理论篇、检察改革篇、反腐倡廉篇、刑事法律监督篇、民事行政诉讼监督篇、比较借鉴篇，可谓共和国检察制度产生、发展的缩影。这对于丰富我国检察理论宝库、促进检察工作的开展和检察制度的完善，都将发挥积极的作用。

读者对象：法学领域学习者、研究者、司法实务工作者。

责任编辑：刘　睿　　**责任校对**：董志英
特约编辑：刘永红　　**责任出版**：卢运霞

图书在版编目（CIP）数据

转型社会的法律监督理念、制度与方法/徐汉明著．—北京：知识产权出版社，2011.3
ISBN 978—7—5130—0373—5

Ⅰ.①转…　Ⅱ.①徐…　Ⅲ.①法律监督—中国—文集
Ⅳ.①D926.34—53

中国版本图书馆CIP数据核字（2011）第013980号

转型社会的法律监督理念、制度与方法（上）
徐汉明　著

出版发行：知识产权出版社

社　　址：	北京市海淀区马甸南村1号	**邮　　编**：	100088
网　　址：	http://www.ipph.cn	**邮　　箱**：	bjb@cnipr.com
发行电话：	010－82000860转8101/8102	**传　　真**：	010－82005070/82000893
责编电话：	010－82000860转8113	**责编邮箱**：	liurui@cnipr.com
印　　刷：	北京富生印刷厂	**经　　销**：	新华书店及相关销售网点
开　　本：	787mm×1092mm　1/16	**总 印 张**：	80
版　　次：	2011年3月第一版	**印　　次**：	2011年8月第二次印刷
总 字 数：	1500千字	**定　　价**：	200.00元（上、中、下）

ISBN 978－7－5130－0373－5/D·1159（3291）

序　一

我国当代检察制度起源于新民主主义革命时期根据地工农民主政权检察机关的设置，始建于新中国成立之初。“文化大革命”中，检察机关被撤销。1978 年 3 月，五届全国人大一次会议通过的《宪法》决定重新设置人民检察院。同年 6 月 1 日，最高人民检察院正式挂牌办公，标志着我国检察机关恢复重建。经过 80 多年的洗礼，我国检察制度不断发展完善，最终形成了具有中国特色的社会主义检察制度。她为维护社会和谐稳定，维护社会公平正义，维护人民权益，维护社会主义法制的统一、尊严、权威，落实“依法治国，建设社会主义法治国家”的治国方略，发挥了举足轻重的作用。而以科学的理念为指导、以科学的制度为支撑、以科学的方法为保障，则是人民检察院创建发展的一条基本经验。

以科学的理念指导检察事业的发展。理念决定发展的方向。要坚持以科学的理念指导检察事业的发展，应对新时期、新阶段检察机关所面临的机遇和挑战。中国特色社会主义检察制度是以马列主义、毛泽东思想、邓小平理论、“三个代表”重要思想及科学发展观为指导，从中国国体、政体和国情出发，在吸收中国历史上政治法律制度的精华、总结社会主义民主法治建设正反两方面经验教训、借鉴其他国家检察制度的基础上建立和发展起来的，是政治属性、人民属性、法律监督属性的有机统一。在当今西方占据“话语霸权”的大背景下，我们必须坚定正确的政治方向和指导思想不动摇，增强对中国特色社会主义的政治认同、理论认同、感情认同，坚决摒弃以西方政治、法律制度作为评判我国政治、法律制度标准的错误思想和行为，从中国特色社会主义理论体系的基本观点出发，努力构建更适合“本土资源”因而也更为科学的检察理论体系，对涉及检察制度的重大理论问题作出全面、系统的回答，对中国特色社会主义检察制度作出科学的理论概括和说明，使马克思主义牢牢占据检察理论研究阵地，为中国特色社会主义检察事业的发展不断注入新的活力。

以科学的制度支持检察事业的发展。制度铺就发展的基石。我国宪法将检察机关的性质科学定位为法律监督机关。这是符合中国国情的宪政制度安排，具有鲜明特色和诸多优越性，对于维护社会主义法制的统一、尊严和权威具有重要意义。宪法和法律还赋予了检察机关批准和决定逮捕、公诉、对直接受理的国家工作人员职务犯罪案件进行侦查以及对侦查、刑事审判、刑罚执行、民事审判和行政诉讼实行法律监督等职权。这是中国特色社会主义政治制度的重要组成部分，是中国特色社会主义检察制度的基本内容，是保证司法、执法机关严格、公正、文明、廉洁执法所不可或缺的制度安排，也是检察机关在保障和促进经济社会发展、维护社会稳定、切实保障人民权益、构建社会主义和谐社会中理应肩负的重要使命。检察制度安排要严格遵循科学的检察制度规律，不断增强检察制度的严密性、科学性和规范性。既要有实体性制度安排，以实现“摸得着”的正义；又要有程序性制度规定，以实现“看得见”的正义。要不断吸收全世界有益的检察制度文化为我所用，既不能妄自菲薄，也不能故步自封，切实增强建设、捍卫中国特色社会主义检察制度的自觉性、坚定性。检察制度是维护社会公平正义的保障性制度，检察机关是社会主义建设事业的生力军之一。要不断完善检察制度，不断强化检察队伍，为中国社会主义检察事业的不断发展夯实基础、增进力量。

以科学的方法保障检察事业的发展。检察机关提高法律监督能力，增强法律监督实效，仅靠建构科学的理念、制定完好的制度是不够的，还需要行之有效的方法加以保障。一项完备的制度，如果得不到贯彻执行，就不可能发挥其应有的功效。过去，我们一贯重视制度建设，这是社会主义事业发展所不可或缺的保障力量。但是，对于制度实施方法的积极探索，我们却还重视不够，其结果是制度效用没有得到完全发挥。现在，我们充分认识到了科学方法在制度实施中的重要作用，这就要求我们以科学的方法来推进中国特色社会主义检察制度有效实施。当然，什么是最符合中国本土特色的方法，什么是最有效的方法，是需要我们去积极探索的。我们既要不断继承和发展检察机关在长期实践过程中所积累的成功方法，又要积极探索运用现代科学的方法，包括探索运用经济学、管理学、心理学、社会学等现代科学的知识，探索运用信息科学、网络技术等现代科学的方法，同时还应该积极借鉴国外的有益做法，不断丰富完善促进检察制度实施的“方法库”，在科学方法的武装下把中国特色社会主义检察事业不断推向前进。

中国特色检察事业的发展，需要科学的理念加以指导、科学的制度加以支撑、科学的方法加以保障。这样，我们的检察事业才能与时俱进、开拓创新。这就要求检察人员特别是领导干部不断增强自身的政治意识、大局意识、责任意识和法治意识，始终坚持党的事业至上、人民利益至上、宪法法律至上，牢记并努力实践“立检为公、执法为民”的检察工作宗旨和“强化法律监督、维护公平正义”的检察工作主题；不断提升自身的理论素养，善于运用检察理论分析和解决检察工作面临的新情况、新问题，把在实践中探索出的新经验及时上升为理论，探求检察工作规律，指导检察工作创新，增强工作的主动性和预见性，促进法律监督能力不断提高，推动检察工作创新发展，不断地把中国特色社会主义检察事业推上新的台阶！

徐汉明同志从事检察工作32年，既有丰富的实践经验，又有深厚的理论功底。几十年来，他在紧张而繁忙的工作之余，总结实践经验，探求工作规律，研究检察理论，并积极为检察制度、体制和机制建言献策，取得了丰硕的成果，为繁荣检察理论、促进检察工作、完善检察制度作出了贡献。本书汇集的主要是他关于法律监督理念、制度、方法等方面的研究成果。该书的出版，对于丰富我国检察理论宝库、促进检察工作的开展和检察制度的完善，必将发挥积极的作用。同时，相信他一定会再接再厉、精进不已，为推进中国法治现代化的进程再续新篇！

是为序！

朱孝清

2010年7月

序　二

欣闻徐汉明同志的论文集——《转型社会的法律监督理念、制度与方法》付梓在即，我深知他勤勉好学、锐进不辍，读罢新著原稿亦颇有感触，是故欣然为之作序！

中国目前正处于社会转型的关键时期。要顺利地实现向高效、民主、文明的现代社会的过渡，需要有正确的指导思想贯穿始终。世界上没有一套放之四海而皆准的发展道路和发展模式，也没有一成不变的发展道路和发展模式，只有最适合一国自身国情的发展道路和发展模式。马克思主义基本原理是中国特色社会主义制度建设的指向标，这是先烈们历经艰辛探索才得出的正确结论。中国共产党作为中国新民主主义革命主力军、中国特色社会主义事业建设和科学发展的领导核心，这是中国历史的必然选择。由此形成的我国以中国共产党作为执政党进行政治、思想、组织领导，以“民主集中制”为基本原则的全国人民代表大会为最高权力机关行使决策权和立法权，以“一府两院”分别行使行政权、检察权和审判权的基本权力安排，凸显了中国政治与司法制度的鲜明时代特色及其优越性。理论界对于检察权的定性问题曾有过激烈的纷争，但是，“法律监督”作为检察权的根本属性，是符合中国国情、国体与政体的最佳价值取向，已被写入国家的根本大法——《宪法》。检察机关作为国家法律监督机关，也被赋予了“立检为公、执法为民”的神圣职责和“强化法律监督、维护公平正义”的重要使命。

党的“十五大”明确提出“依法治国，建设社会主义法治国家”。认真贯彻落实这一治国方略，保障法律监督的公正高效与权威，必须认真研究法律监督的原理和规律。法律监督原理和规律在检察制度的构建和运作中发挥着重大指导作用。正确把握法律监督的原理和规律，有助于全面认识检察机关的职能，并对各种不同的监督理念、制度与方法进行正确的取舍调适，从而在一定法律监督原理的指导之下构建更为科学和更适合“本土资源”的监督理念、制度与方法。若不能正确把握法律监督原理，对于存在内在价值冲突的各种可供选择的立法方案之间可能难以作出正确的选择，甚至会适得其反。我国有关检察立法及实践曾严重地受到“左倾”思潮和法律虚无主义的影响，法律监督原理和规律长期被忽视、被冷落就是一个例证。对此，我们要吸取教训，坚持正确的理论研究导向以服务社会。综观现有研究，多就法律监督的某一方面而展开，缺乏对中国转型期间法律监督理念、制度与方法的全面和系统的探讨。汉明同志的这部力作弥补了这个空白，向人们提供了可资借鉴的知识和判断。这既是对学识履历的真实谱写，也是对法治发展的责任担当。

学术起点始终根植于既有的时代背景；实践经验将为理论上的总结和探讨提供坚实的基础，也将会使理论研究成果更具本土性和可操作性。这一点非亲历检察战线所不能体悟，汉明同志出色地扮演了这一角色。《转型社会的法律监督理念、制度与方法》一书，揭示了中国特色检察制度质的规定性，描述了正确的导引理念、合理的保障制度和科学的促进方法。力作开篇首先对转型中国的法律监督理念进行全方位的深入剖析，总结马克思主义中国化最新理论成果，思考其对检察理论创新与检察制度发展完善的指导意义，从而揭示中国特色社会主义检察制度质的规定性。第二篇追溯中国特色检察制度的发生和改革历程，针对其体制性、机制性和保障性等方面存在的问题，反思了不足、找出了对策、记录了成效，为法律监督理论研究及实务工作的开展找寻正确的指导路线。反腐倡廉作为检察机关行使法律监督权的重要一环，在当今社会更凸显其必要性，对其规律的深刻透视和制度的不断完善是实现反腐倡廉民主化、科学化和法治化的基石。第三篇所辑录作品有重点地对该问题给予了得当的解读，颇具见地。刑事、民事及行政法律监督是检察机关履职的关键，也是实现程序正义、保障人权、践行法治的重要体现。尤其刑事法律监督，检察机关是惟一自始至终参与其中的公权力主体，故检察机关的客观公正态度对于相关正当权益的有效维护起着决定性的作用。认真览读第四篇刑事法律监督编，我可以体会到著者不吝笔墨认真阐释刑事法律监督理念、制度与方法的苦心和匠心。第五篇选择民事和行政法律监督中的焦点问题进行深入探究，并提出改革新思路，其理论和现实意义显而易见。尾篇的“比较借鉴”有助于我们开阔视野、广泛了解世界各国和地区的检察制度，以取其精华、去其糟粕，推动我国检察制度的不断完善。力作不乏以经济学视角分析法律问题的研究成果，这是著者攻读经济学博士学位学有所成、学有所用的体现，是法学知识与经济学知识互相渗透、互相交合的产物，这在学科分门别类日益精细、学术研究固守一隅而日渐闭塞的当下更显难能可贵，这也是法学研究今后发展所应该朝向的学术路径。

这部论文集，既是一位学者对自己研究历程的记载，也是一名检察官对自己多年工作经验的梳理总结，立足国情，有的放矢，饱含了著者良好的学术素养和宝贵的实务经验。这正是理论研究者与实务工作者都应该秉持的治学态度与工作作风：学术研究不能脱离社会现实，实务工作不能没有科学理念的引导，二者相辅相成、相得益彰。汉明同志在湖北省检察机关学习、工作和思考的 32 年，正是中国检察制度恢复重建与发展完善的 32 年，有幸汉明同志在完成各项工作任务的同时能毅然坚持记录自己的心得而不懈怠，其力著《转型社会的法律监督理念、制度与方法》一书可谓共和国检察制度发生、发展的缩影，我们在回顾改革开放以来中国检察制度发展史时将不得不认真研读这部力作。

不得不提出的是，这部论文集并非著者学术研究的高峰之作，亦非总结之作，只是一份对自己多年来思考心得的集锦。著者之前所首倡的中国反洗钱立法研究、中国农民土地持有产权制度、法制度经济学理论等论题都是学术殿堂里的大餐，具有颇高的学术价值和深远的实践意义。相信他一定会再接再厉，精进不已，为推进中国法治现代化的进程再续新篇！

兹为序！

武汉大学终身教授　李　龙

2010 年 6 月 6 日于武昌珞珈山

中国特色社会主义检察制度质的规定性

——写在前面的话

21世纪，是人类社会充满希望并富于挑战的世纪！人类迎来了开拓工业化、信息化、城镇化、市场化、国际化的新纪元！

为着这新的千年，人类进行了艰苦卓绝的奋斗与探索。在开发利用资源、制造生产工具、形成经济形态、创造物质财富的漫长征程中，人类大体经历了三个阶段。第一阶段，自320万年前人类始祖露西在非洲南部立足至1769年，人类开始学会利用自然资源，制造生产生活工具，包括打制石器、磨制石器和骨器、烧制陶器、冶铸青铜器和铁器等，形成采集经济、狩猎经济、畜牧经济等原始农业经济，实现了从蒙昧时期向传统农业经济形态的历史跨越，创造了辉煌的农业文明。在这段漫长的历史征程中，北非的尼罗河、西亚的幼发拉底河和底格里斯河以及亚洲的恒河、黄河和长江等世界大河流域均衍生了独具特色的文明形态。中国在这一时段为人类社会发展作了巨大贡献，盛唐时期的繁荣经济态势最为世人瞩目，从而掀起了世界第一次生产力高潮。正如恩格斯指出的，“这个太古时代，在一切情况下，对于所有未来时代来说，总还是非常有趣的时代……因为它的出发点是人从动物界分离出来，而它的内容则是克服将来集体的人们所永远不会再遇到的那些困难”。❶ 第二阶段，自1769年瓦特的第一台单制式蒸汽机的问世至1946年，人类开始利用能量资源制造能量工具，包括蒸汽机、化工设备、电动机等，经济形态由传统农业向传统工业跨越，创造了空前的工业文明。公元14～16世纪，提倡以人性反对神性、以人权反对神权、以个性自由反对宗教桎梏，以把人的思想、感情、智慧从神学的束缚解放出来❷为主要内容、以“人文主义”为核心、以意大利为发端的欧洲文艺复兴运动，给欧洲人在科学、哲学、文学、艺术、教育等领域注入了新的活力，为随后的近代文学艺术、教育、哲学和科学实验及资本主义发展开辟了

---

❶ 恩格斯：《反杜林论》，人民出版社1962年版，第118～119页。

❷ 周一良主编：《世界通史（中古部分）》，人民出版社1962年版，第215～216页。

宽阔的道路。[1] 1769～1946 年，在英国、德国、日本等国家，分别兴起了工业革命、化工和电力革命、高新技术革命等生产力发展高潮。第三阶段，1946 年至今，以世界上第一台计算机在美国问世为标志，人类开始学会利用信息资源制造信息工具，经济形态由传统工业向现代信息社会跨越，正在创造信息时代的文明。在不到 65 年的时间里，人类社会掀起了以原子能技术、空间物理技术、生物工程技术、微电子技术、新型材料技术等为代表的科技革命，人类步入了高技术突飞猛进和经济全球化的时代。它极大地改变了人类的时空观和生活观，不同肤色、民族、习惯、制度、文化、国别的人们，都共同面对着经济全球化所带来的机遇与挑战！

经济发展状况始终是政治资源配置与整合的物质基础。作为政治权力表现形式的立法权、行政权、审判权、检察权及军事权等权力形态的形成与发展，都经历了漫长的演进过程，在不同历史阶段、不同区域亦表现出不同的轨迹特征。在人类社会发展第一阶段的野蛮时期，出现了以畜牧业与农业分离、手工业与农牧业分离、商人阶层出现为标志的三次社会大分工。发生在经济领域的这些大分工，一方面极大地促进了社会生产力的发展，另一方面导致财富的集中和社会分化，于是出现了私有制、剥削者与被剥削者，阶级社会出现。不同区域的人类，主要通过那些经济上、政治上、军事上取得胜利的阶层的代表人物（从氏族部落首领嬗变为奴隶主、国王或君主），不约而同地找到了调整人们在经济、政治、文化、社会等方面社会关系的初级实现形式：以天子（国王、君主、奴隶主）独占归属与分级君授臣有相结合的私有制经济制度，以立法、行政、军事、司法诸权合体的君王垄断的极端独裁政治制度，以反映和维护该经济、政治、军事制度的文学、艺术等文化制度，以及与此相适应的调整人们按一定经济、政治关系所结成一定社会关系的社会制度。在这一定阶段，随着氏族部落联盟内人口的迅猛增长，氏族部落不仅面临生存与发展的双重压力，而且面临因内部生产关系分化所引发的经济与政治利益的冲突，这迫切需要由氏族部落联盟演化而来的国家通过训练有素、擅长攻击与防守的特殊阶层（军队）专门从事与邻国争夺土地、食物等生存与发展资源的战争。于是，军事权从国王手中部分地让渡分离给专门从事战争的军事将领，形成了国王（君主）对战争的统一决策权和独占指挥权，与“将在外，君命有所不受”的临阵指挥决策权的适度分离。一方面，由于军事冲突的血腥与死亡，对于临阵脱逃者、畏缩不前者的革职与处死，以及对战败国王室和战俘的杀戮或分赐为奴成

[1] 周一良主编：《世界通史（中古部分）》，人民出版社 1962 年版，第 215～216 页。

为必要；另一方面，平衡国王与贵族内部利益冲突，调整“平民百姓”利益以防止“国人暴动”，以及对战俘、奴隶逃亡、反抗等的处置，不仅需要强大的军事力量作为后盾，还需要司法裁判权作为保障。于是，作为政治权力表现之一的司法裁判权及其制度安排便应运而生。在西方，逐渐形成世俗与神明对立的双轨运行的司法裁判制度；在东方，古代中国就出现中央专司、地方诸权合体的司法裁判制度。但是，在人类步入文明社会3 000多年的历史长河中，无论是奴隶制社会还是封建制社会早期的东方与西方国家，当时的政治家（国王与天子）都未能缔造出检察权及其作为一种相对独立的政治权力或司法权力从而对行政权与审判权进行有序分离制衡的最佳实现形式。这表明，检察权及其制度安排，其产生的社会基础具有相对独立性，抑或其质的规定性具有特殊性。

检察制度的形成脱胎于政治制度的变迁。最先作为司法行政权派生权的检察权，其形成与发展受制于各种因素。就主观方面而言，检察制度的产生，首先源于统治者自身效用最大化的需要，如果检察制度的产生不能为统治者带来更大的效用，那么这项制度便不会发生。检察制度的产生还受到客观因素的影响，主要包括社会生产力发展状况、既定政治环境和意识形态及其制度安排等诸多因素。也正是不同国家社会基础的千差万别，导致检察制度形成过程的差异性和复杂性，这和与其并列的立法权、行政权、审判权与军事权等权力的形成过程及特点具有一致性有所不同。在各国的法律制度中，大概没有什么比检察制度存在更大的差异了。我们不能用今天某种形式的检察制度去衡量历史上的所有国家。[1] 但不可否认，现代检察制度发端于欧洲，后推广至西方各国，形成了以大陆法系检察制度与英美法系检察制度为代表的西方检察制度。以苏联为代表的社会主义国家根据其自身的政治、经济和文化特性，构建了与西方完全不同的检察制度——检察机关被定位为非行政权性质的专门的法律监督机关。新中国成立之后，在汲取苏联检察制度合理性的基础上，形成了具有中国特色的社会主义检察制度模式。

要比较考察中西方检察制度的起源与发展，首先，必须认清中西方各国政权结构、组织形式、司法制度的性质与特点，牢牢把握西方检察制度受制于资本主义的经济制度、“三权分立”政治体制及权力运行模式等社会制度条件，为其本国经济、政治、文化和社会发展服务的本质，切莫把外国“月亮”当做中国改革和发展检察制度的“太阳”，犯脱离国情、脱离实际、“外国月亮比中

[1] 曾宪义主编：《检察制度史略》，中国检察出版社2008年版，第1页。

国圆”的主观片面的错误。其次，要看到，一定的检察制度的产生和发展，是同其法治并行不悖的，它是冲破封建割据、司法专制而成长起来的，一旦形成体系就有自身的相对独立性。

检察制度在西方产生的社会基础在于：(1) 经济上的分封采邑制不仅破坏了社会生产力，而且直接损害了中央政权的经济基础；(2) 军事上的封建割据，直接强化了地方行政权力，破坏了国家统一；(3) 教会教士、城市教会的神明裁判权威超越世俗裁判，不仅挑战中央权威，也直接扼杀人类科学与艺术的创新，成为当时经济社会发展的桎梏；(4) 地方诸侯所拥有的裁判权同王室拥有的裁判权相互分庭抗礼，不仅破坏中央王室为代表的权威，而且严重破坏了封建社会的法制统一。这表明，神明与世俗两类司法裁判权都走到了极端专横的地步！有鉴于此，作为规制司法裁判权的检察制度，从国王授托（在英国表现为 1166 年亨利二世的改革，在法国表现为 1285 年菲利普斯四世的改革）并在司法行政权这棵大树上分离出一支躯干，不仅成为可能，而且尤为急迫与必要。于是，检察制度才迟迟登上国家政治权力运行的舞台，并形成以法国、德国为代表的大陆法系检察制度和以英国、美国为代表的英美法系检察制度两种运行模式，其运行长达 800 年之久。两大法系检察制度的差异性在于：(1) 对统治阶级内部白领阶层乃至中央要员职务行为廉洁性、公正性与秩序性的规制，在禀赋侦查权的范围、权能结构及其运行方式方面，大陆法系一般选择对检察机关（检察官）“充分禀赋”模式，而英美法系则一般选择“限制禀赋”或“禀赋缺位”模式。(2) 对公民、法人和其他组织公然对抗社会与国家，从事刑事犯罪（包括违警、轻罪、重罪）的指控与法律评价，大陆法系通常采用国家垄断公诉、起诉“一本主义”，或者相对垄断公诉的模式，以对这类犯罪进行统一的法律评价与司法裁判；英美法系则通常采取国家（皇家）有限公诉、当事人自诉为主的模式，其统一、公正、有序的司法成本由当事人裁量分摊。这种诉讼模式虽然保护了当事人的诉讼自由，却增加了当事人为保障实体权利而不得不分摊沉重的诉讼成本！其检察制度与审判制度的功效在步入经济全球化的时代，遭到诸多质疑。(3) 两大法系对侦查、审判、执行权能的监督与民事公益诉讼的监督，以其立法、行政、司法三权分立的政治体制为前提：大陆法系强调检察官对具有行政权特性的警察行使侦查权采用指挥、引导侦查等方式进行适度控制，对审判权则通过上诉、抗议进行有限控制，对民事公益案件则以社会利益为视野，代表国家进行诉讼，使其对刑事侦查、裁判等权能进行有限规制；英美法系则大都未赋予检察官对警察、法官的监督权。(4) 这两种检察权及制度安排与运行模式，经历七八百年的分庭抗礼后，面对 20 世纪 80 年代以来的经济全球化迅猛发展而出现借鉴与融合的趋势。其改革的路径则呈现出“除旧革新”、注入现代化要素的趋势：（1）对职务犯罪侦查权的范围、方式等一致作出扩大与完善的选择。（2）对刑事起诉权作出相对垄断或保留相对垄断，对违警罪、轻罪作出辩诉交易或恢复性司法（或刑事和解）等替代措施，加大禀赋检察官的自由裁量权与有序限制的选择等。（3）对于监督权，大陆法系依据国情进行规范与调整，英美法系则有选择地引入对警察的侦查控制，如英国检察官以律师身份派驻警局、加拿大安大略省检察官对警察职务犯罪行使侦查权等。（4）组织管理方面，大陆法系国家通过设立与法官管理相对应的检察官事务委员会，英国英格兰威尔士地区通过设立皇家检察院加强上下一体运行，平衡与法官的地位等。

马克思、恩格斯在描述人类社会未来发展方面，曾提出了两种模式：一是西方文明模式。他们认为，在英、美、法、德、日等生产力高度发达的资本主义国家，其社会基本矛盾运动的必然结果是率先过渡到社会主义社会。160 多年来，社会主义革命、改革和发展史证明，“西方文明”模式至今未能实现。二是“东方补充模式”，即东方的俄罗斯、中国等小农经济“汪洋大海”的国家可能率先跨越资本主义的“卡夫丁峡谷”❶。1688～1918 年，近代资本主义适应经济社会的发展，逐渐建立起完备的法律制度，以确认保障调整资本主义经济、政治、文化、社会关系，形成近代资本主义法律体系。与此同时，按照两大模式建立起了近代检察制度。行政权与立法权在这一时期才从政治权力体系中分离出来，形成“三权分立”的政治资源配置及其运行模式。但是其检察权及其制度安排仍然存在地位较低、职权禀赋不完全、制度结构尤其是权能结构不完善以及检察权受制于行政权、对司法权规制不力、其制度运行效率不高等先天缺陷。随着俄国十月革命的成功，社会主义检察制度的法制体系也随之建立。检察权才作为一项相对独立权力从政治权力体系中分离出来，并形成健全的制度体系。这种政治资源配置方式的检察制度安排为许多社会主义国家所仿效。直到 20 世纪 90 年代，联合国在对人类政治资源配置方式、政治权力分离发展高度概括总结的基础上，才将检察权及其制度安排作为一种相对独立的权力配置方式与运行模式，并以《关于检察官作用的准则》❷ 的形式予以规

❶ 公元前 321 年第二次萨姆特尼战争时期，萨姆特尼人在古罗马卡夫丁城附近的卡夫丁峡谷打败了罗马军队，并强迫他们负着“牛轭”通过峡谷。马克思、恩格斯以此比喻俄国等东方国家有可能避开资本主义制度及其灾难而吸收资本主义创造的文明成果，实现向社会主义过渡。

❷ 1990 年 8 月 27 日～9 月 7 日在古巴哈瓦那召开的联合国第八届预防犯罪和罪犯待遇大会通过。

范，检察权及其制度安排才作为政治现代化的一般表现形式得以从国际规范高度予以确认和保障。其前后两大法系国家对检察制度的安排纷纷引入若干现代化的要素进行改革，才使其国家的检察权及其制度安排适应经济全球化发展，适应国际政治现代化的发展要求！因此，当代检察权及其制度安排的准则是经济全球化条件下政治现代化的必然产物。

检察制度的产生和发展表明：（1）以检察制度规制行政制度、司法制度，以检察权制衡行政权、司法权，是人类社会文明进步的标志，是人类社会科学配置政治资源、管理国家、推动经济社会发展进步的必然选择。资本主义国家选择它，社会主义国家同样需要选择它！（2）在当代法治社会，检察制度具有不可替代性，它往往成为一个国家政治制度成熟、社会文明进步与否的标志之一。（3）一国检察制度只有相对于该国特定的政治、经济、社会条件最合适的，而没有普遍的、放之四海而皆准的为他国所照搬、最好的检察制度安排；各国检察制度相互交流、借鉴和学习不可或缺，但照搬照套、生吞活剥是行不通的。

当然，作为政治资源配置的一种方式，检察制度在各个国家的构建模式不一，但其功效却具有某种程度的一致性。这也是国际社会将其规范统一的根源所在。检察制度的功效集中体现在以下方面。

（1）平衡利益冲突。平衡利益冲突是检察制度的内在核心。在经济社会生活中，不同主体所追求的利益目标各不相同。市场交易的参与者所追求的是各自经济利益的最大化，公权力的行使者所追求的是不同政治目标的实现。在这个过程中，私权与公权任何场合、任何情形下的行使不当，都会对社会产生负的外部效应，导致公民、法人、其他组织的合法权益乃至国家的利益受到侵害。国家作为公民、法人、其他组织的合法权益的保障者，社会公共利益、公平正义的守护者，应该具有高超的政治思维和谋略，善于运用经济社会绝大多数人所认同的、调处纷争与平衡利益冲突的方式和方法，即通过公权力的有序分离与整合，构建既相互协调又相互制约的权力体系、权能结构及其运行规则；确保在平衡公民、法人、其他组织的各种利益冲突的过程中，公权力能起到维护社会公平正义的功效，不因部分社会成员或某些利益团体的原因而公然挑衅、破坏国家安全、公共利益、社会秩序及其他社会成员的合法权益，以致形成社会不同主体之间诸多的矛盾冲突和利益纷争。在检察权产生之前，国家一般通过运用行政权和司法权来矫正违法甚至犯罪的社会行为，以达到化解矛盾冲突与补偿利益缺失之效。公职人员在履职的过程中，因受各种因素的影响与公权力行使者个人素质的制约，常常发生亵渎职权、破坏法纲等悖离执法、

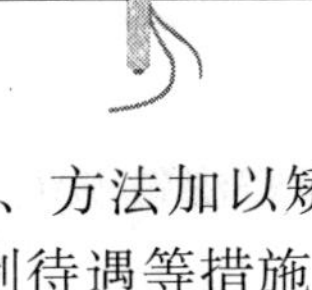

司法目标要求的行为结果。这一方面需要国家采取相应的方式、方法加以矫正，包括科学配置权力、优化公职人员管理、提高公职人员福利待遇等措施；另一方面需要优化检察权配置，即通过禀赋检察机关对职务犯罪的侦查权、对严重破坏国家安全和公共利益及社会秩序的犯罪行为等的公诉权、对刑事审判和刑罚执行及民事行政诉讼活动法律监督权等各项权能及其有效行使，从而发挥平衡各方利益冲突、限制公权力滥用的功效。

（2）修复受损秩序。修复受损秩序是检察制度功能的表象。社会秩序是人们按照特定理念结成行为准则并据以行动所形成的社会效果、状态。在人类社会早期，社会秩序是靠全体成员自发形成习俗并自愿加以维护的。阶级社会产生后，统治阶级开始凭借国家权力来强制维护其所希望的社会秩序，法律制度就是通过构建普适性社会关系体系成为维护社会秩序的工具。行政权、司法裁判权等公权力是为维护社会管理秩序和定分止争而产生的。随着社会的发展，人们越来越清楚地认识到，那些遭犯罪行为严重侵害的民众的人身权与财产权、社会的公共利益，单凭“不告不理”原则是无法得到修复的，检察职权中对刑事犯罪案件提起公诉的权能便肩负起了这个职责；那些因行政权、司法裁判权等公权力运行失序而对国家利益、社会公共利益、私人的合法权益造成的严重损害，也需要检察机关侦查权的有效行使来予以矫正、救治，等等。检察权的各项权能为修复受损社会秩序发挥了不可替代的功效，促进了公权力的规范有序运行、私人权利的有条不紊行使。只有各种行为规范受到尊重和维护，社会才能形成协调、规范、有序、文明的良好状态。

（3）优化资源配置。人类社会的发展史表明，制度产生与演变的过程，就是对社会资源分配与再分配的过程。国家通过立法来规范各种社会关系，为公权力的运行和私权利的维护设置了固有的行为模式，提高了人们行为的可预期性，使各项社会资源得到合理的分配与流转。然而，人们的行为不会始终朝着法律要求的既定方向发展而不发生偏离，一旦出现公权或私权运行的失序，现有资源配置模式就会遭到破坏，社会总成本提高，社会总福利就会遭受损失。任何行政权与司法权的专断与肆意、任何对正常社会关系严重破坏的犯罪行为都可能是对经济、政治、文化等社会资源的严重浪费。检察权的产生，就直观上而言，一是政治资源优化配置的结果，检察职权建构的目标之一在于规范公权力运行以及实现检察权与行政权、审判权等公权力之间的有效制衡与协调。二是经济资源优化配置的结果，检察权各项权能的实现过程，也是经济资源优化配置的过程。如对职务犯罪案件的处理结果，会导致被犯罪人非法侵占的国家财产的追回；对严重破坏社会关系的犯罪行为的提起公诉，会导致被害人受损经济资源的回复；检察权各项权能的实现过程同时也伴随着对受损文化资源的优化整合，体现在通过对受害人受伤精神的抚慰、对犯罪分子扭曲价值观的矫治及对其他社会成员的警示示范等来促进社会良好风尚的形成。

（4）创新制度安排。国家产生伊始，调整社会关系的制度规范就产生并随着社会的发展而不断演进。人类社会发展进步的漫长历程，可以通过一部没有尾页的制度创新史来续写。随着人类文明程度的不断提高，旧有的制度规范将会对新生的社会关系产生阻滞，这就需要通过创新制度安排来疏导。公权力产生与运行的合法性与正当性根源在于对绝大多数人权利的维护，当行政权、司法权无法有效地规范公权力的正当行使、无法有效地保障人们人身和财产等合法权利的实现时，就需要新的制度安排来予以救治，检察制度的产生便成为历史的选择。从宏观上讲，检察制度的产生是人类社会整个制度体系进步变迁的典型体现，是弥补已有制度缺失的必然结果。就中观层面而言，检察制度旨在限制公权力行使的肆意与私人行动的妄为，这是对权力（利）体系的优化重整，对特定社会秩序的良性再造。已有的行政权与司法权出现运行上的障碍，由其裂变而产生的检察权就是通过对现有权力（利）的新型整合来促进社会系统的正常运行。从微观层面而言，检察制度自身运行的有效性因受诸多因素影响，并非始终完美无缺，且此时的无瑕疵并不意味着彼时的妥当性。如受公权力配置均衡性、监督对象特殊性等因素制约，出现检察权运行效度的降低，就需要反思制度的不足，根据社会发展实况来适时地调整既有检察制度，促使其各项权能得以有效实现。如因检察机关职务犯罪侦查权运行中出现某些环节缺陷，所产生的人民监督员制度的创新藉以规制职务犯罪侦查权的有序运行就是明证。

（5）实现公平正义。实现公平正义是检察制度设置的终极目标。公平正义等社会价值是人类政治智慧和社会理性的结晶，是人类社会进步的重要标志，是任何政治体制建构与变革的核心指导理念，是法治社会实现程度的测量尺度。与国家产生相伴生的政治制度，在不同区域范围内、不同的历史阶段有其预设的特定目标，但是“正义是社会制度的首要价值……某些法律和制度，不管如何有效率和有条理，只要它们是不正义的，就必须加以改造和废除”。❶检察权的产生源于社会公平正义的需要，严重侵权犯罪行为的恣意、行政权与司法裁判权运行中的失范导致社会正义受到侵蚀，检察权的出现起到了有效抑制社会正义偏失的功效。检察权在运行中，通过行使侦查权及时查明案件，通

❶ ［美］约翰·罗尔斯：《正义论》，何怀宏等译，中国社会科学出版社1988年版，第1页。

过正确适用法律并作出合理处理决定来保障实体正义；通过规范严格的权力运行秩序和赋予相关参与人充分的个人权利来保障程序正义，实现了实体正义与程序正义的有机统一。当然，司法裁判权、行政权等公权力自身存在的合法性基础也在于对于社会公平正义的维护，但是不受约束的权力往往被滥用，有违公平正义的精神理念。检察权作为对既有权力运行秩序的规范监督权，实现了权力之间的衡平制约，确保了对社会公平正义的有效维护。

检察制度的功效具有普遍性，是各个国家制定、修改和完善检察制度时应予以汲取的价值理念。

中国正经历着由传统农业社会向传统工业社会、由传统工业社会向现代工业社会、由现代工业社会向信息社会的三重跨越，要求中国必须把马克思列宁主义与本国实践相结合，从而形成有中国特色的新民主主义革命道路与有中国特色的社会主义道路，产生了毛泽东思想、邓小平理论、“三个代表”重要思想和科学发展观，创造性地形成中国化的马克思主义理论成果，成为指引中国新民主主义革命、有特色社会主义建设、改革和发展的行动指南。中国当代社会主义检察制度移植借鉴苏联检察制度和传承两千多年御史制度有关监督文化精华，历经“三起三落”，最终适应中国特色社会主义经济、政治、文化、社会发展，从而逐步发展成熟。20 世纪 80 年代至 21 世纪初，中国处在社会主义计划经济向市场经济体制转轨、城乡二元社会结构向一体化转型、“WTO 过渡期”的特定历史条件下，为应对经济全球化的挑战，承担推进现代化建设、完成祖国统一、维护世界和平与促进人类共同发展三大历史任务，解决改革、发展、稳定、清廉四大历史难题，推进经济、政治、文化、社会、生态五大文明建设，到 2050 年实现中等发达国家水平的目标，这一方面要求经济比较落后的中国必须坚定不移地高举有中国特色社会主义伟大旗帜，用中国化的马克思主义指导中国的经济、政治、文化、社会发展的实践，坚定走中国特色社会主义道路，必须建立有中国特色社会主义法制体系，必须建设公正、高效、权威的社会主义司法制度。另一方面，必须建立同中国经济、政治、文化和社会发展相适应的有中国特色的社会主义检察制度。经过 80 多年的孕育、创立、曲折和发展，我国终于建立起人类社会发展以来崭新的有中国特色的检察权及其制度体系。

中国社会主义检察制度，根植于中国特色社会主义建设实践，具有自身的“特色”和优越性。这表现在：（1）具有理论基础的创新性，体现了与时俱进的理论品质。它保持正确的政治方向，适应中国国体和政体，体现当代中国经济社会发展要求。（2）具有路径选择的扬弃性，体现了法律监督的本质属性。

一方面，它扬弃了西方检察制度“国家权力之双重控制”的功能；另一方面，扬弃了苏联检察制度不受控的法律监督的内涵，形成了同我国国体、政体一脉相承的性质、体制、职能及其运行模式。这包括：领导体制方面，扬弃了高度集中、上下垂直的“一长制”体制，实行双重领导体制；决策机制方面，扬弃了总检察长“一人说了算”的决策机制，实行检察长领导与民主集中制相结合的决策机制；权力配置方面，扬弃了“一般监督”，将其界定为法律监督；人员组成方面，扬弃了总检察长统一任免的方式，实行选举产生、批准任命与任命相结合等。（3）具有结构功能的科学性，体现法治国家的目标要求，包括法律地位的相对独立性、组织结构的层级性、职能配置的合理性与创设的渐进性。其功能凸显在促进依法治国、坚持执法为民、维护公平正义、保障服务大局、巩固党的执政地位和社会主义政权。（4）具有运行机制的规律性，体现了检察一体的组织原则。（5）具有规制管理的有效性，体现了权力配置的制约协调。❶

伴随人民检察事业恢复重建及发展30年的历程，我在学习、思考和实践中对检察制度的若干理论与实务问题曾发表过一些拙作。现梳理结集，形成6个部分，其内容如下：

第一，检察理论篇。该篇选择结集了24篇文章。其内容围绕马克思主义中国化最新理论成果，指导检察理论创新与检察制度的发展完善等方面的思考。如：《深入学习实践科学发展观　推动检察工作科学发展》《当代检察制度产生及其发展》《中国当代特色检察制度及其优越性》《检察学若干基本问题探讨——以中国检察学理论体系的科学构建为基点》等。试图揭示中国当代检察制度产生、发展的物质生活条件，尤其是中国特色社会主义检察制度质的规律性，从而促进中国特色社会主义检察制度的发展。

第二，检察改革篇。该篇从推进建设公正、高效、权威的中国特色社会主义检察制度出发，适应检察制度同科学发展观及人民群众对法律监督的新要求、新期待。针对其体制性、机制性、保障性方面存在的不适应、不符合和不协调问题，从理论与实证层面，提出改革完善的意见与建议。如：《我国检察职权优化配置的路径选择》《深入推进检察工作一体化机制建设》《建立健全六项机制　增强法律监督实效——关于加强法律监督机制建设的思考与建议》《检察保障体制改革调研报告》《人民监督员制度功效的经济学分析》《关于加

❶ 徐汉明：“中国当代检察制度的特色及其优越性”，见张本才、陈国庆主编：《检察理论与实践30年》，中国检察出版社2008年版，第223～237页。

强和改进党对检察工作领导的思考》等18篇。

第三，刑事法律监督篇。我国刑事实体法与刑事程序法是在体制转轨、社会转型、中国加入WTO面临"过渡期"条件下逐步建立与完善的。一方面，该制度体系同社会主义法制体系总体是协调的，同经济社会发展总体是适应的。但也存在"身份论"、体系不健全、功能不完备之处，一定程度上制约了公正公平执法和实施有效的法律监督，与维护宪法法律统一正确实施尚有一定差距。笔者从促进刑事法制理论创新、制度体系科学完备、有效实施法律监督出发，撰写一些文章，其中结集了19篇。比如：《死刑司法控制的路径选择——兼论检察机关在死刑控制中的作用》《论死刑兴衰演进的动因及其本质——兼论中国死刑保留与限制》《试论和谐社会建设和刑事检察政策调适》《我国洗钱犯罪的现状与刑事立法问题探讨》《论反洗钱法的效力范围》《关于量刑建议制度的研究报告》《履行联合国反腐败公约与完善我国刑事诉讼制度之探讨——兼论检察权在诉讼制度中的配置与完善》《论刑事被害人国家补偿制度》《我国现代非法证据排除规则设置研究》等。

第四，反腐倡廉篇。惩治和预防职务犯罪等腐败，推进教育、制度、监督并重的社会主义惩防腐败体系，是中国当代检察机关服务、保障、促进经济社会全面发展进步的重要职能。笔者从适应经济全球化的新视角，从理论与实践、国际与国内以及政治学、法学和制度经济学的多维视角作初步分析研究，形成13篇文章。如：《制度创新与惩防腐败问题研究》《国际商业贿赂立法及其借鉴》《关于创新职务犯罪侦查的思考》《加入WTO"过渡期"职务犯罪的发展趋势及其对策》等。

第五，民事行政诉讼监督篇。民事行政检察制度安排，既是中国特色检察制度的重要组成部分，也是中国特色社会主义法制体系的重要内容。笔者结合亲手办理与审批的2 000多件案子，针对民事行政检察制度建设中遇到的理论困惑及制度性、体制性和机制性障碍等，组织方方面面人员进行研究。其中有与中南财经政法大学教授蔡虹合作完成的《民事诉讼法律监督与相关诉讼原则的协调性》《对民事诉讼法律监督程序的思考》、独立完成的《民事检察是司法公正的必要环节和有力保障》《关于如何加强民事行政检察工作的思考》，以及合作完成的《经济全球化对我国民事行政检察监督制度的影响及对策》等13篇。

第六，比较借鉴篇。笔者在考察国外检察制度的过程中，试图以借鉴人类检察制度优秀文化与立法技术、促进中国特色社会主义检察制度完善为期许，形成了一些思考与积累。如：《马来西亚检察制度探微》《新加坡贪污调查局考察报告》《意大利检察制度介评》《向统一检察体系迈进——泛欧总检察长会议综述》等13篇。

托尔斯泰曾说："理想是指路的明灯。"爱因斯坦则指出："每个人的一定理想，决定着他的努力和判断的方向。"31年前，当我步入恢复重建的检察机关的大门时，我就把自己的学习、成长、事业与她融为一体。31年间，有中国特色社会主义检察事业蓬勃发展，为我提供了角色转换的契机，成为我开阔视野、增长知识、练就本领、搏击人生的舞台，也成为我对检察制度追根溯源、探索规律、着实实践的大学校、大课堂！借助先辈、导师、领导、同事智慧的翅膀，赶乘有中国特色社会主义事业这趟"高铁"快车，献上多年来的些许心得——《转型社会的法律监督理念、制度与方法》。

囿于我学识不逮、资料欠丰及时间仓促等诸因素，对转型社会的法律监督理念、制度与方法的释读必然存在不少疏漏与欠妥之处，祈盼学界前辈与同仁不吝斧正！

徐汉明

2010年10月21日22时

于武汉市洪山区雄楚大街356号

总　目　录

（上）

（中）

（下）

目　　录

（上）

一、检察理论篇

二、检察改革篇

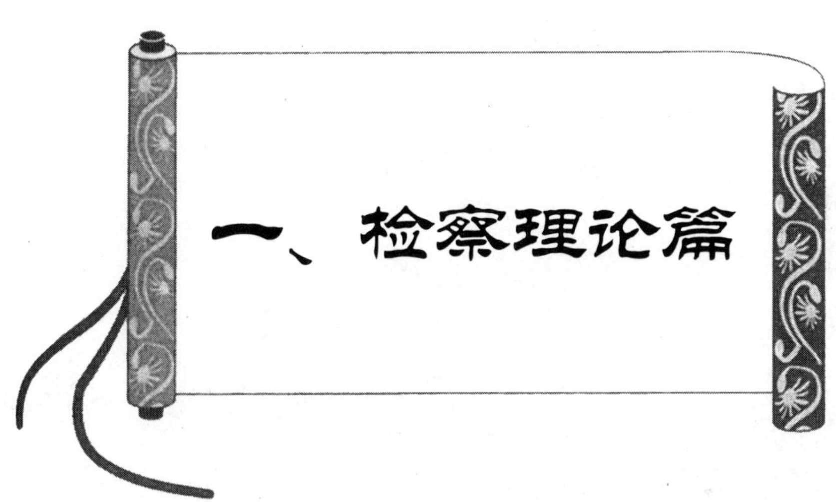
一、检察理论篇

1. 提高“六力” 加强中层领导干部队伍建设*

中层领导干部在机关处于承上启下的关键位置，只有做到思想上始终清醒、政治上始终坚定、执法上始终严明、作风上始终务实、纪律上始终清廉，才能正确履行岗位职责，不负党和人民的重托。当前，中层领导干部要着力提高六个方面的能力。

一、提高学习力

胡锦涛总书记深刻指出：“面对这样的新形势新任务，如果我们的领导干部不抓紧学习、不抓好学习，不在学习和工作中不断提高自己，就难以完成肩负的历史职责，甚至难以在一个时代立足。”形势逼人、时不我待，选择学习就是选择进步，提高学习力就是增强竞争力。

第一，为什么要学习？当今世界正处在大发展、大变革、大调整时期，检察事业发展道路上的新情况、新问题、新矛盾也不断涌现。中层领导干部必须不断深化对中国特色社会主义规律、法治建设规律、司法检察规律的认识，不断完善适合我国国情的发展道路和发展模式，使中国特色社会主义检察事业道路越走越宽广。

第二，学习什么？根据中共中央办公厅印发的《关于推进学习型党组织建设的意见》，结合检察工作实际，当前学习的任务主要是：认真学习中国特色社会主义理论体系，深入学习实践科学发展观，加强政治理论武装；认真学习贯彻社会主义法治理念和“三个至上”重要思想；学习践行社会主义核心价值体系和检察官职业道德准则；学习掌握推进检察事业科学发展所必需的理论与实务知识以及经济、科技、管理等方面的知识；学习总结检察实践中的成功

---

* 本文发表于《湖北日报》2010年6月9日，第14版。

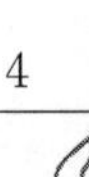

经验。

第三，怎样学习？在学习理念上，要把学习作为一种政治责任、一种精神追求、一种生活态度。要注意查找自身差距，克服骄傲自满的情绪，切实养成勤奋学习、终身学习、学习工作化、工作学习化的良好习惯。在学习机制上，要通过完善学习制度，拓展学习阵地，建立学习平台，推进学习教育的科学化、制度化、规范化。在学习方法上，要紧密结合检察实际，积极探索富有时代特点的新方式。通过加强和改进检察理论务虚研讨、专题调研等多种形式，深入研究检察工作重大问题和热点、难点问题，不断提升工作能力。在学习效果上，要坚持弘扬理论联系实际的学风。“纸上得来终觉浅，绝知此事要躬行”。要自觉把学习理论同研究解决实际问题结合起来，学用结合，使学习成果真正转化为推动检察工作科学发展的坚强意志、正确思路和有效措施。

二、提高决策力

正确决策是有效推动工作发展的基本前提。“举一纲而万目张，解一卷而众篇明”。决策的责任在于领导，领导干部必须努力提高科学、民主、依法决策的能力。

第一，科学决策。毛泽东同志曾经指出：没有调查，就没有发言权。科学决策的关键在于搞好调查研究；正确的决策来源于周密的调查研究。要反对和防止本本主义、经验主义，苦练理论联系实际、一切从实际出发、具体问题具体分析、有的放矢调查研究的基本功。

第二，民主决策。最根本的就是要贯彻执行民主集中制。要养成民主集中制的科学决策意识，建立健全处室班子内部的相关议事决策机制。同时严格决策程序，防止和克服两种倾向：一是在重大事项、资金管理、选人用人、处理严重违法违纪人和事等问题决策上放弃原则，随大流，当老好人；二是盲从模仿，照抄照转，作决策拿措施缺乏针对性和操作性。

第三，依法决策。检察工作中落实这一基本要求，就是要使决策符合法律、符合规律、符合大局、符合民意、符合理念、符合实际。决策过程中，既着眼当前和未来工作，又注意保持工作连续性；既要有慎重的态度，又要有果敢的气魄，力戒尾巴主义的当断不断，力戒官僚主义的主观盲目决断。

三、提高创新力

创新是领导者应当具备的首要素质。检察工作中面临的一系列体制性障碍、机制性束缚和保障性困扰，都要依靠改革创新的办法不断解决。

第一，要有敢于创新的精神风貌。要始终保持一种奋发向上、勇于争先的精神状态，摒弃“一般化”“差不多”“过得去”的低要求，努力把每项工作、每件事情做得更好，更有效率，真正实现创造性地开展工作。

第二，要在解放思想上下工夫。要始终坚持把解放思想的要求贯穿于检察工作全过程，勇于打破习惯势力和主观偏见束缚，自觉克服经验主义、教条主义倾向，增强看问题、想事情视角的新颖性、眼光的敏锐性和思维的开放性，以创新思维提出新思路、新方法来破难前进。

第三，要善于推陈出新。毛泽东同志讲，当领导就是“出主意、用干部”。要善于从落实中央、高检院、省委的总体部署中，提出创新的思路与举措；善于从破解检察工作难点问题中，提出创新的思路与举措；善于从改变检察工作一些“不符合、不适应、不协调”的陈规陋矩中，提出创新的思路与举措。

四、提高执行力

执行力是完成岗位责任所赋予工作任务的能力。执行出生产力，执行出竞争力，执行出创造力。离开执行力，所有战略决策都将成为空中楼阁。

第一，要执行好党组的决定决议。处级领导干部在决策的贯彻执行中担当着承上启下的重要角色：既是领导者，也是实践者；既是指挥员，又是战斗员。要在理清思路、突出重点的基础上，充分发挥模范带头作用，亲自办理和处理重大疑难案件，亲自调查研究，亲自动手写材料，亲自做思想政治工作，真正成为处室的“领头雁”“火车头”和“主心骨”。

第二，要提高制度执行力。抓好制度执行，既是制度建设的基本要求，也是检验制度建设成效的重要标准。对执行制度不严的，领导干部要敢于直面，敢抓敢管，做到有令必行、有禁必止；要通过规范执行规章制度，在处室形成遵章守纪、风清气正的良好氛围。

第三，要强化执行力的保障措施。要积极探索以先进的管理理念、管理手段和管理方式为依托，提高检察管理水平，提升工作执行力。要完善科学考评机制，引领干警不断提高工作质量和工作效率；要完善检务督察和督促督办机制，保障决策部署的贯彻落实；要完善队伍管理机制，以规范促管理，向管理要效能。

五、提高凝聚力

班子和队伍凝聚力强不强，是衡量和检验领导干部整体素质的“衡定器”。“懂团结是大智慧，会团结是大本事，真团结是大境界”。中层领导干部要积极发挥中流砥柱作用，提高队伍凝聚力。

第一，顾全大局，团结班子。维护工作大局，必须统一意志、统一行动，而不能各自为政，各行其是。部门“一把手”要加强与副职之间的沟通交流，部门副职要积极配合和支持“一把手”的工作，共同维护班子整体团结。

第二，胸襟开阔，凝聚人心。“海纳百川，有容乃大”。要带头发扬民主，心胸开阔，虚怀若谷，从善如流；要乐于听取不同意见，自觉接受监督，做到求同存异，择善而从；要善于团结同志，积极发现他们身上的优点，多看到他们身上的长处，人尽其才，因材施用。

第三，加强修养，改进作风。领导干部良好的作风是处室的凝聚力，是促进处室以及班子和谐的重要因素。要坚持不懈地加强自身修养，改进作风，模范遵守社会公德、职业道德、家庭美德，坚决抵御腐朽思想和生活方式的腐蚀，在团队中发挥示范和引导作用。

六、提高战斗力

中层领导干部要统揽全局，独当一面，努力发挥好中层班子的战斗堡垒作用，真正营造想干事、能干事、会干事、干成事、不出事的良好氛围。

第一，求真务实，埋头苦干。邓小平同志曾教导我们：“世界上的事情都是干出来的，不干，半点马克思主义都没有。”要坚持解放思想，实事求是，加强理性思考，遵循客观规律，掌握工作方法，创造性地开展工作。要出实招、办实事、求实效，通过强化法律监督的具体实践和公正廉洁执法的实际行动来彰显执法公信力。

第二，敢抓敢管，善抓善管。无论是抓班子、带队伍，还是抓工作、办案子，都要敢于探索、敢于负责、敢于碰硬。要讲究方式方法，善于弹好钢琴。在工作中，既要突出重点，又要兼顾一般；既要顾及长远，又要立足当前；既要贯彻执行上级决策部署，又要结合本部门实际抓好落实；既要主动争取领导的支持，又要坚持加强对下指导和检查，加强横向协调与配合，推动检察工作全面协调、健康深入发展。

第三，以身作则，清正廉洁。“公生明，廉生威”。中层干部要淡泊名利，克己奉公，自重、自省、自警、自律，经得住考验，抗得住诱惑，管得住小节，努力成为思想纯洁、品行端正的示范者，爱岗敬业、敢于负责的力行者，明礼诚信、遵纪守法的先行者，生活正派、情趣健康的引领者。

2. 践行党的群众路线　推动检察工作科学发展*

徐汉明

今天，我主要结合自己在延安干部学院学习的体会，从全局工作和检察工作两个视角，就新时期坚持和践行党的群众路线问题与大家交流。

“一切为了群众，一切依靠群众，从群众中来，到群众中去”，这是党自建立尤其是党中央在延安13年所形成和坚持的工作路线，是马克思主义唯物史观在开辟中国特色革命道路过程中正确运用的典范，是对大革命失败、土地革命战争、抗日战争成功与挫折的经验总结，是党领导人民夺取新民主主义革命胜利、建立人民民主专政的政权、顺利实现向社会主义过渡的三大法宝之一。我们在改革开放和现代化建设的新时期，坚持党的群众路线，继承和创新群众工作，对于推动经济社会和检察工作科学发展都具有重大的现实意义。下面，我主要谈三个问题。

一、群众路线的含义及其产生

马列主义的唯物史观认为，人民群众是创造历史的根本动力。中国共产党自成立之日起，在半封建半殖民地的东方大国，面对帝国主义和封建主义的强大势力，就在“一大”党纲上把组织工人、农民和士兵，实行社会革命，并把实现社会主义、共产主义作为自己的奋斗目标。1922年，党的“二大”提出“一切运动都必须深入到广大人民群众里面去”的思想。1928年10月，李立三同志在一次讲话中第一次使用了“群众路线”的概念。1929年9月，周恩

---

* 本文发表于《学习时报》2010年6月28日，第8版。

来在主持起草《中央给红四军前委的指示信》中，阐述了红军与群众的关系，明确使用了“群众路线”的提法。1929～1930 年，毛泽东深刻认识到建立巩固农村根据地的重要性，创造性地提出了中国革命要以“农村为中心”的思想，其核心就是要依靠和发动农民群众，建立以工农为主体的红色政权，并指出这是无产阶级在半封建半殖民地条件下领导农民斗争的最高形式。1930 年，毛泽东同志写的《调查工作》，深刻阐明了坚持辩证唯物主义的思想路线，坚持理论与实际相结合的极端重要性，明确表达了实事求是、群众路线、独立自主三个方面的根本观点。在延安时期，毛泽东同志写了《关于领导方法的若干问题》，指出“在我党的一切实际工作中，凡属正确的领导，必经是从群众中来，到群众中去”，“从群众中集中起来又到群众中坚持下去，以形成正确的领导意见，这是基本的领导方法”。1945 年党的“七大”时，毛泽东同志明确地把密切联系群众作为我们党的三大优良作风之一。刘少奇同志在“七大”修改党章的报告中，系统地论述了党的群众观、党的群众路线，从而建立起我党的群众观和群众路线的理论体系，并成为毛泽东思想的重要组成部分。党的群众观点和群众路线，不仅成为指引中国革命伟大胜利的法宝，而且成为社会主义建设、改革、发展的重要法宝之一。

党的十一届三中全会以后，党和国家的工作重点转移到经济社会发展上来，党的第二代领导集体继承和发展了这一思想。邓小平同志强调：“密切联系群众，是我们党的一个优良传统。群众是我们力量的源泉，群众路线和群众观点是我们的传家宝。”1990 年 3 月，党的十三届六中全会中共中央《关于加强党同人民群众联系的决定》明确指出：“党在长期斗争中创造和发展起来的一切为了群众，一切依靠群众，从群众中来，到群众中去的群众路线，是实现党的思想路线、政治路线、组织路线的根本工作路线，是中国共产党的优良传统和政治优势。历史经验反复证明，什么时候党的群众路线执行得好，党群关系密切，我们的事业就顺利发展；什么时候党的群众路线执行得不好，党群关系受到损害，我们的事业就遭受挫折。”这些论断是邓小平理论的重要组成部分，是推进改革开放、建设中国特色社会主义的指针。在改革开放的关键时期，党的第三代领导集体继续坚持和发扬这一优良传统。江泽民同志指出：“党的一切方针政策，都要以是否符合最广大人民群众的利益为最高标准，以最广大人民群众满意不满意为根本准则。贯彻‘三个代表’要求，最根本的是要不断实现好、发展好、维护好最广大人民的根本利益。”党的“十六大”以来，以胡锦涛为总书记的党中央始终把加强和改进党的群众工作放在突出位置，多次强调：必须把尊重人民首创精神同加强和改善党的领导结合起来；把人民拥护不拥护、赞成不赞成、高兴不高兴、答应不答应作为制定各项方针政策的出发点和落脚点；坚持问政于民、问需于民、问计于民；尊重人民主体地位，发挥人民首创精神，保障人民各项权益，走共同富裕道路，促进人的全面发展，做到发展为了人民、发展依靠人民、发展成果由人民共享。这些重要思想，成为新时期坚持群众路线、加强党的建设、实现党的宏伟奋斗目标以及加强和改进政法工作的指南。

二、群众路线的主要内容及其特征

党的群众观和群众路线的基本内容概括起来有几条：(1) 相信群众自己解放自己的观点；(2) 一切为了群众，全心全意为人民服务的观点；(3) 一切依靠群众，一切向人民负责的观点；(4) 向群众学习的观点；(5) 坚持从群众中来，到群众中去，集中起来，坚持下去的观点；(6) 放手发动群众，壮大人民力量，在我们党的领导下，打败日本侵略者，解放全国人民，建立一个新民主主义的中国的观点；(7) 群众是党的力量的源泉的观点；(8) 党的一切方针政策都要以是否符合最广大人民群众的利益为最高标准，以最广大人民群众满意不满意为根本准则的观点；(9) 尊重人民主体地位，发挥人民首创精神，保障人民各项权益，走共同富裕道路，促进人的全面发展，做到发展为了人民、发展依靠人民、发展成果由人民共享的观点；(10) 政法工作搞得好不好，最终要看人民满意不满意；要坚持以人为本，坚持执法为民，坚持司法公正，把维护人民权益作为政法工作的根本出发点和落脚点，着力解决人民最关心、最直接、最现实的利益问题，为人民安居乐业提供更加有力的法治保障和法律服务的观点等。

党的群众观和群众路线包括了丰富的内容，具有鲜明的特征：(1) 体现了坚持党的先进性与人民性的有机统一。指出坚持这条路线的党，是无产阶级的先锋队，是由工人阶级及其同盟军——农民的先进分子所组成，党是人民利益的忠实代表，党没有自己的任何私利，因而必须是以人民的利益为最高标准。党来自人民，为了人民；离开了人民，党就失去了力量。(2) 体现了坚持继承性与创新性的有机统一。“从来就没有什么救世主，也不靠神仙皇帝”。人民，只有人民，才是创造世界历史的根本动力，这是马克思主义唯物史观的精髓。党的群众观和群众路线的提出、丰富及其发展，正是我党创立、发展与成熟过程中，把马克思主义唯物史观运用到中国特色革命道路、社会主义建设道路的产物，体现了党对马列主义基本原理的继承性与创新性的统一。(3) 体现了坚持实现最低纲领与最高纲领的有机统一。毛泽东同志在总结大革命失败、土地革命战争、抗日战争中同党内右倾与“左倾”错误路线斗争过程中鲜明地提出必须放手发动群众，壮大人民力量，实现党的最低纲领——打败帝国主义、封建主义、买办资产阶级和国民党反动派，解放全中国，进而实现党的最高纲领——顺利地由新民主主义社会向社会主义社会过渡，建设社会主义。这就正确地应用了马克思列宁主义“国家革命的阶段论”，创造性地提出了实现新民主主义道路向社会主义道路的“过渡论”，为中国“特色社会主义道路”开辟了广阔前景，从而抵制和纠正了教条主义的“超阶段论”的“左倾”错误与对革命前途悲观失望、一切服从和经过统一战线的右倾错误，为实现党的最低纲领与最高纲领提供了不竭动力与根本力量。(4) 体现了坚持理论性与实践性的有机统一。党的群众观和群众路线一经形成，并作为毛泽东思想的重要组成部分，一旦被全党、抗日军民所掌握，就成为全党、全军的行动指南，也成为根据地人民检验党和军队思想和行动的标准之一。以毛泽东同志为代表的党的领袖，带头践行这条路线，才有最初创立井冈山等 13 个革命根据地、夺取 4 次反围剿的胜利，才有二万五千里长征的伟大胜利，才有抗日根据地的开辟与发展，才有“农村包围城市”、武装斗争、统一战线和党的领导这一套中国特色革命道路以及马克思主义中国化的理论成果——新民主主义的理论及其实践，也才有抗日战争及解放战争的伟大胜利。(5) 体现了坚持为民、亲民与民主监督的有机统一。一方面，不断教育边区党和政府的工作人员牢固树立代表人民的“权力观”，手中的权力是人民赋予的，必须完全彻底地用来为人民服务；人民是主人，党和政府的工作人员是人民的仆人；毛泽东同志形象地把人民比做“上帝”，中国共产党决心挖掉帝国主义、封建主义两座大山，以感动全中国人民大众这个“上帝”。为了搬掉这两座大山，感动“上帝”，毛泽东在《新民主主义论》中，对党的政治纲领、经济纲领、文化纲领、执政区域——各抗日民主根据地坚持新民主主义，形成了党在延安时期局部执政的各阶段的特色。毛泽东、朱德、周恩来等党的领袖们以自己的行动为广大党员干部作出了光辉榜样。毛泽东同志在给其表兄文运昌的信中写道：“我们这里上至总司令，下至饲养员，待遇相同，因为我们专为劳苦大众做事。”毛主席、朱德等中央领导人与群众同甘苦、共患难，他们每月的薪水才 5 元，充分体现党的亲民形象。另一方面，党处处为人民着想，提出“发展经济，保障供给”的方针；实行减租减息，开垦荒地，发展农业经济，组织劳动互助，提高劳动生产率，发展工商业，繁荣边区经济，组织党政军民开展大生产运动，大刀阔斧地精兵简政，减轻人民负担，陕甘宁边区人民享受到了“看得见，摸得着的物质福利”，过上了“丰衣足食”的生活，党和边区政府赢得了人民群众的衷心拥护。1947

年 3 月～1948 年 3 月，毛泽东正是依靠这样的群众基础，以陕北“这里人民、地势均好，甚为安全”为前提，决定自身留下转战陕北，不仅粉碎了国民党大军的进攻，还在马背上指挥了人民解放战争的战略反攻。与此同时，对人民政权实行民主监督的制度。首先，建立充分保障人民的各种政治自由的平等的民主权利和人身权、财产权的制度。其次，尝试“三三制”，推进边区民主政治建设。其成效是加快了根据地政治民主化的进程，协调了各阶级、各阶层的关系，从制度上保障其人权、政权和财权，理顺了党与政府的关系，为其后建立人民民主专政的政权、实行党领导下的“多党合作，民主监督”奠定了基础。再次，实行边区省、县、乡三级广泛、平等、不记名和纪律严明的直接民主选举制度。通过广泛的公开直接选举、有效监督制约了滥用权力、玩忽职守、失职渎职、贪污腐败等问题，提升了边区政府及其工作人员忠于职守、全心全意为人民服务的能力和水平。最后，坚持实事求是的法制精神，依靠群众的法制路线，保障民主的法制原则，依据政策的法制方针，推行马锡五便民、利民和调解优先的审判方式，依靠群众开展执法办案工作，依法严惩政府公职人员贪污腐化犯罪并处以极刑，不允许任何超越法律之上的特权等，有效地监督了人民政权及其公职人员，极大地维护和提高了党和边区政府的威信。

三、新时期必须自觉践行群众路线

在新的历史时期，一切有党性修养的共产党人，一切有高度责任感的公职人员，一切有热血和有民族精神的中国人，都必须审时度势、冷静观察，深入思考新时期如何坚持党的群众观和群众路线，如何从现在做起、从自身做起，模范地践行党的群众观和群众路线，竭尽全力地推进中国特色社会主义现代化建设。下面，我从全局工作和检察工作两个视角分别谈点体会。

（一）从全局工作看，要自觉践行群众路线

21 世纪是人类社会充满希望与活力的世纪。我们党、国家、民族和人民既面临千载难逢的发展机遇，又面临严峻的挑战。有中国特色社会主义建设在经济全球化的条件下步入了由计划经济体制向市场经济体制转轨，由城乡二元经济结构社会向城乡一体化社会转型，由长期闭关自守向货物、服务、贸易、知识产权和投资运用 WTO 规则与机制过渡衔接新的历史阶段。我们按照科学发展观的要求，正肩负着推进现代化建设、实现祖国统一、维护世界和平并促进人类社会共同发展三大历史任务，努力实现“三步骤”的宏伟战略目标。推进工业化、市场化、城镇化、信息化和现代化建设，到 2050 年实现惠及十几亿人口更高水平的小康社会，建设成为富强、民主、文明的社会主义国家，是

人民根本利益之所在，是中华民族伟大复兴之所基，是中国共产党及其公职人员之所责。这给我们自觉践行党的群众观和群众路线提出了新的更高要求。

第一，要准确判断当前党群关系面临的新情况和新问题。改革开放30多年来，我国经济社会发展取得巨大成就，综合国力明显增强，城乡居民生活水平有了较大改善，腐败现象在一定范围内得到遏制，行政审批、国有企业、财政金融体制、人事体制、司法体制、公共投资管理体制等改革深入推进。这正是党高举旗帜、坚定走中国特色社会主义道路、带领亿万群众所开创的。因此，党群关系、干群关系整体情况是好的。这是主流，必须充分肯定。但是，影响和制约党群关系以及群众路线贯彻的深层次矛盾日渐突出。以农村发展为例，“城乡二元经济结构”这个旧中国留下的大包袱，经过60多年尤其是改革开放30多年的发展并没有卸掉；农民与城镇居民人均纯收入差距超过1∶3；农村教育、医疗、体育、文化及公益设施建设严重滞后；社会保障体系十分脆弱，保障水平十分低下；国家对农民在土地资本产权方面过度剥夺的政策尚未根本改变。据统计，2004年以来，国家每年减免农业税约300亿元，给予各种农业补贴699亿元，农民在这方面得到了实惠。另一方面，国家为加速发展，每年低价强制征收农民土地资本产权达1 041.67万亩（1996～2007年全国耕地由19.51亿亩减少到18.26亿亩）；按每亩10万元计算，约每年低价调用农民土地资本产权高达10 410亿元。据有关资料，2004～2007年，全国公开招拍挂出让土地436.65万亩，仅占出让面积的36.3%，出让价却高达20 177.21亿元，亩均价为47.4万元，2008年，拍卖亩均价上升至55万元；2004～2008年政府的土地财政收入为3万亿元，年均6 000亿元，约占财政收入的1/10；另外，自1994年国家实行大学生自费上学以来，农民子女年攻读大学支付费用为346亿元，每年扣除农业税及补贴近1 000亿元，国家和地方获得农民土地资本产权收入与可支配收入用于教育投资每年达5 346亿元。在万亿元土地资本产权初次分配中，5 000亿元进入了各级公共财政，4 000亿元一部分以零地价出让、低价划拨、园区开发、不同性质的开发商、垄断行业，市场竞争性的公共事业单位，医院、大学及机关部门分享，从而形成了一些政府靠土地财富过小康日子，交通、电信、公益部门产权收益分配居高，一些房地产开发商成为暴发户。这既加重了城乡居民收入分配的失衡，又导致城乡二元经济结构裂痕拉大；城乡因征地、拆迁、企业改制、职工安置引发的群体性上访、突发事件增多，甚至成为社会不稳定之源。农民由于在土地资本产权上的缺位，其改善地力、运用先进技术、提高土地生产力的积极性受挫，农村推动集约化经营、农业工业化发展受到严重阻碍。由于有的地方党群关系和干群关系恶化如云南孟连等农村，出现宗族迷信故态复萌，导致党在那里一度失去了控制力。因此，我们必须增强忧患意识，高举旗帜，坚定道路，充分认识坚持党的群众观、深入贯彻群众路线的极端重要性；从推进“五化”建设、全面建设小康社会、为人民尤其是广大农民谋福祉的高度，充分认识加强坚持党的群众观、扎实贯彻党的群众路线的必要性；从消除城乡差距提高农村社会保障水平、化解社会矛盾冲突、推进社会管理创新、促进社会和谐的高度，充分认识自觉践行党的群众观和群众路线的急迫性，切实增强责任感和使命感，着力提高贯彻群众路线的能力和水平。

第二，要深刻分析影响和制约坚持群众观、贯彻群众路线深层次根源。以农村发展、农业工业化推进、农民富裕奔小康为例，影响和制约坚持党的群众观、贯彻群众路线的深层次原因在于：（1）在思想解放方面。长期囿于农民土地集体所有即姓“公”，农民土地（以户或个人）持有即姓“私”，跳不出农地公有产权传统模式的束缚，忽视马恩“丹麦”模式对于指导当代中国农地公有产权实现形式的理论创新、制度创新与适度政策调整。须知，推进农业工业化不仅是一个经济结构不断发生变化的过程，而且是一个技术和制度不断更新的过程。长期以来，我们“重工轻农”的指导思想及过度剥夺农民土地权益的政策尚未彻底根除与调整。（2）在产权制度安排方面。加速农业工业化，保证农民各项权利尤其是经济产权权利的实现，迫切需要培养和造就了一大批适应“五化”建设的农民企业家，其最有效的激励约束制度安排，就是赋予农民土地持有权，确立土地持有主体的地位，为其成为现代市场主体提供产权保障。（3）在财政金融及价格机制方面。土地征收与工业反哺农业、垄断行业反哺农业、大中城市反哺农村及小城镇、东部地区反哺中西部地区的机制尚未有效建立，国家宏观监督权调控社会财富公平分配给乡村的政策缺失。（4）在经济政治权利保障方面。农民对相关经济财税保障政策的制定实施的知情权、参与权、表达权的渠道不畅，机制失灵。（5）在机制创新方面。过去一些行之有效的老办法不灵了，新办法又不多，往往形成决策、执行、监督的盲区，导致许多小矛盾积累成大问题，甚至引发突发事件。如此种种，惟有站在人民大众的立场，解放思想，全面贯彻落实科学发展观，切实推进农村改革方能奏效。

第三，要增强坚持党的群众观、贯彻群众路线的自觉性和坚定性。

（1）要树立人民利益至上的“政策观”与“法律观”。在“三农”问题上，必须把城乡二元经济结构作为社会主义初级阶段的主要特征，把实现农业工业化作为全面建设小康社会的主要任务，把推动解决农村经济社会协调健康持续发展作为解决实现中等发达国家目标这一矛盾的主要方面，把促进农民的全面发展作为以人为本的重中之重课题，把消除城乡差距作为统筹兼顾城乡发展的难点来对待，切实更新发展观念，厘清发展思路，调整发展政策，完善保护和促进农村全面发展的法律制度。这包括：在农地持有产权实现形式方面，要以马克思主义土地股份产权理论为指导，大胆破除农民集体土地所有权即姓“公”、农民土地持有即姓“私”等传统观念，扫除“左”的思想路线的影响，从解放和保护农村社会生产力、保护广大农民根本利益的立场出发，大胆进行“不求所有，但求持有，重在利用，讲求效率，追求绩效”为目标、农地公有（持有）产权理论创新、体制创新、机制创新。在法律制度安排方面，用“农民土地持有产权”替代“土地承包经营权”，以此作为农地公有产权新的实现形式；国家通过修订法律，明确农民集体经济组织与农民各自的产权主体地位，解决农民对土地产权主体缺位、对土地资本产权等经济权利不落实的突出问题。在农民土地持有产权结构体系方面，明晰农民与集体、农民与国家之间产权权益保护与调整关系，明晰农民土地持有产权内部结构及权能运行关系，依法保护农民独立自主地行使产权权利。在农地用益物权制度安排方面，要在集体土地保有权、农民土地持有权之上创设土地改良、种植、养殖、放牧、休耕、复耕、技术实验、修建、铺设、培植、取水、过水、通风、采光、眺望、通过、堆放、取土、修建、特许采矿、宅基地以及空间权等权利，形成以农民土地持有权为核心的利用权能体系，促进土地资源优化配置，土地财富有序、协调与持续增长。在土地征收方面，改传统“公益目标模式”为“产权平等保护与公益目标相结合”模式，重新划定“公益划拨用地”的范围，建立党政机关、司法机关、经济管理部门以及人民团体（除军事、科研、中小学教育、妇幼、事业等用地外）的土地征购长期冻结（50～100年）、短期冻结（5～49年）、紧急冻结制度（1～4年），从源头上根治其滥征地、与民争利的不良之风。在保障方面，改革和完善农村合作医疗、教育、科技、养老保险和其他农民保障制度，把对农村公共设施建设投入纳入国民经济和社会发展计划，加大对村（组）、乡镇基础设施建设力度，加大公共财政对农村农民政策补贴的力度等。

（2）要树立相信和依靠群众的“群众观”和“决策观”。一切为了人民的政策取向、立法取向及执法取向，要求我们必须树立相信和依靠群众、“从群众中来，到群众中去”的“群众观”和“决策观”，自觉地贯彻党的群众路线。在推进社会主义新农村建设中，对农村经济社会发展目标规划、小城镇建设规划、农村产业结构调整、重大工程项目建设、社会公益事业建设的决定与部署，以及制定相关政策措施等，各级机关及工作人员尤其是领导者都要坚持“从群众中来、到群众中去”的工作方法，切忌主观片面、脱离实际，切忌强迫命令、盲目蛮干。要建立健全农民权益保障、利益协调、诉求表达的机制，拓宽渠道，有效保障人民群众参与社会管理、从事农业工业化建设的各项经济、政治、文化和社会权利。要取消国家垄断土地一级市场交易的政策及其制度安排，由农地产权主体直接参与土地产权竞拍交易，国家只通过税收监管调节对土地收入进行医疗、养老保险预购，教育投资入股、参股式持股，由农民身份置换股东身份，进行有序再分配及投资政策引导与管理等办法，以确保土地产权收益还利于农村、农业、农民，调整国家过度剥夺农民土地产权等财富的传统政策，以从源头治理土地产权市场交易混乱、腐败滋生，农民土地资本产权流失等深层次问题。逐步从政策、市场制度、产权交易制度、法律制度等层面，调整和健全消除城乡差距，提高农民的国民待遇，切实保障农民群众参与市场竞争的市场主体资格，全面充分地享有经济权利与民事权利的政策和法律制度保障，增强其市场主体意识与公民主体意识。要大力支持和创造条件，积极引导农民建立以土地持有产权为纽带的农业现代经营模式与现代农业企业制度，探索股份联合、技术联合、资本联合、能工巧匠的智力优势联合、产权资源组合，积极推行股份合作经营、专业联合经营、技术与资金合作经营、现代股份经营以及现代企业集团经营等模式，积极推进农业现代化，提高农村社会生产率和现代化水平。

（3）要树立自觉接受人民监督的“权力观”和“政绩观”。一切共产党人、国家工作人员都要树立以下信念：我们手中的权力来自人民，必须完全彻底为人民服务；人民是我们的“上帝”、是主人，我们是人民的仆人、是人民的勤务员；必须以人民满意不满意作为检验政绩成效大小的根本标准；必须自觉接受人民的监督。为此，必须发展社会主义民主，扩大市、县、乡（镇）直接民主选举代表人民管理社会事务、组织经济、服务民众的公务人员，确保公民直接参与管理经济社会文化事务的权利；必须畅通渠道，健全机制，确保公民对经济社会事务及管理活动的知情权、参与权、表达权；所有国家工作人员都必须接受群众的批评、意见和建议，确保群众监督权全面充分行使。各级机关都要实行公正、公平、公开的办事制度；要把群众监督与党内监督、人大监督、法律监督、舆论监督及社会监督结合起来，使公共权利的赋予、行使及其效果受到严格、有效的监督。要严肃党纪国法。对于违反政纪、党纪和法律的，一定要坚持纪律、法律面前人人平等，切实做到有法必依、执法必严、违法必究，以保障人民的根本利益，保障党的路线、方针、政策的贯彻落实，保障宪法法律统一正确实施，保障农业工业化建设的顺利推进。

（二）从检察工作看，要继承创新群众工作

近年来，湖北省人民检察院党组高度重视加强和改进检察机关群众工作。省院党组和敬大力检察长一直强调要在检察工作中贯彻群众路线，创新群众工作方法，取得了明显成效。敬大力检察长在2006年初的全省三级检察长会议上就明确提出，全省检察机关要坚持以人为本，心系百姓，牢固树立人民群众主体地位的意识，切实从思想上解决“为谁掌权、为谁执法”的问题，全心全意地依法维护人民群众的根本利益，维护社会的公平正义，以人民群众满意不满意作为衡量检察工作成效的根本标准，严格公正文明执法，坚决防止和纠正各种侵害群众利益的现象，真正做到一切依靠人民、一切为了人民，使检察机关真正成为人民利益的忠实维护者。2006年以来，省院先后组织多次专题调研，深入了解人民群众对检察工作的新要求、新期待，注意将人民群众反映强烈的问题作为工作的着力点，组织查办民生领域职务犯罪等专项工作，着力解决人民最关心、最直接、最现实的利益问题，推动了检察工作科学发展。特别是2009年，省院在广泛征求人民群众和社会各界代表意见、集中全省检察机关智慧、多次论证研究的基础上，制定下发了《关于加强检察机关群众工作的指导意见》（以下简称《指导意见》）。最高人民检察院和湖北省委主要领导对此都作出重要批示。省委将这个文件转发全省，要求各级党委和有关方面重视和支持检察工作，重视和加强群众工作。全省检察机关认真贯彻省委批转的《指导意见》，坚持执法为民、紧紧依靠人民、维护人民权益，全面、主动、深入抓好检察机关群众工作，推动了全省检察工作全面发展进步。

但是，我们也应当清醒地看到，全省检察机关在贯彻群众路线、做好群众工作方面还存在一些问题：从观念形态来看，群众观念淡化的观念在部分干警身上不同程度地存在；从指导思想来看，少数干警坚持检察工作人民性，贯彻群众路线，树立立检为公、执法为民的宗旨意识方面还存在差距；从工作标准来看，一些地方和少数干警没有将人民拥护不拥护、赞成不赞成、满意不满意作为检验检察工作成效的根本标准；从工作作风来看，少数干警存在对群众漠不关心、不负责任的官僚习气和衙门作风，甚至个别干警对群众颐指气使、冷硬横推，耍特权、逞霸道、抖威风；从群众纪律来看，少数地方和个别干警漠视群众工作纪律，利用检察职权损害群众利益，违法乱扣押、乱冻结、乱查封等问题屡禁不止；从工作能力来看，很多干警从“校门”直接进入“机关门”，群众工作能力较弱，只会说法言法语，不会讲群众语言，面对群众有理说不清、有法讲不明、案结事不了等问题仍然存在。这些问题应当引起高度重视.

并采取有针对性的措施加以解决。

去年以来，中央就深入推进社会矛盾化解、社会管理创新、公正廉洁执法三项重点工作作出了战略部署。我体会，三项重点工作都与群众工作密切相关：从推进三项重点工作的所涉问题看，都是针对群众反映强烈的问题，就是为了解决源头性、根本性和基础性问题；从推进三项重点工作的方式方法看，必须最广泛地发动人民群众、最充分地依靠人民群众；从推进三项重点工作的根本目的看，都是为了解决人民内部矛盾、维护人民根本利益。最近，周永康同志在全国社会治安综合治理工作会议上深刻分析了我国发展的阶段性特征在社会建设、社会管理领域的具体表现，要求继承和创新群众工作，把社会管理创新建立在坚实的群众基础之上。我体会，当前和今后一个时期，全省检察机关加强群众工作应当在以下六个方面下工夫。

第一，要在深化干警思想认识上下工夫。《指导意见》对加强检察机关群众工作的指导思想、基本原则和目标任务都作了明确规定，要紧密结合三项重点工作，按照中央、省委、高检院的新要求、新部署，进一步采取多种形式，丰富实践载体，促使全省检察干警深化检察机关对群众工作的认识。在指导思想方面，进一步坚持检察工作人民性，树立立检为公、执法为民的宗旨意识，把人民群众的需要作为检察工作的根本导向，把实现好、维护好、发展好人民群众权益作为检察工作的根本出发点、落脚点，把人民拥护不拥护、赞成不赞成、满意不满意作为检验检察工作成效的根本标准。在基本原则方面，要牢牢把握维护人民群众权益、紧紧依靠人民群众、提高群众工作能力、自觉接受群众监督、落实便民利民措施五个方面的总体要求。在目标任务方面，要准确把握提高检察机关执法公信力、推动检察工作的科学发展、维护社会公平正义和和谐稳定三个目标任务。要在成功举办检察发展论坛第三次第一阶段会议的基础上，继续抓好交流经验、理论研讨工作，通过这一载体和平台，调动全省广大干警参与的积极性，进一步使干警在参与中深化群众工作认识，在实践中增强群众工作效果。

第二，要在维护人民群众权益上下工夫。近年来，全省检察机关坚持把充分履行检察职能作为维护人民权益的基本途径，通过加强办案、强化监督，着力促进解决人民群众切身利益问题，成效较为明显。主要体现在：一是认真贯彻宽严相济的刑事政策，切实履行批捕、起诉职责，加大对黑恶势力、故意杀人、“两抢一盗”等严重影响人民群众安全感的刑事犯罪的打击力度，2009 年 6 月以来（时间下同），共批捕各类刑事犯罪嫌疑人 33 375 人，起诉 35 119 人，对涉嫌犯罪但无逮捕必要或犯罪情节轻微、社会危害较小的，依法不批捕

2 456人，不起诉899人，努力减少社会对抗，促进社会和谐。二是严肃查办严重损害群众利益的职务犯罪，认真组织开展查办涉农职务犯罪、民生领域职务犯罪等专项工作，依法及时介入重大安全生产事故调查，共查办职务犯罪1 780件2 138人。三是紧紧抓住人民群众反映强烈的问题，进一步加大法律监督力度，共监督侦查机关立案1 074件，监督撤案244件，依法决定追捕729人，追诉631人；对侦查活动中违法情形提出书面纠正意见517件次；提出刑事抗诉117件，提出民事行政抗诉416件、再审检察建议220件；依法监督纠正违法减刑、假释、暂予监外执行不当20人次，对监管场所违法情况提出书面纠正意见480人次，有力地促进了严格执法、公正司法。四是妥善处理人民群众涉检信访问题，制定实施《关于进一步加强涉检信访工作的意见》，在开展“三个专项治理”“作风建设年”活动的基础上，组织开展扣押冻结款物专项检查，确保严格公正文明廉洁执法，从源头上减少涉检信访的发生；认真落实首办责任、领导包案、责任追究等制度，共受理并依法妥善处理群众信访10 135件；努力构建涉检信访一体化工作格局，部署开展涉检信访积案化解专项活动，清理排查涉检信访积案件120件，目前已有效化解74件。但同时，我们在维护人民权益方面仍然存在一些不充分、不到位的问题，需要在今后的工作进一步改进。

胡锦涛总书记深刻指出：“维护人民权益，是党的根本宗旨的要求，也是做好政法工作的目的；政法工作搞得好不好，最终要看人民满意不满意。”检察机关做好群众工作，最根本的就是要维护人民群众权益。要紧紧围绕三项重点工作，充分发挥检察职能作用，严肃查办损害群众利益的案件，切实保障人民群众依法享有的政治、经济、文化、社会等各项权利；切实把人民群众的关注点，作为检察工作的着力点，每年适时开展专项工作，着力监督纠正群众反映强烈的执法不严、司法不公问题；依法妥善解决群众诉求，既努力把问题及时有效解决在基层、在萌芽状态，又引导群众形成依法有序表达诉求的良好环境；认真贯彻宽严相济刑事政策，最大限度地增加和谐因素，最大限度地减少不和谐因素；切实把法律监督工作落实到基层，规范检察办事处、检察服务站、巡回检察组的工作，延伸检察职能，促进社会管理创新。

第三，要在紧紧依靠人民群众上下工夫。近年来，全省检察机关在依靠群众做好检察工作方面采取了一系列举措。注重构建与人民群众沟通交流的长效机制。向社会各界发送征求意见函1 708份，发送调查问卷1 568份；在门户网站开辟征求意见专栏，共征集各类意见建议403条；及时对群众意见建议进行分析研究，将群众提出的端正执法思想、公正廉洁执法等六个方面26项转化为工作整改的重要内容。注重依靠群众加强查办和预防职务犯罪工作。在今年的“举报宣传周”期间，省院印发宣传单13万余份，利用手机短信向全省2 000万手机用户和武汉市1万余辆出租车显示屏进行广泛宣传，实行举报奖励和举报人保护制度，鼓励群众举报腐败行为；深入群众开展调查研究，掌握职务犯罪易发多发行业、领域，学习专业知识技能，有针对性地开展查案、追逃、深挖犯罪等工作，提高执法办案水平；积极发动人民群众、专家学者参与职务犯罪预防，在发案单位、行业主管部门及社会各界群众的积极配合下，全省检察机关提出检察建议1 124件，对140多个在建重点工程项目制定了预防职务犯罪方案，开展预防宣传和警示教育430余场次。注重依靠群众强化对诉讼活动的法律监督。研究制定《湖北省检察机关诉讼违法线索管理办法》，鼓励群众反映诉讼活动的违法问题，不断拓宽诉讼监督案件来源；深化法律监督调查机制建设，开展刑事诉讼、民事审判和行政诉讼法律监督调查1 351件；针对群众反映强烈的问题，组织开展刑事审判法律监督专项检查、监管场所执法专项检查等专项工作，有效提高了法律监督的针对性和实效性。

周永康同志关深刻指出：“检察监督难，依靠群众就不难。”在坚持检察工作作为专门机关工作的同时，必须坚持群众路线，紧紧依靠人民群众。我理解：首先是要加强民意沟通工作，要通过建立多元化的征求意见制度，通过召开座谈会、经常性走访群众、重大决策部署和规范性文件征求意见、掌握网络舆情等多种方式，保证沟通的常态性。要建立健全民意转化机制，及时对民意进行收集、汇总、筛选、分类和分析，把人民群众的意见建议作为工作决策的重要依据，转化为工作整改的重要内容。其次，要进一步解放思想，破除执法工作的“神秘感”“封闭性”，坚持在各项检察工作中紧紧依靠人民群众，深入开展举报宣传活动，积极发动群众举报职务犯罪；依靠群众加强查办职务犯罪工作，推动预防职务犯罪工作社会化；依靠群众强化对诉讼活动的法律监督，进一步增强监督实效。

第四，要在提高群众工作能力上下工夫。近年来，我们深刻领会、认真贯彻周永康同志“提高执法能力，最核心的是提高群众工作能力”的重要指示精神，结合深入学习实践科学发展观、社会主义法治理念教育、执法公信力建设专项工作等，着力加强群众观念教育；通过将提高群众工作能力课程列为检察人员全员教育培训的必修课、选派33名同志到基层挂职锻炼等途径，着力加强群众工作能力培训；通过开展“强化目标、提高效能、改进作风、全面创建，提高执法公信力”等活动，着力加强作风建设；通过提出并落实坚决依法查办、坚持惩防并举、把握政策界限、掌握分寸节奏、注意方式方法等“五条办案原则”，完善突发性、群体性事件应对处置机制，加强处置能力培训，着力保证执法办案“三个效果”的有机统一，有力促进了检察干警群众工作能力的提升。

但是，面对当前的新形势、新任务，提高群众工作能力仍然是一个应当下大力气解决的突出问题。当前，我认为全省检察机关要突出抓好以下几个方面：一是群众观念教育。要深入开展“恪守检察职业道德，促进公正廉洁执法”主题实践活动，继续创新教育形式，增强教育的感染力、针对性，切实将忠诚、公正、清廉、文明的检察职业道德内化于心、外践于行，真正解决对人民群众的态度问题。二是群众能力培训。要开展灌输式、案例式、互动式、交流式、实践式等多种形式的专题活动，将群众工作能力作为各类培训的必修课，运用办理“邓玉娇案件”“石首事件”等成功经验进行案例教学，组织大家交流经验，组织干警深入群众、深入一线锻炼，全方位、多层次提高群众工作能力。三是保证执法效果。群众能力是否提高，一个重要的衡量标准就是执法办案的实际效果。要引导干警树立理性、平和、文明、规范执法的理念，按照“三个有利于”和“五条办案原则”的要求，保证执法办案的法律效果、政治效果和社会效果的统一。四是改进执法作风。认真落实下半年即将开展的“反特权思想、反霸道作风”专项教育活动，进一步治理特权思想、霸道作风、官僚习气、衙门作风，营造检察机关与人民群众的和谐关系。

第五，要在自觉接受群众监督上下工夫。一直以来，全省检察系统始终高度重视对自身执法办案活动的监督制约。在检务公开方面，省院专门设立了检务公开室，在检察门户网站设立检务公开专栏，部分基层院还探索开展“检察开放日”等活动。在接受人大、政协监督方面，向全国人大内司委和省人大汇报了反渎职侵权检察工作情况，向省人大报告了《关于加强检察机关法律监督工作的决定》落实情况；积极邀请代表、委员视察和评议检察工作，加强与人大代表、政协委员的经常性联系；对代表、委员提出的批评、意见和建议，认真研究12个方面30条贯彻意见，狠抓督办落实；去年以来，省检察院共承办省人大、省政协交办和代表、委员反映事项、案件24件，目前已办结回复17件，7件正在办理之中。在接受人民监督员监督方面，对198件“三类案件”全部进行了监督，对7件“五种情形”案件进行了监督，注重通过邀请人民监督员参与执法检查、听取下级院工作报告等途径，不断拓展接受监督的范围。在接受人民群众和新闻舆论监督方面，坚持办理职务犯罪案件“一案三卡”、讯问职务犯罪嫌疑人全程同步录音录像等制度，通过开展回访等方式，认真听取监督意见，坚决纠正、严肃查处检察人员执法活动中的违法行为；制定实施与新闻媒体联系制度，健全情况通报和新闻发言人制度，勇于面对新闻舆论反映的问题，对确实存在的问题虚心接受、认真整改，借助新闻舆论监督作用，促进了检察工作科学发展。

检察机关作为国家法律监督机关，要履行好监督职能，首先要做到正人先正己，自身正、自身硬、自身净。要把强化自身监督放到与强化法律监督同等重要的位置来抓，进一步提高认识，强化措施，最大限度地让检察权在“阳光”下运行，真正把检察工作置于人民群众的有效监督之下。要保证检察权在“阳光”下运行，就必须进一步深化检务公开，认真落实省院部分机构职责调整设立新闻处，专门增设检务公开室的重要部署，除法律规定保密的以外，能够公开的执法活动、案件、会议、事项、文件等一律向社会公开。要把检察工作置于人民群众的有效监督之下，就必须进一步拓宽接受监督的渠道，广泛接受人大监督、政协民主监督、人民监督员监督、舆论监督，同时在执法检查和专项教育活动中，邀请群众代表参与，听取群众意见，认真接受监督。要通过自觉接受人民群众监督，促进公正廉洁执法，确保人民赋予的检察权始终用来为人民谋利益。

第六，要在落实便民利民措施上下工夫。根据《指导意见》，近年来，我们提出并落实建立综合性受理接待中心、开通“六合一、四整合”的“12309”电话、坚持检察长接待制度、开展法律咨询工作、建立健全答疑说理制度、建立公开便捷的查询制度、依法保障诉讼参与人合法权利等多项便民利民措施，成效是较为明显的。自“12309”统一受理电话开通以来，全省共受理电话来访 4 173 件，其中，举报 970 件、控告 628 件、申诉 431 件、投诉 128 件、咨询 1 910 件、查询 106 件，信访件处置率为 100%，实名举报回复率为 100%，根据群众举报线索立案的职务犯罪案件数占全部立案总数的 80%左右。积极开展检察工作向基层延伸试点工作，在重点乡镇规范设置检察办事处 10 个、检察服务站 120 个，开展巡回服务 1 870 次，部署开展检察官进企业、进乡村、进学校、进社区活动，及时化解矛盾纠纷，维护基层和谐稳定。认真落实《关于开展刑事被害人救助工作的若干意见》，共对 28 件案件的被害人依法发放救助金 176 万余元。

但也要看到，这些措施的落实还有不够到位的地方，要在总结近年来实践经验的基础上，结合检察职能尽量出台一些便民利民惠民措施，更好地为群众办实事、求实效。要继续抓好综合性受理接待中心的功能完善，充分发挥“12309”电话的功能，坚持省院领导带头落实检察长接待群众来访和批阅群众来信制度。鼓励各地创新服务群众的形式，采取多种措施将法律咨询、答疑说

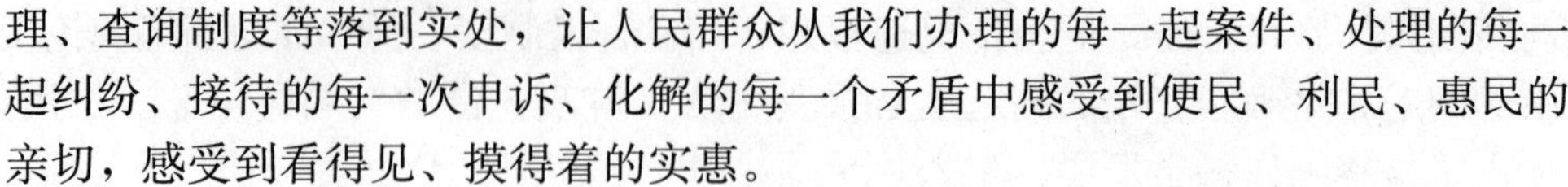

理、查询制度等落到实处，让人民群众从我们办理的每一起案件、处理的每一起纠纷、接待的每一次申诉、化解的每一个矛盾中感受到便民、利民、惠民的亲切，感受到看得见、摸得着的实惠。

3. 强化法律监督，坚持“公正”与“公信”*

研究检察机关执法公信力，必须首先正确界定和准确把握其内涵及外延。检察机关执法公信力，是检察机关作为执法主体，根据既定的法律规范，对违法犯罪行为适用法律进行处置的全部活动、结果为社会所认同、支持、满意的一种最佳状态。这种认同、支持和满意的状态不是一种简单的个体认同、单位认同或局部认同，而是社会公众的一种心理认同、感情认同和行为认同的有机结合。要清醒地看到，个体认同与公众认同之间客观存在一些矛盾甚至冲突，当事人（个体）对某些执法活动可能是认同的，但社会公众则并不认同；反之，当事人（个体）对某些执法活动可能是不认同的，但社会公众则认同。在这个意义上讲，执法公信力必须放到社会的广度上来评价，以社会大多数成员的普遍认同作为基本标准。从深层次讲，检察机关执法公信力是社会心理的一种现实和预期的表达形式，是社会公平正义基本力量的客观反映，是社会和谐稳定发展的“衡平器”，是推进中国特色社会主义物质文明、精神文明、政治文明和社会文明发展的重要动力。当前，加强检察机关执法公信力建设是学习贯彻中央、省委、高检院指示精神，适应人民群众对法治建设和司法工作新要求新期待，建设公正、高效、权威检察制度的一项重要而紧迫的战略任务。

一、强化法律监督职能，提高检察机关执法公信力的重要意义

第一，提高执法公信力是履行法律监督职能追求的基本目标。检察机关履行法律监督职能的目标可以从多层次、多角度进行理解和把握。一般而言，直接目标是把每一起案件办好，正确处理办案数量、质量、效率、效果、规范的

* 本文发表于《人民论坛》2009 年 7 月（下），《新华文摘》2009 年第 23 期收录。

关系，在得到良好法律评价、政治评价基础上，获得社会公众的肯定性评价。这种肯定性评价积累到一定程度就形成了执法公信力。这也是法律监督工作实现公正追求，达到应然目标，得到社会认同的一种基本力量。"公信"与"公正"是辩证统一的关系：树立执法公信力，最核心要素是执法行为是公正的；同时，执法是否公正，又以是否具有公信力作为检验的标尺之一。因此，要把提高执法公信力作为履行法律监督职能的基本目标，努力以严格、公正、文明、廉洁的执法行为赢得人民群众的认同与支持。

第二，提高执法公信力是履行法律监督职能成效的检验标准。胡锦涛总书记深刻指出，政法工作搞得好不好，最终要看人民满意不满意。人民满意是一个普遍的、根本的标准。就检察工作来说，就是要忠实履行法律监督职责，切实把工夫下在监督上，使人民群众认为检察机关履行法律监督职能是积极有效的，是能够信任和信赖的，从而使社会公众对检察机关履行法律监督职能的成效表示满意，进而树立和提升检察机关执法公信力。因此，我们按照中央、省委和高检院要求，把人民拥护不拥护、满意不满意、赞成不赞成、答应不答应作为执法办案的基本要求，归根到底要把提高执法公信力作为履行法律监督职能成效的根本检验标准，检察机关对全部执法活动的考量都要从执法公信力中得到深刻体现。

第三，提高执法公信力是加强素质能力建设的应有之意。胡锦涛总书记强调指出，政法机关的执法能力，集中体现在执法公信力上。执法公信力来源于严格、公正、文明执法，来源于全心全意为人民服务的良好形象。总书记的这一重要论断，深刻揭示了执法能力与执法公信力的辩证关系。检察机关执法办案水平的高低通过具体的办案活动体现出来，其执法公信力的确立与提升，更是通过所办理的每一起案件、所执法的每一个环节，所作出的每一个法律决定，所采取的每一项法律措施和检察官的每一项执法言论与行动来体现。既有量的标准，也有质的要求。因此，执法公信力建设寓于检察机关的个别办案活动、个别言行、个别决定，而无数的个别办案活动、法律决定和言行举止构成执法公信力高与低的总和。要依照曹建明检察长的要求，以开展大规模教育培训为抓手，构建全员培训体系，加强法律监督能力建设。通过加强素质能力建设，使检察人员的法律监督能力不断增强，促进人民群众更加信任检察机关的执法水平，从而提高执法公信力。

第四，提高执法公信力是加强和改进检察工作的客观需要。执法具有公信力，是党中央的明确要求，是人民群众的强烈呼唤，是推动社会和谐发展的迫切需要。当前，在经济体制深刻变革、社会结构深刻变动、利益格局深刻调整

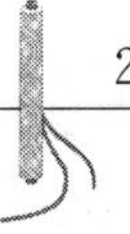

和思想观念深刻变化的大背景下，个人主义、拜金主义及享乐主义在部分检察院和少数检察官中滋长，执法司法不公、不严、不廉问题时常发生，直接挑战法律底线，直接挑战社会公平正义，直接挑战执法公信力的最高标准，严重影响、动摇人民群众对执法、司法活动的信心。因此，加强执法公信力建设，不是一项可抓可不抓的工作，而是一项事关检察工作长远发展的战略任务，是一项具有重要现实意义和鲜明时代特征的重要任务，必须以强烈的责任感和紧迫感来谋划和推动执法公信力建设，下大力气抓紧抓好、抓出实效。

二、强化法律监督职能，全面把握提高执法公信力的核心内容

检察机关作为专门的法律监督机关，必须坚持宪法赋予的神圣职能，切实把工夫下在监督上。这是检察机关必须履行的根本职责，也是提高检察机关执法公信力最根本、最核心的要求。如果不能忠实履行、充分履行法律监督职能，检察机关执法公信力就无从谈起。通过强化法律监督职能来提高执法公信力，须把握以下三个方面。

第一，选好切入点，全面加强对执法、司法各个环节的监督。执法公信力建设涉及方方面面，但归根结底是履行好法律监督职能，要按照周永康同志“七个必须”的要求，紧紧抓住人民群众反映强烈的问题，找准各项检察业务、各个工作环节的切入点，增强监督的针对性。如在打击刑事犯罪方面，要准确把握宽严相济刑事政策的精神实质，准确适用“九严九宽”的工作标准，进一步促进社会和谐稳定。在查办职务犯罪方面，要下大力气查办官商勾结、权钱交易的犯罪案件，严肃查处执法不严、司法不公背后的职务犯罪等，真正使检察机关的法律监督由“软”变“硬”。在诉讼监督方面，要加强对侦查活动的监督，监督纠正有案不立、有罪不究、以罚代刑以及违法立案、刑讯逼供等问题；加强对民事、行政案件审判、执行的监督制约，维护民事、行政裁判的严肃性，使公正的判决裁定得到有效执行，使显失公平的判决裁定得到及时纠正；加强对刑罚执行和监管活动的监督，切实防止犯罪人员逃避刑罚执行，切实维护被监管人员的合法权益等。要全面加强对执法、司法活动的各个环节的法律监督，力求取得实实在在的监督成效，从而树立检察机关的法律监督权威，提高检察机关执法公信力。

第二，找准着力点，积极回应人民群众的新要求新期待。周永康同志强调指出，必须坚持把人民满意作为检察工作的根本标准，确保人民群众对检察机关的新要求和新期待不断得到满足。人民群众的新要求新期待，是抓好工作的着力点，也是法律监督工作的重点。坚持把人民群众的呼声作为检察工作的第

一信号，把人民群众的需要作为检察工作的第一选择，就是最直接、最有效、最实在地提高执法公信力，就能最广泛地争取人民群众和社会各界对检察机关法律监督工作的理解与支持。近年来，湖北省检察机关一直在深入研讨人民群众对检察工作的新要求新期待问题，多次开展相关调研活动，有针对性地开展了专项法律监督等工作，取得了明显成效，赢得了人民群众的赞誉。同时，人民群众的要求和期待也是不断发展变化的。为应对国际金融危机，中央及省委先后采取了一系列保增长、保民生、保稳定的政策措施，给检察工作提出了新的要求。在这种形势下，要采取多种形式，进一步征求基层、群众意见，围绕“六个坚持、六个着力”的总体部署，不断加强和改进法律监督工作，促进提高执法公信力。

第三，抓好落脚点，努力增强法律监督工作的实际成效。加强检察机关执法公信力建设不是停留在嘴边的一句口号，必须通过实实在在的法律监督工作成效来体现。只有把加强执法公信力建设落脚于切实推动工作，通过各种方法、各项措施促进法律监督工作得到加强，法律监督水平得到提高，才能真正将执法公信力建设抓出实效。近年来，湖北省检察机关结合工作实际，立足用好现有法律手段，加强工作机制建设作了积极探索，增强了法律监督实效。如建立健全检察工作一体化机制，切实解决“分散化倾向”和“检令不畅通”两个突出问题，形成了法律监督的整体合力；建立健全法律监督工作机制，颁布实施刑事诉讼法律监督调查办法、民事审判行政诉讼活动法律监督调查办法，与省法院会签加强协调配合与监督制约的文件，增强了法律监督的实效；健全完善促进公正规范文明执法的长效机制，按照“两长一本”的思路，开展了“三个专项治理”“两严一强”等活动，健全了长效机制，推动省委省政府加强检务保障，促进了执法行为的规范；建立健全执法办案科学考评和绩效管理机制，完善反贪、反渎、公诉等考评办法，树立正确的工作导向，促进了工作科学发展；健全完善执法办案的监督制约机制，加强内外部监督制约，初步构建了完整的监督制约体系；健全完善职务犯罪初查工作机制，探索初查的方式方法、措施手段等，举办初查工作专题培训班，推动了执法办案工作平稳健康发展；健全完善检察科技管理机制，优化检察科技资源布局，加强区域协作，做到优势互补，统一规划、管理、推进了检察科技工作。只有坚持“三个硬道理”，坚持以业务工作为中心，不断改进执法办案的方式方法，着力增强法律监督工作的实际成效，才能不断提高检察机关执法公信力。

三、强化法律监督职能，拓宽检察机关执法公信力的途径

人们对执法公信力的要求不是现在才有的，而是古已有之。如在封建社会，老百姓就寄希望于出现一位能够公正断案的官吏来主持正义，当“包公”出现时，就取得了社会公众对执法的信任甚至崇拜，被奉为“包青天”，成为封建社会刚正不阿、执法公正的化身。同时，当人民群众在现实社会中无法寻求到公正的保护，就寄希望出现“济公”等除奸惩恶、匡扶正义的人物和“观音”等关爱众生、普世救世的神灵。在抗日战争时期，陕甘宁边区高等法院陇东分庭庭长马锡五同志把群众路线的工作方法创造性地运用到审判工作中，受到广大人民群众的认同，并在边区得到广泛推广，被称为“马锡五”审判方式，也表现出一种执法公信力。可以说，执法公信力一直是社会发展所需要、人民群众所期盼的，也是推动执法活动不断适应社会、创新发展的重要动力。当前，检察机关加强执法公信力建设，既没有成型的经验、做法可资借鉴，也没有现成的模式、方法可以遵循，必须紧密结合工作实际，丰富新载体，探索新形式，推出新举措，增强执法公信力建设的实效。我认为主要是谋划好以下四个问题。

一是工作部署问题。执法公信力建设是一项系统工程，也是一项需要长期、深入抓下去的工作，要在认真落实已有部署的基础上，进一步从长远来谋划执法公信力建设。推动检察机关执法公信力建设，既要研究制定总体规划，注意从整体上推进公信力建设；又要出台具体工作部署，找准工作重点、难点和薄弱点，采取有针对性的措施加强执法公信力建设；还要使各级检察机关都能够积极参与到这项工作中来，加强上下级检察机关之间的联动，加强各地、各部门之间的配合，形成加强执法公信力建设的整体合力，营造共同努力提高执法公信力的浓厚氛围。

二是工作措施问题。加强检察机关执法公信力建设，要以具体的制度和工作措施为支撑。当前，加强执法公信力建设，也要找准“抓手”，针对工作中存在的突出问题，研究制定一些有效的、具体的、可操作的措施和办法，推动执法公信力建设深入开展。如针对人民群众的关注热点和执法办案的薄弱环节，研究部署严肃查办和积极预防国家投资领域职务犯罪专项活动、监管场所执法活动专项检查等工作，全面强化法律监督职能；针对违法扣押、冻结款物问题，研究制定《湖北省检察机关扣押、冻结、处理款物办法》，定期不定期开展集中返还行动，切实加强对财产权利的保护；针对群众工作能力不强的问题，制定、落实《关于加强检察机关群众工作的决定》，全面加强群众工作；

针对基层基础工作薄弱问题，研究加强基层院建设，夯实基础工作的政策措施；针对人民群众对检察工作不了解等问题，深化检务公开，加强舆论引导，加强民意沟通，出台便民措施，增进人民群众对检察工作的理解、信任与支持等等。

三是工作考评问题。开展执法公信力建设，不仅需要明确部署工作措施、强调工作重点，还须深入研究工作成效评价问题。在加强对执法办案的综合考评和绩效管理的机制建设过程中，可以考虑研究一些评价工作的方法措施，采取职能评价、公信评价、抽样调查、重点解剖、第三方评估等形式，结合述职述廉、下级院向上级院报告工作等，科学考察各地、各部门抓执法公信力建设的成效，引导各地明确目标、突出重点、细化措施、改进工作，不断提高检察机关执法公信力建设的整体水平。

四是工作策略问题。执法公信力建设是一项战略性、长远性的工作，不可能单靠一两项活动就可以一蹴而就、一劳永逸。同时，执法公信力建设也具有明显的阶段性、渐进性特征，一个时期只能解决一个时期的问题。开展执法公信力建设，要紧密结合检察工作的实际情况，始终坚持从实际出发，遵循检察工作规律，采取稳扎稳打、步步深入、集小胜为大胜的策略方法，推动执法公信力建设切实取得实效。

4. 遵循执法公信力重要规律 着力推进中国特色社会主义检察事业科学发展*

在实现我国工业化、信息化、市场化、城市化和现代化的伟大历史跨越中，在着力推进经济建设、政治建设、文化建设、社会建设和生态文明建设的历史进程中，从理论和实践的结合上探讨如何构建以执法公信力为核心的社会诚信体系，已成为十分迫切的重大课题。为此，检察日报社、湖北省检察官协会和湖北省人民检察院检察发展研究中心在美丽的梁子岛合作开展本次论坛。本次论坛以“执法公信力建设的理论与实践”为主题，从适应人民群众对公正司法、维护社会公平正义的新要求、新期待，肩负起宪法赋予的保障法律统一正确实施的历史使命，保障中国特色社会主义事业顺利进行出发，共同回应执法公信力面临的诸多挑战，把握千载难逢的诸多机遇，站在战略任务、立身之本、检察权运行规律以及推动中国特色社会主义检察事业与法治建设科学发展的高度，探求社会主义执法公信力的基本理论及其发展，共谋检察机关提升执法公信力的根本途径和有效措施，必将对检察机关执法公信力建设产生巨大的推动作用和深远影响，无疑是湖北省检察事业发展史上的一次历史性盛会。

此次会议特色鲜明：(1) 主题突出、内容丰富。会议集中研讨了执法公信力的一般理论，对检察机关执法公信力建设的实践给予充分关注。各位专家既从刑法学、诉讼法学、法理学等视角透视执法公信力建设的时代背景、历史方位、挑战与机遇，又从哲学、政治学、管理学等学科领域畅谈执法公信力建设的战略任务、根本目标、主要途径，发表了真知灼见，为执法公信力研究拓宽了视野，丰富了理论，开辟了新境界。(2) 代表广泛、形式新颖。这次会议代

---

* 本文发表于《湖北日报》2010 年 3 月 18 日。

表既有国家级权威泰斗，又有检察系统的业务专家、行家里手；既有有关部门的领导同志、专业人士，又有社会各界的精英代表和英模人物，他们的理论造诣、典型示范、楷模表率，为本次论坛增光添彩。（3）争鸣热烈、研讨深入。会上，大家围绕“执法公信力的一般理论问题、执法公信力建设的实践问题、检察职业道德与执法公信力建设”三个专题，从不同的视角、不同的层面提交了高质量的论文，发表了精彩演讲，达成了普遍共识，使论坛达到了情感认同、理论认同。可以说，这是一次执法公信力建设的“精神盛宴”，是一堂诚信体系建设的“高端论坛”，是一场回应执法公信力建设挑战、抢抓执法公信力建设机遇、开拓中国特色社会主义检察事业和法治建设事业的“历史峰会”。它将载入法治理论建设、执法公信力建设和中国特色社会主义法治建设的典籍，让人荡气回肠，不断启迪思想、启迪后人。

这次会议取得了重大收获：（1）统一了对加强执法公信力建设重要意义的认识，增强了加强执法公信力建设的责任感、紧迫感和使命感。（2）明确了执法公信力建设的根本目标。（3）丰富发展了加强执法公信力的基本理论。（4）明确了执法公信力建设的正确途径及其有效措施。（5）探求了检察职业道德建设与执法公信力建设的最佳结合方式。

一、执法公信力的一般理论问题

第一，关于执法公信力的范畴。执法公信力的范畴，概括起来主要有六种观点：信用说、能力说、信任说、资源说、状态说、复合说。“信用说”认为，检察机关执法公信力是检察机关信用水平的一种体现，是检察机关通过其职权活动在整个社会当中建立起来的一种公共信用。“能力说”认为，检察机关执法公信力是检察机关赢得社会公众信任和信赖的能力，这种能力直接取决于检察机关的执法活动在拘束力、自制力和排除力等方面是否经得起社会公众的信任和信赖。“信任说”认为，检察机关执法公信力是社会公众对检察机关、检察工作及检察人员的一种主观评价和心理反应，它体现了人们对法的信仰和遵从。“资源说”认为，检察机关执法公信力是检察机关所拥有的一种资源，亦即检察机关通过在公民社会领域中实施检察权，赢得社会公众的普遍信任与尊重而获得的权威性资源。“状态说”认为，检察机关执法公信力是检察机关作为执法主体，根据既定的法律规范，对违法犯罪行为适用法律进行处置的全部活动、结果为社会所认同、支持、满意的一种最佳状态。“复合说”认为，检察机关执法公信力具有信用与信任双重维度，是指检察机关凭借自身的信用而获得公众信任的程度。

“信用说”“能力说”“信任说”“资源说”等观点虽然具有一定的科学性和合理因素，但都未能全面抽象出执法公信力的内涵。如“信用说”只反映了公信力的一方面的内容，信用只是值得信任的一个方面，被信任方必须先有信用然后才可能赢得信任。但是，信用不是信任的充分条件。“能力说”揭示了执法权在执法公信力中的重要地位，但忽视了社会公众的认知和评价对形成和提升执法公信力的重要作用。“信任说”把握住了执法公信力是来自公众的信任这个维度，但是往往把执法公信力直接等同于信任或者信任程度。武汉大学李龙教授认为，公信力概念首先是属于行政法的范畴，其研究的对象首先是国家公信力问题。司法权是国家公权力的一部分，加强国家公权力建设、提升司法公信力是一个永恒的主题。它事关国家兴亡，事关司法机关的存废，事关民族兴旺。所谓司法公信力，简言之，就是司法机关的执法活动得到广大人民群众普遍认同的一种能力。武汉大学马克昌教授将执法公信力界定为：执法机关的执法活动为公众所信任的程度。中国政法大学樊崇义教授认为，执法公信力是指为社会主义人本主义观所认同、受法律文化影响的，公民对执法权认可、信赖的一种力量。中国人民大学高铭暄教授则将公信力解读为：公众的信任、信赖与权力主体的信用、信誉。公信力对于检察机关来说是根本性问题，是生命攸关的问题。检察机关执法公信力，来源于我国宪法对检察机关的定位和法律的具体规定，来源于检察机关的正确履职。对检察机关执法公信力的评价，最重要、最权威的是人民代表大会的评价。武汉大学周叶中教授明确指出，司法公信力在“国家—社会”二元结构的转型时期呈现出双重维度：第一层面以国家为主体，强调司法权力运行的资格与能力；第二层面以社会为主体，强调公众对司法权力动态的心理认同。这两个层面的定位，有助于从国家与社会互动层面，采取不同角度分析司法公信力的作用，以及如何增强司法公信力，进而解决国家转型时期社会所表现出的各种“背离法治”的现象。襄樊市院检察长彭胜坤认为，检察机关执法公信力是检察机关在行使法律监督权过程中对社会的信用和社会公众对检察机关行使法律监督权过程和结果的信任。其中，检察机关在行使法律监督权过程中对社会的信用是前提、是基础，没有“信用”执法公信力就无从谈起；社会公众对检察机关行使法律监督权过程和结果的信任，是检察机关执法公信力的主要评价标准，是提升执法公信力的目标追求。

第二，关于执法公信力的特征。只有准确把握执法公信力的本质特征，才能抓住执法公信力建设的关键，才能找准执法公信力建设的正确方向。湖北省社会科学院哲学研究所研究员唐坤认为，从司法公信力的流变来看，司法公信力具有历史性、稳定性和不均衡性等特性；从司法公信力的主体来看，其具有公共性、权威性、公正性、能动性和不对称性等特性。宜昌市院检察长孙光骏认为，执法公信力的来源具有多元性，要从制度、执法队伍、执法活动、执法成效等诸多层面提升执法公信力。执法公信力的评价主体具有广泛性，包括检察机关执法活动在党委、人大、政府、政协机关中的认可度，在执法和其他司法机关中的支持度，在执法相对人中的信服度，以及在社会公众中的信用度。执法公信力的主客观表现具有差异性。执法活动是检察机关执法公信力的客观表现，外界评价是执法活动的主观反映，二者互为表里。武汉市院刘桃荣认为，执法公信力在根源上具有坚实的宪政基础，以人民授权为根本；在内容上具有明确的职能要求，以履行法律监督为基本途径；目标上具有鲜明的工作指向，以满足人民群众的要求和期待为宗旨。

第三，关于执法公信力的构成要素。樊崇义教授认为，执法公信力的构成要素包括：执法规律、执法主体的公正性、执法过程的开放性和执法决定、结果的权威性。广东省院副检察长王学成认为，良好司法公信力的形成有赖于司法主体、司法过程和司法结果等三个方面都具有很强的公信力。在司法主体要素方面，司法人员要具备良好的司法职业道德和高超的司法技能；在司法过程要素方面，要遵循法律的正当程序；在司法结果要素方面，要实现实体公正。

第四，关于执法公信力的价值意义。国家检察官学院党委书记刘佑生认为，提高执法公信力是公安、法院、司法行政机关和检察机关的共同任务，其时代背景和历史方位在于和谐社会的构建。公信理念是中华文化的精髓，早在春秋战国时代孔子就提出了“仁、义、礼、智、信”。加强公信力建设是弘扬中华优秀文明的客观要求，其内在要求在于检察官信守客观义务，去功利化，注重修身养性。检察机关加强执法公信力建设既十分重要，又极为紧迫。从法治建设与社会诚信建设来看，加强检察机关执法公信力建设，不仅是构建社会诚信体系的重要内容，也是整个社会诚信体系赖以支撑的重要部分。如果检察机关执法缺失公信力，对于维护社会公平正义、建设社会主义法治国家的负面影响甚至破坏作用就十分严重。有专家指出，司法公信力是国家社会发展进入现代阶段，伴随着市场经济发展、社会历史进步而导致的法治现代化和司法文明的表现。司法公信力具有沟通国家与社会的功能，对民主法治建设与发展具有十分重要的意义。有检察业务专家指出，缺失司法公信力或者司法公信力低下，是引致人们良心和正义感逐步沦丧的重要因素，对我国经济社会的根本和长远发展十分有害。司法公信力具有维护司法权威、培育法律信仰、促使公民守法和促进社会诚信体系建设等十分重要的价值功能。

执法公信力是检察机关的立身之本。提高执法公信力是履行法律监督职能追求的基本目标，是履行法律监督职能成效的检验标准，是加强素质能力建设的应有之意，是加强和改进检察工作的客观需要。湖北省院易海辉认为，执法公信力是检察机关执法活动的重要规律，检察机关执法活动要以实现公信力为首要价值目标。如果检察机关的执法活动不追求公信力，不遵循这个重要规律，那么其必然遭受人民群众的诟病，最终将导致背离检察权的性质。

二、执法公信力建设的实践问题

第一，关于执法公信力建设的目标要求与衡量标准。司法体制改革的目标是建设公正高效权威的社会主义司法制度，政法队伍建设的目标是造就严格、公正、文明、廉洁的执法队伍。这就为检察机关执法公信力建设指明了正确方向，是提高检察机关执法公信力的总体要求，为检察机关加强执法公信力建设确定了主题和核心。“严格、公正、文明、廉洁、高效、权威”执法，整合了上述两大目标的实质性内容，形成了有机统一的整体，是检察机关执法公信力建设的具体要求。其中，“严格执法”是检察机关执法公信力的重要前提，“公正执法”是检察机关执法公信力的核心要素，“文明执法”是检察机关执法公信力的必然要求，“廉洁执法”是检察机关执法公信力的基本底线，“高效执法”是检察机关执法公信力的重要内容，“树立权威”是检察机关执法公信力的应有之意。樊崇义认为，检察机关构建执法公信力在于：公民确立对法律的信仰，建立健全司法独立的制度体系，确立公正、高效、廉洁执法相结合的原则，坚持法制统一及司法统一，大力推行检务公开，规范执法行为，实现法治精神的人格化，严守忠诚、公正、文明、廉洁的检察职业道德，为公众的知情权、参与权和表达权提供健全的法制平台。党的“十七大”代表、100 位感动中国人物之一、武汉市武昌区人民政府巡视员吴天祥认为，提高执法公信力是一件比天还大的事情，老百姓的信任是执法者的莫大荣耀。要提高执法公信力，关键在“言必信、行必果”。他指出，执法公信力建设要强化五种意识：强化“党的意识”“群众意识”“实践意识”“抓班子、带队伍”的意识和“艰苦奋斗”的意识。湖北省人民检察院副检察长郑青认为，衡量检察机关是否具有执法公信力，应从两个方面加以判断：一方面，检察机关是否切实履职，包括是否全面履行了法律赋予检察机关的各项职权，有无顾此失彼的情况，有无放弃法律监督职责的现象；另一方面，检察机关是否正确履职，即是否做到了严格、公正、文明、高效、廉洁执法。检察机关只有以严格、公正、文明、高效、廉洁为标准正确履职，才能满足人民群众和社会各界对检察机关执法的期待和要求，最终能够有效地提升检察机关的执法公信力。

第二，执法公信力建设的现状分析及制约因素。关于检察机关执法公信力的现状，湖北省院副检察长王铁民认为，虽然检察机关的执法行为得到进一步规范，执法形象有了进一步改观，但还存在一些突出问题影响检察机关执法公信力的提升，社会公众对检察机关的满意度仍不容乐观。北京大学朱苏力教授认为，反腐倡廉，改善司法执法，固然是提高司法执法公信力的关键和根本，但也必须关注公众对司法执法的想象、理解和期待。当前，中国社会对司法执法的期待过高、理解不够等因素可能影响了司法执法在民众中的形象和公信力。武汉市院检察长孙应征认为，司法公信力的建设还存在理念缺失、制度缺失、司法人员世俗化、司法地方化等亟须解决的问题，这主要是由于公众法律信仰缺失、司法供需之间的矛盾、社会性的信用危机、司法体制性缺陷等因素综合作用的结果。黄石市院检察长杨武力、鄂州市院检察长古峰、咸宁市院检察长鲁尔英、辽宁省沈阳市院副检察长王锋等检察系统代表分析认为，影响检察机关执法公信力的因素比较多，归纳起来主要是外部因素和内部因素两大方面。在外部因素中，检察机关的财权、人事权受地方制约，给检察权的依法独立行使、公正行使带来了难以克服的困难。在内部因素中，检察机关的执法公信力又会受到执法理念、执法素能、执法行为以及执法机制的现实影响。恩施州院政治部主任谭明从主观、客观、制度等层面分析了现阶段制约执法公信力提升的因素，认为传统守旧的执法观念、不良的社会风气和社会现象以及不健全、不完善的法律制度阻碍了执法公信力的提高等等。

第三，执法公信力建设的路径依赖。高铭暄指出，提高执法公信力必须苦练内功，真正做到公正、高效、廉洁、文明执法，必须加强职业道德建设，增强自身修养；必须建立健全配套制度，改善执法环境，提高执法保障，营造良好的法律信仰及舆论氛围。马克昌认为，加强执法公信力建设要增强理想信念，加强制度建设和队伍建设，落实经费保障，执法人员必须强化严格依法办案的观念，增强职业道德修养，解决好保障性困扰、难题。樊崇义提出，检察机关执法公信力建设要着手几个现实问题：要深刻理解社会主义初级阶段的特征、历史使命、执法司法现状、导致执法公信力下降的根源，切实增强危机意识、责任意识和历史使命感意识；要强化本体意识，即法律监督职责履行得如何，既要忠于职守，又要以改革创新的精神解决好体制、机制、保障等方面的困扰和束缚。比如，要通过优化司法职权配置，提高公信力；规范执法行为，增强公信力；提高案件质量，加强公信力；加强对自身执法活动，尤其是职务犯罪侦查权的监督制约，切实解决好“自身正、自身硬、自身净”的问题。同时，注意加强网络等媒体的宣传应对问题，扩大社会公众对检察机关法律监督

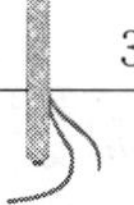

的认知效果。朱苏力建议，司法执法机关必须有所调整，要做到公正和依法，这是司法获得公信力的基础；要充分理解中国各地区和城市农村之间的差别，拒绝教条主义、法条主义，要有司法灵活性；要改善执法，综合考量救济，力求可行，力求合情合理；要适度进行选择性执法，以获取声誉收益的最大化；要重视司法执法的公关工作，及时向媒体和公众传递重要的信息；对网络民意、常识、中国社会的道德和法律共识以及司法执法机关行动的系统制度后果要有深刻理解，并有足够的政治敏锐性。同时，社会舆论、学界、媒体和民众对司法执法应给予理解和尊重。周叶中指出，增强司法公信力的基本路径是：树立司法权威，法律必须被信仰；提高司法职业群体的专业素质，增强群体的自律能力；同等重视实体正义与程序正义等。华中科技大学徐晓林教授建议，检察机关要重点从理念、制度和方法三个维度进行执法公信力建设，要培育公正执法、人权保障、平和司法等理念，完善检务公开、检察官职业化、监督监督者等具体制度，革新法律监督说理、增进与公众的沟通、加强科学考评等工作方法。高检院检察理论研究所副所长谢鹏程提出，可借鉴透明国际廉政考评体系的做法，从主观印象、客观评价、综合方法等三个方面建立健全执法公信力考评的指标体系。

北京市院副检察长甄贞指出，检察机关执法公信力建设要结合法律监督的各项具体职能进行；要牢牢把握检察工作的人民性，积极回应人民群众的新要求、新期待；要建设一支公正、高效、权威、严格执法的检察队伍，将先进的执法理念内化于心，外化于执法行为；要推进制度层面的建设，建立规范有序的内部制度，完善相关的配套制度；要加强检察职业道德建设。湖北省院检委会专职委员汪翠华认为，在新形势下，检察机关要提升执法公信力，必须以科学发展观为指导，从外部及内部、从理念到行为、从个体素能和执法机制等多个方面统筹兼顾，齐下工夫；并建议从完善检察机关的执法环境、树立正确的执法理念、提高执法者素质和能力、规范执法办案行为、健全科学的执法工作机制等方面提升检察机关执法公信力。武汉市汉阳区院检察长金鑫认为，提升检察机关执法公信力应通过六个途径：强化履职，以严格执法树公信力；强化管理，以规范执法树公信力；强化服务，以务实作风树公信力；强化公开，以阳光检务树公信力；强化责任，以接受监督树公信力；强化素质，以优良形象树公信力。武汉市武昌区院检察长王为民认为，执法公信力建设要完善“严格、公正、文明、廉洁、高效、权威”执法这六个层面的保障措施：通过严格执法，树立公信；公正执法，赢得公信；文明执法，争取公信；廉洁执法，保持公信；高效执法，增强公信；树立执法权威，保障公信。武汉市洪山区院检察长张继生和检察长助理杨剑波认为，要提高检察机关执法公信力，必须加强与公众的沟通，最大限度地获得公众对检察机关执法活动的认同、理解与信赖。他们建议，从加强互动、促进互补、争取互信三个角度出发，构建民意沟通机制、民意转化机制和民意引导机制，积极加强民意沟通工作，更加有效地加强群众工作，不断提高执法公信力。

一些专家从剖析职务犯罪侦查、预防职务犯罪等工作的现状和根源入手，探求提升其执法公信力的新途径。湖北省院反贪局长龚举文指出，反贪执法过程中还存在执法公信理念不清晰、执法办案管理不规范、执法环境转变不理想等问题。他认为，只有通过把握时代主题、认清形势任务，完善执法方式、树立公正权威，坚持执法为民、增强社会公信，坚定职业操守、提升整体素质，推进制度改革、实现“五个”统一等方面的努力，才能实现反贪工作平稳健康发展。湖北省院反渎局长王永金、荆门市院赵龙认为，反渎职侵权工作应树立“执法为民”理念，毫不动摇地坚持以查办案件为中心，严厉惩治渎职侵权犯罪；规范执法行为，提高反渎职侵权部门执法规范化程度；加强反渎职侵权队伍建设，提升反渎职侵权执法能力；强化监督制约，提高反渎职侵权执法行为可审视度。全国检察业务专家、武汉市院副检察长杨耀杰认为，提高检察机关预防职务犯罪公信力，需要从全方位、多角度采取措施，重点处理好预防工作的形式与内容的关系、预防人员素质与检察机关预防形象的关系、客观现实与社会主流的关系、廉洁自律与履行职责的关系、工作开展与绩效评价的关系、预防工作与其他业务工作的关系。武汉铁路运输检察分院朱莉建议，从完善逮捕制度、细化审查标准，规范逮捕程序、探索有益途径，改进其他强制措施、避免不利施行效果，贯彻宽严相济刑事政策、严格区分“捕”与“不捕”界限，建立完善监督体系、保障逮捕权力行使等方面塑造检察机关公信形象。

基层检察院是全部检察工作的基础，是检察机关联系人民群众的一线平台，是维护社会和谐稳定和公平正义的前沿阵地，是检验执法公信力高低的窗口。基层检察院执法公信力是基层政权执政能力的重要组成部分，检察机关执法公信力建设的重点应放在基层检察院。荆州市院副检察长罗继洲、神农架林区院检察长雷爱民认为，目前基层检察院自身信用缺失的表象和公众信任下降的现状，主要是受社会环境影响和自身工作不足所致。基层检察院应树立与时俱进的理念，从建立公开公正的机制、提升专业敬业的素质、树立廉洁干净的形象和加强内外监督等方面加强执法公信力建设。湖北省十堰市人民检察院还为大家提供了执法公信力建设的典型样本，其具体做法是：遵循规律，努力培植规范化管理理念；突出重点，着力构建规范化制度网络；积极探索，全力保障规范化管理制度的落实。这些举措有效推动了检察工作持续平稳健康发展，队伍形象得到提升，执法公信力显著提高。

三、检察职业道德与执法公信力建设

第一，检察职业道德的要义与特征。湖北省人民检察院汉江分院政治部主任赖晓明在分析检察官职业道德素质的价值、条件的基础上，提出要构建检察官职业道德价值体系、创新检察职业道德建设方式方法、健全完善检察职业道德建设考评机制，为执法公信力提供根基。大家一致认为，检察职业道德的要义为：忠诚、公正、清廉、文明。武汉市东西湖区院廖咏对"忠诚、公正、清廉、文明"这八字箴言进行了深刻解读。"忠诚"是检察官职业道德的本质要求，其要求检察官必须忠于党、忠于祖国、忠于人民、忠于法律和事实。"公正"是检察官职业道德的核心内容，其要求检察官崇尚法治，客观求实，依法独立行使检察权，坚持法律面前人人平等，自觉维护实体公正和程序公正。"清廉"是检察官职业道德的职业本色，其要求检察官模范遵守法纪，保持清正廉洁，淡泊名利，不徇私情，自尊自重，勇于接受监督。"文明"是检察官职业道德的必然要求，其要求检察官文明执法，热情服务，在办案过程中要以法服人、以理服人、以情待人，而不是以权压人，更不是仗势欺人。安陆市院陈雄、卢大云指出，检察职业道德的特征是：检察职业道德与时代要求相统一，是秉公执法与改革发展的统一，是充分履行法律监督职能与文明办案的统一，是道德教育与加强监督的统一。

第二，当前执法司法职业道德建设的不足及其表现。鄂州市院熊颖认为，检察职业道德建设存在不足：理论研究滞后，缺乏系统性；培养目标不明确，缺乏长期性；重视程度不够，缺乏针对性；教育方法失当，缺乏操作性。这些问题影响人民群众对检察机关的信任，影响着司法公信力，影响着司法公正的实现。武汉市蔡甸区院王芳指出，当前检察职业道德教育内化程度不够，缺乏约束性；职业道德价值认同不够，缺乏引导性；他律机制单一化，缺乏实效性；教育内容陈式空泛，缺乏亲和性。

第三，检察职业道德建设的载体和形式。湖北省院副检察长陈亚林、政治部主任余顺生阐述了检察职业道德在检察机关公信力建设中的基础性作用：检察职业道德具有软性约束和内心激励作用，能够为检察机关公信力建设提供强大而持久的内在精神动力；检察职业道德具有明确的引导作用，有助于实现执法办案政治效果、法律效果和社会效果的有机统一；检察职业道德具有自我规范约束作用，有助于提高检察机关的执法水平和办案质量。湖北省院纪检组长许兴明认为，要丰富载体，创新形式，推动检察职业道德建设深入开展：强化检察职业道德教育，提高检察干警道德水准；积极开展检察文化建设，培育良好的职业道德风尚；健全完善相关制度，形成规范的职业行为准则。荆州市院检察长廖焱清认为，在现阶段法制比较完备的情况下，要提高检察官职业道德素质，关键是要抓住检察官职业道德教育过程中的“道德信念”这一中心环节，要通过检察官准入制度、培训制度、保障制度、评价制度等机制建立与完善，凸显检察官职业道德法律化的刚性约束，促使检察官产生职业道德认同，从而形成职业道德信念，最后自觉表现为职业道德习惯。武汉铁路运输检察分院检察长肖知选认为，加强检察职业道德建设，全面提升执法公信力，必须注重职业纪律教育，夯实道德思想根基；注重规章制度建设，规范执法办案行为；注重党风廉政建设，塑造良好执法形象。黄冈市院检察长黄六洲认为，建立检察职业道德自律机制的途径是：通过勤奋刻苦，做“学习型”检察官；扎实进取，做“实干型”检察官；修身立德，做“清廉型”检察官。武汉市武昌区院检察长助理蒋剑伟认为，良好的职业道德既要通过自律机制逐步培养，又要重视他律机制的作用。职业道德建设的他律机制应以内部培养、评价和外部舆论监督为手段，以正面宣传、正面鼓励、正面引导为主，不宜过多地引入惩戒机制。宜都市院李云认为，检察机关的宪法地位、检察官的职业特点和检察官职业化决定了检察官生活作风要求应高于一般标准。要通过党性教育、领导率先垂范、制度建设和强化监督等途径，最终实现检察官生活作风要求高于一般标准。随州市曾都区院曹永胜认为，加强检察职业道德建设应致力于建立健全职业道德建设的长效机制：深化学习教育机制，将检察职业道德建设内化于“心”；健全奖惩激励机制，将检察职业道德建设固化为“制”；运用素能培养机制，将检察职业道德建设转化为“能”；落实检务督察机制，将检察职业道德建设外践于“行”；强化道德实践机制，将检察职业道德建设取信于“民”。

党的十七大代表、中国十大杰出检察官马俊镠为大家提供了实践范本，她以忠诚铸检魂、以公正立公信、以清廉塑形象、以文明立检威，成为全体检察官学习的楷模。黄石市铁山区院刘文艾同志用生命谱写的主题曲是：忘我、责任和奉献。天门市院华丽同志勤学苦练强素质，恪尽职守护公正，清廉严明立公信，笑对磨难写忠诚，演奏出人生的华丽乐章。枣阳市院强化职业意识教育、职业修养教育、职业追求教育，以德化心；建立健全检察人员行为规范机制、监督机制、奖惩激励机制，以德正行；树立执法为民理念、规范执法理念、和谐执法理念，以德塑形，全面提升了自身的整体形象和执法公信力。

5. 深入贯彻党的十七届四中全会精神　全面加强和改进检察工作的初步思考*

党的十七届四中全会是在国际形势继续发生深刻变化，我国处在进一步发展的重要战略期召开的一次重要会议。会议通过的中共中央《关于加强和改进新形势下党的建设若干重大问题的决定》（以下简称《决定》）着眼于推动党的十七大关于党的建设总体部署的贯彻落实，重点研究解决当前党的建设中带有战略性、根本性、紧迫性的重大理论和实际问题，具有很强的思想性、指导性、针对性，是指导当前和今后一个时期党的建设的纲领性文件。检察机关是中国共产党领导下的国家法律监督机关，检察队伍是以共产党员为主体的队伍，学习贯彻党的十七届四中全会精神是当前的一项重大政治任务，具有重大而深远的意义。

思想是行动的先导。全国检察机关各级党组织、全体党员要深入、全面、系统地学习《决定》精神，切实把思想和行动统一到中央的要求和部署上来，按照曹建明检察长提出的“两结合、两带动、两推进”的要求，确保党的建设各项部署落到基层、落到实处，全面谋划和推进各项检察工作。我们认为，在思想认识上主要是提高“五性”：要从适应世情、国情、党情深刻变化的新形势，统筹国内国际两个大局，实现党的十七大描绘的宏伟蓝图的高度，充分认识加强和改进检察机关党的建设、带动和推进检察工作的重要性；从面临的“四大考验”、做到“三个始终”的高度，充分认识加强和改进检察机关党的建设、带动和推进检察工作的必要性；从解决党内存在的不适应新形势新任务要求、不符合党的性质和宗旨的六个方面突出问题的高度，充分认识加强和改进

---

* 本文发表于《湖北日报》2010 年 1 月 28 日。

检察机关党的建设、带动和推进检察工作的紧迫性；从在实践中不断丰富发展我党加强自身建设的六条基本经验的高度，充分认识加强和改进检察机关党的建设、带动和推进检察工作的坚定性；从把握“四个着眼于”、全面推进五项建设、提高党的建设科学化水平的高度，充分认识加强和改进检察机关党的建设、带动和推进检察工作的自觉性。

形势决定任务。《决定》深刻分析了当前国际、国内形势，明确指出我国正处在进一步发展的重要战略机遇期，在两个没有变的情况下，发展呈现一系列新的阶段性特征，出现了一系列新情况新问题。我们认为，在这种大背景下，要认真分析和把握检察工作发展与之相适应的明显阶段性特征：在发展水平方面，检察事业处于最好的历史发展时期，各项检察工作有了长足发展；同时总体水平还不高，东、中、西部检察机关发展差异较大，城乡、地区之间检察机关发展不平衡，执法办案数量、质量、效率、效果、规范都呈现出明显的差异性。在发展方式方面，检察工作的发展方式在逐步完善，同时因地区经济发展差异、保障水平参差不齐、保障结构多样化，执法办案中不规范、不文明、不廉洁现象时有反弹。在发展体制机制方面，现行的检察体制、机制总体上是同我国经济社会发展相适应，同政治体制、司法体制、权力协调与制约机制相协调的。随着形势的发展，也存在一些不相适应不相协调的地方，解决体制性障碍、机制性困扰、保障性束缚的任务依然艰巨。在协调发展方面，各项检察工作协调发展有明显进步，同时履行检察职能、维护社会和谐稳定的“大局”观念和“一线”意识还不强，反渎工作同反贪工作在力度、质量、效果上还存在较大差距，对诉讼活动的法律监督仍是薄弱环节，拓展农村检察工作的渠道、途径、方式还存在不少“盲区”，基层院履行法律监督工作职能任务艰巨而繁重，不敢监督、不愿监督、不善监督的问题仍然存在，同维护社会主义法制的统一、尊严、权威，维护社会公平正义的要求有差距。在发展保障方面，检察发展的保障水平有了较大提高，同时保障体制、机制与日益繁重的检察工作不相适应的矛盾仍然突出，信息技术装备水平与执法办案不相适应的矛盾仍然突出，整体保障水平与检察工作一体化、执法办案规范化要求的矛盾仍然突出。经费保障向基层倾斜的机制尚未建立，检察教育培训工作和检察文化建设欠账较多。在发展主体方面，检察队伍整体素质有了明显提高，同时与新形势新任务的要求不相适应，文化素质、专业素质不高，高层次、专家型人才缺乏，一些地方出现检察官断档，队伍管理不够规范，少数干警执法思想不够端正、纪律作风不过硬，执法违法甚至贪赃枉法的现象时有发生。在发展的理论及其文化方面，检察理论及其文化建设有了长足进步，同时完善具有实践特色、民族特色、时代特色的中国特色社会主义检察理论体系的任务仍然艰巨，推进学习型组织、学习型领导班子建设的任务繁重，检察文化的功能有待充分发挥。在发展开放性方面，通过推行检务公开，增强国际合作，加强司法民主，发展开放性增强，但在开放过程中坚持马克思主义在政法意识形态的指导地位，坚定信仰，抵制西化，回应质疑的措施和力度还有待提高。

把握历史方位。高检院新一届党组深入学习贯彻党的十七大和胡锦涛总书记等中央领导同志对检察工作的重要指示精神，就加强和改进检察工作作出一系列重要部署，提出了许多新思想、新判断、新论断。概括起来是：在政治方向上，提出要坚持中国特色社会主义的正确方向，始终坚持“三个至上”“三者统一”，始终做到“四个在心中”；在指导思想上，提出要把科学发展观作为长期坚持的重要战略思想；在执法理念上，提出要树立理性、平和、文明、规范的新理念，牢固树立推动科学发展、促进社会和谐的大局观，以人为本、执法为民的执法观，办案力度、质量、效率、效果相统一的政绩观，监督者更要接受监督的权力观；在工作目标上，提出要牢牢把握“一个保障，四个维护”的根本目标；在强化自身监督上，提出要牢固树立监督者必须接受监督的观念，切实把强化自身监督摆到与强化法律监督同等重要的位置来抓；在检察队伍建设上，提出要更加重视检察机关领导班子建设，始终把加强高素质检察队伍建设作为一项战略任务来抓，把检察队伍真正造就成为中国特色社会主义事业的建设者、捍卫者和社会公平正义的守护者；在基层检察院建设上，提出要大力推进基层检察院执法规范化、队伍专业化、管理科学化、保障现代化建设；在检察理论上，提出了中国特色社会主义检察制度“三个经历”“三个历史”的发展历程，具有五个方面的鲜明特色，具有历史必然性、内在合理性和明显优越性等等。这些工作思路牢牢把握了新时期检察工作所处的历史方位，深刻把握了新时期检察工作的运行规律，指明了人民检察机关所肩负的时代使命与历史责任，发展了中国特色社会主义检察制度的基本理论，丰富了中国特色社会主义检察工作实践，引领了中国特色社会主义检察事业科学发展、创新发展、健康发展，引领了全国检察工作正以前所未有的稳健步伐不断向前迈进。

找准推动检察工作科学发展的切入点。当前和今后一个时期，检察机关必须坚持以邓小平理论和“三个代表”重要思想为指导，深入贯彻落实科学发展观，全面贯彻党的十七届四中全会精神，着力抓好以下六个方面的工作。

一、以推进学习型检察院建设为抓手，强化思想政治建设

《决定》深刻指出，必须按照科学理论武装、具有世界眼光、善于把握规律、富有创新精神的要求，把建设马克思主义学习型政党作为重大而紧迫的战略任务抓紧抓好。检察机关贯彻落实十七届四中全会精神，必须以推进学习型检察院建设为抓手，强化思想政治建设，着力抓好以下三个方面。

（一）切实提高检察机关思想政治水平

要坚持把马克思主义作为检察工作的根本指导思想，用中国特色社会主义理论体系武装党员干部的头脑。要深入开展社会主义核心价值体系学习教育，把理想信念教育作为重中之重，不断增强贯彻党的基本理论、基本路线、基本纲领、基本经验的自觉性和坚定性，引导党员干部增强党的意识、宗旨意识、执政意识、大局意识、责任意识，筑牢思想防线。要不断深化对社会主义法治理念的认识，自觉践行社会主义法治理念的要求，始终坚持“三者统一”“三个至上”“四个在心中”，始终保持忠于党、忠于国家、忠于人民、忠于法律的政治本色。

（二）要增强检察工作的原则性、系统性、预见性和创造性

一要增强检察工作原则性。曹建明检察长提出的“一个保障、四个维护”是当前和今后一个时期检察机关必须牢牢把握的政治原则，要在检察工作中把握“三个坚持”（坚持社会主义法治理念，坚持三个至上，坚持“强化法律监督，维护公平正义”的检察工作主题）的硬道理、把握“四个维护”（维护社会主义法制的统一尊严权威、维护人民权益、维护社会和谐稳定、维护社会公平正义）的硬目标、把握“人民满意”的硬标准、把握“三个促进”（促进检察工作科学发展，促进检察机关法律监督能力的提高，促进检察机关公正、规范、文明执法水平的提高）的硬要求。二要增强检察工作的系统性。按照事物普遍联系的原理，坚持辩证法，一方面要把检察工作放在大局中来谋划和推进，切实增强服从、服务于党和国家工作大局的自觉性、坚定性；另一方面，要坚持“强化法律监督、维护公平正义”的检察工作主题，各项工作都要以执法办案为中心，做到环环相扣、整体推进、统筹兼顾。三要增强检察工作的预见性。坚持“三个贴近”“三个规律”：贴近人民群众对维护公平正义、保障法律统一正确实施的新要求、新期待，贴近基层检察工作面临的新情况、新问题，贴近推进检察工作科学发展面临的新挑战、新难题，适应经济发展规律，遵从法治建设规律，运用检察工作规律，增强工作的针对性和主动性，牢牢把握工作主动权。四要增强检察工作的创造性。思考和解决影响、制约法律监督

工作科学发展的体制性、机制性、保障性障碍，必须进一步解放思想，强化改革创新意识，在坚持中国特色社会主义伟大旗帜和中国特色社会主义道路的前提下，善于做到“三个贴近”，善于做到“五个结合”：理论与实践结合、继承与创新结合、典型试验与重点突破结合、抓关节点解扣与一般推进结合、总结经验与反思教训结合，为推动检察工作发展、完善中国特色社会主义检察制度提供不竭动力。

（三）努力建设学习型党组织、学习型领导班子和学习型检察院

要积极开展学习型党组织、学习型领导班子和学习型检察院创建活动，在检察机关营造崇尚学习的浓厚氛围。要在检察工作中落实《决定》科学理论武装、具有世界眼光、善于把握规律、富有创新精神的要求。科学理论武装就是要深入学习马克思列宁主义、毛泽东思想、邓小平理论、“三个代表”重要思想以及科学发展观，牢固树立辩证唯物主义和历史唯物主义世界观和方法论，系统掌握中国特色社会主义理论体系，进一步坚定理想信念，坚定马克思主义信仰，坚定中国特色社会主义信心，切实解决真学真懂真信真用问题。具有世界眼光，就是要从中国视角观察世界，以世界眼光观察中国发展、法治建设进程及人民检察事业的推进，紧紧围绕服从服务于国际国内两个大局，统筹推进中国特色社会主义检察事业发展。善于把握规律，就是要遵循党的执政规律、社会主义法治建设规律、中国特色社会主义检察制度建设规律，既要随着中国特色社会主义事业的推进而发展，又要以开放的眼光吸收人类社会法治和检察文化成果，不断丰富和发展中国特色社会主义检察事业。富有创新精神，就是要根据形势任务发展把握适应新形势、研究新情况、解决新问题，加快破除影响和制约检察工作科学发展的体制性、机制性和保障性障碍，把中国特色社会主义检察事业不断推向新的境界。

二、以坚持民主集中制为抓手，强化检察领导班子建设

《决定》强调，党内民主是党的生命，集中统一是党的力量保证；必须坚持民主基础上的集中和集中指导下的民主相结合，以保障党员民主权利为根本，以加强党内基层民主建设为基础，切实推进党内民主。贯彻落实《决定》要求，必须以坚持民主集中制为抓手，强化各级检察机关领导班子建设，着力抓好以下三个方面。

（一）要坚持和完善检察机关党的领导制度

从思想上政治上行动上强化党的意识，与党中央保持高度一致。创造性地贯彻党的路线方针政策，坚持把依法独立行使检察权与切实坚持党的领导统一

起来，严守党的纪律特别是政治纪律，保证中央政令畅通。健全党内请示报告制度，坚持重大情况、重大问题、重要案件向党委报告，查办县处级以上要案立案前要向同级党委请示报告，遇有不同意见要向上级院报告。要坚持各级院党组统揽全局、协调各方的领导核心作用，加强党组对检察机关重大问题的研究和部署，自觉把检察工作置于党的绝对领导之下。要保障检察机关党员的主体地位和民主权利，推进党务公开，鼓励和保护党员讲真话、讲心里话，营造党内民主讨论、民主监督的环境。

（二）要健全民主决策机制

要在各级检察机关党组加强民主集中制建设，按照集体领导、民主集中、个别酝酿、会议决定的原则决定重大事项；注意听取各方面意见，加强决策咨询、专家论证等工作，努力提高科学决策、民主决策、依法决策水平。要高度重视民主集中制在检委会工作中的运用，健全完善检委会民主决策机制，保障准确适用法律，有效处置检察工作的若干重大问题、疑难复杂案件，确保严格、公正、文明、廉洁执法。要落实重大决策报告制度，健全决策失误纠错改正机制和责任追究制度。完善集体领导与个人分工负责相结合的制度，完善检察长不同意检委会多数意见时，提请上级院、同级人大常委会决定、监督的提请机制，健全下级院争取上级院领导、上级院有效领导下级院的实现形式，加强协调配合，提高整体效能。

（三）要提高领导干部战略思维、创新思维、辩证思维能力

要从培养各级检察领导干部战略思维、创新思维、辩证思维能力入手，增强贯彻民主集中制的实效，增强谋划发展、公正司法、强化监督、服务大局的本领和群众工作、治检理务、协调各方、增强效能的本领，着力增强新形势下依法办案、突发事件处置、舆论引导、新兴媒体运用等方面的能力。一要提高各级检察领导干部的战略思维能力。善于围绕党和国家工作大局来谋划部署推进检察工作科学发展，自觉做到谋大事、懂全局、管本行。二要提高各级检察领导干部的创新思维能力。善于围绕影响和制约检察工作科学发展的重点、难点、热点、薄弱点问题，不断破解发展难题，适时提出新思路、新举措和新方法，引领检察工作全面协调健康持续发展。三要提高各级检察领导干部的辩证思维能力。善于结合检察工作中心及进程，适时总结新经验，自觉做到“六个坚持”：坚持执法公信，将公信力作为重要执法规律，作为战略任务和立身之本来建设；坚持服务大局，保持正确工作方向，准确把握工作重点；坚持科学发展，努力保持执法办案工作的平稳健康发展；坚持群众路线，全面加强检察机关群众工作；坚持与时俱进，以改革创新推进检察工作深入发展；坚持强基

固本，全面加强基层检察院建设。

三、以深化改革和规范管理为抓手，强化高素质检察队伍建设

《决定》明确提出，要深化干部人事制度改革，建设善于推动科学发展、促进社会和谐的高素质干部队伍。检察机关贯彻落实《决定》要求，关键是抓好深化改革和规范管理，着力推进以下三项工作。

（一）全力推进大规模教育培训

一要深刻认识检察队伍整体文化素养不高，专业素质不强、专门人才奇缺的现状，从贯彻落实中央干部培训工作部署、贯彻落实科学发展观、开创社会主义检察工作新局面的战略高度，切实增强大规模推进检察教育培训工作的重要性、必要性、紧迫性认识。二要坚定教育培训目标。我们提出，要按照“一般干部应知应会、中层骨干成为业务能手、检察长成为专家权威”的目标，通过未来 4 年的大规模教育培训，使全省检察机关本科以上干警比例达到 85%以上，硕士以上法律专门人才达到 10%，专门人才数量达到或高于干警总数的 2/3，各级院领导班子每院培养后备人才 3～5 人。三要完善教育培训内容，围绕全面提高思想政治素质、业务素质和职业道德素质，突出检察教育培训的特点、重点和系统性，形成以政治教育、专业理论、业务能力和综合素养为主体的内容体系。探索与高校联合创办检察专业法学硕士研究生班，将检察专业教育纳入国民教育体系。四要创新培训方式，抓好统筹推进工作。按照不同的培训层次和人员分类，实行对“专家权威”“业务能手”层次的培训由国家检察官学院和各分院统一规划实施；对“应知应会”层次的培训主要由本级通过岗位练兵的方式开展；对领导班子后备人才的培养，由各级院通过多种方式统筹推进，共同完成。五要加大经费投入，建立教育培训经费保障机制。以湖北为例，要完成上述教育培训目标，初步匡算需投入 1.3 亿元（其中本科教育经费 4 500 万元，硕士研究生教育经费1 650万元，博士研究生教育经费 900 万元，其他教学设备图书资料建设经费2 500万元）。以湖北为平均水平，则全国 30 多个省、市、自治区，须投入教育培训经费约 40 亿元。我们认为，未来 5～10 年，要积极争取党委、人大、政府支持，将国家检察官学院和 9 个分院的建设纳入国家“十一五”“十二五”发展规划，着力构建高素质人才教育培训基地、专门人才培养成长园区和各级领导班子后备人才培养实验基地；要实现由侧重抓“两房”建设向抓教育培训与信息化建设并重的转变，加大教育培训经费保障力度，切实解决教育投资历年欠账问题，像抓“两房”建设、信息化建设一样千方百计把智力投资、教育培训工作抓上去，提升检察机关综合软

实力。六要完善培训考评机制。建立干警教育培训档案，将参训干警的培训内容、学时、考试考评情况、品德操行、缺课补课情况全部登记入册，作为培养、选拔、使用干部和晋升职级的重要依据，以提高教育培训的实际效果。

（二）加强检察人员规范管理

一要坚持科学管理。完善绩效考评机制，健全科学的管理制度。加强上级院对下级院、各级院对内设机构及检察人员的绩效考评，形成统一的绩效考评体系，将绩效考评结果作为检察人员使用和管理的重要依据，及时奖优罚劣。探索新形势下落实奖惩机制的有效途径和办法。二要坚持严格管理。既要加大治懒治庸力度，严格执行管理制度，动真格、出实招、求实效，又要深入了解干部情况，完善日常性思想政治工作机制，健全交心谈心和异常行为发现、防范、矫正等制度，对干部存在的苗头性问题早发现、早提醒、早纠正。同时要把严格管理与关心爱护相结合，关心干警的职业发展，积极争取地方党委、政府的支持，逐步提高检察人员的职级、职数比例，建立健全检察职业保障机制。三要加强文化管理。建设和发展先进的检察文化有利于形成检察人员共同的价值体系，从而提高管理的成效，增强队伍的凝聚力、向心力和战斗力。今年以来，全省检察机关认真落实“忠诚、公正、清廉、文明”的检察职业道德规范，组织开展了“恪守检察职业道德、维护社会公平正义”主题实践活动。近期，我们认真贯彻高检院下发的《检察官职业道德基本准则》，积极倡导当代检察官应当具备的“十大素质”，部署开展争创“十型”（学习型、实干型、创新型、专业型、服务型、合作型、廉洁型、果敢型、信用型、文明型）检察官活动，进一步丰富了检察职业道德的内涵和时代特征，弘扬了先进检察文化，促进了队伍管理长效机制建设。

（三）深化检察人事管理改革

一是树立正确的用人导向。坚持德才兼备、以德为先的用人标准，真正把政治上靠得住、工作上有本事、作风上过得硬、人民群众信得过的干部选拔到检察领导岗位上来。二是完善科学的干部选拔任用机制。进一步规范和完善干部选拔任用程序，健全干部任用监督机制和干部选拔任用责任追究制度，做到程序科学、操作规范、监督到位，增强干部选拔任用的科学性、真实性和公信度。三是建立健全检察机关准入、退出机制和遴选制度。完善和规范准入程序，实行省级统一招录检察人员制度。建立基层院短期、中期、长期人员准入、退出、遴选总量流转预测机制和协调平衡机制，破解基层院和贫困边远地区进人难、司法考试通过率低、公务员考试门槛高、人员老化、检察官断档的难题，逐步形成基层院检察官动态平衡、上下有序流转、准入退出流畅的管理机制。四是加强对有发展潜力的年轻干部的培养选拔。按照素质优良、数量充足、结构合理、堪当重任的要求，加强后备干部的培养选拔工作。积极协助地方党委按照规定的比例确定后备干部人选，通过组织学习、挂职锻炼等多种途径培养后备干部。注意选拔培养女干部和少数民族干部。及时把条件成熟的后备干部选拔到领导岗位，实现后备干部的滚动发展。五是建立与公务员法相衔接、体现检察官规范管理要求的人员工资、津补贴等待遇保障标准体系。明确将检察人员分为检察官类、检察辅助人员类、综合管理类和专业技术类，规范职务晋升，细化级别晋升，规范职务与级别的关系，将四类人员的职务级别对应关系与工资、津补贴予以衔接。比照军队基层干部岗位津贴标准和艰苦地区补助标准办法，建立基层检察院工作人员岗位津贴标准和艰苦边远地区人员津贴标准，形成促使检察人员扎根基层和到艰苦边远地区工作的激励机制。

四、以夯实基层基础工作为抓手，强化基层检察院建设

《决定》提出，做好抓基层打基础工作，夯实党执政的组织基础。周永康同志在中央政法委专题学习党的十七届四中全会精神时强调，要抓基层，切实解决好政法工作的基础性问题。检察机关贯彻落实《决定》精神，要重点推进三项基础性工作。

（一）要充分发挥基层党组织作用

把围绕大局、服务中心、建设队伍贯穿检察机关基层党组织活动的始终，积极发挥好基层院党组的领导核心作用、基层党组织的战斗堡垒作用和先进党员的模范带头作用。要运用基层党组织覆盖面广、贴近干警的优势，进一步深化社会主义法治理念教育和执法公信力建设，增强基层干警依法履行法律监督职责的自觉性和责任感，着力解决不敢监督、不愿监督、不善监督等问题，切实把法律监督工作落实到基层。要合理设置和调整业务部门基层党组织，完善办案组临时党组织的设置和工作机制，充分发挥其对执法办案等业务工作的领导、监督和保障作用。找准党组织工作的切入点和着力点，探索符合时代特点、具有检察特色、适应实际要求的基层党组织工作方式，增强党组织工作的针对性和实效性。

（二）要明确和落实基层院建设的具体工作

开展基层院建设，要做好规划部署，更要抓好工作落实，扎扎实实地为基层办实事、办好事。今年以来，我们按照高检院关于基层院建设“四化”的要求，在对基层院建设情况进行调研的基础上，我们探索从抓具体实事入手推进基层院建设的新路子，研究提出了近期要着力抓好的 20 件实事，即在执法规

范化方面，要抓好把法律监督工作落实到基层和持续整治执法不规范问题等2项工作；在队伍专业化方面，要抓好执法公信力建设，“恪守检察职业道德，维护社会公平正义”主题实践活动，培养、树立和推广先进典型，基层院领导班子建设，由省院统筹全员实施3年轮训计划，会商组织、编制部门改进编制和进人管理，派出机构试点，探索实行小院整合，明确和落实检察人员职级待遇等9项工作；在管理科学化方面，要抓好加强群众工作，开通“12309”电话，基层院规范性文件的清理整顿和制作层报审批制度等3项工作；在保障现代化方面，要抓好人员经费和公用经费保障、实施科技强检4年目标规划（4年4.8亿元），协调建立基层院债务化解机制等3项工作；在组织领导方面，要抓好省院和市级院设立指导基层院建设专门机构、加强对基层院建设的指导、建立基层院结对共建制度等3项工作，确保基层院建设各项任务的落实。我们在就这20件实事征求基层院意见时，受到基层的一致欢迎，也收到了一些有建设性的反馈意见，目前正根据反馈意见对这项工作进行调整和完善。我们还将举办基层院建设现场观摩和经验交流会，着力推进基层院建设。

（三）要强化上级院抓基层院建设的责任

周永康同志强调，这些年基层基础建设得到了加强，但总体还比较薄弱，我们要更多地从领导机关找原因，要把领导精力更多地放到基层。今年年初，中政委和高检院对基层院建设进行了总体部署，基层院建设的指导思想、目标任务是明确的。我们认为，基层院建设是检察机关全系统的责任。省级院应当加强对基层检察院建设的领导和指导，结合实际认真做好整体规划、统筹协调、全面推进工作，协调解决基层院建设中的重点难点问题，进一步完善和落实上级院领导联系基层、业务部门对口指导等制度。市级检察院是基层院建设的“一线指挥部”，应当切实承担起领导基层院建设的直接责任，经常深入基层，实行面对面的指导，帮助解决实际困难，充分发挥承上启下、具体指导和协调落实作用。在抓好基层工作的同时，检察机关必须高度重视基础工作，主要是加强检务保障、强化检察人才工作、推进科技强检和健全制度机制等方面。

五、以弘扬党的优良作风为抓手，强化纪律作风建设

《决定》强调，执政党的党风，关系党的形象，关系党和人民事业成败。检察机关贯彻落实《决定》精神，必须把纪律作风建设放在重要位置来抓，继续丰富“作风建设年”活动等载体，提高纪律作风建设实效，带动和促进检察工作科学发展。

（一）大力弘扬密切联系群众的作风

周永康同志在中央政法委专题学习党的十七届四中全会精神时强调，要抓服务，切实解决好执法司法的人民性问题。在检察工作中弘扬密切联系群众的作风，就是要围绕“坚持执法为民、紧紧依靠人民、维护人民权益”加强检察机关群众工作，将执法为民意识、服务意识贯穿于各级领导干部对检察工作的决策部署中，落实到检察干警的具体执法行为上，体现在检察便民利民措施上，自觉接受人民群众对检察工作的监督，不断提高人民群众对检察工作的满意度。

今年以来，省院积极探索加强检察机关群众工作的方法，研究制定了《关于加强检察机关群众工作的指导意见》，进一步明确了工作中应当把握的指导思想、基本原则、目标任务和主要举措。各级检察机关认真组织贯彻落实，取得了积极成效。

（二）大力弘扬求真务实的作风

《决定》要求，把求真务实贯彻到治党治国各个方面各个环节，真正做到真抓实干、开拓创新。我们认为，弘扬求真务实的作风，关键是要在抓落实上下工夫。在工作方式上，要做到“三管齐下”：一要让各级检察机关领导干部深刻认识抓落实的重大意义；二要认真解决影响抓落实的突出问题；三要健全抓落实的制度和机制。近期，我们正按照这一思路，对抓工作落实进行探索。在对市级院和基层院落实省院部署情况进行检查调研的基础上，我们剖析了当前抓工作落实不够的六个方面的问题和原因，包括精神状态不振奋，思想认识、工作能力不高，工作作风不扎实，制度机制不健全，督促指导不力以及客观因素制约等；总结了6条需要健全的制度和机制，即落实检察工作一体化机制，明确规范性文件制定权限，建立健全工作指导制度，健全完善案件督办、交办制度，建立健全考核、问责机制，改进报告工作制度等。目前，全省各级院领导班子抓工作落实的自觉性有所提高，各级院都在认真对照查找问题、分析原因、寻求对策，同时进一步加强抓落实的制度机制建设，着力推动求真务实作风建设。

（三）大力弘扬艰苦奋斗的作风

要清醒看到检察工作中存在的困难和挑战以及检察工作与党和人民要求之间的差距，牢固树立为检察事业长期艰苦奋斗的思想。坚持勤俭节约、艰苦创业的原则，严格执行财经制度和经济工作纪律，厉行节约，精打细算，把有限的资金和资源用到实处，坚决反对铺张浪费、大手大脚、攀比奢华。在“两房”建设、信息化建设和其他基础设施建设工作中，都要具备长远眼光，加强科学规划，从国家和地区财力出发，从人民群众的立场和感情出发，切忌贪大求全、重复建设和搞政绩工程。要保持振奋的精神状态，怀着对人民群众的深厚感情和对党的事业高度负责的态度去工作，克难奋进，扎扎实实地抓好打基础、利长远的事情。

（四）大力弘扬批评与自我批评的作风

检察机关领导班子要带头开展严肃的批评和自我批评，发挥好表率作用。严格落实民主生活会制度，提高民主生活会质量。建立健全领导班子通过民意调查、走访人大代表、听取人大及其常委会对工作报告的审议、开辟网上征求意见专栏等形式征求社会各界意见的制度，畅通社会及公民对检察工作知情权、参与权、监督权的渠道，及时了解社情民意，自觉接受批评。要针对检察工作中存在的问题，适时开展批评与自我批评，讲正气、讲原则、讲纪律，反对好人主义、自由主义、极端个人主义；讲究方式方法，坚持与人为善、诚恳坦白、循序渐进、促进和谐，反对棍棒主义、惩办主义，促进形成团结协作、和谐共济的工作作风和生活作风。

六、以加强自身监督制约为抓手，强化执法公信力建设

《决定》强调，要加快推进惩治和预防腐败体系建设，深入开展反腐败斗争。执法公信力是确保检察机关发挥惩治和预防腐败职能取得反腐败斗争实效的关键因素。检察机关贯彻落实《决定》的要求，应当着力加强执法公信力建设，做好四个方面的工作。

（一）要充分发挥检察机关在惩治和预防腐败体系中的作用

要充分发挥检察机关查办职务犯罪的职能作用，促进反腐败斗争，深入推进惩治和预防腐败体系建设。通过依法履行法律监督职责，严肃查处执法不严、司法不公背后的职务犯罪，促进公正执法司法。要发挥职务犯罪预防在惩治和预防腐败体系中的作用，通过法律监督调查、检察建议、反腐倡廉教育、重大案件剖析和通报、警示教育活动等，积极推动廉政文化建设、管理制度建设，深化体制机制改革，形成有利于反腐倡廉建设的思想观念、文化氛围、体制条件和法制保障。

（二）要大力开展执法公信力建设

我们认为，必须将公信力看成检察机关重要的执法规律，作为战略任务，作为立身之本来看待、来建设。近期，我们举办了以“遵循执法公信力重要规律、着力推进中国特色社会主义检察事业科学发展”为主题的执法公信力建设论坛，通过与学界专家、各地检察人员共同探讨和交流，进一步厘清了执法公

信力建设的目标、任务和实现途径。我们认为，执法公信力建设的根本目标是“建设公正、高效、权威的社会主义检察制度”和“造就严格、公正、文明、廉洁执法的检察队伍”。今后的主要任务是：端正统一执法指导思想，奠定坚实思想基础引领公信；忠实履行法律监督职责，通过自身严格执法树立公信；不断深化工作机制建设，完善检察工作机制保障公信；坚持持续整治突出问题，公正规范文明执法赢得公信；全面加强检察队伍建设，提高法律监督能力增强公信；牢固树立执法为民宗旨，全面加强群众工作提升公信；加强自身反腐倡廉工作，确保队伍清正廉洁保持公信；加强监督制约机制建设，健全监督制约体系维护公信；深入抓好基层院建设，提升基层执法水平争取公信。在执法公信力建设过程中，要注重整体推进，注重进行配套制度建设，注重健全完善保障规范执法的长效机制，注重将承诺交给群众、由群众评价检验，注重把法律监督工作向基层延伸。同时，积极争取各级党委重视、人大监督，紧紧依靠人民群众和社会各界的支持，为推进执法公信力建设创造良好的外部环境。当前要高度重视对执法不规范、不公正、不文明问题的治理。近年来，湖北省院按照“坚持长期治理、健全长效机制、落实治本措施”的思路加强执法规范化建设，取得了积极成效。高检院在全国部署开展扣押冻结款物专项检查工作，抓住了要害，促进了规范执法，应当以此为重点将执法规范化建设持续深入地抓下去。

（三）要强化对检察机关自身的监督制约

检察机关必须牢固树立“监督者必须接受监督”的观念，把强化自身监督与强化法律监督放在同等重要的位置来抓。要进一步落实领导体制，加强自我约束，强化职能制约，加强专门监督，继续探索加强自身监督制约的形式和办法，积极推行“一案三卡”、流程监督、网上监督、跟踪监督等措施，认真落实巡视制度，健全和完善检务督察机制。要进一步建立健全对自身执法活动的监督制约体系，确保对执法办案的每个环节进行有效监督。紧紧抓住执法办案中的突出问题和薄弱环节，加强各业务部门之间的内部制约，加强纪检监察和检务督察部门对执法办案的监督制约，加强上级院对下级院的领导与指导，加强业务部门执法办案中的自身监督，完善接受人大监督、人民监督员监督、公安法院制约、人民群众监督、舆论监督等外部监督制约机制。

（四）要加强源头保障机制建设

要建立国家公共财政均等化公用经费保障体制，将检察机关的公用经费纳入国家公共财政均等化统一保障体制内，实行中央事权与财政保障的有机统一，确保从体制上、源头上治理司法执法不公、不严、不廉等突出问题。要建立健全检察公用经费保障标准体系，建立与经济社会发展相适应的正常公用经费增长机制，健全“收支两条线”财政管理机制，使检察机关罚没收入与支出真正彻底“脱钩”，截断检察机关为钱办案、办案为钱、受利益驱动违法违规办案的途径和渠道。

6. 关于加强和改进检察工作的思考*

党的十七大以来，中央领导周永康同志就加强和改进检察工作提出了一系列新判断新思想新指示。这对于完善中国特色社会主义检察制度、完成好新时期赋予检察机关的历史使命具有根本性、长远性的指导意义。贯彻落实周永康同志的重要指示，加强和改进检察工作，有几个问题需要扭住不放。

一、必须发挥中国特色社会主义检察制度的优越性

回顾我国检察制度移植、建立的百年史，特别是中国特色社会主义检察制度60年发展史，其优越性的主要表现是：在理论基础方面，坚持指导思想的一元化，以马克思列宁主义、毛泽东思想和中国特色社会主义理论作为行动指南，体现了中国特色检察制度创建、发展的明确方向与内在活的灵魂。在路径选择方面，她辩证扬弃了西方国家、苏联检察制度"不服水土"的内容。比如：在性质地位上，既没有选择西方国家检察权作为行政权的一个附属品，也没有全盘照搬苏联广泛而不受监督的检察权，定位于党的领导、人大监督下，与行政权、审判权、国防权协调匹配的法律监督机关；在领导体制上，既摒弃了西方国家"配置制""合署制"等做法，又没有全盘照搬苏联上下高度集中、垂直领导的做法，实行双重领导的体制，并与公安机关、人民法院坚持"分工负责、互相配合、互相制约"；在职权模式上，既摒弃了西方国家单纯公诉机关的模式，又摒弃了苏联一般监督的模式，实行批准和决定逮捕权、公诉权、职务犯罪侦查权以及对刑事诉讼、民事审判及行政诉讼活动的法律监督权相统一的职权模式。在结构功能方面，其法律地位的相对独立、组织结构的严密、职能配置的合理，凸显其促进依法治国、坚持执法为民、维护公平正义、保障

* 本文发表于中共中央政法委员会办公室《调研报告》2009年第10期。

服务大局、巩固党的执政地位的功能，体现了法治国家的目标要求。在运行机制方面，坚持双重领导体制前提下的检察工作一体化机制，有利于实现上下统一，防止检令不通；实现横向协作，防止相互掣肘；实现内部整合，防止各自为政；实现总体统筹，防止地方分散，体现了检察一体的组织原则。在规制管理方面，她既强调优化法律监督职能，又注重加强对检察权行使的监督与制约，符合“决策权、执行权和监督权既相互制约又相互协调的权力结构和运行机制”的根本要求。在制度体系的开放性方面，她坚持解放思想、实事求是、与时俱进、科学发展的思想路线，不断适应发展变化的新形势新任务和人民群众的新要求新期待，不断研究解决影响制约检察工作科学发展的体制性、机制性、保障性障碍，因而不断推动中国特色社会主义检察事业创新发展。

回顾检察机关恢复重建30年历史，我国理论界和司法实务界一直存在一股对我国检察制度提出种种质疑的“暗流”。究其原因，既有纯粹学术方面的探讨，也有对历史了解不够与反思不准确的论断；既有国内一个时期存在弘扬主旋律、坚持核心价值理念不够的倾向，也有西方敌对势力寻找“代言人”，企图从检察制度方面打开“缺口”，推销美式“三权分立”模式，从根本上动摇及至否定党的领导和根本政治制度，对我实现西化、分化的战略图谋等等。因此，坚定不移地坚持和发挥中国特色社会主义检察制度的优越性，一直关乎改革开放条件下维护党的执政地位、维护国家安全、维护人民权益、确保社会稳定的大局。当前，在部分党员领导干部、执法司法人员和社会群众中，仍然存在对其优越性认同不够、发挥不够等问题。建议采取各种形式在全党全社会广泛深入开展中国特色社会主义检察制度优越性的宣传教育，增强对其理论认同、心理认同和感情认同。同时，要理直气壮地用好这一制度，并且作为治国理政提升执政能力的一个重要方面。正如刘少奇同志早在20世纪50年代中期就形象地指出的，“检察院……要做党的挡箭牌”。

二、关于制约法律监督由“软”变“硬”的几个难点问题

贯彻落实周永康书记关于使法律监督由“软”变“硬”的指示精神，目前需要着力解决好几个难点问题。

（一）关于完善职务犯罪侦查权问题

我国法律关于检察机关职务犯罪侦查权的配置是合理的，与纪委的调查权、监察部门的行政监察权、公安安全机关的刑事侦查权的分工配合总体是匹配、衔接、协调的，但也面临侦查权限过窄、手段较单一、运行时有掣肘等问题。这些都直接影响和制约检察机关法律监督由“软”变“硬”。笔者建议：

第一，尽快制定“惩治贪污贿赂犯罪法”，赋予检察机关依法使用技术侦查措施的权利，并建立严格的审批监督程序。第二，完善刑事法律规定。主要是改变传统职务犯罪主体“身份论”的分类方法，而采用“职务论”标准进行分类界定；建立关联管辖制度，对与职务犯罪密切关联的伪证、包庇、窝赃、洗钱及恐怖犯罪、有组织犯罪等直接立案侦查；完善监视居住的规定，科学界定传唤讯问犯罪嫌疑人的时限规定，既有利于突破案件又有利于保障人权。第三，完善党内报告制度。要案党内请示范围宜限定于县处级以上公务人员，对其立案、采取强制措施，须向党委请示报告。这关乎党执政的原则立场，任何时候都不能动摇。但检察机关在向当地党委报告的同时，还应向上级检察机关报告；地方党委与上级检察机关意见不一致时，应由上一级党委决定。

（二）关于强化对刑事立案和侦查活动的法律监督问题

我国摒弃了西方国家“检察指挥警察”的模式，贯彻了“分工负责、互相配合、互相制约”的原则，检察机关对刑事立案和侦查活动的监督制约总体是合理的，但也存在“知情难”“监督不力”问题。据调查统计，2003～2007年，全国公安机关共立案各类刑事犯罪案件 2 316 万件，破案 1 056.6 万件，破案率为 45.6%，其中命案破案率高达 90%以上，在世界居首；未破案件达 1 260 余万件，高于已破案件数。按未破获 1 件案件直接影响被害人及其近亲属的权益 4 人计算，未破案件直接危害或影响的社会群体全国达 5 040 万人，按 2007 年度统计年鉴全国 131 448 万人计算，直接影响波及面为 3.83%，成为破解人民群众最关心最直接最现实利益问题的焦点问题之一。但同期检察机关受理批捕案件数占刑事案件发案数的 13.2%，破案数的 28.9%，刑事发案、立案、破案活动有高达 70%以上的案件没有纳入检察机关的监督视野；检察机关开展立案监督、追捕件数不足同期公安机关立案的 1%。究其原因是多方面的，其中重要一条就是公安机关报送信息、接受监督的立法及体制机制存在缺陷。同时，全国检察机关侦查监督部门人员配置共 3 万余人，按每人每年监督未破获案件 100 件计算，须增编 4.6 万人，按每人每年监督未破获案件 300 件计算，则须增编 1.53 万人。笔者建议，中央给刑事、民事、行政诉讼监督工作增加专项编制；总结一些地方如湖北省襄樊市南漳县等地创造的经验，明确公安机关每月向检察机关报送发案、立案、破案、撤案以及变更强制措施等情况，解决“知情难”问题；检察机关通过提出法律监督调查、检察建议、纠正违法等多种形式逐案进行监督，解决“监督不力”问题，真正实现对刑事立案和侦查活动监督的由“软”变“硬”。

（三）关于对行政（执法）权的监督问题

目前，我国司法机关对行政权的监督，一是公民、法人或者其他组织认为行政机关和行政机关工作人员的具体行政行为侵犯其合法权益，有权依照法律向人民法院提起诉讼；一是检察机关依法对构成犯罪的行政执法人员行使职务犯罪侦查权。从实践情况看，当前检察机关对行政执法不作为、乱作为监督衔接机制不畅，客观存在"监督软""监督难硬"问题。据调查统计，2003～2006年，全国药检、土地、物价、国税、地税、审计、农业、林业、工商、质检等11个行政执法部门立案查处1 440.56万件，移送司法机关追究刑事责任仅3.6万件，占0.24%。人民群众对行政执法不严、不公、不廉问题反映较为强烈。对于行政权的监督，我党第一代、第二代领导集体在设计政治、司法制度时，取消了检察机关的一般监督，实践证明是对的。2001年，国务院第310号令《行政执法机关移送涉嫌犯罪案件的规定》，要求行政执法机关依法接受人民检察院的监督，依照《立法法》规定来看有缺陷。笔者建议，在坚持不搞"一般监督"的前提下，赋予检察机关对行政执法活动的知情权、违法行为调查权等，使之与职务犯罪侦查权相衔接，加强对行政（执法）权的监督制约。

三、关于检务保障体制改革问题

最近，中央提出了"明确责任、分类负担、收支脱钩、全额保障"政法经费保障体制的改革方案。从财政部门提供的方案来看，这是一个过渡性方案，离周永康同志2008年2月在深化司法体制改革调研工作座谈会上的战略思考有差距。

从调查情况看，政法检察保障体制的几个问题是"躲不过、绕不开"的。主要是：(1)政法经费收入支出占财政收入支出比例一直偏低。2003～2006年国防支出占国家财政支出的比例始终在7.5%左右，而同期公检法总支出占国家财政支出5.3%左右，相差2个百分点左右。(2)基层政法机关经费保障标准参差不齐。当前，现行政法机关公用经费保障虽有标准，但执行起来千差万别，标准不统一、类别多、差异性大。人员经费除工资标准执行较到位外，津补贴标准五花八门，东西部地区以及同一省份不同地区之间都不平衡，与垂直部门相比差距更大，基层执法人员待遇低主要是这一块。据抽样调查，2006年东部地区上海市基层检察院人均津补贴28 843元，福建省基层院12 560元。中部地区江西省基层检察院人均津补贴7 981元，海南省基层院4 478元。西部地区陕西省基层检察院人均津补贴6 271元，西藏地区基层院14 769元。东部地区上海市基层院是中部地区海南省基层院的6.4倍，是西部陕西省基层院的4.6倍。同一省区干警收入差异也很大，如广东省的珠海市检察机关与清远市检察机关同级别干警年收入相差近10万元；2003～2007年湖北省武汉、黄冈、咸宁检察机关年人均工资及津补贴分别为38 214元、20 324元和18 801元，其中武汉市的津补贴是英山、大悟等地的6倍多。同时，检察机关津补贴同垂直管理部门相比，差距悬殊更大。据抽样调查，湖北省国税系统津补贴月人均为4 100元（年人均49 200元），而湖北检察机关津补贴月人均仅为920元（年人均11 040元），是检察机关的4.5倍。津补贴待遇差异大的根源是由“分灶吃饭、分级保障”的传统保障体制决定的。提高并统一（以省为单位）津补贴标准成了破解基层政法干警“待遇低、不平衡、留不住人”的症结之一。（3）传统的经费保障体制仍然制约法律监督工作健康发展。在“分灶吃饭、分级负担”的传统司法保障体制下，检察经费保障完全依赖和受制于地方，收支挂钩、以收定支、赃款返还等问题30年来长期困扰检察机关，一直没有根本解决。据调查，2003～2006年，全国检察机关经费收入中赃款返还83亿元，占经费总收入的14.18%，其中赃款返还用于人员经费开支、公用经费开支、装备费开支的比例分别为2.6%、20.8%、25.6%。全国检察机关仅有经济发达的北京、上海市真正做到了赃款返还与经费保障彻底脱钩。赃款返还占经费收入比例最高的省份是江西、湖南，前十位分别是江西、湖南、河北、吉林、黑龙江、山东、广西、安徽、湖北、河南。

鉴于我国财力现状和工作实际需要，建议建立国家公共财政均等化保障体制，主要解决以下问题：（1）适当调整国家财政支出结构。建议遵循公共财政管理规律，适当提高政法经费支出在国民收入再分配中的比例，即增加2个百分点（达7.3%左右），略低于国防支出比例，以从源头治理政法机关因国民收入再分配不足而滥用执法权（司法权）强制进入国民收入初次分配环节，扰动初次分配秩序，损害生产、分配、流转活动，并滋生“执法不公、不严、不廉”“办案为钱、为钱办案”等问题。（2）建立国家公共财政相对均等化保障体制。建议借鉴中央垂管部门经费保障体制改革成功的经验，其经费来源由中央、省级两级负责，做到四个统一规范：统一规范政法检察人员津补贴补助标准，明确以省会城市政法检察人员平均津补贴标准作为各省政法检察人员津补贴标准；统一规范省、市、县三级公用经费保障标准；统一规范政法检察装备经费保障标准；统一规范政法检察基础设施建设标准。（3）逐步探索建立与公务员法相衔接、体现检察官法规范管理要求的政法检察人员工资待遇标准体系，促进人往基层去、基层留得住人才机制的建立。

四、关于加强检察队伍专业化建设问题

周永康同志多次强调要加强队伍专业化建设，这是体现检察队伍建设规律、加强检察队伍建设的重要方向。目前，检察队伍专业化建议解决好以下三个问题：一是人才断档问题。检察官年龄偏大一点比较符合专业要求，但要解决进人渠道不畅、检察官断档问题。二是教育培训问题。建立检察理论国民教育体系，"检察学"应作为高等学校（院所）本科生必修课程；把检察制度的基本知识纳入全国"六五""七五""八五"普法计划，使全民增强对检察机关的了解。开展正规化分类培训工作，主要是抓好职业准入、岗位技能、职务晋升、领导素能培训，特别是新进人员必须脱产一年进行检察理论学习，一年进行基层实践锻炼。三是留住人才问题。当前基层面临"进人难，留人也难"的尴尬局面。中央司法改革方案已出台了向基层倾斜的措施，关键是协调中组部、中编办、人力资源和社会保障部、财政部等部门制定可操作性文件抓好落实。

五、关于检察机关执法公信力问题

检察机关执法公信力，是检察机关作为执法主体，根据既定的法律规范，对违法犯罪行为适用法律进行处置的全部活动、结果为社会所认同、支持、满意的一种最佳状态。提高检察机关执法公信力最根本、最核心的要求是贯彻周永康书记指示精神，坚持宪法定位，切实把工夫下在监督上，主要是选好切入点，全面加强对执法司法各个环节的监督；找准着力点，积极回应人民群众的新要求新期待；抓好落脚点，努力增强法律监督工作的实际成效。

加强检察机关执法公信力建设主要应从四个方面着力：一是工作部署问题。既要研究制定总体规划，又要出台具体工作部署，还要使全国各级检察机关都能积极参与，形成整体合力。二是工作措施问题。要找准"抓手"，针对突出问题，研究制定一些有效的、具体的、可操作的措施和办法。三是工作考评问题。采取职能评价、公信评价、抽样调查、重点解剖、第三方评估等形式，科学考评，加强引导。四是工作策略问题。坚持从实际出发，采取稳扎稳打、步步深入、集小胜为大胜的策略方法，推动执法公信力建设切实取得实效。

7. 当代检察制度产生及其发展*

一、检察制度在国家政治制度中的地位

检察，作为一种执法活动，是检察机关根据法律的授权，对法律执行和遵守情况进行监督的活动。

检察制度，则是由国家制定和认可的有关检察机关的性质、任务、职权、组织机构和活动原则等一系列制度的总和。❶ 其产生和发展根源于一国特定的社会物质生活条件，在不同历史阶段上和不同国度里则表现出不同的特点。它同其他政治上层建筑、思想文化上层建筑密不可分。检察制度既是国家制度的一个重要组成部分，也是现代司法制度的重要组成部分。检察制度的性质是由国家制度所决定的。其作为国家制度的一部分同样是由经济基础决定的，同时又与历史及文化背景密不可分。检察制度通过其职能的行使为经济基础服务。经济基础发生变化，作为政治上层建筑一部分的检察制度也必将随之发生变化。检察制度具有三个特征：

（1）制定的强制性。由宪法、组织法、刑事诉讼法、检察官法等制定。

（2）职能的统一性。一是保障检察机关和检察官有效地行使监督职能；二是保证国家法律得到有效的执行和遵守。

（3）存在的普遍性。当今世界200多个国家和地区都有检察制度。❷

检察制度的划分，有两种不同的标准：（1）按性质划分——资本主义检察制度与社会主义检察制度。（2）按体系结构划分——英美法系检察制度、大陆

---

* 湖北省检察机关高级检察官培训讲义材料。

❶ 张穹："当代检察机关的架构"，载《法律教育》2004年第1期。http：//www.chinalawedu.com/news.

❷ 同上。

法系检察制度与中国特色检察制度。

检察制度模式的产生分为两种：(1) 某个强大国家首先形成了自己的检察制度，然后推广到其他国家，形成一种模式，如英国、法国。(2) 很多国家从本国国情出发，对各类模式进行扬弃、吸收，建立兼有多种特征、适合本国需要、具有本国特色的检察制度，如中国。

二、当代检察制度的历史沿革与发展

现代检察制度起源于中世纪的法国和英国。其共同背景是两国当时都处于封建割据状况，检察制度是适应当时加强以国王为代表的中央集权、同宗教势力进行斗争、实现民族国家的统一、对抗封建司法专横这一历史需要而产生的。由于两国政治、经济、文化的差异性，逐步演变成两大法系检察制度并行的格局。

(一) 大陆法系检察制度的产生和发展

法国检察制度的产生及其发展大致经历了三个阶段。

第一阶段——创建期。11～12世纪，法国处于封建割据状态，封建领主、教会教士、城市教会对领地居民都有司法权；国王法院只能管辖其领地内的案件。这就极大地限制了王权的统一行使。13世纪（相当于宋、元时期），法王路易九世实行改革：(1) 将封建主的司法权置于王室法院管辖之下；(2) 对教会、城市法院的审判权作了限制。❶ 1285年，菲利浦四世（1285～1314）改革：(1) 扩大王权，战胜了教权。(2) 改以当事人自诉为主的弹劾主义诉讼模式为国家主动追究的职权主义诉讼模式。(3) 原来的检察官（国王的律师）的任务是代表国王个人处理与诸侯的纠纷：①财政；②税务；③领土。现在作为专职官员，则具有政府公诉人的地位。其职责有6项：①听取私人控告；②侦查案件；③提起公诉；④支持控诉；⑤抗议法庭判决；⑥代表国王监督地方行政当局。❷ 17世纪，路易十四将其定名为总检察官，下设检察官于各级法院。从此，近代意义的检察制度形成。

第二阶段——定型期。1790年8月14～16日，经过大革命组成的国民议会通过法令，规定检察官是行政派在各级法院的代表。❸ 1808年，《刑事诉讼法典》全面规定了检察官在刑事诉讼中的地位和职权，检察官的组织体系、领

❶ 曾宪义主编：《检察制度史略》，中国检察出版社1989年版，第310页。

❷ 同上书，第311页。

❸ 王桂五主编：《中华人民共和国检察制度研究》，法律出版社1991年版，第5页。

导体制等日趋成熟，此后200年未有大的变化。❶ 法国检察制度影响了世界许多国家。欧洲大陆的比利时、德国、意大利和亚洲的日本等国及法国在拉丁美洲、非洲的殖民地国家纷纷仿效，从而形成了以法国为代表的大陆法系110个国家的检察制度。

第三阶段——改革期。为适应现代检察制度的发展，20世纪90年代末期，法国对检察制度进行了一系列改革。❷ 1997～2004年，法国提出了一系列改革方案：

（1）在最高司法会议方面，继1993年设立法官事务委员会与检察官事务委员会后，进一步规定其组成人员为总统、司法部长、5名检察官、1名法官、行政法院院长和6名行政机构人员。1998年宪法第65条修正案又规定了11名非成员、10名司法官。这就增强了司法机关管理的开放性，突出了检察机关的司法地位，加强了对检察官职业的保障。同时，由于所有的检察官都必须按照最高司法会议的意见任命，加强了检察官和检察长行使职权的独立性。

（2）在领导体制方面，个案不再受司法部长的任何指令。1999年6月29日，国民议会通过《刑事方面的公共行动法案》，提出三项原则：①总检察长有权监督司法部长发出的关于刑事政策方面的指令在上诉法院的运用，并协调大审法庭的运用；②总检察长对上诉法院辖区的检察官有支配权；③检察官职责法定。从而使检察机关上下级之间的领导与被领导关系得到加强，促进其高效、协调、统一运转。

（3）在对警察的控制方面，侦查权由司法警察、检察官和预审法官行使。1998年的法案加强了司法官对警察的控制。

（4）在职权方面，检察官享有比当事人大得多的权力。包括：行使社会诉权、维护社会利益、获得广泛的信息权、对司法警察调查的领导权。在公诉方面，推行便利诉讼替代措施。1959年修订的《刑事诉讼法典》与2004年的改革，检察官对介于公诉和简单不起诉之间的轻罪或部分违警罪，可采取刑事调解、补救条件下的不起诉、赔偿、延期决定等，以替代提起公诉。其限制是：轻罪经大审法庭庭长批准，违警罪经小审法庭庭长批准，并经受害人同意。如：①罚金（5万元）；②没收犯罪工具和犯罪所得；③吊销驾照、狩猎许可证（4个月）；④无报酬的公益劳动（60小时～6个月）。这表明，其改革并没有因为担心检察官自由裁量权的滥用而缩小其权力，也没有为了提高效率而放

---

❶ 王桂五主编：《中华人民共和国检察制度研究》，法律出版社1991年版，第5页。

❷ 魏武：《法德检察制度》，中国检察出版社2008年版，第13～14页。

任裁量权的运用。❶

（二）英美法系检察制度的产生和发展

1. 英国检察制度的建立和发展

英国检察制度同样经历了创建、定型、改革等三个阶段。

第一阶段——创建期。其经济、政治根源同法国相似。其检察制度是从国王的法律代理人演化而来的。11～12世纪，英国同法国一样处于封建割据状态，各地司法自成体系。1166年，亨利二世设立专司向法院控告重大刑事案的12名陪审员。其职责：（1）负责逮捕犯罪嫌疑人；（2）调查犯罪；（3）将案件提交皇室的巡回法官审判。❷ 1215年，英国大宪章确立"受同等裁判"的公民权利后，（1）仍有调查犯罪的权力；（2）审查其他主体的起诉，决定许可起诉或者驳回；（3）同时，英王派律师代替英王起诉，其检察制度逐渐创立。

第二阶段——定型期。1461年，英王律师更名为总检察长，同时设置"国王辩护人"，后于1515年更名为副总检察长，专司对破坏王室利益案件的侦查、起诉和听审。其身份具有多重性：（1）总检察长；（2）女王的法律顾问；（3）政府的法律官员；（4）律师界的领袖。其制度体系500年间无大的变化。

第三阶段——改革期。1946年，英国检察工作改内政大臣领导为首相直接领导。英国检察机关的行政权属性较为明显，并且追诉犯罪的权力大部分不由检察机关垄断行使，任何人都有起诉权。这种组织松散、职责不明、追诉软弱的状况，受到各界批评，至20世纪70年代达到高潮。卡拉汉首相于1977年授权展开对检察机构和刑事诉讼的研究。1981年，其建议议会立法建立新检察机构。1983年，内政部发表白皮书。1984年《犯罪起诉法》草案提交议会审议。1985年5月，撒切尔夫人执政时国会通过《犯罪起诉法》：（1）1986年10月起，成立皇家检察署；（2）制定《皇家检察官规则》；（3）在全国设立独立于检察机构之外的在总检察长监督下由检察长领导的中央集权的检察机构，❸ 中央设总检察长和皇家检察院，下设各级皇家检察院，并在英格兰、威尔士设42个地区检察院、31个区院、55个分院；❹（4）检察机构不对地方政

❶ 魏武：《法德检察制度》，中国检察出版社2008年版，第43～79页。

❷ 龙宗智：《检察制度教程》，中国检察出版社2006年版。

❸ 刘立宪、谢鹏程主编：《海外司法改革的走向》，中国方正出版社2000年版，第96～97页。

❹ 何家弘主编：《检察制度比较研究》，中国检察出版社2008年版，第28页。

府负责，不受制于警察系统，实行垂直领导，负责起诉由警察局侦查终结的所有刑事案件，[1] 其在刑事诉讼中具有诉讼指导权、起诉权、不诉权、辩诉交易权、复议权；[2]（5）依据《严重欺诈局法》，建立总检察长领导下的严重欺诈局，直接立案侦查起诉500万英镑以上的重大、复杂欺诈案件。1998年，议会决定进一步推进检察制度改革：（1）检察官在警察局派驻律师；（2）向警察执行提供建议；（3）加强检察官在刑事侦查中的作用。从而使英国检察制度同现代检察制度相衔接。[3] 这一制度模式为英联邦国家所效法，新西兰、挪威、乌干达、南非等相继成立了由总检察长领导下的反贪局。[4]

英国不仅作为英美法系检察制度的代表，而且在苏格兰保留大陆法系检察制度的独特传统，成为两大法系检察制度“双轨运行”的国家。苏格兰实行大陆法系检察制度的历史渊源是，1295年苏格兰同法国结盟，检察制度同英格兰相左；1707年苏格兰才成为英国的一部分，但其司法检察体制保持独立。其特点是：（1）检察机关既不属于法院，也不属于政府，它由总检察长统一领导，向国会负责；（2）所有检察官以总检察长名义办理案件，总检察长有最终裁定权；（3）所有检察官都由总检察长任命；（4）经费由中央财政统一拨款。其职责有四项：（1）实行起诉垄断主义，所有刑事犯罪都由其提交法庭审判；（2）对严重欺诈、警察违法、死因不明等三类案件进行侦查；（3）起草法律草案，向政府部门提供法律咨询；（4）对一些涉及政府和公益的事务进行监督和管理，如慈善事业和无主财产的管理。[5]

2. 美国检察制度的产生和发展

（1）从产生看，美国的检察制度，既仿效英国，又受荷兰与法国的影响，具有自身的特点。授权总统任命一名总检察长和若干联邦检察官。同年，华盛顿任命埃德蒙·伦道夫（Edmund Randolph）为首任总检察长。[6] 其职责：①内阁首席法律官员和法律顾问，协助总统处理有关法律问题和事件；②不是政府机构的首长；③与联邦检察官没有领导、监督关系。1870年，成立司法部，部长既作内阁成员，又作总检察长。联邦检察官分设于联邦地区的辖区

---

[1] 程汉大、李培锋：《英国司法制度史》，清华大学出版社2007年版，第404页。

[2] 李粤贵：“中央检察制度考察”，载《南风窗》2003年第22期。

[3] 程汉大、李培锋：《英国司法制度史》，清华大学出版社2007年版，第404页。

[4] 张穹：“当代检察机关的架构”，载《法律教育》，http://www.chinalawedu.com/news/第5页。

[5] 同上书，第4页。

[6] 樊崇义等主编：《域外检察制度研究》，中国人民公安大学出版社2008年版，第42页。

内。总检察长由总统提名，征得参议院同意后任命。检察长由总检察长提名，参议院批准，总统任命。总检察长领导、监督联邦检察长和检察官。

（2）从职权看，主要包括侦查职能与诉讼职能。

第一，其侦查职权包括：（1）由检察官领导或协同警察或者执法人员对犯罪进行侦查；（2）由检察官对官员腐败犯罪案件直接进行侦查；（3）由联邦检察长对高级官员犯罪案件任命特别检察官进行侦查；（4）对总统、副总统、部长等白领犯罪案件任命独立检察官进行调查。❶

第二，提起、支持公诉权与辩诉交易。主要包括一种是轻罪、违警罪由检察官直接起诉；❷一种是重罪案，由联邦检察官向大陪审团提供证据和法律咨询，并由其决定是否起诉；③大陪审团决定起诉，检察官成为公诉的执行者。

第三，参与民事诉讼权，即对一切“涉及合众国利益”的民事案件有干预之权。❸包括取证权、优先审理权、和解权与公民、团体诉讼相互配置与制约等。❹

第四，提供法律咨询权。

第五，对行政监督或对各种委员会监督的权力。❺

（3）从特点看，联邦检察制度与各州独立的检察制度并存，即“双轨制”。其名称有的称法务局，有的称检察署，也有的称检察事务所。

（4）从独立检察官制度创设实践看，其制度运行成本居高，政治风险颇大，因而“寿命”较短。独立检察官制度是美国政治法律制度的产物，其制度创设的直接诱因是1973年的“水门事件”。按照此前的法律，政府最高层的腐败案件一般只能由司法部任命的检察官调查，但此次涉及总统本人，为了解决公正性问题，国会投票表决，一致通过任命了一位“独立检察官”调查此事。1978年，国会通过了《政府道德法》，把这一制度正式确定下来。独立检察官的职责包括：①可以独立对总统、副总统和高级官员等8种人进行调查；②接受国会的监督；③根据可信的事实证据，向国会提出是否需要弹劾相关人员的建议。独立检察官制度建立后，共任命了8位独立检察官，历四届政府，为展开调查共耗资15亿美元。其中，克林顿“拉链门”事件，独立检察官斯塔尔耗资2 500万美元，仍未能将克林顿治罪，倒是使美国政要首脑在国际上出尽

---

❶ 何家弘主编：《检察制度比较研究》，中国检察出版社2008年版，第18～19页。

❷ 曾宪义主编：《检察制度史略》，中国检察出版社1989年版，第272～273页。

❸ 同上书，第274页。

❹ 樊崇义等主编：《域外检察制度研究》，中国人民公安大学出版社2008年版，第83～85页。

❺ 曾宪义主编：《检察制度史略》，中国检察出版社1989年版，第274页。

了"洋相"，颜面尽失，莱温斯基至今仍因是"拉链门"事件当事人而不能嫁人。该制度因运行成本昂贵而颇遭国人微词。1999 年 6 月 30 日，由美国司法部副部长霍尔德、克林顿的律师久奈特、雷诺等人提出反对议案，这部法令未获延长，独立检察官制度至此寿终正寝。

萌芽于黑暗中世纪中期、形成于中世纪后期、定型于近代资产阶级大革命时期的英美法系检察制度，随着 20 世纪初英美势力扩张，依其范本在加拿大、澳大利亚、印度等 59 个英美法系国家建立起来。

（三）21 世纪两大法系检察制度的融合趋势

进入 21 世纪初，泛欧国家连续召开会议，讨论欧洲及泛欧国家检察机关之间面临的协调、正义、统一、人权、效率五大问题。这标志着两大法系检察制度出现了融合的趋势。

第一，从历史背景看，"苏东"剧变后，欧洲国家达到 46 个。20 世纪 90 年代以来，以信息技术革命为先导的人类历史上第 6 次生产力高潮在世界范围内掀起，世界经济呈现出全球化、一体化的趋势。美国作为"新经济"的代表，在国际竞争中独领风骚。为了应对国际范围内的竞争与挑战，欧洲国家首脑积极推进一体化进程。在经济方面，以 1968 年 7 月 1 日实现关税同盟为发端，1993 年基本建成欧洲统一大市场，1999 年 1 月 1 日欧元在 11 个成员国启动，2002 年 3 月 1 日欧元正式成为欧元区统一货币，"经济一体化"的格局基本形成。在政治方面，随着《马斯特里赫特条约》（即欧洲联盟条约）于 1993 年 1 月 1 日生效，欧共体演化为欧洲联盟（European Union），简称欧盟（EU）。欧盟下设理事会（分为欧盟首脑会议和部长理事会：前者负责确定大政方针；后者负责日常决策，拥有欧盟立法权）、欧盟委员会、欧洲议会，"政治一体化"的制度完备，功能完善。在司法仲裁方面，设有欧洲法院；还有，1953 年 9 月 3 日《欧洲人权公约》（由 21 个国家外长于 1950 年签署）生效后，建立了欧洲人权机构，旨在保护欧洲人的生命、人身自由与安全，言论、集会、结社自由，公平和公开审判等 12 项权利，并由欧洲人权委员会、欧洲人权法院和部长委员会分别行使调解或政治性解决、司法审判和监督执行的职能，共同担负维护人权的责任，司法审判尤其是人权方面的"司法一体化"比较成熟。在警察方面，于 1995 年 7 月 26 日签署《欧洲警察协定》，1998 年 9 月起开始运行；由于各国意见不统一，欧洲警察机关目前仅负责信息情报的收集、传递及利用，但"警察一体化"已经起步。1999 年 9 月，司法和内政事务部门（JHA）成立；同年 10 月 15 日至 17 日，欧盟 15 国领导人在芬兰的坦佩雷召开理事会特别会议，讨论打击犯罪、移民和避难、建立欧洲司法区的问题。在共同外交和安全政策方面，从1954年欧洲防务集团构想（EDC）的提出到20世纪70年代政治合作（EPC）机制的出台，从1986年《单一欧洲法令》的签署到1993年《欧盟条约》、1997年《阿姆斯特丹协定》的签署，并提出设立共同外交和安全政策高级代表办公室，负责政策规划和同盟外危机的预警，1999年前北约秘书长贾维尔·索拉纳就任首任代表，制定并完善了共同外交和安全政策的五项基本目标，这些都标志着欧洲外交和安全政策一体化进入快速发展阶段。在领土防卫上，由北约或一国自己实施，"领土防卫一体化"还保有冷战时期"北约防务"的机制。在社会咨询方面，设立了审计院和社会经济委员会等常设机构，等等。欧盟出现经济、政治、司法、警察、外交、防务等"一体化"。

随着欧盟政治、经济、外交、军事安全、司法、警察、中介咨询等一体化进程的加快，欧盟司法领域尤其是检察院之间的不统一面临五大挑战：（1）司法协助的挑战。欧盟内人员跨国流动的增加，使得欧盟各国不同检察制度、公诉权的行使存在司法协助困难。（2）打击犯罪效率的挑战。欧盟内的洗钱、贩毒、非法移民、白领等跨国犯罪活动日益猖獗，给提高打击犯罪效率提出新的挑战。（3）跨国犯罪迅猛增加的挑战。不少人担心，东欧国家加入欧盟以后，跨国犯罪问题会有增无减。（4）国家主权的挑战。不少成员国担心失去司法、警察事务等国家主权，欧盟在打击犯罪、统一移民和避难政策、欧盟外部边境控制等问题上多年来没有取得大的进展。（5）国际与地区合作的挑战。在维护社会正义、尊重人权、保障法律统一正确实施、加强国际合作与协调一致等方面，检察官和检察院遇到前所未有的困难。

第二，从面临的挑战看，为了应对挑战，2000年5月，欧洲委员会在法国斯特拉斯堡召开泛欧会议，邀请41个成员国的总检察长参加会议，提出了建立欧洲检察官会议制度的建议，其目的是构建21世纪检察院的蓝图。2000年8月6日，欧洲委员会第724次部长级代表大会，通过了《关于刑事司法体系中检察官的角色定位》的〔2000〕19号建议案，就检察机关实现成员国间的互助，推动法律优先化，打击刑事犯罪方面扩大国际合作的效率，检察机关的职权，检察官的准入、晋升、调动的程序公正及司法保护，检察机关同法官、警察关系的协商一致等等，提出诸多原则性意见，从而启动了泛欧国家检察机关协调与合作，为实现"检察一体化"迈出了第一步。2000年9月，欧洲委员会和意大利当局协作，27个成员国的专家在卡塞塔召开会议，商讨了打击集团犯罪以保护社会的有关细节，强调国际协作必须建立更高层次的框架接触和信息交流，并发展检察机关的国际协作。2000年10月，保加利亚检察长邀请中欧和东欧检察长会议（OCTOPUS）在保加利亚首都索菲亚讨论打击集团犯罪的有关具体策略，分析了建立欧洲司法网来打击集团犯罪活动和贪污受贿行为的必要性。❶

2001 年 5 月 12～16 日，第二届泛欧总检察长会议在罗马尼亚的布加勒斯特举行，旨在讨论协调指导公诉人行使职责和法令的原则，尤其是确保实施〔2000〕 19 号提案的后续工作；提高刑事案件审判中的国际协作效率，维护人权，遵守其他规则；确保在欧洲范围内组织各检察官进行交流与合作。会议决定建立欧洲检察长会议机制，其任务：（1）召集国家或地区检察长以及大区域的检察官；（2）促使不同成员国公诉权威间建立密切联系；（3）促进欧洲大陆各国建立领土联系或者行动联系（如公诉人会议、经济与金融案件的公诉人会议）；（4）主动做好有关检察院作用与地位的基础工作；（5）收集信息并准备实施欧委员会形成的有关检察院的建议和决议；（6）确保检察院在刑事案件审判的国际合作领域能更好地发挥作用；（7）为那些查办集团犯罪或贪污贿赂犯罪的检察官提供必要的帮助；（8）为第 19 条提案做好后续工作；（9）确保其与欧洲司法机构及其他司法协作组织之间的正确联系；（10）鼓励检察官最高委员会或同等组织之间的联系与交流；（11）构建一个面向主题的框架。会议就第 19 号提案的后续工作、在刑事案件审判的国际协作方面建立一个非正式组织等方面达成了共识。为了组织大会，提供后续活动，同处理犯罪问题的欧洲委员会下设的关于法律合作的欧洲委员会、欧洲法官咨询委员会等保持联系，会议确定设立协作局。协作局由 6 人组成，按地理分布和旋转原则产生人选，其中一名来自组织上一次会议的国家的检察院，一名来自组织下次会议的国家的检察院，两名由会议指定，两名由欧洲委员会秘书长指定，任期两年。这样，泛欧总检察长会议及其常设的协调局，就成为泛欧国家检察院讨论、决定欧洲检察机关重大问题、协调解决打击犯罪、保护人权、维护正义等，同欧盟其他机关的地位基本相适应的非正式组织。

2002 年 5 月 12～14 日，由欧洲委员会支持、46 个国家的总检察长和检察官们出席的第三届泛欧总检察长会议，在斯洛文尼亚共和国首都卢布尔雅那举行。会议的议题是：增进欧洲检察官和检察院协调一致；维护社会正义；保障法律统一正确实施；尊重人权；提高打击犯罪的效率。中国检察代表团以观察员身份出席了会议。

---

❶ 徐汉明：“向统一检察体系迈进——泛欧总检察长会议综述”，载《检察日报》2002 年 8 月 22 日、26 日。

第三届泛欧总检察长会议在回顾欧洲委员会内务司法部致成员国的“关于刑事司法体系中检察官的角色定位”的〔2000〕19号建议案的基础上，强调会议和各位检察官所在的检察院必须保证其得到最广泛的执行，在实践中可以作一些改革，但反对对其根本原则的任何违背，并决定由其办事机构开展以下工作：（1）建立告诫机制，对建议案在欧委会不同成员国的执行情况进行评估，确定其研究课题和研究方法；（2）对结果进行评估。对一个或一国执行建议案的某些条款出现问题等紧急情况及时提出建议，并向大会提交报告。

会议就如下热点问题展开了讨论，并形成一致意见：

（1）关于检察官和法官的关系。会议认为，检察官与法官的关系是刑事司法体系的核心。检察官的任务就是对法官的错误判决提出上诉；检察官是法官天然的监督者；在更宽广的领域里，是刑事司法的管理者；强调检察官和法官的任务事实上是相近的和互补的，两者有共同的目标追求；在诸如资格限制、道德规范、根本原则和职业保障等方面是相同的，如初任、晋升、任职以及报酬、退休和退休金等权利；检察官和法官在各自的角色定位上有一些不能混淆之处，如检察院和法院各自独立办案，在不同诉讼环节的程序上分别做到透明公正；检察官和法官担负的任务不同，导致他们在训练和层级组织结构上的不同。

（2）检察官加强国际合作和恪守原则的重要性。欧洲委员会内务司法部致成员国的“关于刑事司法体系中检察官的角色定位”的〔2000〕19号建议案第37～39款明确提出：应在国际司法合作方面赋予所有组织机构以独立地位，鼓励各国检察机关人员建立直接联系；为增进司法协助程序的合理性，获得司法协助程序的一致性，应通过有效工作提升检察官参与国际合作的积极性，实现国际司法合作的专业化；起诉国的检察机关为起诉之目的，可以向被要求国直接发送司法协助请求，并直接向其转交收集到的证据等等。这成为斯特拉斯堡会议、布加勒斯特会议和本届会议共同的主题之一。在第二届泛欧总检察长会议上，检察长们就刑事审判案件的国际协作达成如下共识：①在欧洲检察长会议范围内建立一个非正式机构；②必须使各国有能力组织协调活动，提高协作效率；③提高在法律法规方面的协作标准；④提高在维护人权方面的协作标准；⑤在欧洲范围内帮助协调公诉行为；⑥提出请求前组织进行信息交流，总结法律建议；⑦确保与欧洲司法的及其他司法协作组织的正确联系；⑧为各国确定收集要点，处理跨国刑事案件的信息传送；⑨建立一个网状工作点，以助长期信息交流；⑩该机构由一个多语言的检察官小组（包括各成员国检察院成员各一名）和欧委会指定的一名秘书组成。

本届会议对欧洲委员会意见反馈组提出在刑事犯罪问题上大力加强国际合作的“新的开端”的建议兴趣浓厚；提出要实现欧洲范围内共同审判的目标，必须首先实现对欧洲超自然正义的一般性正义，以解决目标和规则的一致性问题，建立从自然定义法、目标法、规则引导法和超自然正义的限制法引进的立法体系，是实现欧洲范围内共同审判的第一步，泛欧总检察长会议表示参加此项任务。同时，要加强欧洲检察机关间的合作，主要通过成员国的“国际联系点”网络进行，并建立国际权威。为了实现上述目标，会议指派办事机构向部长会议提交建议，与欧洲司法联盟联系，探讨最终合作协议的可能性。

（3）强调当务之急是密切关注超自然的有组织犯罪，包括各种形式的贪污腐败、经济犯罪和金融犯罪。会议指出了这些犯罪对民主政治的严重危害性，呼吁支持检察官揭露这些犯罪；希望尚未对此予以重视的国家赋予检察官以必要职权，推动信息交换，采取相互合作行动；并采取相应的合作意向：①进行《关于刑事案件相互协助的欧洲协定》和《附加协议》规定的通讯和司法记录的信息交换；②进行《关于刑事案件相互协助的欧洲协定》和第二个《附加协议》规定的信息自发传递。

（4）强调为了检察官的自治（最终实现检察官的独立），建立基于严格个人道德规范的职责体系的必要性。会议认为，在检察院通过严格的道德规范达到自治方面，一些检察院已从中受益；一些检察院正在进行这方面的制度建设；本着鼓励和促进的目的，支持和肯定其作用；指派其办事机构为有兴趣的欧洲检察官们准备一份道德规范的蓝本。

（5）关于支持建立欧洲检察官数据库问题。会议就此讨论热烈，充分肯定了设计建立欧洲检察官数据库方面的成绩，要求其办事机构要继续工作。呼吁欧洲委员会保障数据库平稳运转，要求各检察院积极按规范录入数据。❶

2003年6月1～3日，第四届泛欧总检察长会议在斯洛伐克中部城市布拉迪斯拉发举行，其主题是公诉与政治及程序。会议围绕19号建议书在公诉中的作用，建立一套监督机制调查19号建议书的执行、公诉与政治、检察官在保护儿童权利中的职能与少年犯罪、未来欧洲检察机关之间的合作等。

2004年5月23～25日，第五届泛欧总检察长会议在德国科隆召开。会议重申了有效打击刑事犯罪的原则，讨论了检察自由裁量原则和强制性原则，鼓励将轻微犯罪从刑事犯罪中排除，自由裁量原则不能适用于情节严重的犯罪特别是腐败犯罪及涉及政客的犯罪。

---

❶ 泛欧总检察长会议第三次会议决议案。

第六届与第七届泛欧总检察长会议分别于2005年5月、2006年5月在匈牙利和俄罗斯召开。

第三，从深刻启示看，其一，英美法系与大陆法系两种背景下不同类型的检察制度，均产生于欧洲中世纪中后期，都具相同的政治、经济动因，都是为了以行政权规制司法审判权，维护行政权的统一，反对封建割据，维护中央权威，保障法律统一正确实施，其检察权均带有行政权的属性。但其对刑事犯罪的起诉权与公诉权、对白领犯罪的侦查权以及法律监督权方面，分别采用当事人主义、职权主义的模式，并在检察制度、职权、功能、运作方式诸方面分道扬镳，最终形成欧洲两大相互对立的检察制度模式，对世界其他国家的检察制度模式也产生了深刻影响。在经历七八百年的分庭抗礼、较量摩擦后，进入20世纪末和21世纪初，在"欧洲一体化"链条的连接以及"五大目标"主题的共同探求之中，两者终于又找到了"磨合点"，并且走在一起，磋商不同检察制度模式下的欧洲检察官们所面临共同的当前及未来的最基本问题。这充分表明，"协调、正义、法治、人权、效率"本身，就是不同性质检察机关所追求的人类文明社会的基本目标，是检察制度创设的基本准则，也是检察制度发展与完善的根本动因之一，更是检察官所追求的最高价值目标。中国检察机关的检察权是具有法律监督性质的一项国家权力，同欧洲两大法系的检察制度的性质不同，但其检察制度改革、完善与发展，应当吸收、借鉴人类文明社会在创设检察制度方面所形成的有益精神成果。

其二，要高度重视同泛欧总检察长会议与欧盟司法机构的沟通、协作与联系。随着"欧洲一体化"的推进，欧洲委员会制定了对华2002～2006年国家战略文件及指导纲领，提出要在支持中国的经济和社会改革、环境及可持续发展、良好的政府管理和法律法规的加强这三个重点领域实施对华援助，并且扩展到包括支持中国成为WTO成员国地位项目、信息社会领域、社会保障改革和打击非法移民等四个项目的支持。这给中国检察机关及其法制建设，借鉴欧盟与泛欧总检察长会议所形成的成果，加强国际合作，打击刑事犯罪，加强检察文化交流与合作，提供了契机。值得指出，中国同欧盟在贸易、投资、人权等经济合作与人权项目合作方面，取得了实质性进展，而同欧盟及泛欧国家在检察制度、打击有组织犯罪、非法移民等方面的合作却十分滞后。因此，应当采取相应措施，适应"欧洲一体化"带来的种种挑战与机遇，推进同其合作与交流。

其三，加强基础工作，提高交流合作的质量与水平。一是组建欧洲委员会内务司法部及泛欧总检察长会议工作小组，集中研究欧盟司法、警察、检察一体化进程的新情况、新问题、新成果、新法律，为我所用。二是运用欧洲委员会“国际联系点”网络和泛欧总检察长会议启动的“欧洲检察官数据库”，收集、掌握欧洲司法、警察、检察相关情况及动态资料。三是继续以观察员身份参加、跟踪泛欧总检察长会议，了解掌握其研讨的若干重大议题和所形成的决议。四是积极开展检察外事活动，进行同欧盟、泛欧总检察长会议所形成的区域国际合作、司法协助、文化交流的相关协定的签订，使其工作成果转化为我所用，如欧盟目前已经签署的《欧洲引渡协定》《欧洲刑法相互合作协定》《已判决人的移交协定》《欧洲暴力犯罪受害者赔偿协定》《清洗、调查、查封和没收程序协定》《反腐败刑法协定》《计算机犯罪协定》等20多个相关协定。五是积极创造条件，在欧盟或泛欧总检察长会议设立检察官代表工作处或观察员席位，建立正常永久的工作渠道。总之，只有密切关注“欧洲一体化”进程及其重大影响，采取相关对策，才能在加强同欧盟及泛欧国家检察机关的合作与协作联系，促进中国检察制度建设方面取得明显实效。

（四）社会主义检察制度的产生和发展

随着20世纪30年代以来社会主义制度的建立和发展，以苏联为代表的社会主义国家检察制度应运而生。

1. 苏联的探索

十月革命以后，列宁给俄共中央政治局写了《论双重领导和法制》的著名长信，阐述了成立检察机关并实行单一垂直领导体制的必要性，在党内统一了思想。1922年5月28日，苏联中央执行委员会按照一重隶属制原则通过了检察监督条例，其新型兼有一般监督权和实行垂直领导的苏维埃检察制度诞生，其后建立起联盟检察系统。❶ 苏联于1933年6月成立了新的、独立的检察院，以取代最高法院检察署。1936年7月，各加盟共和国检察院从各自共和国司法体系中分离出来，直属苏联检察长。1936年12月，苏联通过了宪法，进一步明确了检察机关在国家体制中的地位、作用、职权和组织原则等。至此，苏联特色的高度垂直、统一的检察制度基本完成。❷ 以后，虽有补充和修改，但基本内容没有变化。

1991年12月底，苏联解体，社会制度发生了重大变化，检察制度也随之进行了重大变革。苏联检察机关改组为独联体主权国家联盟的检察机关。1992年1月17日，俄罗斯联邦最高苏维埃通过了《俄罗斯苏维埃社会主义共和国检察机关法》，其7编54条与79法的最大区别在于检察监督的目的（顺序排

❶ 王桂五主编：《中华人民共和国检察制度研究》，法律出版社1991年版，第16～17页。

❷ 同上书，第18页。

列）、活动原则、对象范围、体系和组织、权限与任务的及干部政策的区别。[1] 1995年10月18日，俄联邦国家杜马通过了《俄罗斯联邦检察院法》，自1996年1月1日起生效。这部法律保留了苏联检察制度中一般监督、垂直领导的特点和其他大部分原有职能，最重要的修改是抹掉了社会主义色彩。

2. 一些国家仿效

第二次世界大战以后，随着社会主义国家阵营的建立，包括中国在内的亚非拉各新兴社会主义国家都仿效苏联的检察制度。经过20世纪80年代末90年代初的“苏东剧变”后，社会主义检察制度未能幸免于难。独联体国家按照俄罗斯模式进行了改革，东欧原社会主义国家有的仿效法国、德国模式，有的仿效英美模式。现在仍沿用苏联模式的有朝鲜、越南、古巴和蒙古四国。

3. 当代俄罗斯联邦检察机关的现状

（1）立法状况。1991年10月24日，俄联邦总统叶利钦恢复彼得大帝体制，借鉴西方国家体制，批准了《俄罗斯联邦司法改革构想》。[2] 1991年11月5日，俄罗斯联邦最高苏维埃通过《关于组建苏维埃联邦统一检察机关体系的决议》，确定在《国家主权宣言》（1990年6月12日）以及《宪法》（1978年）第176条、179条规定基础上组建由俄罗斯联邦总检察长领导的统一的检察机关体系，在编人员为3.95万。[3]

1992年1月17日，俄联邦最高苏维埃通过《检察机关法》，[4] 共7编54条。包括：①检察监督目的：保障法律至高无上、法制统一；维护人和公民权利和自由；维护法律保护的社会利益和国家利益。②组织与活动原则：集中统一、不受干涉；活动公开、通报法制状况；不得兼任选任机关及其他机关成员；不得是政治性社会联合组织成员；无权兼任其他有（无）报酬的工作等原则。③监督的对象和范围，取消对法院实施监督的职能。④体系和组织，实行区域性加军事、运输、自然保护、劳动改造机构等专门检察机关的体系。⑤任务和权限。⑥干部政策等，即任职资格、遴选、配备、培训及其对家庭的法律保护与专门保护。[5]

---

[1] 何家弘主编：《检察制度比较研究》，中国检察出版社2008年版，第220页。

[2] 同上书，第220～221页。

[3] ［俄］A. B. 尤尔科夫斯基：《俄罗斯联邦检察机关发展简史》，第14页，转引自刘白文“谈俄罗斯联邦检察制度历史发展”，载《俄罗斯中亚东欧研究》2008年第6期，第24页。

[4] ［俄］O. E. 库塔兹主编，《俄罗斯宪法（第2卷）》，莫斯科法务局出版社1999年俄文版，第552～575页。

[5] 何家弘主编：《检察制度比较研究》，中国检察出版社2008年版，第219～220页。

1993年12月12日，俄公民公决通过了《俄罗斯联邦现行宪法》。其特点是：以一个专条而不是专章确认检察机关的法律地位，与法院不同，其属于由普通法规定其组织和活动秩序；取消总检察长的立法提案、对国家机关公职人员、社会组织是否遵守宪法的提议等权力。[1]

鉴于1994年7月颁布《宪法法院法》，1995年4月颁布《仲裁法院法》，1997年1月颁布《刑事执行法典》，1997年7月颁布《司法警察法》，1995年、1999年、2001年分别颁布民法典三大部分，2001年12月颁布《刑事诉讼法典》《行政违法法典》，2002年7月与11月颁布《仲裁诉讼法典》《民事诉讼法典》，俄相继建立了仲裁法院、司法警察系统，其宪法、民事、刑事、仲裁、行政违法等五大诉讼程序发生重大变化。[2] 俄检察机关法被多次修改：1999年2月1日、11月19日由叶利钦签署批准的两个《检察机关法的修改补充法》；2000年1月2日由代总统普京签署批准的《检察机关法修改补充法》；2002年6月普京签署批准《检察机关法修改补充法》。[3] 其核心是取消检察机关的社会主义性质，明确俄罗斯联邦检察机关是以俄罗斯联邦的名义，对俄罗斯宪法的遵守情况和俄罗斯联邦境内现行法律的执行情况实施监督的集中统一的联邦机关体系；增加对法律执行情况、法律文件合法性监督外的遵守宪法情况的监督。[4]

2000年4月11日，俄罗斯宪法法院就检察机关合重性审查职责作出决议，只有宪法法院有权以决议形式宣布法律违宪无效，[5] 从而限制了检察机关的职权。

2003年7月18日，俄罗斯联邦宪法法院就审查《民事诉讼法典》和《检察机关法》部分条款真实性一案作出决议，再次宣布检察机关要求普通法院宣布联邦主体宪法违反宪法的规定违宪，即在有权向宪法法院提交书面询问主体方面增加了联邦总检察长。[6]

（2）地位、任务与职能。

其一，法律地位。变革后的俄罗斯联邦检察机关，其性质与地位发生根本变化。俄罗斯法学界有两种界定，即“护法机关说”和“司法权力机关说”。

---

[1] 何家弘主编：《检察制度比较研究》，中国检察出版社2008年版，第221页。

[2] 同上书，第222页。

[3] 同上。

[4] 同上书，第223页。

[5] 同上。

[6] 同上书，第224页。

前者认为，俄检察机关是独立于立法权力机关、执行权力机关、司法权力机关之外的一个特殊国家机关，亦即护法机关。其依据是《俄罗斯联邦现行宪法》第118条第3款的规定：俄罗斯联邦的司法体系由俄罗斯联邦宪法和联邦宪法性法律予以规定；1996年12月3日，《俄罗斯联邦司法体系法》规定其由联邦法院（宪法法院、普通法院系统、仲裁法院系统）和联邦主体法院两部分组成；《俄罗斯联邦司法体系法》规定所有法院的组织和活动程序都由联邦法院法律予以规定，而《俄罗斯联邦检察机关法》不属宪法性法律，而属普通法律；《俄罗斯联邦现行宪法》第7章“司法权”仅用1个专条规定，即检察机关的权限、组织和活动程序，由联邦法律规定。❶ “司法权力机关说”认为，俄罗斯联邦检察机关属于司法权力机关，其依据《俄罗斯联邦现行宪法》第7章“司法权”中明确了检察机关的法律地位。❷

其二，主要任务。根据《俄罗斯联邦现行宪法》《俄罗斯联邦检察机关法》的规定，其根本任务是保障法制的统一和巩固，保护人权和公民权利与自由；保护社会利益和国家利益。其任务是：①基本任务，主要是加强法制、捍卫公民及联合组织（企业机构和组织等）的权利和法律保护的利益，保障宪法和法律所确认的社会制度和国家制度不受任何违法行为的破坏。❸ ②专属任务，即检察监督各个领域所肩负的任务。③具体任务，即检察监督的具体任务。

其三，监督职能。主要包括9项。

①对法律执行情况的监督。其监督对象包括联邦各部和主管部门、联邦主体的立法（代表）机关和执行机关、地方自治机关、军事管理机关、监察机关以及他们的公职人员、商业组织和非商业组织的管理机关和领导人遵守宪法和执行法律的情况；对前述机关和人员颁的法律文件是否合法实施监督。其权限包括：a. 正副检察长有权就违法文件向该机关或公职人员提出异议，或向宪法法院控告；b. 这些机关和人员自收到异议10日内必须审议，并书面即时通知检察长；c. 正副检察长有权向能够罅违法的机关或公职人员提出消除的建议书，被建议单位或人员应立即研究，于1个月内采取消除违法及原因与条件的措施，并以书面形式通知检察长。d. 总检察长对政府决议不符合宪法和法律的，有权向总统报告。e. 对联邦主体的宪法（宪章）不符合联邦宪法和法

❶ 何家弘主编：《检察制度比较研究》，中国检察出版社2008年版，第226页。
❷ 同上书，第225页。
❸ 同上书，第227页。

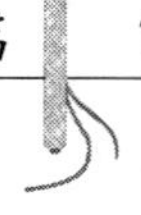

律时，总检察长有权向宪法法院提出询问。❶

②对恪守人和公民权利与自由情况的监督。其对象与前述相同。其权限包括：a. 查明人和公民权利与自由恪守情况的违法行为或违法文件；b. 采取措施预防和制止侵犯人和公民权利的行为，包括提出异议或控告。❷

③对司法警察执法情况的监督。根据《俄罗斯联邦司法警察法》和《执行程序法》，俄确立了司法警察制和强制执行制度。主任司法由司法部副部长兼任形式，警卫、执行、国家债务执行三个独立的分支机构，专门保障法官和诉讼程序其他参加人的安全、各级法院判决的执行，以及保障国际法庭和外国法院判决的执行。检察机关监督的对象包括：a. 司法警察履行职责的行为是否侵犯人和公民的权利和自由；b. 遵守两个法院规定的履职程序情况；c. 司法警察决议的合法性。❸

④对侦查机关、初步调查机关执法情况的监督。其监督对象包括：a. 恪守人和公民权利和自由的情况；b. 对法定处理程序的遵守情况；c. 侦查搜查活动和调查工作的完成情况；d. 作出实施侦查搜查、初步调查和预审活动决议的合法性。其权限由刑事诉讼法、侦查搜查活动法予以规定，包括依管辖进行侦查，检察长有权亲自侦查犯罪案件或委托下级检察长、侦查员侦查等。

⑤对执行刑罚和其他强制措施情况的监督。其对象包括：a. 羁押、监禁、劳改场所及执行刑罚和其他强制措施的机关与机构、人员设置的合法性；b. 对被羁押者、被监禁者、被判刑者和被强制措施的权利与义务的遵守情况；c. 非剥夺自由类刑罚执行的合法性。其权限：检察长有权要求其机关创造条件保障被关押人员的权利，有权下达释放的命令。

⑥诉讼职能。包括：a. 总检察长对法律（包括联邦主体的宪法的法律）侵犯公民的宪法性权利和自由时向法院提出询问权；b. 检察长以国家公诉人身份提起刑事诉讼；c. 向法院送达声明或在诉讼程序任何阶段参与案件；d. 总检察长有权参与最高法院、最高仲裁法院的各种会议；e. 正副检察长有权对非法的或没有依据刑事与民事判决、裁定、决定提出撤诉，其他人员是否能参与审理抗诉案件；f. 依照审判监督程序对法院判决的抗诉；g. 依照审判监督程序中止法院判决的执行；h. 检察长对法院提请给予指导性说明的报告。❹

❶ 何家弘主编：《检察制度比较研究》，中国检察出版社 2008 年版，第 246 页。

❷ 同上书，第 248 页。

❸ 同上书，第 248～249 页。

❹ 同上书，第 250～251 页。

⑦侦查职能，即对划归其管辖的犯罪案件进行侦查。

⑧协调执法机关反犯罪斗争活动。根据《检察机关法》和1996年4月18日《协调执法机关反犯罪斗争活动条例》，❶ 各级检察长有权召集各执法机关领导人参加的协调会议，成立侦查搜查工作小组，索取统计报表等信息。❷

⑨参加完善法律活动。其虽然没有立法提案权，但履职中认为有必要完善法律文件的，有权向同级或下级立法机关以及拥有立法提案权的其他机关提出修改、补充、废止或通过法律和其他文件的建议。

（五）对当代检察制度的几点思考

1. 从检察制度的产生看，一定的检察制度的产生与发展，根源于它那个社会的物质生活条件，检察制度、检察权同法治并行不悖；它是冲破封建割据、司法专制而成长起来的，一旦形成体系，便具有自身的相对独立性。以制度规制制度，以权力制衡权力，是社会文明进步的标志，是人类社会科学地配置政治资源、管理国家、推动社会文明进步的必然选择；检察制度、检察权同民主法治的进程相伴始终，是各国政治家治理国家、造福于民须臾不能离开的法宝。

2. 从检察制度的历史地位看，它在当代法治社会中具有不可替代性，往往成为一个国家政治制度是否成熟、社会是否文明进步的标志。

3. 从检察制度的职能看，检察制度是国家法制统一的有力武器，是国家权力自我制衡的重要工具。一方面，它承担着追究犯罪、控诉犯罪、有效地打击统治阶级外部对社会秩序破坏的职能；另一方面，它承担着有效地惩治统治阶级内部对统治秩序威胁的职能。当代检察制度仍是沿着这两项职能发展起来的。所不同的是，各国对检察机关的两项职能的实现形式、发展方向、时代重点则有所不同，进而影响到其性质及其不同类型的划分基础。

4. 从当代检察制度的突出特点看，世界许多国家的检察制度越来越偏重于惩治统治阶级内部危害其整体利益的犯罪。清除官吏腐败、惩治职务犯罪成为检察机关所肩负的艰巨历史使命。

5. 从检察制度的学习借鉴看，各国的检察制度既具有一般共同特征，又具有各自不同的特点。相互交流、借鉴和学习不可或缺，但生搬硬套、生吞活剥也是行不通的。

---

❶ 参见《俄罗斯报》1996年5月5日。

❷ 何家弘主编：《检察制度比较研究》，中国检察出版社2008年版，第252页。

三、当代中国特色检察制度

（一）中国检察制度的历史演进

中国法律体系属中华法系，历史上其司法制度的特色是诸法合体，民刑不分，行政司法联璧。同这种法系相适应，中国检察制度具有起源早、发展慢、曲折多、成熟晚的特点，按历史类型可划分为古代检察制度、近代检察制度和现代检察制度三类。

1. 古代检察制度

古代检察制度起源于春秋战国时期，形成于秦代以后的封建社会的御史制度。御史的职责是：（1）“纠察百官，监督地方”；（2）对皇帝的过失进行提醒、规劝和批评；（3）维护封建法制统一。但这并非真正意义的检察制度，只是一种历史渊源。王桂五认为：御史的权能包括：（1）一般监督权，即对皇帝进行封驳与言谏。御史对皇帝的律令、诏书事中审查认为不便或不当的，退回皇帝改拟后再颁行，其依据在于前代君王的诏敕或前朝治国的惯例、政治局势的要求；御史还对官员进行法律监督，包括监督官吏选任、考察官吏、监察礼仪等等。（2）追诉犯罪权。大多数是御史弹劾，即称官诉，如地方官犯徒流以上罪的须上报中央审判机关。（3）监督审判权。中央司法官殷商称“司寇”，春秋称“大理”，战国楚称“廷理”，秦汉称“廷尉”，唐至清称“大理寺”“刑部”。御史上察中央百司，下监地方诸州部。❶

御史制的特点是：（1）由最高权力者——皇帝亲自领导御史台；（2）御史台衙门独设，御史独立行使弹劾权；（3）在御史台内，御史可单独弹劾，不受尚书在内的长官约束；（4）为了支持御史独立行使监督权，历代设计了很多程式烘托其威仪。❷ 古代中国的御史制度，自秦至清，2000 多年间从未间断，可谓历史悠久，制度完备，沿革清晰，特点鲜明，为维护封建统治秩序发挥了不可替代的作用。御史制度对日本、朝鲜、越南、老挝等国都产生过重要影响。很多历史人物对御史制度作出过评价。唐睿宗说：“彰善瘅恶，激浊扬清，御史之职也。政之理乱，实由此焉。”朱元璋说：“国家立三大府，中书总政事，都督掌军旅，御史掌纠察。朝廷纲常尽系于此，而台察之任尤清要。”孙中山说：“中国君主时代，有专管弹劾的官，像唐朝谏议大夫和清朝御史之类，就是遇到君主有过，也可冒死直谏，这种御史，都是耿直得很，风骨凛然。可

❶ 王桂五主编：《中华人民共和国检察制度研究》，法律出版社 1991 年版，第 37～40 页。

❷ 同上书，第 25～34 页。

见，从前设御史强谏的官，原来是一种很好的制度。”

2. 近代检察制度

清朝末年的司法改革期间（1906～1910年），陆续颁布了《大理院审判编制法》《法院编制法》《检察厅调度司法警察章程》等法规，近代形式的检察制度正式确立。其特点是：（1）确立审检分离；（2）在各级审判机构设置检察厅；（3）仿效日本司法制度，改刑部为法部，专掌司法行政，改大理寺为大理院，下设各级审判厅，相应设立各级检察局。

检察官的职权包括：（1）对刑事案件提起公诉；（2）收受诉状，请求预审及公判；（3）指挥司法警察逮捕罪犯；（4）调查事实，搜集证据；（5）在民事诉讼中为保护公益而陈述意见；（6）监督预审和公判，并纠正其违法或错误；（7）监督判决之执行；（8）查核审判统计表等。❶

北洋军阀政府基本沿用清末的检察制度。

国民党政府实行“五权分立”（立法、行政、司法、考试和监察）。1932年颁布《法院组织法》实行三级二审制，在最高法院内设检察署，其他各级法院均仅设检察官，是一种合署和配置制的混合体。其职权包括：（1）实行和指挥侦查；（2）提起公诉、实行公诉；（3）协助自诉，担当自诉；（4）指挥刑事裁判之执行。1980年，台湾当局对司法权进行改革，实行检审分隶，即高等以下各级法院隶于“司法院”“行政院”“司法行政部”改为“法务部”，为检察系统的领导，审检分属司法行政两院。❷ 台湾地区检察机关还有以下职能：（1）监督并惩戒律师；（2）就家庭暴力向法院申请保护会等；（3）参与民事事项的权力及法人事件方面。检察官具有下列权力：（1）申请法院解散法人；（2）申请法院对法人选任清算人；（3）申请法院解散社团法人；（4）对于以遗嘱捐设立社团法人而无遗嘱执行人时，请申请法院指定遗嘱执行人；（5）申请法院对法人进行必要处分；（6）申请法院宣告法人行为之无效；（7）申请法院变更法人组织；（8）申请法院为法人选任临时管理人代行董事长及董事会之职权。❸

3. 现代检察制度

中国检察制度具有列宁倡导的法律监督的性质，也具有苏联模式的烙印，自1978年恢复重建以来，先后进行了一系列改革和调整，形成了中国特色社

---

❶ 王桂五主编：《中华人民共和国检察制度研究》，法律出版社1991年版，第43页。

❷ 同上书，第48页。

❸ 刘方：《检察制度史纲要》，法律出版社2007年版，第227页。

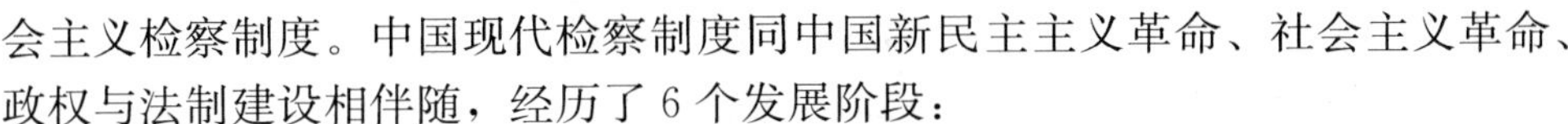

会主义检察制度。中国现代检察制度同中国新民主主义革命、社会主义革命、政权与法制建设相伴随，经历了 6 个发展阶段：

（1）孕育期（1927～1949 年）。第一次国内革命时期，建立了同苏维埃政权相适应的具有“配置制”的苏维埃检察制度。抗日战争时期，检察机关的基本职权是开展司法监督，检察长的职权有 8 条。解放战争时期，检察机关实行“审检合署”“配置制”，其职权是：①实施侦查；②提起公诉；③实行上诉；④协助自诉；⑤指挥刑事裁判的执行等。检察制度的内容得到丰富与发展，这标志着检察制度向法律监督的性质迈出了重要一步。但这一时期的检察制度尚不成熟，表现在：①检察机关在组织上是不独立的；②其内部不成体系，检察受审判领导，审判受政府领导；③一方面形成了服从党的领导的优良传统，另一方面又形成了党政负责人干预具体案件的作风。

（2）创建期（1949～1953 年）。根据《共同纲领》和《中央人民政府组织法》的规定，1949 年 10 月 1 日，检察署和新中国同时诞生，罗荣桓元帅被任命为中央人民政府最高检察署检察长。随后，在党的领导下，检察机构自上而下在全国逐步建立，检察队伍逐渐壮大，各项检察业务逐步开展。其职权包括一般监督、民事行政监督在内共 6 项。

（3）顺利发展期（1954～1957 年）。1954 年 9 月，新中国第一部《宪法》第 2 章第 6 节仿照苏联的检察制度，对我国检察制度作了专门规定；《人民检察院组织法》也获得通过，我国检察制度步入正轨。到 1955 年，全国各级检察院普遍建立起来；1956 年，各级铁路检察院、军事检察院基本建立，各项检察业务全面开展。其特点是：①突出了检察机关在国家机构中的重要地位；②调整了机构设置；③重新确定了垂直领导体制；④调整了内部领导体制；⑤适当调整了职权，增加了侦查、审判、执行监督职权，取消了参与行政诉讼的职权。

（4）削弱期（1957～1966 年）。受当时政治形势的影响，检察制度被削弱，检察职能不能有效行使，1961 年甚至设想将检察机关合并到公安机关，后被党中央制止，但检察工作被削弱的状况并未得到改观。特别是 1957 年“反右”斗争扩大化，认为法律监督是“矛头对内”，垂直领导是“向党闹独立性”，一批秉公执法的检察干部被扣上“右派”的帽子。

（5）破坏期（1967～1978 年 10 月）。“文革”开始后，检察机关受到冲击。到 1968 年上半年，全国检察机关大部分被砸烂，整个工作无法开展。1968 年 12 月开始，各级检察院被撤销，已经建立的社会主义法制几乎荡然无存，酿成新中国历史上不堪回首的悲剧。

（6）恢复重建飞跃发展期（1978 年 11 月至今）。1978 年，党和国家深刻总结了检察机关被砸烂、法制遭破坏的惨痛教训，并“鉴于同各种违法乱纪行为斗争的极大的重要性”，重新设置检察机关。1978 年《宪法》第 43 条对检察机关的职权和领导关系作了原则性规定。1979 年修订的《检察院组织法》保留了 1954 年组织法的大部分内容，删去一些难以实现的规定，增加了新的内容，明确规定检察院是国家法律监督机关，明确并强化了检察机关的职权，恢复了新中国成立初期的双重领导体制。我国检察制度翻开了新的一页，步入飞跃发展期。

（二）中国检察制度的特征及其职能

根据《宪法》《人民检察院组织法》《检察官法》的规定，我国检察机关在性质上是国家专门的法律监督机关。它同党纪监督、政纪监督和审计监督等相比，具有权威性、专门性、强制性。各级人民检察院同各级人民政府和各级人民法院一样，都由同级人民代表大会产生，对它负责，向它报告工作，受它监督。各级人民检察院检察长由同级人民代表大会选举产生，县、市（州）、省人民检察院检察长选举出后还须经上一级代表大会批准，任期与人民代表大会相同。

我国检察机关最根本的职能是进行法律监督，具体表现在：（1）对叛国案、分裂国家案和严重破坏国家的法律统一实施的重大犯罪案件，行使检察权；（2）对国家工作人员贪污贿赂、渎职侵权犯罪案件进行侦查；（3）对刑事犯罪案件审查逮捕、决定逮捕和决定起诉、不起诉；（4）对公安机关、安全机关侦查活动、法院刑事、民事审判和行政诉讼活动、刑罚执行的监督。

我国检察机关在设置上分为四级，另设有铁路、军事等专门检察院。在领导体制上实行上级领导下级，最高人民检察院领导全国各级地方人民检察院。

30 年来，全国检察机关在党中央领导下，紧紧围绕改革发展稳定大局，认真贯彻落实党的路线方针政策，忠实履行宪法和法律赋予的职责，依法严厉打击各种刑事犯罪活动，认真查办、积极预防各类职务犯罪，不断强化对诉讼活动的法律监督，扎实推进检察体制和工作机制改革，为维护宪法和法律的统一正确实施、维护社会公平正义、维护社会和谐稳定、促进经济社会发展作出了重要贡献。现在，检察队伍拥有 22 万干警，约 3 500 个基层院。

（三）深入贯彻党的十七大精神，全面加强和改进检察工作

党的十七大从中国特色社会主义事业发展全局出发，明确要求建设公正高效权威的社会主义司法制度，维护社会公平正义。十七大以来，胡锦涛、周永康等中央领导同志先后对检察工作的政治方向、指导思想、首要政治任务、根

本出发点和落脚点、首要价值追求、检察体制和工作机制改革的性质、根本原则、重点和目标、检察队伍建设的基本要求、中国特色社会主义检察制度的本质特征等提出了一系列新思想新要求，曹建明检察长将其集中概括为“八个深刻领会、八个牢牢把握”。高检院新一届党组根据形势任务的发展，就加强和改进检察工作作出了部署。湖北省院党组和敬大力检察长指出，要贯彻落实中央、省委、高检院的这些战略部署，必须紧密结合湖北检察机关实际，全面加强和改进检察工作，在指导思想、思维方式、实际行动上实现新的转变，从更高起点、更高层次、更高水平上推动工作创新发展。加强和改进检察工作的总体思路与主要抓手可概况为“四个牢牢把握”：

1. 牢牢把握检察机关的职责和使命

准确把握检察机关的性质和职责是检察工作发展的前提，是检察工作的目标，是增强社会公信度的基础，也是有所作为的根本。因此，全体检察人员必须树立“四个观念”：（1）树立依法正确履职的观念。我国宪法规定设置人民检察机关，并把检察机关确立为国家的法律监督机关，承担法律监督职能，是党和国家为加强社会主义民主法治建设而采取的重大举措。检察机关的宪法定位是国家法律监督机关，根本职责是法律监督，承担着法律监督的神圣使命；检察机关必须在强化法律监督方面有所作为，同时，也只有在强化法律监督方面有所作为才是真正的作为。要毫不动摇地坚持检察机关的职能定位，牢牢把握法律监督这个本质特征，真正担负起法律赋予检察机关的责任，忠实履行法律监督职能，切实把工夫下在监督上。（2）树立监督为本的观念。依法对执法司法活动的每个环节进行有效监督，维护司法公正；认真查处职务犯罪特别是执法不严、司法不公背后的职务犯罪，提高攻坚克难的能力和法律监督水平；加强对行政执法机关移送刑事案件的监督，促进依法行政；从法律监督职能出发开展预防职务犯罪工作，发挥检察机关法律监督对预防职务犯罪的特殊作用，教育、警示国家机关工作人员廉洁自律，不犯错误；认真办理涉法涉诉信访案件中反映执法不严、司法不公的问题的责任倒查案件，严肃处理背后的徇私枉法、贪赃枉法以及失职渎职等违法犯罪行为，树立法律监督的权威，从源头上减少涉法涉诉信访问题。（3）树立监督就是支持的观念。通过对各种执法不严、司法不公行为的监督纠正及依法追究，保证法律的统一正确实施，最终在整体上维护司法公信力，支持有关机关树立司法权威，帮助挽回影响、重塑形象，共同维护司法公正。（4）树立监督者首先必须接受监督的观念。强化检察机关自身执法办案工作的监督制约，防止监督权滥用和执法不公、不廉问题的发生。

2. 牢牢把握法律监督工作的根本目标

坚持从中国特色社会主义事业发展全局的高度，始终做中国特色社会主义事业的坚定建设者、捍卫者，进一步明确强化法律监督工作的根本目标。概括起来就是自觉践行“三个维护”：（1）维护社会主义法制的统一、尊严、权威。贯彻党的十七大“全面落实依法治国基本方略，加快建设社会主义法治国家”的明确要求，坚持检察机关的宪法定位和本质属性，通过强化法律监督保障《宪法》和法律的统一正确实施，维护社会主义法制的统一、尊严、权威。依法打击各类犯罪活动，坚决同严重破坏社会主义法制的犯罪行为作斗争；依法监督纠正有法不依、执法不严、执法违法、司法不公等问题，树立法律监督权威和良好的执法形象，坚决维护国家法律的统一正确实施。（2）维护社会和谐稳定。深刻领会胡锦涛总书记关于“稳定是硬任务，是第一责任”的科学论断，切实履行维护重要战略机遇期社会和谐稳定的根本任务。依法严厉打击境内外敌对势力的颠覆破坏活动和各类严重刑事犯罪活动，保障国家安全和社会稳定；坚持把维护人民权益作为工作的根本出发点和落脚点，更加注重保障和改善民生，促进解决人民群众最关心最直接最现实的利益问题，努力从根本上维护社会和谐稳定；树立和谐执法的理念，认真贯彻宽严相济的刑事政策，努力化解社会矛盾，最大限度地增加社会和谐因素。（3）维护社会公平正义。坚持把维护社会公平正义作为检察工作的生命线、根本任务和首要价值追求，努力做国家法律的捍卫者、社会公平正义的守护者。坚持法律面前人人平等，平等保护公民的法律权利，平等维护各类市场主体的发展权利，重视维护弱势群体合法权益，使人民群众享受法律的公正；认真贯彻以事实为根据、以法律为准绳的法律原则，坚持从实体、程序、时效上体现公平正义；全面加强对诉讼活动的法律监督，坚决查办司法领域腐败犯罪案件，促进公正司法，为维护社会公平正义提供重要保障。

3. 牢牢把握加强和改进检察工作的基本要求

准确把握新时期检察工作面临的新形势新任务，进一步明确加强和改进检察工作的基本要求。概括起来就是自觉做到“三个促进”：（1）促进检察工作科学发展。就是要做到“六个坚持”：坚持以科学发展观为统领，更加重视和有力促进检察工作的科学发展，更有效地服务经济社会科学发展，积极探索检察工作科学发展的新路子；坚持把服务大局作为开展检察工作的根本指导思想，发挥检察职能服务科学发展；坚持工作思路合法律、合规律、合大局、合人心、合理念、合时务，更好地指导和推动检察事业科学发展；坚持检察事业发展是硬道理，执法办案和加强法律监督是硬道理，业务工作平稳健康发展是硬道理，促进检察工作自身科学发展；坚持统筹兼顾的根本方法，做到树立正确执法理念、推进业务工作、加强队伍建设、推进改革创新、加强基层基础工作“五个并重”，推动检察工作全面协调可持续发展；坚持综合考评执法办案工作，正确处理和数量、质量、效率、效果、规范的关系，树立正确的工作导向，保持执法办案工作平稳健康发展。（2）促进检察机关法律监督能力的提高。就是要着力提高“四个能力”：深刻领会胡锦涛总书记“政法机关的执法能力，集中体现在执法公信力上”的重要论述，始终把提高法律监督能力作为一项事关检察工作全局的战略任务、紧迫任务来抓。要统筹考虑，强化措施，高度重视检察队伍建设、工作机制创新、科技强检工作、检务保障工作、改善执法环境，全面提高检察干警维护国家安全和社会稳定的能力、保障社会公平和正义的能力、运用法律手段化解社会矛盾的能力以及服务经济建设、促进改革发展的能力。（3）促进检察机关公正、规范、文明执法水平的提高。按照党的十七大“严格、公正、文明执法”的明确要求，切实规范执法行为，始终坚持执法为民，不断提高执法公信力。对执法不规范问题，发现一起严肃查处一起，做到态度坚决、法纪严明，确保自身正、自身硬、自身净。狠抓现有制度规范的贯彻落实，针对容易发生问题的重点岗位、重点环节和重点部位，进一步完善执法岗位责任机制、执法质量保障机制、执法责任追究机制。健全完善检察机关自身执法活动的监督制约机制，将检察机关的执法活动纳入全方位监督之中，促进公正、规范、文明执法。

4. 牢牢把握加强和改进检察工作的切入点与着力点

概括起来是“五个加强，五个改进”：（1）加强和改进检察业务工作。毫不动摇地坚持以业务工作为中心，把执法、办案、监督工作作为检察工作的中心，把是否有利于促进检察业务工作发展作为检验其他工作成效的一个重要标准。在全力维护社会和谐稳定方面，要围绕检察机关的“首要政治任务”，树立“大稳定观”，更全面地履行维护稳定的职责。着眼于实现全面的稳定，转变思想观念，调整工作思路，改变工作方式，提高应急能力，正确履行各项法律监督职能，保障社会公平正义，促进社会和谐稳定。在严肃查办和积极预防职务犯罪方面，要紧紧抓住人民群众反映强烈的问题，下大气力查办官商勾结、权钱交易等犯罪案件，切实加大反腐败工作力度；下大气力查办国家机关工作人员渎职侵权案件，切实监督国家机关工作人员依法办事，正确行使职权；下大气力查办涉及社会保障、劳动就业、征地拆迁、移民补偿、抢险救灾、医疗卫生、招生考试等民生问题的犯罪案件，切实维护人民群众的切身利益；从群众举报申诉入手，切实提高发现问题的能力；创新工作机制，着力提高侦查能力和办案质量；按照中央、省委下发的建立健全惩防腐败体系五年工作规划要求，加强和改进预防职务犯罪工作。在全面强化对诉讼活动的法律监督方面，要做到“六个下大力气”：下大力气监督纠正有案不立、有罪不究、以罚代刑和违法立案、刑讯逼供的问题，切实防止放纵犯罪和冤枉无辜；下大力气监督纠正刑事裁判不公、执法不严的问题，切实维护社会公平正义；下大力气监督纠正违法减刑、假释、保外就医等问题，切实避免犯罪人逃避刑罚执行；下大力气监督纠正超期羁押、体罚虐待被监管人员的问题，切实保障被监管人员的合法权利；下大力气加强民事审判、行政诉讼监督工作，维护民事、行政裁判的严肃性，使显失公平的裁判得到及时纠正；下大力气查办执法不公背后的职务犯罪，促进严肃执法和司法公正。（2）加强和改进检察改革和工作机制建设工作。要牢牢把握中央确定的司法体制改革的指导思想、基本原则、目标任务，抓住强化法律监督、提高法律监督能力、加强对自身执法活动的监督制约开展调研，扎实推进检察工作一体化机制等七项工作机制建设，增强法律监督活力与实效。（3）加强和改进检察政治工作。要按照“自身正、自身硬、自身净”的总体要求和“六项工程”建设及其配套措施，突出抓好领导班子建设，突出抓好专业化建设，突出抓好职业道德建设，突出抓好自身监督制约机制建设，深入推进基层院建设，使全体检察人员成为践行社会主义法治理念的模范、勤奋学习的模范、秉公执法的模范、严于律己的模范，使检察队伍成为政治坚定、业务精通、作风优良、执法公正、党和人民信得过的队伍。（4）加强和改进规范执法和整顿纪律作风工作。要按照坚持长期治理、健全长效机制、落实治本措施“两长一本”的部署，深入抓好执法规范化建设，不断提高执法公信力。（5）加强和改进检务保障工作。按照“强办案，强监督，强管理”的要求，大力实施科技强检三年规划，提高经费保障水平，争取经费保障政策措施，努力完成“两房”建设。

四、当代检察官的职权

由于检察制度的不同，不同国家检察官的职责、权力亦有所不同。但是，检察官的职权仍有许多共同点。联合国《关于检察官作用的准则》，对检察官的职责作了规定。第 1 条规定，检察官为重要的法律工作者，是一种有荣誉和尊严的职业；第 11 条规定，检察官有公诉权；第 14 条规定，检察官有不起诉权；第 15 条规定，检察官对贪污腐化案件有侦查权；第 16 条规定，检察官有监督权；第 17 条规定，检察官有自由裁量权。概括起来，就是侦查、公诉和监督三大职权。

（一）侦查权

1. 检察官具有侦查权

（1）检察官的侦查权是与生俱来的。检察官起源于法国的“国王代理官”，其主要职能之一就是代表国家纠察官员。中国的检察制度起源于古代的御史制度。御史的一个重要职责就是“纠举官吏不法”，被称为“天子耳目”，负责纠察“百官善恶”。

（2）检察机构拥有侦查权是国际通例。联合国《关于检察官作用的准则》第15条规定：检察官应适当注意公务人员所犯的罪行，特别是对贪污腐化、滥用权力、严重侵犯人权，要依照法律或惯例对这种罪行进行调查。一般来说，各国的检察机关都有侦查权，但程度不同，范围各异。

（3）世界大多数国家或地区检察机关拥有侦查权。在德国、日本、俄罗斯、英国、美国、南非、韩国、芬兰等国家和我国澳门特别行政区，根据法律规定，检察机关对贪污受贿、警察腐败等犯罪案件进行侦查。如：韩国检察官曾以涉嫌受贿等罪名逮捕了前总统全斗焕、卢泰愚及时任总统金泳三的儿子。美国的总检察长兼任司法部长，美国司法部拥有庞大的侦查机构——联邦调查局，由联邦总检察长指挥。州级的检察机关，也有侦查权。美国独立检察官的调查最具特色。如独立检察官斯塔尔对克林顿总统和莱温斯基绯闻案的调查。大陆法系国家实行“检警一体化体制”，检察官拥有更大的侦查权。如德国，检察官对一切刑事案件都有侦查权，他可以亲自侦查，也可以指挥受他领导的警察侦查，并且对警察机关的侦查工作进行监督❶。日本现代检察制度是在照搬法、德大陆法系模式的基础上，引入英美法律意识，特别是导入了美国法律思想所耦合而成的。以1947年4月16日（昭和22年）颁布61号法律即《检察厅法》，1948年7月10日颁布13号法律《刑事诉讼法》为标志，其现代检察制建立。❷ 日本检察官的侦查权类似于大陆法系国家的侦查权设置。其法律规定：“检察官在认为必要的时候，可以自行侦查犯罪。”检察官可依国家需要自行侦查或指挥警察侦查。警察对检察官的指挥不服从，检察官有权向有关部门提出惩戒或罢免建议。日本东京和大阪两处的高等检察厅专门设立“特别搜查部”，专门行使侦查权，其主要对象是国会议员、地方政府长官、高级官僚以及重要企业家的案件。❸ 他们曾侦破轰动一时的利库路特贿赂案，时任首相

❶ 许永俊：《多维视角下的检察权》，法律出版社2007年版，第18～20页。

❷ 何家弘主编：《检察制度比较研究》，中国检察出版社2008年版，第280页。

❸ 同上书，第23～24页。

竹下登和前首相中曾根康弘涉嫌此案，导致竹下登被迫辞职。韩国检察制度发端于1895年的《检察组织皇室法》，定型于1907年的裁判所组织法与实行法，实行检法分离，完善于1948年检察厅法以来6个共和检察厅法时期。其内设特别侦查部专门负责侦查政治家、高级政府官员以及私营部门精英的腐败案件。俄罗斯2001年颁行的《俄罗斯联邦刑事诉讼法典》第151条第1款规定，由检察院进行侦查的案件包括滥用职权、受贿、玩忽职守、违反公正审判的犯罪等。

2. 检察机关侦查管辖

综观世界各国检察机关侦查管辖，可归结出以下四个特点：(1) 从法律规定看，检察机关拥有较大的刑事侦查权；(2) 检察官可以根据需要，在必要的时候亲自对特殊问题进行侦查或对整个案件进行侦查；(3) 多数国家的检察机关只侦查重大、特别重大以及案情比较复杂的案件，或者侦查与法律监督的职权相适应的公务人员违法乱纪案件；(4) 国家元首和高级官员的贪污受贿等违法犯罪案件，由检察机关侦查。根据刑事诉讼法的规定，中国检察机关直接立案侦查的案件有55种。包括：(1) 贪污贿赂类犯罪案件，主要有贪污罪、挪用公款罪、受贿罪、行贿罪、介绍贿赂罪、巨额财产来源不明罪、隐瞒境外存款罪、私分国有资产罪、私分罚没财物罪等12种；(2) 渎职类犯罪案件26种；(3) 玩忽职守类犯罪案件10种；(4) 国家机关工作人员利用职权实施的侵犯公民人身权利和民主权利的犯罪案件7种。此外，刑事诉讼法还规定，对于国家机关工作人员利用职权实施的其他重大犯罪案件，需要由人民检察院直接受理的，经省级以上人民检察院决定，可以由人民检察院立案侦查。因此，我国检察机关行使职务犯罪侦查权，与世界上多数国家的做法大体一致。

3. 侦查活动和程序

各国对检察机关侦查活动的规定，详略程度不一。在立法上，多数国家采用“检察官享有警察的一切权力”来表述检察官的侦查行为和侦查程序：凡是警察、保安或预审法官拥有的侦查手段或侦查行为，检察官都有权使用。如日本，根据其《检察厅法》和《刑事诉讼法》，检察机关侦查权的特点是：(1) 没有规定管辖，即检察机关可以就任何犯罪进行侦查；(2) 检察官可以指挥侦查，包括发布一般指示，给予具体指导，也可以独立侦查，包括补充侦查、直接侦查重大复杂案件。[1] 意大利检察官依据1988年刑事诉讼法的规定，享有领导、指导侦查与直接实施侦查的权力。其限制是受到预审法官的监控，

[1] 何家弘主编：《检察制度比较研究》，中国检察出版社2008年版，第296～298页。

如预先搜集证据、限制人身自由、延长保障措施等需提交预审法院审查。其初期侦查的权力，包括对重大嫌犯实施临时性拘留、提请适用或延长保障性措施、紧迫附带证明，附理由地发布实施信息拦截命令，发布保留证据扣押命令，决定推迟执行适用保障措施、临时性挽留或扣押命令，2 个月内的秘密侦查等等。❶ 我国检察机关的侦查行为同公安机关侦查活动的程序基本相同。我国检察官在刑事诉讼中的侦查活动主要有讯问犯罪嫌疑人，询问证人、被害人，勘验、检查，搜查，调取、扣押物证、书证和视听资料，查询、冻结存款、汇款，鉴定，辨认，通缉等。侦查是采取专门性的调查工作和强制性的措施，如果适用不当，就会侵犯公民的人身自由和财产权利。因此，检察机关开展侦查活动，要严格遵循法律规定的侦查程序。如讯问犯罪嫌疑人的时候，检察人员不得少于 2 人；如果犯罪嫌疑人没有被羁押的，检察人员应将其传唤到法定地点进行讯问，并向其出示传唤通知书和有关证件；一次传唤的持续时间不能超过 12 小时，采取逮捕等强制措施须报上级院批准，等等。

（二）公诉权

公诉权，亦称控诉权，指代表国家行使检察权的检察机关，已确认犯罪嫌疑人犯有应当受到刑事惩罚的罪行，并向法院提出控告，要求对被告人行使审判权。具体来说，公诉权是一项司法请求权，要求国家审判机关受理案件并进行审判；公诉权也是一项犯罪追诉权，追诉被告人的刑事责任，从而遏制犯罪，恢复被破坏的法律秩序。

1. 检察官行使公诉权的管辖范围

由于历史传统和国情不同，各国检察官行使公诉权的范围有所差异，归纳起来分为两类：

（1）国家追诉主义，也称起诉垄断主义，即一切刑事案件不论轻重大小都必须由检察机关代表国家提起公诉，否则，审判机关不予受理。如日本实行“检审分立”的模式。根据《刑事诉讼法》第 247 条、《检察厅法》第 4 条等规定，检察官享有公诉专权，包括起诉垄断、起诉便宜主义等，亦称国家追诉主义或起诉专占主义，日本学者三井诚称为起诉专权主义。❷ 法院在没有检察官公诉的情况下，不准科处刑罚。其起诉或功率几乎达 100%。但其有准起诉与检察审查两个例外制度。前者指对公务员犯滥用职权罪的告发人，如对检察官不起诉决定异议，其有权要求检察厅将案件交付所在地裁判所审判，其程序包

❶ 何家弘主编：《检察制度比较研究》，中国检察出版社 2008 年版，第 201～204 页。

❷ 同上书，第 298～300 页。

括申请、申请再审、公审等，这项制度实行运用不活跃。据统计，1999年申请295件、2000年190件、2001年232件、2002年以后仅17件。❶ 后者是指依据1948年《检察审查会法》，对检察官不起诉进行监督制约的制度安排。其任务是审查检察官的不起诉处分是否恰当、随时向检察长提出关于检察事务的改善建议和劝告，并可作出“应当起诉”“不起诉不当”“不起诉当”的三类决议，向检察官送达决定附本，检察官据此迅速作出决议。❷ 此项制度类似于我国的人民监督员制度。日本的起诉程序为提出起诉书、实行起诉书一本主义。在法国，犯罪分为违警罪、轻罪和重罪。他们对犯罪概念的规定比较宽泛，违警罪相当于我国的违反治安管理处罚条例的违法行为。无论是违警罪、轻罪还是重罪，如果需要对犯罪嫌疑人追究刑事责任的，都应由检察官起诉，否则，法院无权审判。德国实行起诉法定原则，即当有犯罪嫌疑发生时，检察院有义务介入并在理由充足时提起公诉。其公诉职能包括提起公诉、不起诉、处罚令和出庭支持公诉与上诉。❸ 其不起诉包括存疑不诉、轻微不起诉、附条件不起诉、先予处罚不起诉等其他不起诉。❹ 处罚令是指初审法院负责审理轻微案件中，检察院可以书面申请，要求法院不经审判程序而以书面处罚令确定对犯罪行为的法律处分的一种制度安排。❺ 根据刑事诉讼法“法律救济”一章的规定，检察院承担法律救济程序中的上诉职能。德国实行四级三审制，控告、普通上诉和法律上诉都属于上诉程序。控告类似中国的对裁定不服提起的上诉，普通上诉类似于中国的对判决不服提出的上诉，法律上诉是指对刑事法庭、刑事参审法庭以及州级高等法院作出的一审判决不服提出的上诉，即引起第三审的上诉，称终审程序。❻ 在意大利、与英国具有大陆法系传统的苏格兰地区则实行起诉垄断主义。

（2）一部分刑事案件由检察官提起公诉，另一部分由被害人自己起诉，即自诉。又分为两种情形：①大多数刑事案件由检察官对其行使公诉权，如奥地利、丹麦。②少数刑事案件由检察官行使公诉权，如澳大利亚、新加坡、马来西亚、巴西等国。澳大利亚法律规定，大部分轻微刑事案件由警察承担指挥职责，只有严重的刑事犯罪才由检察官起诉。

---

❶ 樊宗义等主编：《域外检察制度研究》，中国人民公安大学出版社2008年版，第248页。

❷ 同上书，第249～250页。

❸ 何家弘主编：《检察制度比较研究》，中国检察出版社2008年版，第173～174页。

❹ 同上书，第177～181页。

❺ 同上书，第182～184页。

❻ 同上书，第185～186页。

中国属于公诉与自诉并存、以公诉为主的类型。我国的自诉案件有以下几种类型：①告诉才处理的犯罪。包括侮辱、诽谤、暴力干涉婚姻自由和虐待等案件。法律之所以规定检察官不对这类案件行使公诉权，是因为这类案件主要发生在家庭成员之间，中国历来有"亲亲相隐"的传统，由被害人决定是否起诉，允许被害人和加害人和解，有利于化解矛盾，消除犯罪隐患。②被害人有证据证明的轻微刑事案件。这类案件比较简单，不需要专门侦查，被害人完全可以保护自己的利益，将追诉被告人的权利交由被害人行使，可以节省司法投入，使检察机关集中力量打击严重的刑事犯罪。③公诉转自诉的案件，即被害人有证据证明对被告人侵犯自己人身、财产权利的行为应当依法追究刑事责任，而公安机关或者人民检察院不予追究被告人刑事责任的案件。将这类本来是公诉的案件交由被害人自诉，是为了加强对司法机关的监督，保护被害人的合法权利。除了自诉案件，其他刑事案件一律由检察官行使公诉权，警察等其他机关对刑事案件没有起诉权。

2. 检察机关行使公诉权的条件

（1）犯罪嫌疑人的行为已构成犯罪。否则，检察官的起诉行为被认为是违法。这是各国检察官对被告人提起公诉都必须具备的条件。

（2）有证据证明犯罪行为系犯罪嫌疑人实施。决定证据是否充分，不同国家做法各异。①有的国家由检察官自行决定。如日本、德国、奥地利等国家，检察官对所有的证据材料、文书和物证进行全面审查，认为有足够的理由时，就可以决定提起公诉。②有的国家由大陪审团审查证据是否充分。如在美国的一些州，轻罪由检察官单独行使公诉职能，即"国家追诉"；对重罪的起诉，则由大陪审团来决定，即检察官起诉需得大陪审团的批准，亦称公众追诉。[1]英国处理刑事犯罪分为简易罪、可诉罪和必诉罪。对简易罪与部分可诉罪，皇家检察官可向治安法院作概述，即对于其他犯罪由刑事法院审理的，必须经治安法官审查或裁决，[2] 治安法官的任务不是确定被告人是否有罪，而是审查起诉方和被告方的证据，确认其是否符合公诉的证据条件，以保证公诉的质量。治安法官在确认证据可以证明被告人有罪时，检察官就可以起诉，否则，他可以撤销控诉。在这些国家，之所以由大陪审团或治安法官来决定证据是否符合公诉的条件，是与其整个司法制度相协调的；因为在这些国家，检察官由律师担任，由律师行使公诉权，就受到多方面的监督和制约。我国属于第一种情

[1] 樊宗义等主编：《域外检察制度研究》，中国人民公安大学出版社 2008 年版，第 63 页。

[2] 同上书，第 25～26 页。

形，检察官对证据进行审查，如果认为证据确凿、充分，就有权决定起诉。

（3）认为应当依法追究犯罪嫌疑人的刑事责任。一个人的行为构成了犯罪，但其不一定被追究刑事责任。世界上所有的检察官对是否起诉都有一定的自由裁量权。在美国，如果犯罪嫌疑人承认犯罪事实，检察官和律师可以达成“辩诉交易”，可以对犯罪嫌疑人不提起公诉或减轻控诉。外国的检察官有很大的酌定是否起诉的权力，有的检察官决定不起诉的案件占他承办案件的70％～80％。日本法律规定，根据罪犯的性格、年龄及境遇、犯罪的轻重与犯罪后的表现，检察官认为没有必要追诉时，可以不提起公诉。在法国，则实行“便利诉讼替代措施”等等，包括普通不起诉与替代措施（分为赔偿性措施与惩罚性措施）相关联的不起诉。据统计，2005 年，检察机关追诉677 107件案件，通过刑事和解点 5.9％（40 034 件），依《刑事诉讼法》第 41 条第 1 款替代程序处理4 221 169件，占 62.2％，其中法律提醒 221 402 件，调解31 859件。[1] 我国检察官有酌定不起诉的权力。我国《刑事诉讼法》规定，犯罪嫌疑人的行为已经构成犯罪，但由于犯罪情节轻微，根据《刑法》规定不需要判处刑罚或者免除刑罚的，检察机关可以不起诉。这一方面是为了节省司法资源，另一方面也是为了给罪行轻微的犯罪嫌疑人一条出路，便于其改造。

3. 出庭支持公诉

在法庭审判中，根据控、辩、审三方在诉讼中地位和关系的不同，可以分为当事人主义的审判模式和职权主义的审判模式。

当事人主义的审判模式，主要适用于英美法系的国家。在英国、美国法庭审判中，检察官和被告人的辩护律师的地位是平等的，检察官提出证据证明自己的控诉主张，律师进行反驳。法官作为独立的第三方居中公断。这种模式可以描述为“沉默的法官，争斗的当事人”。对于一些比较复杂的案件，法庭上还要设陪审团，陪审团成员由不懂法律的人组成，一般有 12 个人，他们在听取控辩双方的证据和辩论后，投票决定被告是否有罪，如果他们认为有罪，再由法官量刑，也就是实行陪审团的“定罪权”与法官的“量刑权”分离。这种庭审模式，能使控辩双方充分阐述自己的理由，比较公平，但这种审判模式弊端也很大。由于陪审团都是由不懂法律的人组成，他们对证据的判断完全是凭感觉的“自由心证”，法律规定，他们作出的判断都是正确的，并不要求他们说出理由。因此，他们很容易被律师高超的辩护技巧所迷惑和操纵。有些人犯了罪，只要有钱请好律师，同样可以被判无罪。如美国的辛普森是橄榄球明星

---

[1] 魏武：《法德检察制度》，中国检察出版社 2008 年版，第 53～55 页。

和著名电影演员，他很有钱。他的前妻及其男友被人杀死在家中，辛普森被作为重大犯罪嫌疑人。其中的一个重要证据是现场有辛普森的一只手套，上面沾有被害人的血迹。辛普森花1 000万美元聘请了全美最优秀的律师，组成“梦之队”豪华律师团为自己辩护。律师根据“米兰达规则”为辛普森辩护，辛普森竟被无罪释放，导致世人哗然。

“米兰达规则”是美国联邦法院对米兰达申诉案所作出的一项判决形成的规则，其主要内容有四项：(1) 被捕者有权保持沉默；(2) 被捕者如果选择回答，那么他所说的一切都有可能会被用作对他不利的证据；(3) 被捕者有权在审讯时由律师在场陪同；(4) 如果被捕者没有钱请律师，法庭有义务为他指定律师。其限制包括五个方面：(1) 逮捕前的问话，不需要给予米兰达警告；(2) 被捕者不要求见律师而亲属为其找了律师的，不需要给予米兰达警告；(3) 要求见缓刑监督人的，不需要给予米兰达警告；(4) 第二次审讯的，不需要给予米兰达警告；(5) 被告主动提出向警察招供的，即使他先前已经提出要见律师，也不需要给予米兰达警告。其限制还包括“两个例外”：(1) 公共安全例外，如果不对被捕者立即进行审问，将对公共安全造成危害的，不需要给予米兰达警告；(2) 抢救例外，一般发生在劫持案中，如果嫌疑人被捕时受害者并不在现场，警察可以直接询问受害者的下落，不需要给予米兰达警告。抢救例外是许多州法院确立的，而不是联邦最高法院确立的法律原则。❶ 这些，都反映出了对“非法证据排除规则”和“沉默权”的规范和制约。目前，国内学界与司法实务界对此争鸣较大。我们研究这些规则时，一是要弄清其产生的社会物质生活条件，不能就规则谈规则；二是要从中国国情出发，不能盲目照搬照套。

另一种是职权主义的审判模式。这种模式主要适用于大陆法系的国家，如德国、法国。在这种模式中，法官是庭审的核心人物。法官主持庭审、指挥诉讼，主动收集证据、调查证据。案件审讯的范围及方式，以及证据的取舍，都由法官决定。其特点可以概括为“主动的法官，消极的当事人”。这种模式能有效地追究犯罪，效率也比较高，但缺点是对被告人的权利照顾不足。附：《法国检察机关对成年人犯罪追诉方式及措施》❷ 《2001～2005年度法国检察

---

❶ 李义冠：《美国刑事审判制度》，法律出版社1999年版，第50～72页。

❷ Pradel, Manuel de procédur pénale, p. 575，转引自魏武：《法德检察制度》，中国检察出版社2008年版，第88～89页。

机关追诉犯罪情况》❶《2006 年度法国检察机关执法办案情况》❷。

表 1 法国检察机关对成年人犯罪追诉方式及措施

	追诉方式	追诉替代措施
重罪	检察机关启动预审程序	
轻罪	一检察机关启动预审程序 一直接传票 一自愿出庭之通知 一司法警察警官传唤 一通知出庭和立即出庭 一认罪答辩 一刑事处罚令	一刑事和解（最高刑为 5 年监禁刑的轻罪） 一其他替代措施（适用于所有轻罪） ·法律提醒 ·将行为人移交给一定的机构 ·将非法状况合法化 ·赔偿损害 ·刑事调解
违警罪	一检察机关启动预审程序 一直接传票 一自愿出庭之通知 一刑事处罚令 一定额罚金	一刑事和解 一其他替代措施 ·法律提醒 ·将行为人移交给一定的机构 ·将非法状况合法化 ·赔偿损害 ·刑事调解

表 2 2001～2005 年度法国检察机关追诉犯罪情况

	2001 年	2002 年	2003 年	2004 年	2005 年
处理的案件（个）	4 944 721	5 083 465	5 008 724	5 004 795	4 838 441
无法起诉案件（个）	3 616 873	3 733 384	3 624 581	3 549 138	3 376 537
错误定性案件（个）	324 618	380 023	381 285	401 241	408 711
行为人不明案件（个）	3 292 255	3 353 361	3 243 296	3 147 897	2 967 826
可起诉案件（个）	1 327 848	1 350 081	1 384 143	1 455 657	1 461 904
占处理的案件比例（%）	26.9	26.6	27.6	29.1	30.2
起诉案件总数（个）	621 866	624 335	654 579	674 522	677 107
移交给预审法官案件（个）	36 398	37 444	35 143	34 211	32 613
移交给儿童法官案件（个）	56 974	56 279	55 369	55 841	56 406
向轻罪法院提起起诉案件（个）	371 640	383 411	409 561	464 848	516 017

❶ Annuaire staist：que de la Justice Edition，2007，p. 109，转引同上，第 91 页。

❷ Ministére de la justice chiffres－clés，2007，转引同上，第 92 页。

续表

	2001 年	2002 年	2003 年	2004 年	2005 年
·立即出庭案件	31 693	38 269	42 026	43 099	46 601
·共和国检察官通知出庭案件（个）	6 361	7 665	11 273	11 577	15 783
·司法警察通知出庭案件（个）	226 802	233 894	239 190	240 910	217 625
·直接传票案件（个）	106 784	103 583	103 498	108 253	103 043
·刑事处罚令案件（个）	—	—	13 574	58 822	105 765
·认罪答辩程序案件（个）	—	—	—	2 187	27 200
向违警罪法院提起起诉案件（个）	156 854	147 201	149 736	104 248	67 868
·司法警察通知出庭案件（个）	17 494	19 884	18 188	8 215	9 089
·直接传票案件（个）	53 016	45 354	41 149	21 452	18 493
·刑事处罚令案件（个）	86 344	81 963	90 399	74 581	40 286
·在社区法院提起追诉案件（个）	—	—	4 770	15 374	4 203
成功的刑事和解总数（个）	1 511	6 755	14 785	25 777	40 034
替代程序总数（个）	269 996	289 485	328 905	388 944	421 169
调解（个）	33 486	33 700	34 060	34 866	31 859
未成年人赔偿（个）	4 972	5 275	5 941	6 214	7 167
治疗命令（个）	4 038	4 068	4 874	5 464	5 227
移交给卫生、社会、职业机构（个）	7 497	7 332	9 708	11 269	11 847
非法状况合法化（个）	38 823	40 010	44 341	53 356	58 615
法律提醒（个）	129 021	144 592	170 830	206 551	221 402
其他的非刑法追诉和惩罚（个）	52 159	54 508	59 151	71 224	85 052
刑事处理率（%）	67.3	68.2	72.1	74.8	77.9
不起诉案件（个）	434 475	429 506	385 874	366 414	323 594
占可起诉案件的比例（%）	32.7	31.8	27.9	25.2	22.1
被起诉的法人数量（个）	1 713	1 719	2 617	2 465	2 593

表3 2006年度法国检察机关执法办案情况

	案件	百分比（%）	2006/2005年度发展（%）
收到的报告	5 305 394	100.0	+3.2
（犯罪行为人未知的）	3 142 459	59.2	+2.5
已处理的案件	4 960 284		+2.5
无法起诉的案件	3 435 170	100.0	+1.7
行为错误定性、无充分证据的	438 465	12.8	+7.3
案件事实未查明	2 996 705	87.2	+1.0
起诉案件	1 525 114	100.0	+4.3
起诉	708 247	46.4 a	+4.6
·轻罪法院	500 328		+2.4
·被告人事先认罪	51 028		+87.6
·预审法院	30 398		−6.8
·儿童法院	58 208		+3.2
·违警罪法院	68 285		+0.6
刑事和解	50 430	3.3 b	+26.0
追诉替代程序	467 578	30.7 c	+11.0
不起诉	298 859	19.6 d	−7.6
刑事处理率（a+b+c）	80.4%（2005年度为77.9%）		

现在，适用这两种审判模式的国家都意识到各自的优缺点，双方都在互相借鉴、吸收与靠拢，以求扬长避短。

我国1979年《刑事诉讼法》规定的诉讼模式，有强烈的职权主义色彩，法官在法庭上包揽了讯问被告人、调查证据等职能，法官主动讯问被告人，询问证人、鉴定人，出示证据，实际变成检察官和法官共同审问被告人。被告人的辩护人在法庭上得不到重视，辩护走过场，甚至先定后审。1997年修改《刑事诉讼法》，对庭审方式进行了改革，吸收了当事人主义审判模式的优点，审判长主持审判，增强控辩双方的对抗，法官居中裁判，充分发挥控、辩双方的积极性，增加庭审的透明度，使法官能从双方的举证和辩论中，明辨是非，

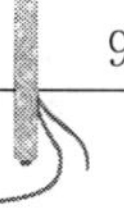

客观公正地裁决案件。但中国法官也并非像英美法系当事人主义审判模式中的法官那样在审判中无所作为，法官要主持辩论，甚至可以休庭作一定的补充调查。这样的审判，既体现了公平，又兼顾了效率。这种审判模式，对检察官出庭工作提出了挑战，要求检察官要有丰富的法律知识、高超的辩论技巧、随机应变的能力、认真细致的工作态度。检察官只有全面提高自己的素质，才能胜任控诉犯罪、保障人权的职责。

（三）监督权

1. 检察监督权的特点

大陆法系国家一般对侦查活动具有指挥、指导和监督的权力。如德国，刑事追诉权为检察机关专属，警察从属于检察机关，从而衍生对侦查的指挥与控制，包括对秘密侦查的否决权。❶ 日本检察机关享有对警察指挥控制侦查的监督职权外，还享有监督裁判所和监督裁判执行的职能，包括请求裁判的正当适用法律、监督裁判所执行，指挥拘留提审证、羁押征的执行以及有罪判决的执行❷以及作为公益代表人所依法享有的广泛权限。❸ 韩国检察机关针对侦查审判执行享有监督权。❹ 自20世纪70年代以来，英美法系国家检察机关开始有选择地引入监督机制，一定范围地对侦查、审判、执行行使监督权。如英国威尔士地区检察官派驻警局提供法律建议，苏格兰检察享有对刑事审判监督性质的抗诉与执法公正的检查权等。❺ 加拿大检察官则有对侦查的法律建议权，介入侦查以及安大略省的检察官对警察腐败的调查监督机制等。❻

在我国，监督机制广泛存在于社会生活中，如权力机关监督、党纪监督、社会监督、舆论监督、审计监督、群众监督。以上各种形式通过不同的主体、不同的层面、不同的手段组成了我国权力运作的监督机制，但都不能代替检察机关作为国家专门机关的法律监督。首先，检察机关是法律监督的专门机关。我国检察机关不是单纯的公诉机关，也不是司法行政机关，而是依法具有更高法律地位和更多法定职权的法律监督机关。其次，检察机关的监督更有权威性。一方面，检察机关由国家权力机关——人民代表大会产生，对人民代表大会负责。另一方面，它是由宪法赋予的监督权，并且规定检察机关依法独立行

---

❶ 何家弘主编：《检察制度比较研究》，中国检察出版社2008年版，第188～189页。

❷ 同上书，第305页。

❸ 同上书，第306页。

❹ 同上书，第321页。

❺ 同上书，第46页。

❻ 同上书，第108页

使监督权，不受任何机关和个人的干涉。第三，检察机关的法律监督权由国家强制力保证实施。检察机关可以通过行使侦查、审查逮捕、起诉等司法处分权，来保证法律监督的效力。检察机关法律监督的这些特点，是其他监督所不具备的。新中国成立50多年来的经验表明，什么时候加强了法律监督，法制状况就比较好一些，违法乱纪和错捕错判就少一些；什么时候削弱了法律监督，法制状况就差一些，司法中往往会伤害好人或放纵坏人。

2. 检察官行使监督权的方式

检察机关的法律监督是就各个具体的案件或行为进行监督，追诉严重违法犯罪行为，督促公正司法，保障公正执法。检察官行使监督权的方式主要有四种：(1) 侦查与调查权。监督国家工作人员的执法情况，调查职务犯罪行为，如对贪污贿赂、渎职犯罪案件的侦查。(2) 建议权。如检察机关发现有人违反法律但未构成犯罪的，可以建议其所在单位给予处分或提出进行整改、堵漏建制的建议。(3) 纠正权。如检察官发现警察、法官处理案件违反法定程序的，检察机关可以建议公安机关、法院纠正。(4) 抗诉权。如检察官发现法院作出的刑事、民事、经济、行政判决有错误，有权提出抗诉，有管辖权的法院必须受理，重新组成合议庭审理。

3. 检察监督权的内容

(1) 对刑事法律实施的监督。检察机关的刑事法律监督主要是通过追究犯罪、保障人权实施的，这种监督权涉及刑事诉讼的各个方面。包括立案监督、侦查监督、审判监督、对判决与裁定的监督、执行监督（如减刑、假释、保外就医、暂予监外执行监督）等。(2) 对民事、经济、行政法律实施的监督。人民检察院对人民法院已经发生法律效力的民事、经济、行政判决、裁定，发现违反法律、法规规定的，有权按照审判监督程序提出抗诉。民事、经济、行政诉讼的监督，由于法律规定得比较原则，而且都是判决、裁定生效后的“事后监督”，只能采取抗诉的形式，还是个薄弱环节。

五、推进中国特色检察体制机制改革与完善

推进司法体制改革，是党的“十六大”作出的一项战略部署，是党和国家推进政治体制改革、建设社会主义政治文明的一项重大举措。十六届三中、四中全会对推进司法体制改革提出了明确要求。党的“十七大”从发展社会主义民主、全面落实依法治国基本方略、加快建设社会主义法治国家的高度出发，作出了深化司法体制改革的重大决策。在2007年底召开的全国政法工作会议上，胡锦涛总书记对深化司法体制改革进一步提出了明确要求。2008年，中

央19号文批转了中央政法委《关于深化司法体制和工作机制改革若干问题的意见》（以下简称《意见》）。同年，中办以28号文印发了贯彻实施《意见》的分工方案；2009年5月，高检院印发了2009～2012年《工作规划》；2010年3月高检院又印发了落实《工作规划》的具体方案。两年来，司法检察体制和工作机制改革积极稳妥地推进，取得明显成效。这一次改革的主要特点是：

第一，从战略高度强调深化司法体制改革的极端重要性。

这次改革是中央主要领导同志深入调研、广泛论证、方案审批、统一部署、渐进推进的。深化改革的举措之一是采取内外有别措施，层层统一思想，深刻领会增强深化司法体制改革的重大意义，切实增强责任感和紧迫感。针对现行司法体制存在一些不适应地方，制约社会主义司法制度优越性发挥，不能满足人民群众日益增长的司法需求；人民群众对司法实践中存在的裁判不公、处理不当、效率不高和办“关系案”“人情案”“金钱案”等问题，反应强烈；有法不依、非法干预司法机关正常办案工作，搞地方保护主义、判决裁定畸轻畸重，影响法制统一，宪法和法律尊严；司法、执法人员素质不高，能力不强，进口不严、出口不畅，培训不够、管理不严、保障不力等等，强调从全面落实依法治国基本方略的高度，必须深刻认识以满足人民群众的司法需求为根本出发点，深化司法体制改革，继续解决体制性、机制性、保障性方面存在的问题，加快建设社会主义法治国家的极端重要性；从实现司法公正需要的高度，必须深刻认识以加强对司法权力的监督制约为重点，深化司法体制改革，优化司法职权配置，建设公正、高效、权威的司法体制，真正把司法机关建设成为维护社会公平正义的可靠屏障的现实必要性；从维护法制统一的高度，必须深刻认识正确处理依法独立行使职权与加强党的领导，上级与下级、宽严相济等关系，切实解决司法地方化、司法行政化问题，切实维护宪法法律的权威，真正贯彻党的领导、人民当家做主、依法治国有机统一的现实急迫性；从加强政法队伍建设的高度，必须深刻认识建设一支政治可靠、业务精通、作风优良、执法公正的政法队伍的现实可能性，从而明确指导思想，把握原则，突出重点，扎实稳步地推进改革。

第二，牢牢把握基本原则，坚持改革的正确方向。

深化司法体制和工作机制的原则概括为六个方面：（1）始终坚持党的领导。（2）始终坚持中国特色社会主义方向。（3）始终坚持从我国国情出发。（4）始终坚持群众路线。（5）始终坚持统筹协调。（6）始终坚持依法推进改革。

第三，牢牢把握改革的目标与重点内容。

这次深化司法体制改革的目标是，以维护人民利益为根本，以促进社会和谐为主线，以加强权力监督制约为重点，紧紧抓影响司法公正、制约司法能力的关键环节，进一步解决体制性、机制性、保障性障碍，优化司法职权配置，规范司法行为，建设公正高效权威的社会主义司法制度，为保障社会主义市场经济体制顺利运行，为中国特色社会主义事业提供坚强可靠的司法保障和和谐稳定的社会环境。

改革的重点内容是四个方面。

其一，关于优化司法职权配置方面，从调查情况看，司法、执法中存在的突出问题是：侦查措施和程序不完善；对侦查活动等法律监督存在缺陷；对自侦案件监督制约不到位；刑事、民事审判、行政诉讼活动及法律监督不完善；刑事执行监督机制缺乏；民事行政执行体制不健全；劳教制度的法律性质不明、不规范；维护国家安全和社会稳定的情报工作体制不健全；人民参与监督司法的法律制度不健全；维护司法权威的相关制度安排滞后，等等。为此，中央提出了 11 项改革任务：(1) 改革和完善侦查措施和程序。(2) 改革和完善对侦查活动等的法律监督。(3) 改革和完善审查逮捕制度。(4) 改革和完善诉讼制度。(5) 改革和完善人民检察院对刑罚执行的法律监督制度。(6) 改革和完善民事、行政案件执行体制。(7) 改革和完善上下级司法机关之间的关系。(8) 改革劳动教养制度。(9) 改革和完善情报工作体制机制。(10) 完善人民参与监督司法的法律制度。(11) 建立健全维护司法权威的相关制度。

其二，关于完善宽严相济刑事政策方面，从调研情况看，贯彻宽严相济刑事政策存在的主要问题是：对从严惩治严重危害社会秩序犯罪黑社会性质适用财产刑处罚，有组织犯罪、徇私枉法等犯罪法定刑不健全或偏低，侵财性犯罪、涉黑型经济犯罪等入罪门槛高；对贪污贿赂、渎职犯罪处罚轻刑化；非法证据排除不健全；死刑等刑罚结构与监督存在不完善；从宽处理机制不明确、不规范；贯彻宽严相济刑事政策协调机制不健全等等。为此中央提出 4 项改革任务：(1) 完善从严惩罚严重犯罪的法律制度。包括黑社会性质犯罪、反恐法；敲诈勒索、销赃、徇私枉法的法定刑，网络犯罪、危害国家安全犯罪、危害国家利益犯罪；建立和完善有关犯罪的定案标准；健全打击严重刑事犯罪的法律程序；完善死刑法律规定等等。(2) 建立和完善从宽处理的法律制度。(3) 建立健全贯彻宽严相济刑事政策的协调制度。(4) 建立健全贯彻宽严相济刑事政策的保障制度。

其三，关于加强政法队伍建设方面，从调研情况看，存在的主要问题是：

招录机制不健全；领导干部交流任职制度执行不到位；在职培训机制不健全、不规范，教育投入严重不足；执法行为不文明、不规范、不廉洁，严重损害执法公信力；执法监督制约机制不健全、不规范、不配套；机构编制、职务序列管理不规范、不到位；基层出现执法办案人员断档现象；基层执法保障不力、待遇低；司法考试与公务员考试不协调，律师评估考核机制和奖惩机制不健全等等。为此，中央提出了8项改革任务及措施，这包括：（1）完善政法干警招录培养体制。（2）完善政法干警在职培训机制。（3）完善政法干警行为规范。（4）加强政法机关党风廉政建设。（5）完善政法机关机构、编制和职务序列制度。（6）完善政法干警工资和职业保障制度。（7）改革和完善司法考试制度。（8）改革和完善律师制度。

其四，关于加强政法经费保障方面，从调研情况看，存在的主要问题是：（1）经费保障不平衡，同检察事业协调发展不适应。（2）经费保障增幅与财政增幅不协调，同法律监督的快速发展不适应。（3）传统的经费保障体制，同法律监督的持续发展不适应。（4）“明脱暗挂”的收支两条线运行机制，同法律监督的健康发展不适应。（5）检察人员待遇低，收入差别大，同检察事业的后续发展不适应。（6）正常经费增长机制缺位，债务包袱沉重，装备水平落后，同检察事业的创新发展不适应。

为此，中央提出了6项改革任务与措施，这包括：（1）改革和完善政法保障体制。即“明确责任、分类负担、收支脱钩、全额保障”。经费划分为人员经费、公用经费、业务装备经费和基础设施建设经费四大类。（2）建立分项目、分区域、分政法经费分类保障政策。人员经费同级财政负担，公用经费和业务经费由中央、省与同级财政分区域按比例负担。（3）建立公用经费正常增长机制。（4）制定和完善各类业务装备的配备标准。（5）规范基础设施建设的经费保障。（6）改革和完善政法经费管理制度。

第四，明确责任分工，加强组织实施。中央对60项改革任务、实行总揽全局、协调各方、项目分工、责任落实、细化规划、整体推进，使改革收到了整体推进的作用。从责任分工看，高检院牵头项目有7个：（1）完善检察机关对侦查机关规定不应当立案而立案和应当立案而不立案的监督机制，确保侦查权的正确行使。（2）改革和完善审查逮捕制度。（3）完善检察机关对民事、行政诉讼和民事执行工作实施法律监督的范围和程序。（4）依法明确、规范检察机关调阅审判卷宗材料、调查违法、建议更换办案人、提出检察建议等，完善法律监督措施。（5）完善上下级人民检察院的领导关系。（6）研究并推进人民监督员制法制化。（7）完善贪污、贿赂和渎职犯罪定罪刑标准。

另外，高检院参与53项。为实施规划意见，高检院牵头项目和参与项目制定了四年实施规划。其中：

（1）在优化检察权配置方面，提出了25项任务及措施：健全对刑事立案活动，对派出所的监督机制，对侦查措施的法律监督，对刑事强制措施适用的期限、条件与执行方式，规范对侦查取证活动的监督，查办刑讯逼供等违法行为的办案机制，刑事诉讼证据制度，非法证据排除，防止超期羁押、对看守所监管活动监督，调阅卷宗，对刑事案件提出再审建议，检察长列席法院审委会，对生效刑事裁判申诉的办理，对死刑复核的法律监督程序，对适用简易审的监督、对刑罚执行违法的发现与纠正机制、对假、减、监外执行的同步监督，对留所执行的监督，对社区矫正的监督，对民行监督与执行监督，民行申诉的受理、审查和抗诉机制、对民行违法的调查、纠正违法与建议更换办案人规范检察建议，对违法行为教育矫治的法律监督，明确责任分工，强化落实措施。

（2）改革和完善检察机关接受监督方面，制定了9项任务及措施：改革职务犯罪审查逮捕、检务公开、人民监督员制度改革、人大和政协监督、办案流程管理、内部制约机制、讯问职务犯罪嫌疑人同步录音录像、司法解释党内报告和向人大备案制度，核准追诉程序等。

（3）完善贯彻落实宽严相济刑事政策方面，提出制定了25项任务及措施，即办案考评、错案认定与追究，贪污贿赂渎职等定罪量刑标准，对举报、控诉、申诉的办理机制，查办职务犯罪的程序，预防工作，职务犯罪信息情报工作与规范和执法衔接，与纪检监察相互移送案件线索，介入重大安全事故调查，听取律师等意见、证人、鉴定人量刑建议，附条件不起诉，完善二审、再审、发回重审监督、轻微案件快速办理机制，刑事和解，未成年人犯罪案件办理，对老年人犯罪从宽办理，保障律师执业，约束检察官与律师关系，刑事被害人求助，刑事赔偿等，明确推进的时间表。

（4）在完善组织体系和干部管理制度方面，提出了22项任务及措施：领导干部管理与交流，上级院领导下级院的程序及方式，强化对下级院执法活动的监督，完善案件管辖，检委会制度改革及组成人员专业结构，机构设置，办案责任制，基层院建设，对基层院考核评价体系，部门与企业管理检察院的改革，编制管理，院校为基层院定向招录学员，招录人员程序，检察官晋升，军队优秀干部转业到地方检察院工作机制，分责管理，检察官退休及津贴等保障制度，司法警察，人员培训，对下级院班子与领导干部监督，执法行为规范等明确推进的时间表。

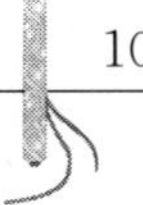

（5）在改革和完善保障体制方面，提出了制定人员经费、公用经费、业务装备经费的保障责任，分区域、按比例负担保障的政策标准，各类装备配备标准，两房建设标准，专门管理制度，司法鉴定管理，检察信息化工作机制等6项任务，责任分工与推进时间表。

（6）在组织实施方面，要求各级院高度重视，举全系统之力，实行“一把手”工程，责任到人，做到调研论证、领导审核、小组讨论、报程序审批、加强协调、注重督导，确保各项改革如期完成。

8. 总结分析学习实践活动经验巩固扩大学习实践活动成果*

一、开展学习实践活动的主要做法

湖北省第一批学习实践活动于 2008 年 9 月启动后，省院党组高度重视，及时传达学习中央、省委和高检院关于搞好学习实践活动的一系列指示精神，紧紧围绕“检察人员受教育、法律监督上水平、执法为民显成效”的总要求，按照省委第九指导检查组的意见，结合实际研究制定实施方案，组织带领全院党员干部认真开展学习实践活动，圆满完成了各个阶段、各个环节的任务，达到了预期目的，取得了明显成效。

（一）认真学习调研，打牢科学发展的思想基础

1. 强化学习培训，在领会精神实质上求深

组织党员干部认真学习中央和省委规定的必读书目、胡锦涛总书记等中央领导同志对检察工作的一系列重要指示、高检院关于按照科学发展观要求加强和改进检察工作的重要意见等一系列文件精神。

2. 深入调查研究，在掌握实情上求真

着重围绕检察工作如何更好地服务、保障和促进经济社会又好又快发展，如何实现自身科学发展，问计于群众、问计于基层。

3. 积极开展大讨论，在解放思想上求实

针对党员干部存在不适应、不符合科学发展观要求的观念、做法和检察体制机制方面的阻碍，适时组织开展解放思想大讨论活动。此外，省院组织首届湖北省“检察发展论坛”，加强检察工作一体化机制建设，强化法律监督职能专题研讨，真正做到请专家把脉、向学者问诊，进一步增强了继续解放思想、

---

* 本文发表于《人民检察·湖北版》2009 年第 4 期。

推动科学发展大讨论活动的针对性和实效性。

（二）广泛征求意见，查找应响和制约科学发展的突出问题

通过问卷调查，向全国、省人大代表和政协委员、部分发案单位和服务单位、省直有关单位、下级检察院征求意见；专门召开省院专家咨询委员、人民监督员和律师代表座谈会，听取他们的意见；统一制作征求意见表，发给省院机关每一位党员干部填写，在荆楚正义网和机关局域网设立征求意见专栏，在省院机关办公楼一楼大厅内设置征求意见箱，多渠道、多形式地征求社会各界、基层干警和省院机关党员干部的意见建议，为搞好分析检查奠定了良好的基础。

（三）全面分析检查，明确科学发展的思路和措施

1. 认真开好专题民主生活会

对征集的意见进行认真梳理和对照检查，领导班子成员之间、领导班子成员与下属之间广泛开展交心谈心活动，领导班子成员认真撰写检查剖析材料。在此基础上，省院党组严格按照省委提出的“五要五不要”的要求，紧紧围绕“推动检察工作科学发展，更好地服务、促进和保障经济社会又好又快发展”这一主题，认真召开专题民主生活会。

2. 认真撰写分析检查报告

按照省委提出的“四个充分反映”“在三个方面下工夫”的要求，认真回顾总结党的十六大以来党组团结带领党员干部贯彻落实科学发展观取得的成效和形成的共识，深入查找和剖析工作中存在的主要问题及其原因，明确进一步贯彻落实科学发展观的总体思路和主要任务，制定按照科学发展观的要求加强和改进党组自身建设的具体措施。在分析检查报告撰写过程中，省院党组多次召开会议进行深入研讨。

3. 切实搞好群众评议

我们坚持把群众满意度作为评价学习实践活动成效的重要标准，把评议过程变成发扬民主、倾听民声、了解民意、集中民智、凝聚力量的过程。

（四）狠抓整改落实，推动学习实践活动出成果、见成效

1. 制定整改落实方案

我们围绕分析检查报告提出的整改措施，反复组织研讨论证，集思广益，认真制定落实的具体方案，明确了整改的目标、措施、时限和责任要求。

2. 努力解决突出问题，注重选准突破口和切入点

3. 推进体制机制创新。认真贯彻落实高检院制定的关于贯彻落实《中共中央转发〈中央政法委关于司法体制和工作机制改革若干问题的意见〉的通

知》的实施意见，结合湖北实际，着力创新检察业务工作机制、队伍管理机制和检务保障机制，努力探索建立健全有利于检察工作科学发展的体制机制和符合科学发展要求的规章制度。

（五）加强组织领导，确保学习实践活动顺利进行

我们成立了以敬大力同志为组长的省院机关学习实践活动领导小组，安排专人负责，明确各内设机构主要负责人为学习实践活动第一责任人，建立了学习补课、检查督导、考勤考核等制度。省院党组和领导小组多次召开会议听取学习实践活动进展情况汇报，研究解决重大问题，及时提出推进学习实践活动的意见和措施。

二、开展学习实践活动的主要成效

这次学习实践活动的主要成效集中表现在以下几个方面。

（一）用科学发展观武装党员干部头脑取得了新收获

通过学习实践活动，全体党员干部深刻认识到，科学发展观是马克思主义关于发展的世界观和方法论的集中体现，是发展中国特色社会主义必须坚持和贯彻的重大战略思想，是检察工作的重要指导方针。深入学习实践科学发展观是深入推进改革开放、推动经济社会又好又快发展、促进社会和谐稳定的迫切需要；是提高党的执政能力、保持和发展党的先进性的必然要求；是解决检察工作面临的新矛盾、新问题，加强和改进检察工作，促进检察事业创新发展取得新成效的重要契机。大家一致认为，必须坚定不移地用科学发展观武装头脑、指导实践、推动工作，在检察工作要不要、能不能和怎样服务、保障和促进科学发展、实现自身科学发展等重大问题上形成了“十个必须”的共识：必须不断加深对科学发展观科学内涵、精神实质、根本要求，对检察机关发挥职能更好地服务、保障和促进经济社会又好又快发展，对推动检察工作自身科学发展的认识；必须把科学发展观作为检察工作长期坚持的重要指导方针；必须始终坚持中国特色社会主义检察事业发展道路，牢固树立社会主义法治理念，坚持检察工作政治属性、人民属性、法律监督属性的有机统一；必须牢固树立符合科学发展观要求的发展理念和执法理念，树立推动科学发展、促进社会和谐的大局观，以人为本、执法为民的执法观，办案数量、质量、效率、效果、规范相统一的政绩观，监督者更要接受监督的权力观；必须牢牢把握“一个保障、四个维护”：保障经济社会平稳较快发展，维护社会和谐稳定，维护社会公平正义，维护人民权益，维护社会主义法制统一、尊严、权威的检察工作科学发展的根本目标；必须按照科学发展观的要求正确处理包括促进经济社会又

好又快发展与实现检察工作科学发展，业务建设、队伍建设与保障建设，执法工作中的监督与配合、打击与保护、惩治与预防、实体与程序、刑事与民事、严格执行法律与贯彻党和国家政策，近期工作与长远发展，重点工作与基层基础工作等一系列重大关系；必须着力解决影响和制约检察工作科学发展的突出问题；必须坚持把改革创新作为推动检察工作科学发展的动力，大力推进理论创新、体制创新、机制创新和工作创新；必须着力构建有利于检察工作科学发展的体制机制；必须始终坚持把建设高素质检察队伍作为推动检察工作科学发展的根本保证，从而增强了贯彻落实科学发展观的自觉性和坚定性。

（二）明确检察工作科学发展思路和措施取得了新发展

通过学习实践活动，大家明确了推动全省检察工作科学发展的总体思路，增强了坚持以科学发展观统领检察工作的自觉性和坚定性。这就是：始终坚持检察工作的“五个重要原则”（坚持高举旗帜、科学发展、服务大局、解放思想、与时俱进），努力实现“一个保障、四个维护”的根本目标（保障经济社会平稳较快发展，维护社会和谐稳定，维护社会公平正义，维护人民权益，维护社会主义法制统一、尊严、权威），认真落实“三个促进”的基本要求（促进检察工作科学发展、促进检察机关法律监督能力的提高、促进检察机关公正规范文明执法水平的提高），使工作思路和工作决策自觉做到“六个符合”（符合法律、符合规律、符合大局、符合民意、符合理念、符合实际），始终坚持人民满意的检验标准。

（三）解决影响和制约检察工作科学发展的突出问题取得了新进步

针对查找的突出问题，着力从六个方面进行整改。

1. 着力统一和端正执法指导思想

解决干警中存在的对社会主义法治理念认识不深、理解不透，不能够很好地用以指导实践；深刻领会中央精神，在坚持“三个统一”、牢记“三个至上”、注重“三个效果”上存在模糊认识；对检察工作主题把握不全、贯彻不够，执法办案出现一些偏差；执法为民宗旨意识不强，不重视维护群众利益，不能够将群众路线与检察机关专门工作相结合等突出问题，坚持用马克思主义中国化最新成果武装全体干警的头脑，始终高举中国特色社会主义伟大旗帜，切实做到“三个坚持”，为推动检察工作科学发展奠定坚实的思想基础。

2. 着力提高检察工作整体水平

重点解决检察业务工作发展不平衡，部分业务工作开展力度不大、水平不高，有的甚至发展滞后；区域发展不平衡，有的地方工作大起大落，有的地方工作较为被动，导致检察工作整体推进难，检察工作整体水平提高难；基础设施建设水平不高，科技强检、信息化建设总体水平不高，有的地方“两房”建设任务还未完成，有的地方办公、办案装备落后等问题，在检察工作发展理念、发展思路、发展方式、发展体制上都实现深刻转变，从而不断提高法律监督水平。

3. 着力改变法律监督薄弱局面

解决监督意识与监督能力不强，甚至不愿监督、不敢监督、不善监督、不会监督；对法律监督工作不重视，法律监督的力量、水平还不能完全适应工作要求，工作中存在监督范围狭窄、监督措施不到位、监督成效不明显；法律监督工作机制不健全，监督工作程序、规范还不尽完善等问题，认真落实周永康同志“七个必须”的要求，紧紧抓住人民群众反映强烈的问题，找准监督的着力点，切实把工夫下在监督上，着力实践法律监督由“软”变“硬”，全面开拓立案监督、侦查活动监督、刑事审判监督、刑罚执行和监管活动监督、民事审判和行政诉讼监督的新局面。

4. 着力保持执法办案平稳健康发展

解决执法办案中存在畏难情绪，不敢攻坚碰硬；有的办案力度不大、规模偏低、长期打不开局面；有的办案工作不够平稳、力度时大时小、数量大起大落；有的发现犯罪、突破犯罪、深挖犯罪的意识和能力不强；有的不能正确把握执行法律与执行政策的关系，不讲究执法办案的方式方法，影响执法办案的法律效果与政治效果、社会效果的有机统一等突出问题，自觉树立和落实科学发展观，坚持统筹兼顾，坚持执法办案数量、质量、效率、效果、规范综合考评，建立健全体现科学发展观要求的考核评价体系，促进执法办案平稳健康发展。

5. 着力提升检察机关公信力

重点解决执法不严格、不规范、不文明、不廉洁，特权思想、霸道作风、对群众冷硬横推，执法责任、激励约束、过错追究不力等突出问题，深入开展提高检察机关公信力教育活动，坚持长期治理、健全长效机制、落实治本措施，开展“两严一强”教育活动，全面提升检察机关公信力。

6. 着力加强检察队伍建设

重点解决文化素质、专业化水平、执法作风、执法能力以及基层检察院建设存在的突出问题，大力加强思想政治、领导班子、作风纪律、素质能力、队伍管理机制和检察文化“六项工程”建设，推动队伍建设再上一个新台阶。

（四）完善有利于检察工作科学发展的体制机制取得了新突破

围绕提高法律监督能力和加强自身监督制约两个方面的重点。

(1) 全面落实检察工作一体化机制，提出并落实44项工作措施，进一步建立侦捕诉协作配合与相互制约制度、职务犯罪案件线索管理规定、司法警察协助检察官办案工作的实施办法等10余个配套制度。(2) 健全完善法律监督工作机制。进一步探索建立以发现、核实、纠正有关司法执法机关及其工作人员诉讼违法行为为核心内容的法律监督调查机制，在去年制定刑事立案与侦查活动监督调查办法的基础上，整合形成了《刑事诉讼法律监督调查办法》，研究出台了《民事审判行政诉讼活动法律监督调查办法》；与省法院共同制定《关于在审判工作和检察工作中加强监督制约、协调配合的规定》，就经常性工作联系、办案协调与配合、监督与制约、文书送达与查阅借阅案卷、检察长列席审判委员会、申诉案件的处理等问题达成共识。(3) 健全完善促进公正规范文明执法的长效机制，修改完善扣押、冻结款物及处理办法，进一步明确了有关界限和程序问题。(4) 建立健全执法办案科学考评和绩效管理机制，在完善反贪、反渎、刑事抗诉考评办法的同时，建立公诉工作考评标准、检察理论研究绩效考评办法等。(5) 健全完善执法办案的监督制约机制，制定并落实《检务督察工作实施办法》，建立年度评估报告制度，使检务督察与巡视工作密切配合，有效整合，发挥两者积极作用加强监督。(6) 健全完善职务犯罪初查工作机制，研究起草了加强初查工作的决定。(7) 健全完善检察科技管理机制，会同省财政厅制定科技强检实施意见，统一规划、管理、推进检察科技工作。

(五) 加强和改进省院党组自身建设取得了新成绩

坚持用中国特色社会主义理论武装头脑，修订《关于加强和改进省院党组理论中心组学习的意见》，进一步推动了党组理论学习的制度化、经常化，不断提高了党组领导班子战略思维能力和运用理论指导工作实践的能力。坚持民主集中制，健全了党组议事规则，完善了党组会议制度，规范了党组决策程序，进一步推进了党组决策的科学化、民主化。坚决贯彻《关于建立健全惩治和预防腐败体系2008～2012年工作规划》，进一步加强了党组反腐倡廉建设。建立和完善了院领导下基层调研制度，进一步密切了与基层的联系。认真落实党风廉政建设责任制，遵守了廉洁自律的各项规定。修改、制定和完善了相关制度，进一步强化了省院党组对机关党建工作的领导。通过开展学习实践活动，党组成员政治修养得到进一步加强，党性得到进一步锻炼，谋划和促进检察工作科学发展的能力得到进一步提升。在全省领导班子思想政治建设座谈会上，省院党组作了《始终坚持检察工作为大局服务，不断加强和改进领导班子思想政治建设》的典型发言。

在总结成绩的同时，我们也清醒地认识到，省院机关的学习实践活动与省委的要求、人民群众及基层干警的期望相比，还存在一些差距和不足，对科学发展观全面把握并用以指导实践的能力有待进一步提高；党组重点整改项目的落实力度有待进一步加大；制度创新的推进措施有待进一步加强；通过学习实践活动改进作风、规范管理、提高执行力的任务还比较重等等。对此，我们要在巩固和扩大学习实践活动成果中认真加以解决。

三、开展学习实践活动的主要体会

回顾近半年的学习实践活动，总结体会如下。

（一）必须坚持理论武装，把深化学习、提高认识贯穿始终

要把深化学习、提高认识贯穿到学习调研、分析检查、整改落实的各个阶段、各个环节，紧紧围绕“三个不断深化”：不断深化对科学发展观科学内涵、精神实质的认识，不断深化对检察机关发挥职能作用服务经济社会又好又快发展的认识，不断深化对促进检察工作自身科学发展的认识这一目标开展学习，不断丰富学习内容，加深广大党员干部对科学发展观的理解，把学习实践活动变成统一思想、提高认识的过程。实践证明，广大党员干部只有在用科学发展观武装头脑上下工夫，真正使科学发展观在头脑中扎根，形成推动科学发展的共识，才能不断增强贯彻落实科学发展观的自觉性和坚定性，才能真正学会运用科学发展观分析解决实际问题，促进检察工作科学发展。

（二）必须坚持实践特色，把解决问题、完善制度贯穿始终

我们着眼检察工作更好地服务、保障和促进经济社会又好又快发展，实现自身科学发展，一开始就明确提出需要重点解决七个方面的问题，在学习调研阶段就列出了需要突出抓好的十项工作，坚持边学边改、边查边改、集中整改，立足当前着力办好实事好事，放眼长远努力在体制机制创新上实现新突破。实践证明，只有把坚持实践特色、解决突出问题和完善体制机制有机衔接、有效统一起来，加快解决那些影响和制约检察工作科学发展、群众反映强烈、当前具备整改条件的突出问题，并把解决问题的有效措施和办法以制度的形式固定下来，才能找准学习实践活动的着力点，真正把学习实践活动落到实处。

（三）必须坚持探索创新，把提高针对性、增强实效性贯穿始终

我们既认真做好规定动作，又积极创造自选动作，一方面鼓励各内设机构发挥积极性和创造性，使活动丰富多彩、形式多样；另一方面发挥检察机关上下一体的优势，在开展解放思想大讨论、查找突出问题、形成分析检查报告、制定整改落实方案时，广泛征求各级检察机关的意见和建议，实现上下联动，

既引导、鼓励广大党员干部对检察工作中的重大理论和实践问题进行深入研究和思考，又集中了全省检察机关的智慧和力量。实践证明，只有紧密结合检察工作实际，紧扣主题，不断创新活动内容、活动方式和活动载体，切实增强活动的针对性和实效性，才能保证学习实践活动生机勃勃、充满活力。

（四）必须坚持群众路线，把发扬民主、开门搞活动贯穿始终

我们充分发扬民主，密切联系群众，广泛吸收群众参与学习调研、分析评议、整改落实，自觉接受广大群众监督和评判，体现了服务群众和让群众满意的要求，受到了广大党员和群众的好评。实践证明，只有坚持开门搞活动，真正做到听取民意找问题、顺应民意抓整改、依据民意看效果，学习实践活动才有坚实的群众基础，才能保证学习实践活动深入有效地开展，才能把广大党员和群众的发展积极性引导到科学发展上来。

（五）必须坚持领导带头，把以身作则、率先垂范贯穿始终

各级领导干部始终坚持高标准严要求，率先垂范，既站在前台抓活动，又摆正位置受教育，既带头学习调研、带头分析检查、带头整改落实，又联系实际躬身实践、示范引领，在学习实践活动中起到了关键作用。实践证明，领导班子、领导干部在贯彻落实科学发展观中地位重要、责任重大、作用突出，只有紧紧抓住领导班子和领导干部这个重点，真正发挥领导干部的示范带头作用，才能引领和带动其他党员干部积极搞好学习实践活动，确保学习实践活动不走过场。

（六）必须坚持统筹兼顾，把两手抓、两促进贯穿始终

学习实践活动期间，国内外经济形势发生重大变化，各项检察工作面临新任务、新要求。省院党组把抓好学习实践活动与推动当前各项检察工作紧密结合起来，特别是围绕服务经济社会发展大局，找准对接点，开拓新思路，把学习实践活动中激发出的热情转化为推动工作的强大动力。实践证明，只有坚持两手抓、两不误、两促进，统筹谋划、协调推进，才能做到既把学习实践活动开展得有声有色，又把检察工作抓得有板有眼，既保证学习实践活动的进度和质量，又提高各项检察工作的效率和水平。

在这里需要特别指出的是，省委第九指导检查组认真履行职责，对我院学习实践活动顺利开展并取得明显成效发挥了十分重要的作用。实践证明，由省委派出指导检查组指导开展学习实践活动，十分及时，非常必要。学习实践活动开始后，以张祖新同志为组长的省委第九指导检查组立即到省院开展调查研究，在学习实践活动的每个阶段和重要环节，都亲临院里给予强有力地指导和帮助，给我们树立了良好的榜样。

四、巩固和扩大学习实践活动成果的几点要求

学习实践科学发展观是一项长期任务。我们要总结推广经验，细化措施，不断巩固和扩大学习实践活动成果。

（一）建立健全学习实践科学发展观的长效机制

1. 建立健全科学发展观的长效学习机制

始终把科学发展观作为党员干部理论学习的基础课程，完善中心组学习、干部培训、党员轮训等制度，全面提高党员干部的政治理论素质。

2. 建立健全贯彻落实科学发展观的领导决策机制

进一步完善群众参与、专家论证和领导集体决策相结合的决策机制，把学习实践活动中的行之有效的做法形成制度，长期坚持下去。

3. 建立健全体现科学发展观要求的目标管理、绩效考核机制

引导党员干部树立正确的政绩观，切实增强以科学发展观指导工作的自觉性和坚定性。

4. 建立贯彻落实科学发展观的监督机制

健全完善落实科学发展观各项重大决策部署的领导责任、督办检查、跟踪问效等规章制度，确保各项检察工作沿着科学发展的轨道前进。

5. 建立对下级检察院开展学习实践活动的指导检查机制

有针对性地加强对下指导和检查，及时总结推广好的经验做法，以上带下，以下促上，共同推进检察机关深入学习实践科学发展观。

（二）狠抓整改落实方案的组织实施

这次学习实践活动的一个重要成果就是省院党组认真研究制定了整改落实方案。巩固和扩大学习实践活动成果，关键就是要把整改落实方案落到实处。

1. 加强领导，密切配合

一定要实行党组统一领导，党组成员分工负责，内设机构各司其职，市县两级贯彻执行的整改落实工作机制，形成上下一体、通力合作、协调一致的整改工作格局，务求组织落实、责任落实，整改见效。

2. 真抓实干，集中整改

对于已经具备条件、在近期可以解决的问题，要不等不拖，按时完成，切实办好几件群众普遍期待的实事好事，真正让群众看得见、感受得到学习实践活动的成效；对于那些难度较大或需要较长时间才能解决的问题，要积极创造条件，深入调查研究，广泛征求意见，加强沟通协调，逐步加以解决，确保整改落实工作真正经得起实践、群众和历史的检验。

3. 健全制度，强化监督

建立整改备案制度，对需要整改的问题，逐项整改，逐项销号。建立信息反馈制度，各项整改措施牵头的内设机构要定期向省院党组报告解决问题的进展情况。建立公示监督制度，通过工作简报等形式公示解决问题情况，接受群众监督。

（三）进一步加强省院机关自身建设

1. 加强思想政治建设和职业道德建设

继续深化“大学习、大讨论”活动，建立健全社会主义法治理念教育长效机制，继续组织编写科学发展案例，大力开展“恪守检察职业道德，维护社会公平正义”主题实践活动，引导广大党员干部特别是领导干部牢固树立马克思主义世界观、人生观、价值观，坚持正确的权力观、地位观、利益观，自觉讲党性、重品行、作表率。

2. 加强素质能力建设

认真落实开展大规模培训的要求，大力推进队伍专业化建设，加大各类人才引进和培养力度，落实检察人员每年培训时间不少于 15 天的规定，不断提高省院机关干部的整体素质，为检察工作科学发展提供组织和人才保障。

3. 加强作风建设和自身反腐倡廉建设

深入开展党性党风党纪教育，增强立检为公、执法为民的宗旨观念，认真解决少数党员干部中存在的理论联系实际不够，作风不够扎实、不够深入等问题；以确保严格、公正、文明、廉洁执法为目标，以领导干部和关键执法岗位人员为重点，全面落实党风廉政建设责任制，建立健全惩治和预防腐败体系。

4. 加强机关管理

大力推进执行力建设，坚持年度重点工作责任分工，强化目标责任管理，搞好督促检查；加强激励与约束，实行工作绩效量化考核并与奖惩挂钩，真正做到奖勤罚懒、奖优罚劣；加强规范管理，进一步严格车辆特别是警车管理，努力提高省院机关建设和管理水平，为全省检察机关作出表率。

9. 深入学习实践科学发展观推动检察工作科学发展*

省院机关举办研讨班是深入学习实践科学发展观活动的重要步骤，是武装干警头脑、增强思想政治素质、加强省院机关思想政治建设的切入点，也是推动我省检察工作科学发展的重要举措。现根据敬大力检察长的意见和院学习实践活动办公室的安排，结合近年来全省检察工作情况，就深入贯彻落实科学发展观提出如下几点认识、体会和思考。

一、牢牢把握检察工作发展的阶段性特征，增强贯彻落实科学发展观的紧迫感

科学发展观是我们党对于发展实践的科学总结，是马克思主义关于发展的世界观和方法论的集中体现，是对马克思主义发展理论的重大贡献，是马克思主义中国化的最新成果，是我国经济社会发展的重要指导方针，是我们必须长期坚持和贯彻的重大战略思想。

进入新世纪新阶段，我国发展呈现出一系列新的阶段性特征。与此相对应，检察事业的发展也呈现出较为明显的阶段性特征。

（一）*在发展水平方面*

以科学发展观为指导，客观分析我省近三年来的检察工作，对于增强我们对湖北检察工作科学发展的自信心和责任感，是十分必要的。在省委和高检院正确领导下，在以大力同志为班长的领导班子的率领下，近三年我省检察工作是检察机关恢复重建以来发展又好又快的时期之一，实现了各项检察工作的持续健康协调发展。近三年的工作，概括起来就是六个“扭住不放”。

一是扭住统一执法指导思想不放，服务大局卓有成效。坚持不懈地抓统一

---

* 本文发表于《决策参考》2009 年第 3 期。

执法指导思想，并根据形势发展适时调整和明确工作思路，确保检察工作的正确政治方向。坚持检察工作服务大局，2006 年我们组织开展服务大局系列座谈会，制定实施“服务大局二十条”，明确了服务大局的工作原则、执法政策和具体措施，增强了检察机关服务大局的自觉性、主动性和坚定性。俞正声、罗清泉、贾春旺等领导同志先后批示予以肯定，省委同意并转发了“服务大局二十条”。2007 年以来，全省检察机关紧密结合湖北实际，紧紧围绕建设“四基地一枢纽”、构建促进中部地区崛起重要战略支点、武汉城市圈“两型社会”综合配套改革试验区建设等工作大局，综合运用打击、保护、监督、预防等检察职能，不断提高服务大局的水平和实效，受到省委和高检院的充分肯定。

二是扭住加大工作力度不放，法律监督成效突出。坚持把落实检察工作主题和总体要求，作为履行法律监督职能、增强法律监督实效的总抓手，推动了检察业务工作的持续健康协调发展。在履行批捕、起诉职能方面，2006 年以来共批准逮捕各类刑事犯罪嫌疑人 81 418 人，提起公诉 81 385 人，认真落实宽严相济的刑事政策，做到该严则严、当宽则宽，既有效打击犯罪，又促进社会和谐。在履行查办和预防职务犯罪职能方面，三年来共立案侦查 4 769 件 5 257人，其中大案 2 851 件，要案 489 人（含厅级干部 38 人），重特大渎职侵权案件 262 件，通过办案挽回直接经济损失 6.6 亿元。办案中，始终坚持正确处理数量、质量、效果、效率、规范等五个方面的重大关系，实现了执法办案工作的平稳健康发展。我省反贪工作综合考评在全国的排位由 2005 年的第 21 位上升至 2007 年的第 6 位，反渎工作排位由 2005 年第 20 位上升至 2007 年的第 14 位。在履行诉讼监督职能方面，积极开展刑事立案与侦查活动监督，加强行政执法与刑事司法有效衔接的经验在全国整规会议上作了大会交流；积极开展刑事审判活动监督，加大抗诉力度，依法对死刑二审案件进行了监督；积极开展刑罚执行与监管活动监督，核查纠正监外罪犯脱管漏管的做法受到省人大好评，在中央政法委专门会议上进行了经验介绍；积极开展民事审判与行政诉讼监督，以建立民事行政法律监督调查机制为切入点，综合运用抗诉、检察建议、监督调查、纠正违法等多种形式，切实加大监督力度。

三是扭住规范执法行为不放，办案质量稳步提高。2006 年我们组织开展对受利益驱动违法违规办案、不文明办案、办案安全隐患的“三个专项治理”。今年，省院党组提出要按照坚持长期治理、健全长效机制、落实治本措施“两长一本”的思路，继续将执法规范化建设抓紧抓好，提高检察机关执法公信力。通过狠抓执法规范化建设，办案质量稳步提高，职务犯罪案件起诉率、有罪判决率由 2002 年的 82.6%和 98.3%上升到 2007 年的 89.9%和 99.8%，办案安全事故得到有效遏制，公正执法、规范执法、文明执法的水平进一步提高。

四是扭住改革创新不放，激发检察工作整体合力。2006 年以来，省院党组进一步加大改革创新力度，适应检察工作的实际需要，积极推进以检察工作一体化机制为龙头的七项机制创新。如加强检察工作一体化机制建设，有效整合法律监督资源，促进形成科学合理的检察工作格局；加强法律监督调查机制建设，出台刑事诉讼法律监督调查办法和民事审判、行政诉讼法律监督调查办法两个规范性文件，进一步提高了监督成效，等等。这些机制创新促进建立了公正高效权威的检察制度，极大地激发了工作活力，推动了工作发展，受到了高检院、省委的充分肯定和基层的广泛欢迎。

五是扭住加强队伍建设不放，检察队伍整体素质明显提高。坚持把队伍建设作为检察工作的永恒主题，作为检察工作的基础性战略性任务来抓。在 2006 年对队伍建设情况进行深入调查的基础上，我们于 2007 年制定出台《关于加强检察队伍建设若干问题的决定》，并以落实“决定”为抓手，全面推动队伍建设“六项工程”，切实做到思想政治建设见成效，领导班子建设有力度，作风纪律有加强，素质能力有提高，管理机制建设有措施，检察文化建设有成果，队伍的整体素质明显增强。

六是扭住完善检务保障不放，科技强检深入推进。院党组高度重视检务保障工作，按照高检院要求抓好“两房”建设、经费保障等工作，为检察事业发展奠定了坚定的物质基础。2003～2007 年，我省检察机关经费总收入分别为 5.3 亿元、6.19 亿元、7.19 亿元、8.06 亿元和 9.65 亿元；五年共争取中央、省专项补贴 1.6 亿元、转移支付资金 8 010 万元；“两房”建设顺利推进，已有 90％的检察院完成建设任务；装备建设投入加大，办公、办案条件进一步改善。不断加强对基层院的检务保障，继 2006 年出台并落实《县级检察院公用经费保障标准》后，今年又组织开展了经费保障情况普查，向省委、省政府提出了逐步提高县级检察院公用经费保障标准、建立正常的经费增长机制、加大省转移支付力度、规范专项补贴管理、建立真正的“收支两条线”财政管理体制、设立国家赔偿专项经费、制订科技强检建设地方国民经济发展规划，并逐年纳入预算计划、设立检察机关教育培训专项资金、建立检察机关债务化解机制、加速建设国家检察官学院湖北分院等八个方面的建议，进一步争取政策支持，加大经费保障力度。信息化建设成效明显，目前，我省检察机关基础网络建设情况综合排名列全国第 7 位、中部第 1 位，网络应用综合排名居全国第 11 位、中部第 3 位。加快科技强检步伐，今年在全省组织开展“科技强检”

活动，全省将投资3.5亿元开展五个方面的科技强检项目建设，省院将投资5 300万元开展科技强检项目建设。

我省检察工作近年来得到了长足发展，工作力度不断加大，执法办案工作平稳健康发展，但总体水平还有待提高，某些业务工作同先进省份还有差距，城乡之间、地区之间发展不平衡，执法办案力量、质量、效果、规范、效率都呈现出差异性。从查办和预防职务犯罪工作情况看，落实“力度大、质量高、效果好、不出事”的要求，发现线索、指挥协调、突破案件的能力和水平有待提高，五年间我省受理职务犯罪案件线索下降56.3%，反映出我们坚持专群结合、做群众工作的能力还有待提高；职务犯罪大要案侦查指挥中心及其办公室已初步建立，做了大量开创性的工作，但其功能尚未充分发挥，突破影响民生的大案要案能力还有待进一步提高；职务犯罪案件不诉率为11.4%，撤案率为1.8%，无罪判决率为1%，既反映了我们收集证据、适用法律的能力有待提高，也反映了在贯彻落实检察工作一体化、实行侦捕诉互动配合方面还有一定差距。从公诉工作情况看，贯彻宽严相济刑事政策取得明显成效，但一些地方仍存在思想观念不统一、工作发展不平衡、改革创新不主动等问题。2003～2007年，全省共发生各类刑事案件75.6万件，破案35.5万件，破案率为47%，检察机关提起公诉134 435人，比前五年上升12.6%，并呈连年上升趋势。其中每年的严重暴力犯罪（故意杀人、故意伤害、抢劫、绑架等）分别为8 211人、8 452人、9 666人、9 234人和9 292人，分别占当年犯罪总数的35.4%、34.7%、35.9%、32.6%和29.4%；犯故意伤害罪、抢劫罪的比前五年上升了32.6%和11.2%。五年来，被判处3年以下有期徒刑、管制、拘役、罚金、免予刑事处罚的分别为8 206人、10 487人、13 128人、14 704人和18 025人，分别占当年有罪判决总数的54.6%、57.2%、60.4%、62.0%和62.9%，无论是判决人数还是占有罪判决比例均呈明显上升趋势。今年元至9月，全省检察机关提起公诉的件数、人数同比又上升了2.3%和2.0%。从死刑案件监督工作情况看，2007年受理案件中故意杀人、抢劫、故意伤害等严重暴力犯罪占87.1%，因婚姻家庭、邻里矛盾引发的杀人、伤害等暴力犯罪占50%，涉毒犯罪占5%，经济发达的武汉、襄樊与欠发达的恩施三个市州的死刑案件占总数的47.9%。2004～2007年，一审判处死刑立即执行的案件分别下降15.6%、24.9%、13.9%和9.7%，判处3年以上有期徒刑的分别上升8.3%、10.6%、17.2%和7.1%。这表明，我省刑事犯罪仍呈多发高发态势，犯罪总量仍在高位徘徊，当前贯彻宽严相济刑事政策方面存在坚持“严打”方针不够连贯、一定程度轻缓化不当与人为控制死刑的偏差。对此，有的检察机关存在不敢监督、不愿监督、不善监督的问题，加强刑事审判监督的水平有待进一步提高。

（二）在发展方式方面

检察工作的发展方式在逐步完善，业务、队伍、基础设施建设都上了一个大台阶，检察事业发展处在历史上最好的时期，这是有目共睹的。但因为地区经济发展差异、保障结构多样化、保障水平参差不齐，执法办案中不规范、不文明、不廉洁现象时有反弹。据对 11 个院的专项调查，2007 年初查职务犯罪线索 228 件、立案 183 件 208 人（大案要案 89 件），共扣押款项3 899.01万元，其中上交财政3 977.24万元（含上年部分扣押款上交），发还单位 77.8 万元，发还个人 43.1 万元；而同期法院判决认定犯罪赃款为1 639.97万元，法院认定有罪赃款分别占扣押数和上交财政数的 42%和 41.2%。

（三）在发展体制机制方面

现行的检察体制、机制总体上是同我国经济社会发展相适应，同政治体制、司法体制、权力协调与制约机制相协调的。近两年，省院推行检察工作一体化机制、法律监督调查机制、促进公正规范文明执法的长效机制、执法办案的科学考评和绩效管理机制、执法办案的监督制约机制、职务犯罪初查工作机制、检察科技管理机制等七项机制创新，有效整合了检察资源，调动了基层和干警的积极性，激发了检察队伍的活力，推动了全省检察工作的持续健康协调发展。同时，随着形势的发展，一些与发展要求不适应、不符合、不协调的问题特别是一些体制性机制性障碍逐渐显现出来。主要表现为：对以检察工作一体化为主要内容的机制创新的思想认识有待统一，工作力度有待加大，落实措施有待加强；检令不畅、监督不力的情况时有发生；职务犯罪侦查工作的统一组织、指挥、管理与协调机制有待加强；情报信息的统一管理和综合分析利用水平不够高，信息渠道不够畅通，案件线索移送和工作联系配合制度不够完善；公诉工作的整体合力发挥不够；侦、捕、诉各部门的相互制约与协作配合有待加强；检察机关之间以及各内设机构之间的协作配合不够有力，检察资源配置不够科学，法律监督的整体合力尚未有效发挥；检察官职业准入、职业保障等管理机制不匹配，等等。

（四）在协调发展方面

各项检察工作协调发展有明显进步，对提升整体战斗力发挥了很大作用，但同时立案监督和侦查活动监督、刑事审判监督、刑罚执行和监管活动监督、民事审判和行政诉讼监督仍是薄弱环节，同维护社会主义法制的统一、尊严、权威，维护人民权益，维护社会公平正义，维护社会和谐稳定的要求存在差距。从侦查监督工作情况看，我省推广了汉阳、南漳的经验，出台了刑事诉讼监督调查办法，但监督力量单薄，全省推进的力度还不够，整体效果有待提高。据统计，全省检察机关2003～2007年对公安机关应当立案而未立案的提出监督立案3 388件，仅占同期立案数（75.6万件）的0.45%、未破案数（40.1万件）的0.85%；对不应当立案的监督撤案988件，占同期立案数的0.13%。从民事行政检察工作情况看，我省在全国率先出台了民行检察监督调查办法，获得省委、高检院领导充分肯定，但也存在办案力量严重不足、专家型人才缺乏、推进力度不够、落实不到位等问题。据统计，全省法院系统2003～2007年审结民事行政案件814 487件，其中调解结案占52.88%，执行和部分执行355 891件。同期，全省检察机关提出抗诉2 613件，发出再审检察建议305件，两项合计2 908件，仅占法院审结数的0.36%。这表明，法律监督由“软”变“硬”的任务仍十分艰巨，适应人民群众对司法公正的新期待新要求，切实履行法律监督职责、拓宽监督渠道、增强监督效果的空间还很大。

（五）在发展保障方面

检察发展的保障水平有了较大改善，检察基础设施建设与装备建设跨了一大步、上了新台阶，但检察经费保障体制同检察业务快速发展不相适应，传统的经费保障机制同日益繁重的工作任务不相适应，现行检察保障整体水平同国家公共财政均等化统一保障的现代管理要求不相适应的矛盾仍然突出。主要表现在：一是财政拨款普遍不足。2007年全省检察机关总支出9.6亿元，其中财政预算拨款占64.3%，赃款返还占24.4%。在全省15个市州分院中，赃款返还占支出比重40%以上的有5个，占30%～40%的有1个，占20%～30%的有3个，占20%以下的有4个。据对11个基层院的抽查，赃款返还占支出比重40%以上的有8个，占25%～40%的有3个。经费保障不足的原因有的是财政收入状况较好，但保障落实不到位；有的是财政收入有限，足额保障有困难；有的则是财政收入困难，保障难度大。二是公用经费保障标准偏低且落实不到位。据调查，我省公用经费保障标准在全国排第26位，并且2007年有26个单位没有落实到位，占34.2%，最低的南漳和房县两个基层院人均仅为0.41万元和0.4万元，云梦、枣阳财政年初预算均未对公用经费作出安排。三是普遍把赃款返还纳入财政综合预算。据对109个基层院的调查，财政年初下达追赃指标的有50个，指标占经费预算安排来源的34.1%；年中追加预算靠赃款返还的有44个，占追加经费的40.7%；很多地方对赃款实行综合预算调控，交多少返多少，甚至要求检察院承担对人大、政协、政法委等领导机关经费支持任务和城建、新农村建设等经费摊派任务。四是“为钱办案、为保运转办案”的问题依然突出。一些基层院办案为钱、为保运转办案导致违法扣押财物、该发还的不发还、该赔偿的不赔偿等执法不严、不公、不廉的现象仍然存在。五是省转移支付资金普遍被地方纳入综合预算。据调查，绝大部分地方都存在将省转移支付资金纳入综合预算的情况，“上进下退”现象较为突出。据对11个基层院的抽查，有91.5%的省转移支付资金被地方纳入综合预算。六是经费增长幅度与财政增长幅度不协调。2007年我省财政收支分别增长24%和21.7%，而全省检察机关经费收支增长为13%和12.9%，分别比财政收支增幅低11个和8.8个百分点。七是人员经费保障不到位。全省靠赃款返还弥补人员经费缺口的比例为13.5%，人均弥补0.45万元，而且超编干警和合同用工需要检察机关自筹经费解决。八是“两房”建设投资不到位，债务包袱沉重。2007年底，全省有65个院共负债近1.7亿元，欠债300万元的基层院有28个。九是科技强检投入不够。在执法办案装备方面，专用摄像机、笔记本电脑、录音笔等配备比例偏低；在刑事技术鉴定方面，法医、司法会计、文件检验鉴定设备配备比例低，22.3%的基层院无任何检验鉴定设备；在办公装备方面，存在计算机、复印机、车辆等老化、不足的问题；在信息化基础网络建设方面，全省检察机关的密钥管理、网络管理、数据库等项目建设尚未完成。十是教育培训任务重、经费拮据。全省检察机关有司法考试、初任检察官、晋升检察官、军转干部和新招录人员任职资格、领导干部素能、干警轮训等六大培训科目，每年需培训6 160人次，教育培训经费紧张，缺乏有效保障。

（六）在发展主体方面

我省检察队伍是一支政治上强，有战斗力，能打硬仗，忠于党、忠于人民、忠于宪法和法律，党和人民可信赖的队伍。但与新形势新任务的要求相比，文化素质、专业素质有待进一步提高，高层次、专家型人才缺乏，一些地方出现了检察官断档；检察队伍管理不够规范，一些地方超编严重，依法管理不严，科学有效的管理制度体系尚未形成。从文化素质看，我省检察机关大学本科以上人员占67.7%，约比全国平均水平低4个百分点，第一学历为大学本科以上法律专业的仅占15.1%，有4个院没有第一学历为大学本科以上人员。从人员分布看，有的业务部门人员配置同执法办案任务不匹配，有的综合部门力量配备高于全国平均水平。从检察官配置看，全省检察员、助检员、书记员的比例为70∶7∶23；2002年检察官总量7 012人，检察官与非检察官分别占70.6%和29.4%，而2007年检察官总量下降至6 495人，检察官与非检察官分别占 66.1%和 33.9%，检察官净减 517 人。从检察官年龄结构看，2007 年全省检察官中 22～25 岁占 0.1%，26～35 岁占 13.8%，36～45 岁占 42.7%，46～55 岁占 35%，56 岁以上占 8.4%。当前 35 岁以下检察官仅占 13.9%，比 2002 年下降 9.6 个百分点，检察官中年轻干警比例偏低。从人员进出看，2002 年以来调出、提前离岗 1 107 人，而录用、接受军转干部、调入仅 785 人，人员净减少 322 人。照此趋势，这种职业准入、退出机制运行不畅的后果还会加重，预计十年后全省检察官断档将达 800 人以上，占在编干警人数的 8.1%。

（七）在发展的理论及其文化方面

检察理论及其文化建设虽然有了长足进步，但是完善具有实践特色、民族特色、时代特色的中国特色社会主义检察理论体系的任务仍然艰巨，文化建设的整体氛围还不够浓，以社会主义核心价值体系为支撑，以依法治国、执法为民、公平正义、服务大局、党的领导为核心价值理念的检察文化的功能有待充分发挥。

（八）在发展的开放性方面

检务公开的推行、人民监督员制度的试行、检察对外合作与交流的拓宽，提高了社会对检察工作的认可度与支持度，增强了检察机关的活力，提高了人民群众的满意度，提升了国际声誉。同时，接受人民监督的途径有待进一步完善。在改革开放过程中，社会上又出现了一股崇拜西方价值观，鼓吹、推销所谓“三权分立”“司法独立”的思潮，甚至以我国检察制度、司法制度作为攻击重点，企图以此打开缺口，从根本上取消党的领导，取消人民代表大会制度，推翻社会主义制度，而有的检察工作者、理论研究工作者对此虽有警觉，但从坚持马克思主义在政法意识形态的指导地位、发展和完善中国特色社会主义检察制度的高度，从理论与实践的结合上，进行有理有据回应的力度不够，检察理论的吸引力、凝聚力、感召力有待提高。

这些阶段性特征从根本上说是由社会主义初级阶段基本国情决定的，具有深刻的根源。一是经济根源。我国正处在二元经济转型期、经济体制转轨期与加入 WTO 后的过渡期。一方面，我国社会主义市场经济体制初步建立，经济实力和综合国力显著增强；另一方面，生产力水平还不够高，经济增长方式粗放，发展还不平衡，国内以民生问题为主的人民内部矛盾较为突出，国际经济、金融风险对国内市场构成冲击，我们将长期面临发达国家高科技发展占先的压力。所有这些都影响和制约着检察机关保障水平的加强、发展方式的转变、发展水平的提高。二是体制机制根源。社会主义民主政治不断发展，依法治国基本方略扎实贯彻，给人民检察事业发展提供了政治保障，但民主法制建设与经济社会发展要求还不适应，与实现“三个统一”的要求还不适应，一些影响和制约检察机关发展的体制性约束、机制性障碍、保障性困扰将在较长时期内存在，一些与科学发展观要求不适应、不符合、不协调的突出问题尚未得到有效解决。三是思想文化根源。一方面，社会主义核心价值的弘扬，激发了人民群众高举旗帜、坚定道路、建设中国特色社会主义的热情。另一方面，人民群众思想活动的独立性、选择性、多变性和差异性增强，人们精神文化需求日趋旺盛，西方多元文化的渗透、封建思想的残余、地方宗族观念的滋生等长期存在。在这种经济全球化、社会信息化、价值多元化的环境下，社会群众对检察机关性质、任务、职能等的理解还不充分，根植于民族土壤的法律监督文化还不厚实，同中国特色社会主义理论相适应的法律监督理论体系亟待丰富和完善。四是社会根源。我国社会事业全面发展，社会活力显著增强，但社会发展仍然滞后于经济发展，社会建设和管理面临诸多课题，对“社会人”“虚拟社会”、新经济组织的管理还在探索之中。检察机关打击、保护、服务、监督等各项职能的履行还不能适应社会阶层结构、社会组织形式、社会利益格局的深刻变化，人们对检察机关的认同度、支持度、公信度都有待提高。五是自身根源。检察机关的整体发展水平虽然有了很大提高，但检察干警执法观念、执法行为、执法水平与人民群众对司法的需求还不相适应，人民群众对维护公平正义的强烈要求与检察机关法律监督能力相对滞后的矛盾还较为突出。从省院机关看，干警的思想政治、纪律作风、专业素质主流是好的，队伍是有战斗力的，为推动我省检察工作持续健康协调发展作出了积极贡献。但在解放思想、与时俱进、团结协作、狠抓落实、服务群众、规范执法、艰苦奋斗、令行禁止等方面还存在一些不尽如人意的地方，机关教育设施欠账、科以下干警住房困难等问题。对此，省院党组、敬大力检察长高度重视，决心把这一打基础、利长远的“发展工程”、干警安身安心的“民心工程”抓紧、抓实、抓出成效。为此，我们要切实增强紧迫感，立足于我国仍处于并将长期处于社会主义初级阶段的基本国情，充分认识检察工作的阶段性特征和深刻根源，深入思考和谋划检察工作的科学发展，深入思考和谋划机关持续健康协调发展。

二、牢牢把握检察工作所处的历史方位，增强贯彻落实科学发展观的自觉性

近年来，省院党组依托过去工作基础和成功经验，坚持以科学发展观为统领，按照构建社会主义和谐社会的要求加强和改进检察工作，把长远目标与阶

段性目标有机结合，牢牢把握了检察工作的正确发展方向。全省检察机关认真学习贯彻科学发展观，不断加深对科学发展观的理解和把握，不断完善落实科学发展观的工作思路，不断推出符合科学发展观要求的工作措施，检察机关服务经济社会科学发展的意识更加自觉，检察工作自身科学发展的要求更加明确，既为湖北经济社会又好又快发展提供了有效的司法保障，又有力地推动了湖北检察工作的发展进步。

党的“十七大”以来，中央、省委、高检院对检察工作又作出了一系列新的战略部署，检察工作站到了一个新的历史起点上。为了深入贯彻这些战略部署，省院党组坚持认真学习领会，深入基层调研，反复研究讨论，专题研究加强和改进湖北检察工作的具体措施。今年7月，大力同志在全省检察长会议上明确提出，要牢牢把握检察机关的职责和使命，牢牢把握法律监督工作“三个维护”的根本目标，牢牢把握加强和改进检察工作“三个促进”的基本要求；同时，就加强和改进业务工作、政治工作、检察改革和工作机制建设工作、规范执法和整顿纪律作风工作、检务保障工作提出了具体意见。最近，大力同志在省院机关深入学习实践科学发展观活动动员大会上，明确提出要“牢固树立大局观念、切实增强发展意识、理顺工作思路、坚持统筹兼顾”，努力推动检察工作科学发展；对学习实践科学发展观活动提出了“高举一面旗帜、突出一个主题、围绕一个总要求、明确三个着力点”的指导思想和“提高思想认识、解决突出问题、创新体制机制、促进科学发展”四项目标要求。在党组中心组学习时，大力同志强调要进一步提高“三个认识”：进一步提高对科学发展观的认识，进一步提高对检察机关发挥职能服务、保障和促进经济社会科学发展的认识，进一步提高对促进检察工作自身科学发展的认识。实践证明，省院党组的这些部署是符合中央、省委、高检院要求的，是符合湖北检察工作实际的，也得到了全省检察机关的拥护和支持。

最近，胡锦涛同志在全党深入学习贯彻科学发展观活动动员大会暨省部级主要领导干部专题研讨班上发表了重要讲话。胡锦涛、吴邦国、温家宝、习近平、贺国强、周永康等中央领导同志对检察工作作出了重要指示。高检院新一届党组根据党的“十七大”精神和胡锦涛总书记等中央领导同志的重要指示精神，进一步明确了检察工作的总体思路和基本要求。这些新思想、新要求、新部署对我们思考和谋划湖北检察工作提出了新的更高要求。我们要在更高起点、更高层次、更高水平上推动湖北检察工作，必须深刻理解和全面把握科学发展观的科学内涵、精神实质、根本要求，增强高举中国特色社会主义伟大旗帜的自觉性和坚定性，增强贯彻落实科学发展观的自觉性和坚定性，坚定不移地把科学发展观贯彻落实到检察工作的各个方面。结合湖北检察工作，我们学习的体会主要是把握以下四个方面：

（一）把握“三个坚持”的硬道理

胡锦涛总书记10月2日明确批示，检察机关要高举中国特色社会主义伟大旗帜，深入学习实践科学发展观，坚持社会主义法治理念，坚持党的事业至上、人民利益至上、宪法法律至上，坚持“强化法律监督，维护公平正义”的检察工作主题。胡锦涛总书记强调的“三个坚持”，事关检察工作的政治方向，是我们推动检察工作科学发展必须把握的硬道理。社会主义法治理念是马克思主义关于法的科学理论与中国特色社会主义法治实践相结合的产物，是马克思主义世界观和方法论在我国当代法治思想领域的具体反映，也是毛泽东思想、邓小平理论、“三个代表”重要思想和科学发展观在法治思想领域的具体反映。党的事业至上、人民利益至上、宪法法律至上，反映了党的领导、人民当家做主、依法治国的有机统一，体现了检察制度是我国政治制度的重要组成部分，是政治属性、人民属性、法律监督属性的有机统一。“强化法律监督，维护公平正义”的检察工作主题，是“十六大”以来全国检察机关共同探索的结晶，是党中央对检察工作的基本要求，是广大人民群众对检察机关的殷切期盼，也是检察机关的根本职责。切实做到“三个坚持”，是检察机关高举中国特色社会主义伟大旗帜的具体体现，是检察机关贯彻科学发展观必须把握的重要原则，是对检察工作保持正确政治方向的明确要求。我们学习实践科学发展观、推动检察工作科学发展必须将“三个坚持”作为硬道理，切实进行再认识、再深化、再提高。

（二）把握“四个维护”的硬任务

曹建明检察长最近明确提出，检察机关要坚定不移地做中国特色社会主义事业的建设者、捍卫者和公平正义的守护者。检察机关学习实践科学发展观，必须坚持把服务大局作为开展检察工作的根本指导思想，把促进经济社会发展作为检察工作发展的目的和归宿。我们学习实践科学发展观，发挥检察职能服务党和国家工作大局，必须牢牢把握“四个维护”的硬任务。维护社会主义法制的统一、尊严、权威，是全面落实依法治国基本方略，加快建设社会主义法治国家的明确要求，体现了检察机关的宪法定位和本质属性。维护人民权益，是履行法律监督职责的根本，是全部检察工作的出发点和落脚点，是检察机关肩负宪法法律赋予的历史使命、践行科学发展观、坚持执法为民的根本要求。维护社会和谐稳定，是检察机关依法严厉打击境内外敌对势力的颠覆破坏活动和各类严重刑事犯罪活动，保障国家安全和社会稳定的一项重要任务。维护社会公平正义，坚持法律面前人人平等，平等保护公民的法律权利，平等维护各类市场主体的发展权利，重视维护弱势群体合法权益，使人民群众享受法律的公正，是检察工作的生命线、根本任务和首要价值追求。“四个维护”的根本任务，集中体现着检察机关的本质属性和职能作用，集中体现着党的“十七大”精神和党中央各项重大决策部署对检察工作的要求。我们学习实践科学发展观，推动检察工作科学发展必须将“四个维护”作为硬目标，继续贯彻落实好“服务大局二十条”，按照“有方向、有作为、有地位”的目标要求，发挥工作的自觉性和主动性，增强工作的使命感和责任感，不断提高服务大局的水平和实效。

（三）把握“人民满意”的硬标准

科学发展观的核心是以人为本。胡锦涛总书记明确指出，我们推动科学发展，根本目的就是要坚持尊重社会发展规律与尊重人民历史主体地位的一致性，坚持为崇高理想奋斗与为最广大人民谋利益的一致性，坚持完成党的各项工作与实现人民利益的一致性，坚持保障人民权益与促进人的全面发展的一致性，做到发展为了人民、发展依靠人民、发展成果由人民共享。周永康同志在深入贯彻党的“十七大”精神、全面加强和改进检察工作座谈会上明确提出，必须坚持把人民满意作为检察工作的根本标准，确保人民群众对检察机关的新要求和新期待不断得到满足。检察工作是一项面向社会、面向群众的工作，要毫不动摇地坚持专门机关工作与群众路线相结合这一政法工作的重要原则。大力同志提出在检察工作中坚持走群众路线，一方面要“为了群众”，坚持执法为民，注重发挥检察职能保障和促进民生，坚持把维护好人民权益作为根本出发点和落脚点；另一方面要“依靠群众”，各项法律监督工作都要最广泛地发动群众、相信群众、依靠群众。最近，省院在门户网站上公布了在检察工作中加强群众工作的意见，广泛征求意见，受到了人民群众的好评。我们学习实践科学发展观，推动检察工作科学发展必须将“人民满意”作为硬标准，充分发扬民主，广泛发动群众，认真听取人民群众对检察工作的意见和建议，虚心向群众学习，主动接受群众评议，把人民群众满意作为评价各项检察工作和学习实践活动成效的根本标准。

（四）把握“三个促进”的硬要求

胡锦涛总书记明确指出，我们学习马克思主义理论，学习科学发展观，必须注重实践、注重应用，与贯彻落实党的“十七大”作出的一系列重大部署紧密结合起来，与促进改革发展稳定紧密结合起来，与做好各项工作紧密结合起来。我们学习实践科学发展观，必须紧密结合湖北检察机关的实际，紧密结合省院机关的实际，紧密结合个人思想、学习、工作、作风、纪律等方面的实际，牢牢把握“三个促进”的硬要求。促进检察工作科学发展，坚持工作思路合法律、合规律、合大局、合民意、合理念、合实际，更好地指导和推动检察事业科学发展；坚持检察事业发展是硬道理，执法办案和加强法律监督是硬道理，业务工作平稳健康发展是硬道理，促进检察工作自身科学发展；坚持统筹兼顾的根本方法，做到树立正确执法理念、推进业务工作、加强队伍建设、推进改革创新、加强基层基础工作“五个并重”，推动检察工作全面协调可持续发展；坚持综合考评执法办案工作，正确处理数量、质量、效率、效果、规范的关系，树立正确的工作导向，保持执法办案工作平稳健康发展。促进检察机关法律监督能力的提高，全面提高检察干警维护国家安全和社会稳定的能力、保障社会公平和正义的能力、运用法律手段化解社会矛盾的能力以及服务经济建设、促进改革发展的能力。促进检察机关公正、规范、文明执法水平的提高，切实规范执法行为，始终坚持执法为民，不断提高执法公信力。我们学习实践科学发展观，推动检察工作科学发展必须落实“三个促进”的硬要求，进一步制定推进自身科学发展的工作思路和措施，提高推进检察工作、强化法律监督、实践科学发展的实际能力。

三、牢牢把握检察工作中的突出问题，增强贯彻落实科学发展观的针对性

胡锦涛总书记强调指出，学习实践科学发展观活动，要充分体现实践特色，解决突出问题是突出实践特色的关键。学习实践活动一定要着眼于解决问题，把查找和解决问题贯穿活动始终。当前，我省检察工作中还存在不少与科学发展观的要求不适应、不符合、不协调的突出问题。我们开展学习实践活动，推动检察工作科学发展，一定要在解决突出问题上下工夫，增强贯彻落实科学发展观的针对性，继续保持我省检察工作的良好发展势头。根据省院党组、大力检察长的新思考、新分析、新判断，当前要着力解决八个方面的突出问题。

（一）着力统一和端正执法指导思想

当前，有的同志对社会主义法治理念认识不深、理解不透，不能够很好地用以指导实践；有的没有深刻领会中央精神，在坚持“三个统一”、牢记“三个至上”、注重“三个效果”上存在模糊认识；有的对检察工作主题把握不全、贯彻不够，执法办案出现一些偏差；有的执法为民宗旨意识不强，不重视维护群众利益，不能够将群众路线与检察机关专门工作相结合。针对这些问题，要

建立健全长效机制，坚持用马克思主义中国化最新成果武装全体干警的头脑，始终高举中国特色社会主义伟大旗帜，切实做到“三个坚持”，为推动检察工作科学发展奠定坚实的思想基础。当前，要用科学发展观指导解放思想，努力在执法思想观念、检察工作理念上实现新的转变，在新的历史起点、新的思想高度上形成推动检察工作科学发展的共识，创新发展观念，使思想和行动更加符合科学发展观的要求。

（二）着力提高检察工作整体水平

全党学习实践科学发展观活动的一个总要求就是“党员干部受教育、科学发展上水平、人民群众得实惠”。胡锦涛总书记在批示中对检察工作提出了“四个不断”的要求，其中重要的一条就是不断提高检察工作水平。当前，我省检察业务工作发展不平衡，有的地方部分业务工作开展力度不大、水平不高，有的甚至发展滞后；区域发展不平衡，有的地方工作大起大落，有的地方工作较为被动，导致检察工作整体推进难，检察工作整体水平提高难；基础设施建设水平不高，科技强检、信息化建设总体水平不高，有的地方“两房”建设任务还未完成，有的地方办公、办案装备落后。针对这些问题，要组织开展检察机关要不要科学发展、能不能科学发展、怎样实现科学发展等重大问题的广泛深入讨论，达成共识，在检察工作发展理念、发展思路、发展方式、发展体制上都实现深刻转变，从而不断提高法律监督水平，在促进经济社会发展上作出更大贡献。

（三）着力改变法律监督薄弱局面

当前，我省检察机关对诉讼活动的法律监督仍是检察工作的薄弱环节，同党和人民的要求相比、同经济社会发展相比、同履行法律监督职能的需要相比，都还存在一定差距。有的监督意识与监督能力不强，甚至不愿监督、不敢监督、不善监督、不会监督；有的对法律监督工作不重视，法律监督的力量、水平还不能完全适应工作要求，工作中存在监督范围狭窄、监督措施不到位、监督成效不明显的情况；有的法律监督工作的机制不健全，监督工作程序、规范还不尽完善。针对这些问题，要深刻认识到法律监督工作薄弱的状况制约着检察工作科学发展，认真落实周永康同志“七个必须”的要求，紧紧抓住人民群众反映强烈的问题，找准监督的着力点，切实把工夫下在监督上，着力实践法律监督由“软”变“硬”，全面开拓立案监督、侦查活动监督、刑事审判监督、刑罚执行和监管活动监督、民事审判和行政诉讼监督的新局面。

（四）着力保持执法办案平稳健康发展

当前，我省检察机关有的在执法办案中存在畏难情绪，不敢攻坚碰硬；有的办案力度不大、规模偏低、长期打不开局面；有的办案工作不够平稳、力度时大时小、数量大起大落；有的发现犯罪、突破犯罪、深挖犯罪的意识和能力不强；有的不能正确把握执行法律与执行政策的关系，不讲究执法办案的方式方法，影响执法办案的法律效果与政治效果、社会效果的有机统一。针对这些问题，要树立和落实科学发展观，坚持统筹兼顾的根本方法，自觉运用全面的而不是片面的、联系的而不是孤立的、发展的而不是静止的观点来处理好执法办案的重大关系，坚持执法办案数量、质量、效率、效果、规范的有机统一，建立健全体现科学发展观要求的考核评价体系，对执法办案工作进行全面、综合、科学考核，树立正确工作导向，保持执法办案平稳健康发展。

（五）着力健全检察工作机制

“创新体制机制”是学习实践科学发展观活动的目标要求之一。胡锦涛同志明确指出，贯彻落实科学发展观、推动科学发展，必须有科学的体制机制作保障。当前，有的工作机制如检察工作一体化机制的相关配套制度尚未建立起来，影响着机制建设的进一步深化；执法办案的科学考评和绩效考核机制不健全，还没有形成完整的考评体系，不能充分发挥引导工作发展、考核工作绩效的作用；有的单位和部门在改革创新上不积极、不主动，对上级的改革部署落实不到位，消极应付，不求实效。针对这些问题，要从建设公正高效权威的检察制度出发，认真研究体制机制建设过程中出现的新情况新问题，不断提出新要求，推出新举措，促进已有工作机制落到实处并取得好的效果；同时充分尊重基层的积极性、创造性，注意总结提炼，不断充实完善，加快构建充满活力、富有效率、更加开放、有利于检察工作科学发展的体制机制。

（六）着力提升执法公信力

检察机关的执法公信力来源于严格、公正、文明执法，来源于全心全意为人民服务的良好形象。当前，对“三个专项治理”“作风建设年”等活动的成果不能估计过高，受利益驱动违法违规办案、不文明办案、办案安全隐患等问题仍时有发生，有的地方车辆管理不严，发生了潜江“7·13”恶性交通责任事故，严重影响了检察机关形象，引起各方关注，造成工作被动。针对这些问题，深入开展提高检察机关执法公信力的教育活动，落实“坚持长期治理、健全长效机制、落实治本措施”的要求，巩固“两严一强”教育成果，特别要围绕易发多发执法不严、不公、不廉问题的关键岗位和关键环节，完善执法规范，健全工作机制，保证每一个执法环节都体现严格、公正、文明执法的要求。

（七）着力加强检察队伍建设

胡锦涛同志在 10 月 2 日的批示中明确指出要“不断加强高素质检察队伍建设”。当前，我省检察队伍无论是在文化素质、专业化建设方面还是在执法作风、队伍管理方面都还存在差距。针对这些问题，要坚持把检察队伍建设作为一个永恒主题，大力加强思想政治、领导班子、作风纪律、素质能力、队伍管理机制和检察文化“六项工程”建设，全面落实 42 项近期完成的重点工作任务，推动队伍建设再上一个新台阶；要着力提高各级领导班子和中层骨干贯彻落实科学发展观的本领，努力把各级党组织建设成为贯彻落实科学发展观的坚强堡垒，把检察队伍建设成为贯彻落实科学发展观的骨干力量，为推动检察工作科学发展提供坚强组织保证。

（八）着力加强基层院建设

我省基层检察院 112 个，占全省检察院总数的 88%；基层检察干警7 804 人，占全省检察干警总人数的 79.7%；基层检察院的办案数也占全省检察机关办案总数的 80%以上。这三个 80%充分说明了基层检察院对于整个检察工作的发展起着重要的战略作用。基层院建设是一项系统工程，上述七个方面的问题在基层院不同程度地存在。针对这些问题，省院一方面要以身作则，率先垂范，带头深入学习、带头解放思想、带头查摆问题、带头整改落实；另一方面要从学习实践科学发展观、推进湖北检察事业持续健康协调发展的战略高度，在明确基层院建设指导思想、基本原则上着力，在强化措施推进基层院思想政治、领导班子、队伍素质、检务保障、管理机制、检察形象等建设方面出实招、见实效，在扭住创争当活动载体不放，树立科学发展、健康发展、协调发展新典型上做文章，努力夯实基层院科学发展的思想、政治、组织与物质保障基础，着力提高基层院建设整体水平，着力提升基层检察机关执法公信力，着力激发基层广大检察干警的创造力，推动湖北检察事业整体科学发展；再一方面，要坚持领导联系基层制度，认真抓好联系点，加强调查研究、督促检查和具体指导，既帮助解决实际问题，又努力把联系单位建成第二批、第三批学习实践活动的示范点，推动基层院科学发展。

10. 关于继续解放思想与检察工作科学发展的思考*

什么是解放思想？邓小平同志的观点是，“在马克思主义指导下打破习惯势力和主观偏见的束缚，研究新情况，解决新问题”。“解放思想，就是使思想和实际相符合，使主观和客观相符合，就是实事求是。”在新的历史条件下，党的“十七大”又明确提出要“继续解放思想”。在深入学习实践科学发展观活动中，我们继续解放思想，对于研究新情况、解决新问题、开拓新局面具有重要意义。

一、领会精神实质，充分认识解放思想的重要性

（一）解放思想是发展中国特色社会主义的一大法宝

所谓“法宝”，是指能够从根本上解决问题、克敌制胜的武器。在我们党的历史上，被毛泽东同志正式称为“法宝”的只有三个：党的建设、武装斗争和统一战线。回顾我国近现代的发展史，从一定意义上说就是不断解放思想的历史。在新民主主义革命阶段，以毛泽东同志为核心的第一代领导集体把马克思主义基本原理同中国革命的具体实践相结合，探索了不同于十月革命城市武装起义的、由农村包围城市的武装斗争道路，从而推翻了三座大山，建立了人民民主专政的政权，探索了中国特色社会主义道路，并最终形成了中国化的马克思主义——毛泽东思想。在社会主义建设阶段，以邓小平为核心的第二代领导集体，在总结新中国成立初期照搬苏联传统模式沉痛教训的基础上，在苏东剧变、国际共产主义运动处于低潮的时候，结合我国社会主义建设的实际，开创了中国特色社会主义的道路，形成了中国当代的马克思主义——邓小平理论。这条道路使中国综合国力跃居世界第 4 位、外贸进出口跃居世界第 3 位。

---

* 本文发表于《人民检察》2009 年 8 月（下）。

进入新世纪新阶段，美式自由资本主义无法应对“次贷”危机带来的深刻灾难，中国改革开放30年的历史成就向世界宣告中国特色社会主义道路的无穷魅力，中国式的发展模式受到世界各国的关注。中国要实现“三步走”的奋斗目标，在新中国成立100周年进入世界中等发达国家水平，必须继续解放思想，把马克思主义基本原理与坚持改革开放、推进科学发展、促进社会和谐的具体实践更加紧密地结合起来。因此，中国革命、建设、改革、发展的巨大成功，解放思想始终是一大法宝。

（二）解放思想是党的思想路线的一个精髓

党的思想路线概括起来就是解放思想、实事求是、与时俱进。解放思想就是要反对思想凝固僵化，使思想和实际相符合，使主观和客观相符合；只有解放思想，才能真正做到实事求是、与时俱进。中国共产党87年的历史，是我们伟大的祖国结束长年战乱的局面、战胜各种困难和风险顽强奋进的历史；是马克思主义基本原理同中国具体实际相结合、不断推进马克思主义中国化的历史；是我们党经受住各种风浪考验、不断发展壮大、不断开创各项事业新局面的历史。解放思想，是贯彻于党的建设伟大工程的一个精髓，凝结了社会主义发展模式的理论与实践，体现了我们党永远尊重实践、尊重群众，不惟书、不惟上、只惟实的辩证唯物主义世界观，体现了中国共产党勇敢面对时代发展变化勇于求真务实、锐意改革创新的先进政党的气魄。在新的历史条件下，我们党必须继续解放思想，既反对本本主义，又反对经验主义，勇于和善于根据新的实际和社会实践的要求，对客观现实作出新的认识，不断把人们的认识推向新的境界，才能永葆先进性和战斗力，才能经受住长期执政、改革开放和社会主义市场经济的“三大考验”，才能深化对共产党执政规律、社会主义建设规律、人类社会发展规律“三个规律”的认识，才能实现科学执政、民主执政、依法执政“三个执政”的要求，才能完成推进现代化建设、完成祖国统一、维护世界和平与促进共同发展的“三大历史任务”。

（三）解放思想是推动检察工作科学发展的一把钥匙

中国特色社会主义检察制度是中国特色社会主义旗帜的一角，是中国特色社会主义道路的一径，是中国特色社会主义理论体系的重要组成部分。中国当代检察制度在创设阶段，坚持解放思想，既扬弃了西方检察权行政权的属性，也扬弃了苏联检察制度一般监督的内涵，最终表现为独特的“质的规定性”——法律监督。在实践阶段，我国检察制度也走过不少弯路，付出了沉重代价，最终只有坚持解放思想，不惟书、不惟上、不惟苏、不惟西，摒弃了垂直领导等内容，才使中国特色社会主义检察制度走上了科学发展的轨道。在恢复重建以后，一方面我们继续解放思想，另一方面也出现了脱离实践、脱离国情的偏差：在改革上，推行了部门一体化、主诉检察官等改革措施；在实践上，出现了执法不严、不公、不廉，越权办案、插手经济纠纷等现象，执法公信力受到严重挑战；在理论上，一个时期用马列主义、社会主义法治理念引领、指导不够，对西方法律思想、文化抵御不力，使一些质疑、否定、批评沉渣泛起。我国检察制度的发展史也表明，我们什么时候思想解放，检察事业就大发展、大前进、大繁荣；什么时候思想不解放或不按检察规律办事，检察事业就会出现偏差、曲折甚至倒退。

二、紧密结合实际，不断提高解放思想的针对性

最近，高检院党组多次强调，要解放思想，实事求是，与时俱进，推动检察工作科学发展。近年来，全省检察机关高度重视解放思想，坚持以解放思想为先导，持续不断地改革创新，推动湖北检察工作科学发展。当前，我省检察工作中还存在一些与科学发展观不符合、不适应、不协调的突出问题，这些问题从表面上看属于“发展不够”“发展不科学”的问题，从深层次分析都反映了思想观念上的问题；必须坚持一切从实际出发，着力解决影响和制约检察工作科学发展的突出问题，做到“六个结合”“六个破除”“六个树立”。

一要坚持继续解放思想与破除本位主义、部门主义的思想结合起来，树立服务发展、促进和谐的大局观念。检察机关解放思想，首先就是要发挥检察职能服务、保障和促进经济社会的科学发展，推动检察工作自身的科学发展。要坚决破除检察机关存在的本位主义、部门主义倾向，坚决摒弃强调部门利益、小团体利益，忽视整体利益、长远利益的思想，充分发挥检察职能创造良好发展环境，促进经济社会科学发展。要认识到打击犯罪是成绩、保障人权也是成绩，惩治腐败是成绩、预防腐败也是成绩，查实问题是成绩、澄清是非也是成绩，引导好保护好广大人民群众和国家工作人员敢闯、敢试、敢干的积极性；绝不能因为查办职务犯罪，影响一个单位、一个企业的正常工作和生产经营活动；更不能因为执法不严、司法不公激化社会矛盾，甚至引发群体性事件，从而犯战术上胜利、战略上失败，局部成功、全局失利，暂时得意、长远为害的错误。要全面履行法律监督职责，坚决严肃查办职务犯罪；同时要不断拓展预防工作的领域，坚持执法办案法律效果、政治效果和社会效果的有机统一，正确把握执法办案的法律政策界限，改进执法办案的方式方法，把握执法办案的尺度、节奏，为促进经济平稳较快发展，保障社会公平正义服好务。

二要坚持继续解放思想与破除故步自封、骄傲自满的观念结合起来，树立

抢抓机遇、不进则退的发展意识。当前，我国发展呈现出一系列新的阶段性特征；与此相对应，检察事业发展也呈现出较为明显的阶段性特征。有的同志认为本地检察工作纵向比较有进步、同工作发展滞后地区比较有成绩，满足于“步子不大年年走，贡献不大年年有”；有的同志沾沾自喜于已有的成绩，不思进取，故步自封，看不见存在的问题，听不得不同的意见，“小富即安、小进则满”。促进检察工作科学发展，必须切实增强发展意识，把发展放在第一位，坚持检察事业发展是硬道理，执法办案和加强法律监督是硬道理，业务工作平稳健康发展是硬道理，推动各项工作争先创优、不断进步，推动检察工作整体水平不断提高。检察工作发展进程中机遇无时不在、无处不在，发展顺利是机遇，出现困难也是机遇；如果故步自封、骄傲自满，许多该抓住的机遇就抓不住，许多该办成的事情就办不成。目前检察工作虽然成绩很大，但与党和人民的要求还有差距，检察工作还存在薄弱环节，绝不能骄傲自满、停滞不前、等待观望，必须抢抓机遇、开动脑筋、加快科学发展的步伐。

三要坚持继续解放思想与破除脱离群众、冷硬横推的做法结合起来，树立以人为本、执法为民的执法观念。要坚决克服宗旨意识淡薄、漠视群众利益、衙门作风浓厚、对群众冷硬横推等观念和做法。要坚持科学发展观“以人为本”这一核心，把维护好人民权益作为检察工作的根本出发点和落脚点，把人民满意作为检察工作的根本标准，做到“四个坚持”：坚持检察工作“为了群众”，注重加强检察机关的人民性教育，坚持把人民群众的呼声作为检察工作的第一信号，把人民群众的需要作为检察工作的第一选择；坚持检察工作“依靠群众”，各项法律监督工作中都要坚持专门机关与群众路线相结合，最广泛地发动群众、相信群众、依靠群众；坚持检察工作“接受群众监督”，深化检务公开，保障群众对检察工作的知情权、参与权、监督权，对群众反映的执法违法行为进行严肃查处，自觉接受群众对执法办案的监督；坚持“让人民群众得到法律监督的实惠”，让人民群众从我们办理的每一起案件、处理的每一起纠纷、接待的每一次申诉、化解的每一个矛盾中感受到看得见、摸得着的实惠。

四要坚持继续解放思想与破除经验至上、因循守旧的做法结合起来，树立开拓进取、锐意改革的创新意识。面对不断发展变化着的实践，要坚决克服因循守旧、墨守成规的思想和工作凭老经验、办案用老办法的做法。不能因为这些思维定式和工作方式曾经非常有效，进而形成某种程度的“惯性思维”。解放思想必须立足打破这种“惯性思维”，破除旧的“发展迷信”。要坚持创造性地实践，坚持不懈地改革创新，不断用发展的办法来解决发展中的问题；特别是要适应形势任务的新要求，认真研究法律法规修改、执法要求提高、社会环境变化等为检察工作带来的新机遇、新挑战，不断拓宽法律监督的新途径新方法；不断深化检察体制和工作机制改革，加快构建充满活力、富有效率、更加开放、有利于科学发展的体制机制，为检察工作科学发展提供强大动力和体制保障。

五要坚持继续解放思想与破除利益驱动、办案为钱的思想结合起来，树立严格执法、接受监督的权力观念。要坚持实事求是，克服思想僵化，坚决扭住受利益驱动违法违规办案、不文明办案、办案安全隐患等问题不放，坚决摒弃执法办案中执法不严格、不公正、不文明的陈规陋习，提高解决实际问题的能力。所有执法办案、法律监督必须做到"六个符合"：符合法律、符合规律、符合大局、符合民意、符合理念、符合实际。既坚持严格执法，依法打击各类犯罪活动，坚决同严重破坏社会主义法制的犯罪行为作斗争；同时又依法监督纠正有法不依、执法不严、执法违法、司法不公等问题，树立法律监督权威和良好的执法形象，坚决维护国家法律的统一正确实施。要树立监督者首先必须接受监督的观念，继续抓住突出问题进行治理，既平等保护人权，又平等保护物权，注重建立长效机制，出台治本措施，强化自身执法办案工作的监督制约，防止监督权滥用和执法不公、不廉问题的发生，确保自身正、自身硬、自身净。

六要坚持继续解放思想与破除安于现状、坐而论道的观念结合起来，树立奋发有为、求真务实的精神状态。检察人员的思想是否解放、有没有树立科学发展的理念、是不是具备领导科学发展的能力，在很大程度上决定着检察机关贯彻落实科学发展观的成效。要自觉克服安于现状、不思进取、得过且过、坐而论道等观念和做法，做到永不懈怠、永不自满、永不停顿，坚持注重实践、注重实干、注重实效，大兴求真务实之风、调查研究之风、艰苦奋斗之风，不断提高"执行力"，准确领会上级精神并创造性地开展工作，在抓工作落实上不打折扣，在确立工作目标上坚持高标准，推动各项工作与时俱进，努力促进科学发展上水平。

三、抓住关键环节，切实保证解放思想的实效性

解放思想本身蕴含着丰富的辩证法思想，必须处理好解放与统一、思想与行动、务虚与务实、创新与规范等辩证关系。要使解放思想取得实效，必须与推动科学发展紧密结合起来，把科学发展观作为检验思想解放的重要尺度，以是否符合科学发展观来检验思想解放的成效，切实在以下三个方面下

工夫。

一要把握方向性，在统一执法思想上下工夫。解放思想和统一思想是辩证统一的；不能一谈统一思想就束手束脚，一谈解放思想就空想蛮干。要在深入学习、充分讨论的基础上，转变思想观念，更新执法理念，在进一步统一执法思想上达成共识。检察机关要全面贯彻落实胡锦涛总书记对检察工作的重要指示，始终做到“三个坚持”，即坚持社会主义法治理念，坚持党的事业至上、人民利益至上、宪法法律至上，坚持“强化法律监督、维护公平正义”的检察工作主题。解放思想，转变思想观念，还要结合检察工作实际，进一步教育和引导全体检察人员牢固树立“四观”：牢固树立推动科学发展，促进社会和谐的大局观；牢固树立以人为本、执法为民的执法观；牢固树立办案数量、质量、效率、效果、规范相统一的政绩观；牢固树立监督者更要接受监督的权力观。

二要突出实践性，在解决突出问题上下工夫。解放思想是一个“务虚”的问题，但更是一个“务实”的问题，必须坚持一切从实际出发，坚持“三个结合”，着力解决工作中的突出问题。一要把立足当前与着眼长远结合起来。既要扎扎实实把当前的问题解决好，又要从长远、从根本上来树立正确导向，坚持全面考核、综合考核、科学考核，建立完整的执法办案综合考评和绩效管理机制，促进检察工作科学发展。二要把全面推进与重点突破结合起来。既要全面加强和改进各项检察工作，又要把握矛盾的主要方面，找准切入点、着力点，努力解决重点难点问题和改进薄弱环节，以突出重点带动工作全面发展。三要把工作需要与群众需求结合起来。要坚持以人为本，尊重人的主体地位、激发人的创造活力、促进人的全面发展，实现检察工作与民情民愿的准确对接。要积极回应人民群众的新要求新期盼，加强检察机关群众工作，将执法公信力建设作为一项战略任务常抓不懈，不断加强和改进检察工作。检验解决突出问题的成效如何，关键在于是否达到“四个不断”：不断深化检察体制和工作机制改革、不断完善中国特色社会主义检察制度、不断加强高素质检察队伍建设、不断提高检察工作水平的目标要求。

三要富于创造性，在创新体制机制上下工夫。推动检察工作科学发展，必须有坚强的体制机制作保障。当前，要正确把握和处理“三个关系”：一要把握积极创新与依法规范的关系。要坚持在《宪法》和法律框架内推动检察改革创新，既尊重基层、尊重群众的首创精神，也要积极引导，加强指导，保证创新依法、规范运行。二要把握改革创新与尊重规律的关系。检察机关解放思想，要在遵循司法规律、尊重检察规律的基础上进行。坚持调查研究这一行之有效的方法，把调查研究的过程作为摸清情况、统一思想的过程，把实践作为检验改革创新成效的惟一标准。三要把握拿来主义和自主创新的关系。在推进科技强检等工作中，既要认真借鉴他人的好经验好做法，但也不能简单地“拿来”“照搬”，要结合自身实际推进理论创新、机制创新和工作创新。

11. 检察学若干基本问题探讨*

——以中国检察学理论体系的科学构建为基点

中国检察学研究经历了移植借鉴、探索起步、深入推进与全面展开四个阶段。我国近代意义上的检察学研究，是清朝末年在吸收日本检察制度立法的过程中开始的。清政府为了变法维新、改革法制，于1908年在京师法学堂开办了检察制度研究会。1911年上海中国图书公司出版了我国最早的检察学著作《检察制度》，1912年检察制度研究会在北平编辑出版了《检察制度详考》；这两本书是中国检察理论研究的开端。❶ 新中国成立后，社会主义检察制度创立，现代意义上的检察学研究随之产生。检察学概念的提出肇始于1983年上半年最高人民检察院教育部门召集的一次座谈会。当时，最高人民检察院的同志提出把检察课程从刑事诉讼法中分离出来，作为一门独立的学科进行讲授。❷ 20世纪80年代，检察学研究空前发展，我国第一个全国性的专门研究检察理论的群众性学术团体——中国检察学会成立；90年代，检察学研究力度加大，出版了一批有代表性、有影响力的专著（如王桂五主编的《中华人民共和国检察制度研究》），检察学方面的文章如雨后春笋般发表出来，取得了累累硕果，形成了中国特色社会主义检察理论的基本框架。进入21世纪，当代检察学研究深入发展，中国法学会检察学研究会应运而生，具有中国特色的检察学研究进入了一个崭新的发展阶段，必将推动我国检察学理论体系的科学构建，促进检察学研究的大发展、大繁荣。

但是，我们也应清醒地认识到，检察学是一个新兴的、发展中的法学学

---

* 本文在周理松、阮志勇同志的协助下完成，刊载于《法学评论》2008年第4期；收录于《检察学的学科建设——首届检察学理论体系研讨会论文集》，中国检察出版社2008年版。

❶ 周其华：《中国检察学》，中国法制出版社1998年版，第16页。

❷ 王桂五："四十年检察理论研究述评"，见孙谦主编：《检察理论研究综述（1979～1989）》，中国检察出版社2000年版，第8页。

科，检察学作为一门法学学科的地位迄今仍未能被学术界普遍认可。[1] 我国当前的检察理论研究虽然表面上论战迭起、争鸣不已，但实际上却并没有太多的知识增量，检察理论研究实际上已经陷于某种困境，亟待突破。[2] 检察学要摆脱理论研究的僵局，迈入成熟学科的行列还有漫长的路要走，还面临着许多瓶颈性障碍。这主要表现为检察学的基础理论研究较为薄弱，缺乏基本的理论共识和学科范畴，在检察理论研究的基本立场上，学术界也存在很大的分歧。关于检察学的研究大多比较零散，还没有将检察学作为一门独立的学科，鲜有从宏观上探讨这门学科应当承担的学科使命和赖以存在的理论体系。[3] 回顾中国检察学研究的百年历程，我们虽然取得了一定的研究成果，但仍然任重而道远。本文仅就检察学的概念、研究对象、理论体系等基本问题略抒管见，以期引起检察学界和实务界更为深入的研究。

一、检察学的概念、特征

概念是辨识和区分社会现实中所特有的现象的工具，没有限定严格的专门概念，我们便不能清楚地和理性地思考法律问题。[4] 关于检察学的概念，主要有 5 种观点。

（1）检察学是刑事诉讼法学的一个分支学科，它是以检察工作在刑事诉讼中的地位、作用、性质和任务为主要研究对象的科学。[5]（2）检察学是检察机关工作实践经验的理论总结和科学概括，是研究法律监督工作的性质、任务、理论制度以及立法等问题，揭示国家检察制度及实施法律监督活动一般规律的一门新兴法学分支学科。[6]（3）检察学是以检察制度和检察活动为其研究对象的一门新兴的综合法学学科。[7]（4）检察学也叫检察科学，它是以检察制度这一特殊的社会现象及其发展规律为对象的一门社会科学。[8]（5）不应存在检察

---

[1] 石少侠：“检察学：学科构建的必要与可能——兼谈检察学与其他法学学科的关系”，载《人民检察》2007 年第 15 期。

[2] 万毅：“检察学研究要在争鸣中寻求共识”，载《法学》2007 年第 9 期。

[3] 张智辉、李哲：“检察学的学科使命与理论体系”，载《人民检察》2007 年第 15 期。

[4] ［美］E. 博登海默：《法理学：法律哲学与法律方法》，邓正来译，中国政法大学出版社 1999 年版，第 486～487 页。

[5] 王晓军等编著：《实用检察学》，辽宁人民出版社 1988 年版，第 3 页。

[6] 王然翼主编：《当代中国检察学》，法律出版社 1989 年版，第 10 页。

[7] 石少侠：“检察学：学科构建的必要与可能——兼谈检察学与其他法学学科的关系”，载《人民检察》2007 年第 15 期。

[8] 程荣斌主编：《检察制度基础理论》，中国检察出版社 1992 年版，第 1 页。

学的概念，而应称之为“检察法学”，其定义为“以研究人民检察院组织法为主要对象的一门独立的法律科学”。❶

第一种观点将检察学作为刑事诉讼法学的分支学科显失偏颇，是不科学的。刑事诉讼虽然向来是检察机关的重要职务范围，检察官在刑事诉讼中承担着追诉、指控犯罪与保障人权的重要任务，但是，检察学只是将刑事检察权作为其重要研究对象之一，除此之外检察学还有着更为广泛的研究领域。检察制度是国家政治制度的重要组成部分，检察机关具有对公职人员履职行为进行监督的权力，检察学不仅仅要研究诉讼方面的问题，而且还要研究国家权力配置的成本、风险、收益，特别是检察权自身的科学配置。如果把检察学作为刑事诉讼法学的分支学科，就严重限制了检察学的研究范围从而妨碍其发展，又会造成刑事诉讼法学理论体系的混乱。因此，检察学和刑事诉讼法学是相互独立的法学分支学科，两者尽管存在交叉的研究领域，但并不存在隶属关系。第二种观点和第三种观点实际上是相同的，都认为检察学是独立的法学学科，其研究对象是检察制度和检察活动（或者检察工作），只不过两者的视角有所不同，前者以中国现行检察制度为基础，后者则不受此限制，而以世界各国和地区的检察制度为论述对象。这两种观点指出了检察学的研究对象，但无论是检察活动还是检察工作，其外延过于宽泛，缺乏加以界定的标准，有必要进一步加以明确。第四种观点将检察学的研究对象仅界定为检察制度是片面的，同时未明确检察学是独立的法学学科，只是泛泛指出其是一门社会科学。其实，检察制度是检察权在行使过程中所形成的一系列具体制度的总称，只是检察权行使的制度载体。检察权不仅应成为检察学的研究对象，而且是检察学研究的基础和重点，绝对不能顾此失彼。第五种观点持纯粹法学的观点，认为检察学以人民检察院组织法等有关法律规范为研究对象，人为地缩小检察学的研究范围，是不妥当的。

综上所述，检察学的概念应当界定为：检察学，是研究检察权和检察制度一般规律的、独立的法学分支学科。详言之，检察学要研究检察权的属性、配置及权能结构体系、功能、运行、效益及效率，研究为顺利实现检察权的功能与运行而建立的组织结构、活动原则及保障体系，研究检察机关授权的主体检察官的职业地位、职业准入、职业操守、职业培训、职业晋升等，研究检察制度的产生、发展和完善的科学规律。依据检察学的概念和本质，其具有以下特征。

---

❶ 王晓军等编著：《实用检察学》，辽宁人民出版社1988年版，第3页。

第一，检察学研究方向富有时代性。检察学一方面是检察制度发展史、检察事业发展史的必然产物，另一方面它也是时代发展的客观需要。中国检察学的根本性问题是研究在经济全球化、依法治国和构建和谐社会的时代背景下，如何更好地发挥检察机关的法律监督职能。中国检察学要借鉴域外检察制度建设的先进经验和文明成果，摒弃其糟粕及与我国检察制度性质不相符合的成分，更要坚持中国特色的社会主义检察制度，坚持检察制度的实践特色、民族特色和时代特色，研究解决在检察制度中国化、本土化道路上出现的各种问题，使检察学成为研究当代司法制度、政治制度的重要学科。

第二，检察学研究对象具有特殊性。任何一门学科都有与之对应的实际存在的客观对象，检察学无疑也具有自己独特的研究对象，这就是检察权和检察制度。宪法学、诉讼法学等法学学科虽然都要研究检察权和检察制度，但与检察学相比，其侧重点和落脚点均有所不同，都不能包含或者代替检察学从总体上对检察权和检察制度进行专门、系统的研究。

第三，检察学研究内容具有综合性。检察学作为法学分支学科，与其他社会科学（如哲学、政治学、历史学、经济学、管理学、社会学等）有着十分密切的联系；同时，检察学研究涉及法学的众多分支学科（如宪法学、诉讼法学、法理学、刑法学、民法学、律师学等），检察学通过吸收多学科的理论营养，综合系统地研究检察权和检察制度，赋予其新的内涵、建立起自身的理论体系，而不是将其他学科的研究成果进行机械拼凑。

第四，检察学研究体系注重实践性。检察学并非进行纯粹的学术理论研究，而是理论法学和应用法学的综合。从宏观上看，检察学研究要充分揭示中国特色社会主义检察制度的合理性、必然性和优越性，要探索对检察权进行科学配置的一般规律，以更好地履行检察机关的法律监督职责；从微观上看，检察学要研究立足实际，解决检察工作的新情况、新问题，总结新经验，提出新解答，为检察制度的发展完善服务，为检察工作的顺利开展服务。

第五，检察学研究前瞻，体现先进性。中国特色社会主义检察制度的创设与实践，根植于中国特色社会主义理论体系，成为相对独立的有机组成部分，贯穿于中国特色社会主义道路的全过程。检察学必须坚持马克思主义法学观的指导地位，以毛泽东思想、邓小平理论和“三个代表”重要思想为基础，深入贯彻落实科学发展观，科学回答什么是中国特色社会主义检察制度，怎样建设中国特色社会主义检察制度等一系列问题。检察学是一个开放的系统，检察理论研究要与时俱进，就必须体现时代性、把握规律性、富于创造性、反映科学性，建立起具有中国特色的社会主义检察理论体系。在当前，检察学研究要保持先进性，就必须深入理解科学发展观的内涵，要通过检察制度功能的运用、协调及其展开，促进经济社会发展和自身发展；在检察权运行过程中，要切实做到以人为本，尊重检察官的主体地位，发挥检察官的首创精神；要提高检察机关的法律监督能力，使各项检察工作全面协调可持续发展；要运用统筹兼顾的方法，对检察权运行过程中出现的地方化倾向及存在的偏差进行理论上的诠释，寻求从体制上、机制上加以解决的根本方式和方法。

二、检察学的研究对象

检察学的研究对象是检察学建立的基础，也是检察学区别于其他学科的主要依据。只有明确检察学特定的研究对象，才能使检察学研究做到有的放矢，才能抓住检察学学科建设的主要矛盾，取得良好效果。关于检察学的研究对象，主要有以下两种观点。

第一种观点认为，检察学的研究对象是检察制度和检察活动，检察制度是检察学研究的主要对象，检察活动是检察学研究的重要对象，主要包括检察执法活动和检察法律监督活动。检察制度规定检察活动的主体、活动方式、活动程序和原则。检察活动必须依照检察制度中的法律规定进行。把检察制度和检察活动中规律性的东西上升为理论，就是检察学研究的任务。[1] 持此观点的学者认为，检察学的研究范围是研究对象的展开或具体化，主要包括：(1) 检察制度的起源、本质、类型、特点、内容、发展趋势。(2) 各国检察立法例和检察实践经验，我国立法的内容、分类、原则和体系。(3) 检察机关在国家体制中的地位和作用，包括检察机关的领导体制、性质任务、职权等。(4) 检察机关的机构设置及其内部制约机制，检察人员的任免和奖惩。(5) 检察监督在法律监督系统中的地位，检察监督的对象、范围、要求、程序和原则。(6) 检察管理的科学化和检察工作的办公现代化。(7) 经典著作关于检察制度的论述，党和国家关于检察工作的政策和决定。(8) 国外检察理论。[2]

第二种观点认为，检察学以检察制度及其运作为对象，主要研究内容包括：(1) 研究检察法律制度。从内容看，包括检察机关组织方面的制度，也包括检察机关履行其职能的各种制度。从层次看，要研究检察规范体系，包括关于检察制度建设的宪法原则和规范；关于检察机关工作和建设的法律规范，司法解释层次上的检察制度规范。从研究类型看，既要研究实有规范，又要研究

---

[1] 周其华：《中国检察学》，中国法制出版社 1998 年版，第 9～12 页。

[2] 王洪俊、孙长永："略论检察学的研究对象和范围"，载《检察理论研究》1991 年第 1 期。

应有规范。（2）研究检察制度建设实践。（3）研究检察理论。检察理论是对检察制度建设以及检察活动规律性的学理概括，是分析法律制度、研究实际操作的思维工具。（4）研究国外的检察制度和实践，借鉴其有益经验。（5）研究我国检察制度的历史发展，总结经验教训。❶

我们认为，上述观点均以检察制度作为检察学的主要研究对象，而对检察权的运行规律则关注得不够。检察学研究至少应给予检察权、检察制度以同等的重视，这是因为检察权与检察制度是内容与形式、目的与手段、抽象与具体的关系。检察权与检察制度的关系如此密切，以至于难以分割开来进行研究，要研究检察制度就必然会涉及检察权。检察学对检察权、检察制度的研究，往往须交叉进行，研究检察制度的目的是为了科学地配置检察权，独立公正地行使检察权；研究检察权配置、运行与完善，对科学建构、创新与完善检察制度具有至关重要的意义。在现代社会，检察权的加强和检察制度的完善，绝不是单纯为了实现统治阶级的专政，而是为了保障公民的基本人权，保障国家权力在民众的参与下、在宪法和法律的轨道上有效运行，不仅要检控犯罪，而且要维护社会公益与法制统一。检察权、检察制度成为检察学的两大研究对象，有着深远的历史与现实意义。

（一）检察学的研究对象之一：检察制度

现代检察制度起源于中世纪的法国和英国。13 世纪，法国国王路易九世进行改革，限制教会、城市法院的审判权，将封建领主的司法权置于王室法院管辖之下。1285 年，菲利浦四世改革以当事人自诉为主的弹劾主义诉讼模式为国家主动追究的职权主义诉讼模式，赋予检察官政府公诉人的地位，并赋予检察官提起公诉、侦查案件、代表国王监督地方行政当局等六项职权，为当代检察制度的形成、为联合国制定关于检察官作用的准则提供了历史根源。17 世纪，路易十四将其定名为总检察官，下设检察官于各级法院。至此，近代大陆法系的检察制度形成。1790 年，经过大革命组成的国民议会通过法令，规定检察官是行政派在各级法院的代表。1808 年刑事诉讼法典规定了检察官在刑事诉讼中的地位和职权，检察官的组织体系、领导体制等日趋成熟，此后 200 年未有大的变化，从而形成了以法国为代表的大陆法系检察制度。如德意志各邦自 19 世纪初叶渐渐采行法国之检察官制，经 1848 年革命风潮推波助澜后，几为帝国统一前各邦共行的法制。❷ 欧洲大陆比利时、意大利和亚洲的日

---

❶ 龙宗智："检察学研究的对象、范畴与方法"，载《人民检察》2007 年第 15 期。

❷ 林钰雄：《检察官论》，学林文化事业有限公司 2000 年版，第 14 页。

本、韩国以及法国在拉丁美洲、非洲的殖民地国家纷纷仿效，这种检察制度模型深刻影响着大陆法系 110 个多国家检察制度的创立与发展。英国检察制度的创建、定型经历了 800 多年。1162 年，亨利二世设立专司向法院控告重大刑事案的 12 名陪审员。13 世纪，英王派律师代其起诉，其检察制度正式建立。1461 年，英王律师更名为总检察长，同时设置国王辩护人（1515 年更名为副总检察长），专司对破坏王室利益案件的侦查、起诉和听审。其身份具有多重性，兼总检察长、女王的法律顾问、政府的法律官员和律师界的领袖于一身。随着英国向海外的势力扩张，英国的检察制度传播到所有英属殖民地国家，并且深刻影响着加拿大、印度、澳大利亚、新西兰等近 60 个国家，形成了具有英美法系特色的检察制度。中国检察制度的历史渊源是多元的。中国古代的御史制度、大陆法系国家的检察制度以及苏联的检察制度，都对现代中国检察制度的形成与发展提供了重要的文化与制度渊源。与其他国家的检察制度相比，我国检察制度有许多自己的鲜明特色。这些特色是由我国社会主义性质特别是中国共产党的领导和人民代表大会制度所决定的，是与我国历史文化传统和社会主义初级阶段的基本国情相适应的。❶ 另外，由于历史原因，我国还存在港、澳、台地区的检察制度，形成了以大陆社会主义检察制度为主体，以港、澳、台地区的检察制度为补充的多元结构的检察制度体系。

考量检察制度的发端，其之所以未随着私有制和国家的产生而产生，而是在人类文明进步到特定历史阶段才出现，是因为检察制度根源于特定的社会物质生活条件。在经济利益上，只有当中央利益同地方利益激烈冲突且威胁到国家利益时，国家需要一种势力同地方利益相抗衡。检察制度之所以起源于中世纪的法国和英国，是因为两国当时都处于封建割据状况，封建领主、教会教士同代表中央利益的王室的利益冲突异常激烈，根本无法调和。这种状况导致司法的多元与专横，破坏了法制的统一，破坏了国家的统一，更遑论经济社会的发展。在政治制度上，迫切需要一种新型的制度安排来相协调国王、领主和教会的利益，使他们享有的权力得到平抑与协调。检察制度就是顺应当时加强以国王为代表的中央集权、同宗教势力进行斗争、实现民族国家的统一、对抗封建司法多元与专横这一历史需要而产生的。随着检察制度的发展，检察官逐渐由国王的顾问、代理人转变为国家的公诉人、社会的公益代表人；其对统治阶级内部进行监督，对滥用公权力的行为进行侦查。针对司法专横，国家收回并

---

❶ 贾春旺：“加强理论研究，构建中国特色社会主义检察理论体系”，载《人民检察》2005 年第 7 期。

取消了封建领主、教会的裁判权，为司法裁判的一元化提供了条件，在一定范围内实现了国家权力的平衡。在文化观念上，当时人们渴望国家结束封建割据，恢复社会秩序，法制统一、权力制衡成为当时盛行的价值观。总之，中央同地方之间的利益冲突，导致国家需要承担更大的社会控制成本，安定、秩序难以实现，国民呼吁进行新的制度安排；这就是检察制度产生的社会根源。通过考察分析，我们可以获得这样的基本认识：检察制度具有普遍性、必然性，它是人类社会的文明成果，是司法制度现代化的必然结果；检察制度呈现出多样性、差异性，这是由各国特定的物质生活条件所决定的。

检察制度，是由国家制定和认可的检察机关及其性质、任务、职权、组织机构和活动原则等一系列制度的总和；既是国家政治制度的重要组成部分，也是现代司法制度的重要组成部分。有学者认为，从具体内容上看，检察制度应涵盖检察组织、检察人员配置以及检察工作三大部分。其中，检察组织包括检察机关之地位、组织系统、机构设置、领导方式等；检察人员部分，规定检察人员之产生、任职、考核、奖惩等制度；而检察工作方面，则在于说明检察机关之职权与行使检察权所应遵循的原则与程序。[1] 我们认为，检察制度研究的主要方面是检察组织、检察人员配置等方面的问题，检察工作方面的研究其实是对检察权运行规律的探索，重点是有所不同的。检察制度研究的重点具体包括：检察机关的宪法和组织法地位，与其他机关的关系；检察机关的组织体系与领导体制，检察机关的内部组织结构及其关系；检察官的遴选、管理、晋升、培训制度和职业保障制度，检察人员的分类管理制度等。

（二）检察学的研究对象之二：检察权

在全部国家权力产生的先后顺序上，与立法权、司法权、行政权等国家权力相比，检察权是国家权力中较晚产生的权力。检察权与行政权分离，与审判权分立，其独立性得以显现。检察权承担着追究犯罪、控诉犯罪、有效地打击统治阶级外部对社会秩序威胁及有效地惩治统治阶级内部对社会秩序威胁的两大职能，这是行政权、审判权所不能替代的。检察权通过行使这两大职能，其平抑冲突、制衡权力、修复秩序、创建制度、配置资源等功能充分发挥出来。在私诉时期，私诉往往导致同态复仇，社会秩序很难建立，社会资源成本消耗大，且最终由受害人和社会来分摊。检察权产生后，检察官作为国家和社会公益的代表，通过行使起诉、不起诉等权力，实现法律对犯罪人的一体追究，使因犯罪行为引起的各种利益冲突达到平衡，使警察权、审判权等公权力受到制

[1] 龙宗智：《检察制度教程》，中国检察出版社2006年版，第8页。

衡，使遭到破坏的社会秩序与社会关系得到修复，使公平、正义、法治、人权等基本价值转化为具体的制度安排，使稀缺的司法资源实现有序分配、有效利用。

检察权的产生是国家权力重新配置的结果，它要求建立新的国家权力关系，并在动态的变革中寻求静态的权力平衡。由于检察权产生伊始就面对着既有的权力结构，面临着在既有的权力结构中定位和发展，因而它理应得到更多的理论关注。在这一背景下思考构建检察学学科的意义，更加凸显其紧迫与必要。[1] 有学者明确指出，对检察权的研究，在检察制度研究中具有基础性的作用，是检察理论研究的主线。[2] 检察学要从国家权力配置的角度探索检察权的科学配置，研究检察权的性质与特征、结构与功能、运行程序与效力，研究检察权的制约、协调、评价机制等。检察学要立足于各国检察权的运行现状，特别是我国检察权的运行现状及改革完善，对实然的检察权进行研究，为检察实践工作提供指导。此外，检察权是一种不断发展的权力，检察学更要研究应然的检察权，探讨法治条件下检察机关应当享有的权力及法律上的依据，为检察改革提供有力的理论支撑。

三、检察学的理论体系

任何一门科学成熟的标志，总表现为将已经取得的理性知识的成果——概念、范畴、定律和原理系统化，构成一个科学的理论体系。[3] 因此，如何审慎地看待以往所取得的检察学研究成果并从中汲取科学成分，如何构建符合时代发展趋势、符合检察权运行规律、符合社会主义法治理念、符合中国国情的检察理论体系，并形成内容完整、协调统一、对检察实践具有积极指导意义的检察学学科体系，就成为检察理论研究所必须完成的一项基本作业和主要任务。

检察学的学科体系，是检察学的研究对象、内容的内在本质联系。关于检察学的学科体系，主要存在几种观点：

第一，“两块说”。检察学可分为总论和分论两大部分。总论包括检察学概论、检察制度比较研究等；分论包括检察监督结构概述、侦查监督、审判检察、监所检察、公职人员职务犯罪检察、青少年犯罪检察等。[4] 第二，“四块

[1] 石少侠：“检察学：学科构建的必要与可能——兼谈检察学与其他法学学科的关系”，载《人民检察》2007 年第 15 期。

[2] 张智辉：《检察权研究》，中国检察出版社 2007 年版，自序。

[3] 彭漪涟主编：《概念论：辩证逻辑的概念理论》，学林出版社 1991 年版，第 2 页。

[4] 王然翼主编：《当代中国检察学》，法律出版社 1989 年版，第 1～4 页。

说”。在“四块说”中，一种意见认为，检察学的理论体系由绪论（包括检察学的概念、研究对象以及范围和体系、起源和发展、理论基础和研究方法等）、检察理论（包括检察史、检察学基础理论）、检察实践和检察管理等四部分构成；❶ 另一种意见认为，检察学应从检察权基本原理到检察制度，再到检察具体工作，以及域外检察、检察制度史等不同层面，进行分层次、系统化地研究，由检察权的基本原理、检察制度、检察工作、域外检察的研究与检察制度史的研究等四部分构成。❷ 第三，“五块说”，检察学由总论、职能论（法律监督论）、程序论、组织论和管理论等五部分构成。❸

“两块说”过于抽象，未能反映出检察学研究对象、内容之间的本质联系，缺乏检察学体系建构的逻辑性，其分论实际上是与我国检察实践搞简单的对应关系，用实然的检察学研究替代应然的检察学研究，因而是不科学的。“四块说”的第一种意见，与“两块说”相比虽有所进步，但和“两块说”有着同样的缺陷，其逻辑性不足，且将检察学所包括的内容与检察实践的内容等同起来。“四块说”的第二种意见，紧紧围绕检察制度和检察实践来建构检察学的理论体系，内容较为周全，层次较为清晰，但是条理性、逻辑性略显不足。域外检察的研究与检察制度史的研究与检察权的基本原理、检察制度、检察工作等内容不具有并列关系，其实际上是强调要运用比较分析法、历史分析法对检察权和检察制度进行横向上、纵向上的二元研究，以借鉴和吸收人类共同的文明成果。因而，域外检察的研究与检察制度史的研究没有必要独立出来，其相关内容完全可以被检察权的基本原理、检察制度、检察工作等部分所吸纳。比较而言，“五块说”最为合理，但是，其仍然有进一步完善的空间。譬如，“程序论”的主要内容（即所谓诉讼形式的法律监督）属于诉讼法学的研究范围，检察学完全可以吸收诉讼法学的研究成果，而侧重研究检察权的运行规律和机制，否则就会造成学术上的重复研究。再如，鉴于检察管理的重要性，其提出了检察管理的理论框架，实际上“管理论”根本就无独立的必要，这部分内容可为其他部分所包括，独立成篇反而造成其他部分内容的残缺不全。

检察学学科体系的建构应当极力避免这样一种倾向：把检察学的内容与检察立法、检察实践的内容简单等同起来，使检察学成为检察立法的注释体系，成为检察实践的归纳总结。这样不仅不能使检察学的学科体系保持相对的稳定

---

❶ 赵登举等主编：《检察学》，湖南人民出版社 1988 年版，第 12～13 页。

❷ 张智辉、李哲：“检察学的学科使命与理论体系”，载《人民检察》2007 年第 15 期。

❸ 王桂五主编：《中华人民共和国检察制度研究》，法律出版社 1991 年版，第 1～8 页。

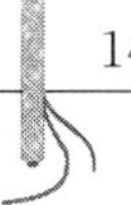

性，而且使检察学的重要理论总是停留在对检察立法、检察实践进行被动解释的状态，从而使检察学的前瞻性研究无法取得进展。理想的进路应当是将检察立法、检察实践作为检察学学科体系构建的重要参考依据；但又不能使检察学研究囿于检察立法与检察实践，为检察学的长远发展计，检察学的学科体系应当具有相对的稳定性、适度的前瞻性。此外，科学的检察学学科体系在内容上应当具有完整性，在形式上具有协调性，同时其对检察立法、检察实践应当具有指导性。遵照这一指导思想，综合考虑上述观点的合理因素，紧密围绕检察学的研究对象，我们认为，检察学的学科体系应当包括本体论、权能论、运行论、组织论等四大理论板块。现具体说明如下。

（一）本体论

所谓本体论是对检察权、检察制度本质及其任务的认识和概括，主要包括检察权的概念、性质、特征、结构，检察权在国家权力结构的地位，检察权与其他国家权力的区别和联系，其中重点研究中国检察权的基本属性，明确法律监督的概念、性质、特征及模式；检察制度的类型和发展趋势，中国检察制度的法律渊源、主要特点及其理论基础；检察权和检察制度的历史研究、比较研究，探求其质的规律性和存在的基础。

（二）权能论

所谓权能论是对检察权的权力与职能、内容与效力及其科学配置的认识和概括，主要研究检察权平抑冲突、制衡权力、修复秩序、创建制度、配置资源等功能，检察权行使的对象、范围、权能结构、启动及其运行条件等，检察官自由裁量权的概念、特征和权限等。重点研究如何科学配置我国的检察权，按照检察机关作为法律监督机关的性质，对检察权的结构进行必要的调整，增加具有法律监督性质的权力，严格规范检察权的行使。譬如，公益诉权、监督权和弹劾权等构成了民事检察权应然的权能结构，其划分了明确的权能范围，形成了严密的权能体系。与民事检察权应然的权能结构进行对照，我国民事检察权尚需增加公益诉权、民事执行监督权、弹劾权等权能，以充分发挥法律监督职能。

（三）运行论

所谓运行论是对检察机关运行、实现检察权各个环节的认识和概括，检察机关如何贯彻国家的司法政策、树立先进的执法理念，影响检察权运行和实现的诸因素，检察权运行中的基本原理。运行论主要包括：检察权行使的基本原则，如法治原则、客观公正原则、依法独立行使原则等，检察权运行的重要机制，如检察工作一体化机制、检察权运行的保障机制（地位保障、身份保障、

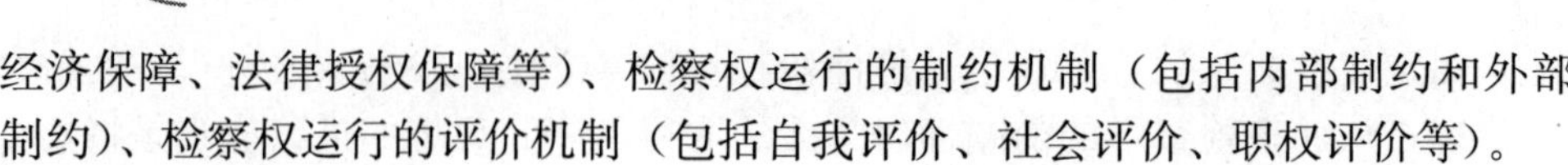

经济保障、法律授权保障等)、检察权运行的制约机制(包括内部制约和外部制约)、检察权运行的评价机制(包括自我评价、社会评价、职权评价等)。

(四)组织论

所谓组织论是对检察权行使主体的认识和概括,主要包括检察机关在国家机构中的地位,检察机关的机构设置和领导体制,检察官的遴选、地位、权限、管理、晋升、培训制度和职业保障制度,检察人员的分类管理制度,检察委员会制度及其改革完善,我国检察机关如何贯彻民主集中制的组织原则等。

12. 中国当代检察制度的特色及其优越性*

中国检察制度伴随着社会主义政权建设和经济社会不断进步，经历了创建、发展、削弱、砸烂、恢复重建与飞跃发展的曲折历程。1978年恢复重建人民检察院，是我们党和国家在总结历史经验教训的基础上作出的重大决策，是我国民主法治建设进程中的一件大事，是人民群众的期盼，也是历史发展的必然。30年来，中国特色社会主义检察职能不断完善，组织体系不断健全，工作机制不断创新，队伍建设不断进步，检务保障水平不断提高，检察理论研究不断丰富，为维护宪法和法律统一正确实施，维护社会公平正义，维护社会和谐稳定，促进经济社会发展，作出了重要贡献，显示了强大的生机与活力，彰显了"中国特色"及其优越性。对此，中央、高检院领导作了经典概括，对于丰富和发展中国检察制度具有重要指导意义。笔者试从法制度经济学视角，透视中国特色社会主义检察制度的特色及其优越性。

一、具有理论基础的创新性，体现了与时俱进的理论品质

世界各国检察制度都以一定的理论基础为指导，并在实践中不断发展、充实和完善。比如，法国、英国检察制度作为现代检察制度的起源，是以其资本主义国家理论、政治理论、法治理论等为基础，适应其经济社会政治文化与社会发展逐步形成的。中国特色社会主义检察制度的产生、发展与成熟，根植于中国特色社会主义的经济政治文化与社会发展这一客观条件。中国特色社会主义伟大旗帜、中国特色社会主义道路、中国特色社会主义理论体系是其最为根本的理论基础。中国特色社会主义伟大旗帜、中国特色社会主义道路、中国特

---

* 本文发表于《江汉论坛》2008年第9期，收录于《检察制度和检察理论的创新发展》，中国方正出版社2008年版、《首届全国法学名家学术论文集（上册）》2009年4月。

色社会主义理论体系，既是当代中国发展、各族人民团结奋斗、全面建设小康社会的法宝，也是人民检察制度创建、发展、成熟的灵魂。中国当代检察制度是在马克思主义指导下建立起来的，是符合中国国情的，是这面旗帜的一角，这条道路的一径，是这个理论体系的重要组成部分。这集中体现了中国当代检察制度理论基础的创新性，检察机关恢复重建 30 年正是在这一基础理论指引下不断前行的；这种理论创新是中国当代检察制度创新、机制创新、工作创新的重要基础，也是我们把握中国当代检察制度特色的逻辑起点，为中国检察机关历任决策者所反复强调。黄火青检察长在 1978 年 12 月第七次全国检察工作会议上就鲜明提出，新时期检察工作方针是：党委领导、群众路线、执法必严、违法必究、保障民主、加强专政、实现大治、促进四化。这些工作方针具有明显的政治性，是与中国共产党在改革开放之初的思想、政治、组织路线紧密相联的。现任最高人民检察院检察长曹建明同志也着重强调："中国特色社会主义是一面旗帜，一条道路，一个灵魂。检察机关要坚定不移地高举中国特色社会主义旗帜，坚持中国特色社会主义道路，坚定不移地坚持中国特色社会主义理论体系，努力在执法思想、执法实践、执法作风等各个方面真正体现中国特色社会主义的正确方向。"

中国当代检察制度在理论基础上的创新性，体现了与时俱进的理论品质，凸显了三个方面的优越性：一是保持正确政治方向。中国当代检察制度在理论基础上坚持一元化，始终坚持以马克思主义、毛泽东思想和中国特色社会主义理论体系为指导，检察机关始终把中国特色社会主义作为伟大旗帜来高举、作为正确道路来坚持、作为科学理论来运用、作为共同理想来追求，始终坚持党的事业至上、人民利益至上、宪法法律至上，坚定不移地做中国特色社会主义事业的建设者和捍卫者，始终保持了人民检察事业发展的正确政治方向。与此相反，一些国家的检察制度因受多党政治、三权分立等因素的制约，其发展方向处于摇摆不定的状态。如美国在 20 世纪 70 年代为了应对"水门事件"、防止行政权滥用，创设了向国会负责的独立检察官制度，历经四届政府，共任命了 8 位独立检察官，为独立调查共耗资 15 亿美元，最终因制度运行成本高、难以有效规制最高行政权的滥用，被迫停止运行，目前这一制度处于休眠状态。二是适应中国国体政体。我国是中国共产党领导下的人民民主专政的社会主义国家，同这种国体相适应的政权组织形式是人民代表大会制度。中国检察机关是中国共产党领导下的人民民主专政的国家机器的重要组成部分；检察权来源于人民，又服务于人民。与西方国家通过党派对立和三权分立实现权力制衡不同，在人民代表大会制度下，必须依靠监督，首先是人大的监督，保证国家机关依法行使权力。我国《宪法》规定设置人民检察机关，并把检察机关确立为国家的法律监督机关，专门承担法律监督的职能，是我们党和国家为加强社会主义民主法治建设而采取的重大举措，是与我国的国体政体相适应的，是政治属性、人民属性、法律监督属性的有机统一。这是中国当代社会主义政治制度的历史必然选择，是中国共产党和中国人民政治智慧的结晶，也是中国特色社会主义司法制度优越性的集中体现。人民检察事业 30 年的辉煌实践充分证明，法律监督作为国家的一种专门监督，在中国特色社会主义监督体系中发挥着不可替代的作用。三是体现当代经济社会发展要求。中国当代检察制度坚持高举中国特色社会主义这面旗帜，保障这条道路，用这个理论体系统领检察工作，能够着眼于检察事业发展所处的历史方位和时代使命，深刻认识在适应工业化、信息化、城镇化、市场化、国际化的时代背景下，检察工作服务发展、保障发展、促进发展的新形势、新任务，牢牢把握发展着的社会主义检察制度的阶段性特征，从全面落实依法治国方略，保障和促进经济社会发展，保障和促进和谐社会建设出发，不断丰富中国特色社会主义法治实践和检察实践经验，推进中国当代检察制度的自我完善、创新发展。

二、具有路径选择的扬弃性，体现了法律监督的本质属性

从法制度经济学角度来看，制度变迁是制度的替代、转换与交易过程，它的实质是一种效率更高的制度对另一种制度的替代过程；制度变迁具有路径依赖性，从历史中存活下来的，表现在社会文化中的知识技能和行为规范使制度变迁绝对是渐进性的并且是经济依赖的；路径选择还与一个国家民族文化、宗教信仰因素等密切相关。中国当代检察制度是对中外历史文化、制度模式等进行辩证扬弃的一种选择：一是在社会物质生活条件方面，古代中国的御史制度，自秦至清 2 000 多年从未间断，在查究百官、维护封建统治方面发挥了不可替代的作用，在世界上是绝无仅有的，是我国当代检察制度渊源的本土文化传统；但御史制度始终未能解决封建割据、等级特权、滥权渎职等问题，导致政权难以摆脱更替的“周期率”。西方检察制度是适应当时加强中央集权、同宗教势力进行斗争、实现民族国家的统一、对抗封建司法专横这一历史需要而产生的，是一种可资借鉴的人类文明成果，但对行政权运行制约、公职人员亵渎职权的规制方面尤显不足，对司法诉讼活动的无序现象置若罔闻。我国在革命、建设的一定阶段上，一度传承了中国御史制度的文化传统，借鉴移植了西方检察模式，但在相当长的历史时期都没有找到规制权力运行、防止和矫正滥权渎职、避免司法专横的有效办法。在汪洋大海般的小农经济环境和封建专制

统治基础上诞生的新生社会主义政权，面临社会物质生活匮乏、封建残余影响根深蒂固等客观条件，强烈呼唤一个崭新的、同新生政权相适应的检察制度体系来维护中央权威和法制统一，维护公平正义和保障人权。中国当代检察制度正是在这样的历史条件下，发扬中国御史制度中的优秀文化因素，适应新中国成立初期的政治经济文化社会环境，对境外近代检察制度“拿来”过程中加以吸收、借鉴、改造形成的，具有社会主义性质的独特检察权结构及其运行模式。二是在制度模式安排选择方面，中国百年检察史大致可以分为三个阶段：第一是近代检察制度的移植借鉴阶段。在清朝末年和北洋军阀政府期间，清政府 1906 年颁布《大理院审判编制法》，改大理寺为大理院，下设各级审判厅，相应设立各级检察厅，近代形式的检察制度正式确立；北洋军阀政府基本沿用清末的检察制度，在最高法院内设检察署，其他各级法院均仅设检察官，是一种合署和配置制的混合体。这一时期带有半封建半殖民地性质的检察制度，既不能有效规制行政权、审判权，又不能维护国家法制统一、保障人民权益。第二是新民主主义革命时期的初创探索阶段。在中华苏维埃共和国的政权机构中，中央工农检察人民委员部和国家政治保卫局检察科承担部分检察职能，与此后设立的军事检察（查）所和最高法院、各级裁判部内设的检察机构，共同组成了苏区检察机构体系。在抗日战争和解放战争时期，这种检察制度体系又有了一些新的发展。在初创探索阶段，中国检察制度既凸显了人民性的根本政治属性，又为打击敌人、保护人民、巩固苏区和解放区政权作出了重要贡献。第三是新中国当代检察制度的曲折发展阶段。从 1949 年至今，中国特色社会主义检察制度经历了曲折发展历程，其间既有与中国特色社会主义政治经济文化社会制度相适应的检察制度创新的新鲜经验，也有同以阶级斗争为纲相适应的检察机关被彻底砸烂的失误教训；既有前 29 年检察机关“三起三落”的曲折历程，又有恢复重建后 30 年取得的辉煌成就。

中国当代检察制度在路径选择的扬弃性，最终表现为独特的“质的规定性”——法律监督。笔者认为，中国当代检察制度的法律监督的本质属性，具有其他检察制度所不能比拟的优越性：一方面，这种法律监督扬弃了西方检察制度“国家权力之双重控制”功能。在德、法等西方国家，从创设检察制度的目的来看，检察官向来居于法官与警察、行政权与司法权两者之间的中介枢纽；作为法律之守护人，检察官既要保护被告免于法官之擅断，亦要保护其免于警察之恣意。这种制度设计的主要目的是立足于刑事诉讼过程，加强对法官、警察的权力控制。我国没有选择“三权分立”政权结构下检察权仅作为行政权一个“附属品”的制度安排，而是选择法律监督权相对独立的制度安排。

中国当代检察制度“质的规定性”——法律监督，不仅发挥着对刑事诉讼权力的双重控制作用，而且承载着我国一元分立权力架构下与行政权、审判权互动协调与制约的政治功能。另一方面，这种法律监督也扬弃了苏联检察制度法律监督的内涵。中国检察机关法律监督的性质、体制、职能是同我国的宪法及其国体政体一脉相承的，同苏联的检察制度有着根本的差别。我国检察制度创立初期曾仿效过苏联，但最终作了立足本国国情的制度安排：在领导体制上，摒弃了高度集中、上下垂直的体制，实行双重领导；在决策机制上，摒弃了检察长一人说了算，实行检察长领导下的民主集中制；在权力配置上，摒弃了一般监督，将其界定为法律监督，对刑事诉讼、民事审判、行政诉讼活动进行全面监督；在国家机关和国家工作人员的监督方面，界定为查究违反刑事法律、承担刑事责任的案件，一般违反党纪、政纪则由党的纪律检查部门和政府监察部门处理；在人员组成上，摒弃了全部由总检察长任免的方式，实行选举产生、批准任命与任命相结合的方式。彭真同志早在 1962 年就明确指出：“检察院组织法是不是都是抄来的呢？不是完全抄来的，这个组织法是我们自己的，同苏联是不同的。”

三、具有结构功能的科学性，体现了法治国家的目标要求

各国检察制度都是国家法制统一的有力武器，是国家权力自我制衡的重要工具，但不同国家检察机关的性质、地位、结构等却存在很大差异。中国当代检察制度在结构功能上具有以下四个特点：一是法律地位的相对独立性。在西方宪政体制下，国家权力被划分为三种权力，即立法权、行政权和司法权，检察权无论是归属于行政权抑或司法权，都不具有独立的权能属性，检察机关也不具有独立的法律地位，这是根植于这些国家社会物质生活条件的。我国的一切权力属于人民，人民行使国家权力的机关是全国人民代表大会和地方各级人民代表大会。各级检察机关由同级人民代表大会产生，对其负责，受其监督。检察机关是在人民代表大会下，与审判机关、人民政府等并行的国家机构。我国由人民代表大会统一行使国家权力，在这个前提下对于国家的行政权、审判权、检察权和武装力量的领导权，作出明确划分，既避免权力过分集中，又使国家的各项工作有效进行，形成了全体人民根本利益的一致。这种相对独立的法律地位，也是由我国的社会物质生活条件所决定的。二是组织结构的层级性。中国当代检察制度是一种在全国范围内设立的，自上而下、自成体系的层级式的独特结构，具体设置为 4 级：最高人民检察院；省、自治区、直辖市人民检察院；省、自治区、直辖市人民检察院分院，自治州和省辖（地级市）人

民检察院；县、市（县级）、区人民检察院。此外，还有铁路运输检察院和军事检察院等专门检察院以及省级和县级人民检察院根据工作需要在工矿区、林区和农垦区设置的派出检察院。这种结构既保持了检察制度层级性的一般要求，又同行政权的层级与审判权的审级互相衔接照应，便于有效发挥人大监督下的检察权、行政权、审判权互动协调与制约的国家权力结构特色。三是职能配置的合理性。我国没有选择“检警一体”模式下检察官指挥警察进行侦查的制度安排，也没有选择对涉及人身、财产的强制措施由法院垄断司法审查。我国检察机关为了维护宪法和法律权威，对叛国案、分裂国家案和严重破坏国家的政策、法律、法令、政令统一实施的重大犯罪案件行使检察权；为了保障国家安全、维护社会秩序、保护人民生命财产安全，检察机关代表国家对严重刑事犯罪进行审查逮捕、提起公诉、指控犯罪；为了维护国家公职人员履行职务的廉洁性，检察机关对贪污贿赂、渎职侵权等公职人员腐败犯罪、渎职侵权犯罪行使职务犯罪侦查权；为了社会主义法制的统一、尊严和权威，检察机关对公安机关的刑事侦查活动，对审判机关的刑事、民事、行政诉讼活动，对刑罚执行机关的监管活动进行诉讼监督，有效监督执法不严、违法不究、司法不公等问题。这就建立起了科学完备的检察机关职能体系，实现了检察权的优化配置，凸显了中国特色社会主义检察制度法律监督的“质的规定性”。这些职能配置的合理性是西方国家检察制度及职能所不能比拟的。四是职权创设的渐进性。我国检察机关的职权是伴随着改革开放以来的法治进程逐步发展的，法律制度安排表现为“三个演进”：由最初赋予检察机关审查逮捕权、刑事起诉权、刑事抗诉权等职权，演进扩展到对国家公职人员贪污贿赂等腐败案件的职务犯罪侦查权；由最初赋予检察机关对各级人民政府及所属部门、国家机关工作人员和公民是否遵守法律行使检察权，其后长期备而不用，演进为对叛国案、分裂国家案、严重破坏国家的政策、法律、法令、政令统一实施的重大犯罪案件行使检察权和对国家机关工作人员滥用职权、徇私舞弊、玩忽职守案件行使检察权；由最初赋予检察机关对刑事诉讼活动的法律监督演进为对刑事诉讼、民事审判和行政诉讼活动进行全面监督，实现了检察职权科学化、体系化和现代化的制度安排。法国、英国等国检察职权的演进也与中国呈现相同趋势。如法国检察机关从 20 世纪 80 年代以来开始进行了一系列改革，突出了检察机关的司法地位，加强了对检察官职业的保障，加强了对警察的控制等；英国为了解决检察权配置没有对国家公职人员侦查权、刑事公诉权弱化、对刑事侦查活动无法有效介入制约等缺憾，从 20 世纪 80 年代中期开始先后颁布《刑事起诉法》《严重欺诈局法》等法律，在全国组建独立的、自成体系的检察机构，设置总检察长领导下的严重欺诈局，对国家公职人员职务犯罪行使侦查权，实行检察官在警察局派驻律师，向警察执行提供建议，加强检察官在刑事侦查中的作用等，为英国检察制度注入了现代化因素。

中国当代检察制度结构功能不仅具有惩治犯罪、保障人权、促进廉政建设、保障经济发展、维护社会和谐稳定等具体的法律监督功能，更彰显了落实依法治国基本方略、加快建设社会主义法治国家等根本功能。一是促进依法治国的功能。检察机关作为国家专门的法律监督力量，通过强化法律监督来保障国家法律的统一正确实施，维护社会主义法制的统一、尊严、权威，坚决同地方保护、部门保护、以权压法、贪赃枉法、亵渎职权、搞“土政策、土办法”等破坏法治的行为作斗争，促进依法治国方略的实施。二是坚持执法为民的功能。检察机关通过坚持人民群众主体地位，自觉克服“法律工具主义”“以法治民”思想；通过坚持以民为本，尊重和保障人权，清除特权思想、人权意识淡漠、侵犯人权等“左”的以及封建思想残余；通过坚持专门机关工作与群众路线相结合的原则，坚持关注民生、服务民生、保障民生、执法为民。三是维护公平正义的功能。检察机关通过加大对职务犯罪和严重刑事犯罪的打击力度，坚决惩治和有效防范损害社会公平正义的违法犯罪行为；通过强化对诉讼活动的法律监督，强化对执法行为的法律监督，有效监督纠正司法执法不公现象，提高人民群众对社会主义法制的支持度、认可度，增强执法的公信力；通过自身严格公正执法，坚持实体公正与程序公正并重，坚持以公开促公正，树立维护社会公平正义的良好形象，增强人民群众对社会公平正义的信心。四是保障服务大局的功能。检察机关通过把强化法律监督与服务经济社会发展有机结合起来，自觉克服单纯业务观念，主动防止脱离大局、机械执法、就案办案的倾向，全面强化打击、保护、预防、监督等检察职能，充分发挥维护社会稳定、保障公平正义、服务改革发展的职能作用。五是巩固党的执政地位的功能。坚持中国共产党的执政地位，是一项根本的宪法原则，是中国革命、建设、改革实践的必然选择，也是检察机关必须始终遵循的政治原则。检察机关毫不动摇地坚持马克思主义在意识形态领域的指导地位，毫不动摇地坚持中国特色社会主义检察事业发展方向，毫不动摇地坚持党对检察工作的绝对领导，正确处理党的领导、人民当家做主和依法治国三者之间的关系，坚持党对检察工作在思想上政治上组织上的领导，把严格执行法律与正确执行党的政策有机统一起来，在法律的框架内、政策的指导下强化法律监督，维护党的权威，巩固党的执政地位。

四、具有运行机制的规律性，体现了检察一体的组织原则

中国当代检察制度在运行机制上不同于大陆法系、英美法系的任何一个国家，也不同于苏联的检察模式，具有以下三个明显特点：一是在领导体制上，探寻苏联与中国特色两种检察制度模式生长的社会物质生活条件，两者虽然都产生于生产力发展极不平衡，同为小农经济汪洋大海的国度，但其形成的政治基础条件截然相反：苏联通过城市武装夺取政权，地方并未建立强有力的党组织，要巩固新生的苏维埃政权，保障社会主义法制的统一正确实施，其选择了总检察长领导下的上下垂直一体的检察领导模式。中国通过农村包围城市夺取政权，党的地方组织健全，要巩固人民民主专政的新生政权，维护社会主义的法制统一，保护人民的根本利益，促进社会主义建设事业的顺利进行，我国检察机关的领导体制经历了从双重领导到垂直领导再到双重领导的历史选择过程，最终确立了中国各级检察机关由同级人民代表大会产生，对其负责，受其监督；同时，最高人民检察院领导地方各级人民检察院和专门检察院的工作，上级人民检察院领导下级人民检察院的工作。我国法治建设的实践证明，苏联检察机关的垂直领导模式在中国“水土不服”。彭真同志早在 1957 年就谈道：“列宁曾经主张检察和监察机关应当实行垂直领导，不受地方一切机关的干涉。我们这样做，是否违背了列宁的精神呢？……我们是有健全的、可靠的地方党的，实行双重领导的制度，更可以保证我们的无产阶级专政的实行。而列宁的根本精神，正是为了保证无产阶级专政的实行”。二是在决策方式上，实行检察长领导下的民主集中制。我国检察制度摒弃了苏联检察长一人负责的体制，创立了检察长负责与检察委员会集体领导相结合的制度；检察长作为检察机关的首长统一领导检察院的工作，检察委员会是实行集体领导的组织形式，讨论决定重大案件和检察工作中的其他重大问题，按少数服从多数的原则作出决定，由检察长组织贯彻执行。检察长在讨论重大案件时不同意多数检委会委员意见的，可以报请上一级检察院决定；在讨论重大问题时不同意多数检委会委员意见的，可以报请上一级检察院或者本级人大常委会决定，防止和解决检察决策权、执行权行使过程中可能出现的矛盾与冲突，从制度层面为科学决策、民主决策、有效执行提供了保障。正如彭真同志在 1962 年就指出的一样：“在起草我国检察院组织法时，我们同苏联专家有过争论，他们不同意在检察院实行集体领导，我向他们提出问题，列宁在哪里说过集体领导不如个人呢？他们也讲不出来。各级检察院都要实行集体领导。”三是在权力运行上，一方面依法独立行使检察权与坚持党的领导、接受人大监督相结合，我国宪法、刑事诉

讼法、人民检察院组织法都明确规定人民检察院依法独立行使检察权，不受任何行政机关、人民团体和个人的干涉；另一方面办理案件实行个人负责、集体讨论、检察长和检察委员会决定的权力运行方式，确保检察权公正高效有序行使，实现检察活动法律效果、政治效果、社会效果的有机统一。

中国当代检察制度在运行机制上体现了当代检察工作一体的普遍要求，反映了由检察权的特殊性所决定的检察权运行的内在规律，是运用检察权时必须遵循的基本原理。从检察权运行机制层面看，中国检察制度的一大特色在于：坚持双重领导体制前提下的"检察工作一体化机制"的建立与运行，其优越性体现为"四个实现、四个防止"：实现上下统一，防止检令不通。上级检察院作出的决定，下级检察院应当执行，不得擅自改变、故意拖延或拒不执行；上级检察院认为下级检察院作出的决定确有错误的，有权予以撤销或者变更，发现下级检察院已办结的案件有错误，或者正在进行的执法活动明显违反法律、司法解释以及上级检察院有关规定的，有权指令下级检察院纠正；下级检察院如果认为上级检察院的决定有错误，应当在执行的同时向上级检察院报告，上级检察院经复议后，认为确有错误的，应当及时予以纠正。这种运行机制有利于强化上级检察院对下级检察院的领导关系，下级服从上级，上级支持下级，实现检察机关的上下统一，纠正和防止检令不通、检禁不止问题。实现横向协作，防止相互掣肘。检察机关在履行法律监督职能过程中，遇到因管辖等问题需要协作支持的，如调查、取证、缉拿犯罪嫌疑人、寻找案件重要证人、涉案财产资金的判明等，相互支持，提供帮助；对于管辖过程中产生的争议，由有关各方协商解决，协商意见不一致的，共同的上级检察院可以协调解决；上级检察院还加强对检务协作工作的指导、协调和检查，及时纠正执法过程中的偏差。这种运行机制有利于加强各地检察机关之间的工作协作，互通情况，加强沟通，相互支持与配合。实现内部整合，防止各自为政。检察机关可以加强职务犯罪侦查工作的统一组织、指挥、管理与协调，实现规范管理、有序分流，规范交办、提高效率，规范管辖、防止掣肘，优化资源、增强实效，统一指挥、协调各方等五个方面的功效，加强诉讼监督与职务犯罪侦查的协调配合，综合运用监督措施形成法律监督整体优势。这种运行机制有利于充分发挥检察机关各内设机构的职能作用，紧密配合，最大限度地形成工作合力。实现总体统筹，防止地方分散。按照检察工作整体性、统一性的要求，通过结成运转高效、关系协调、规范有序的统一运行体系，充分发挥法律监督的整体效能。

五、具有规制管理的有效性，体现了权力配置的制约协调

各国检察制度在配置检察权的同时，必然加强对其规制管理，防止检察专横等问题的滋生。正如学者所指出的一样，纵观世界各主要国家司法实践，对检察权的制约主要有两种渠道：一是外部力量的监督、制约；二是内部力量的监督、制约。中国当代检察制度在规制管理上具有自身的特点：一是外部规制管理的有效性。对检察权进行外部监督，是建立公正高效权威司法制度的必然要求。在新中国成立初期，我国就高度重视司法机关之间的互相制约，刘少奇同志就指出，公安、检察院、法院三个机关可以完全不对头，各人讲各人的。在长期实践中，我国将这种思路总结为分工负责、互相配合、互相制约的原则，并上升为宪法规定，成为刑事诉讼的基本原则。在改革开放条件下，检察机关行使职务犯罪侦查权过程中一度出现了执法不公、不严、不廉等问题而外部刚性监督不足，逐步探索了对拟作撤销案件决定的、拟作不起诉处理的、犯罪嫌疑人不服逮捕决定的"三类案件"，以及应当立案而不立案或者不应当立案而立案等"五种情形"进行监督的人民监督员制度，初步找到了对职务犯罪侦查权进行外部监督的新的实现形式。同时，我国始终坚持党的领导，自觉接受人大监督，高度重视政协民主监督和舆论监督，不断深化检务公开，认真接受社会各界和人民群众的监督。二是内部规制管理的有效性。中国当代检察制度在保持有效外部监督的同时，还坚持完善内部制约，保证检察权的公正性、权威性和公信力。注意加强检察机关各业务部门之间的内部制约，实行侦查、批捕、起诉、复议、复查、赔偿分离；加强检察机关专门监督机构对执法办案的监督制约，健全完善巡视制度以及纪检监察部门、检务督察部门对执法办案活动的监督制约；加强上级检察院对下级检察院的领导与指导，实行重大案件、重要环节报备、审批制度；加强业务部门执法办案中的自身监督，办案组成员之间互相监督，落实讯问全程同步录音录像等制度。在管理手段现代化、信息化、规范化的条件下，检察机关还引入质量管理、绩效管理等先进管理模式和方法，通过信息网络手段对执法办案实行严格的流程管理、质量控制，既保证了质量，提高了效率，加强了监督，也受到了公众的青睐。

"以制度规制制度，以权力制衡权力"，是人类社会科学地配置政治资源、管理国家、推进社会文明进步的必然选择，是现代司法文明的重要特征。中国当代检察制度在规制管理上的有效性，体现了两个方面的优越性。一方面，科学配置权力。中国当代检察制度在内、外部规制管理的有效性，体现了权力配置的基本规律。中共中央政治局常委、中央政法委员会书记周永康同志最近明

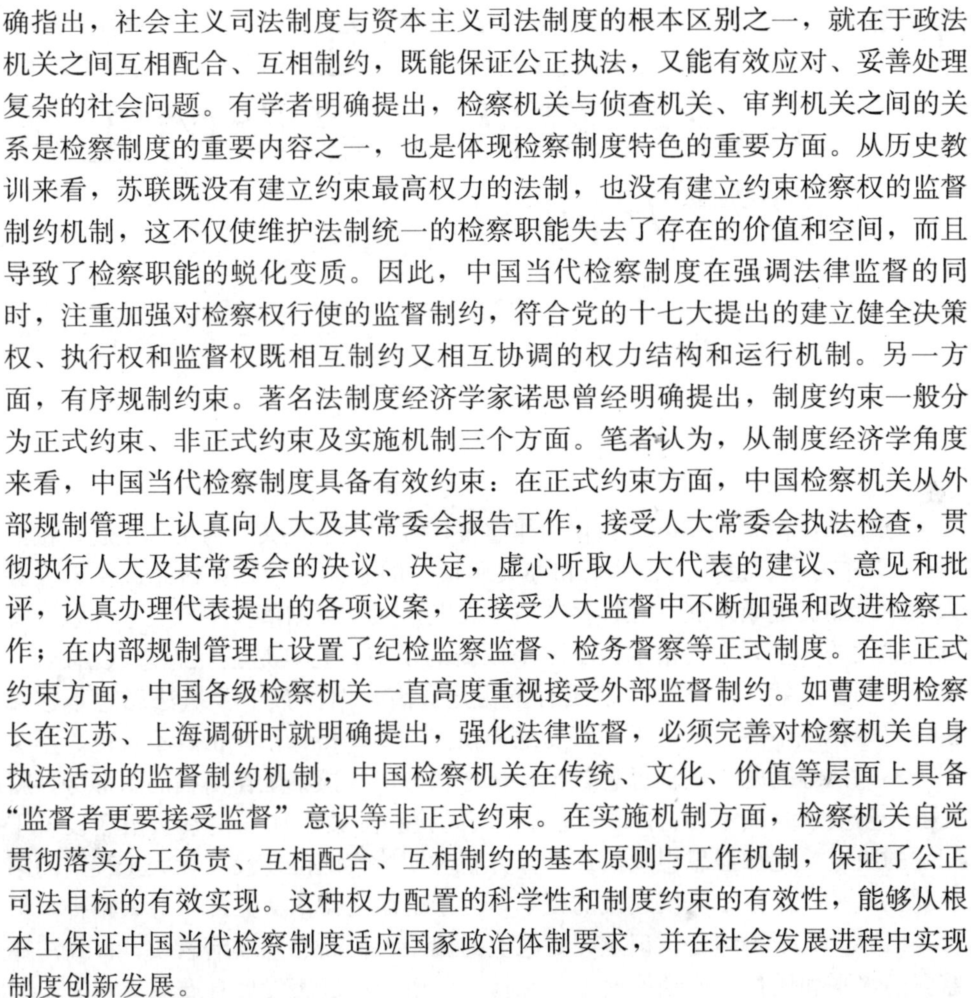

确指出，社会主义司法制度与资本主义司法制度的根本区别之一，就在于政法机关之间互相配合、互相制约，既能保证公正执法，又能有效应对、妥善处理复杂的社会问题。有学者明确提出，检察机关与侦查机关、审判机关之间的关系是检察制度的重要内容之一，也是体现检察制度特色的重要方面。从历史教训来看，苏联既没有建立约束最高权力的法制，也没有建立约束检察权的监督制约机制，这不仅使维护法制统一的检察职能失去了存在的价值和空间，而且导致了检察职能的蜕化变质。因此，中国当代检察制度在强调法律监督的同时，注重加强对检察权行使的监督制约，符合党的十七大提出的建立健全决策权、执行权和监督权既相互制约又相互协调的权力结构和运行机制。另一方面，有序规制约束。著名法制度经济学家诺思曾经明确提出，制度约束一般分为正式约束、非正式约束及实施机制三个方面。笔者认为，从制度经济学角度来看，中国当代检察制度具备有效约束：在正式约束方面，中国检察机关从外部规制管理上认真向人大及其常委会报告工作，接受人大常委会执法检查，贯彻执行人大及其常委会的决议、决定，虚心听取人大代表的建议、意见和批评，认真办理代表提出的各项议案，在接受人大监督中不断加强和改进检察工作；在内部规制管理上设置了纪检监察监督、检务督察等正式制度。在非正式约束方面，中国各级检察机关一直高度重视接受外部监督制约。如曹建明检察长在江苏、上海调研时就明确提出，强化法律监督，必须完善对检察机关自身执法活动的监督制约机制，中国检察机关在传统、文化、价值等层面上具备“监督者更要接受监督”意识等非正式约束。在实施机制方面，检察机关自觉贯彻落实分工负责、互相配合、互相制约的基本原则与工作机制，保证了公正司法目标的有效实现。这种权力配置的科学性和制度约束的有效性，能够从根本上保证中国当代检察制度适应国家政治体制要求，并在社会发展进程中实现制度创新发展。

各国检察制度从来就没有一个惟一模式，从来就不是一成不变的，归根到底是由一个国家的国情所决定的，必须根据该国的经济社会发展实况作出相应调整；有的学者以他国检察制度为坐标系来评价中国当代检察制度的优劣并得出不同结论，根源之一在于他们对此所持立场、观点、方法不同。中国特色社会主义检察制度的历史，从一个侧面反映了中国特色社会主义道路的曲折发展过程；中国特色社会主义检察制度的实践，就是中国特色社会主义政权建设、法治建设探索发展的一个缩影；中国特色社会主义检察制度的发展完善，必将在推进中国特色社会主义事业进程中显示强大生机、发挥更大作用。

13. 加强思想政治建设　始终保持检察队伍建设的正确政治方向*

近年来，检察工作以“强化法律监督，维护公平正义”为工作主题，按照“加大工作力度、提高执法水平和办案质量”的总体要求，在锐意改革、服务大局中全面、健康发展。在检察队伍建设上，认真贯彻落实中央关于加强检察队伍建设的一系列重要指示，不断采取新的举措，尤其是狠抓思想政治建设，取得了明显成效，队伍整体素质有了明显提高。但少数干警执法思想不够端正、纪律作风不够过硬，不同程度地存在执法不严格、不公正、不规范、不文明、不廉洁等问题。这种思想认识、精神状态，与检察工作面临的新形势、新任务、新要求是极不相符的。《湖北省人民检察院关于加强检察队伍建设若干问题的决定》把加强思想政治建设作为新时期检察队伍建设“六大工程”的第一项提出来，抓住了队伍建设的根本，对于全面贯彻落实党的十七大精神，教育和引导广大干警纠正认识上、观念上的偏差，提高思想政治素质，提高法律监督的水平和质量，推动检察工作和检察队伍建设健康发展具有重大意义。

一、大力加强思想政治建设，必须坚持政治立检，牢牢把握检察队伍建设的正确政治方向

我国检察机关是国家的法律监督机关，其建立和发展是在中国共产党的领导下取得的，是适应中国特色社会主义政治制度的必然抉择。这种独有的政治特色，是区别于其他国家检察机关和检察制度的重要标志。思想政治建设作为保持这一特色的根本性措施，关乎检察队伍建设的发展方向。因此，各级检察

---

* 本文发表于《检察队伍建设》2008 年第 6 期。

机关和领导干部必须紧密联系当前国际国内形势，联系检察工作发展进程中遇到的各种新情况、新挑战以及检察队伍的思想状况，坚持政治立检，牢牢把握检察队伍建设的正确政治方向。

（一）要坚持高举中国特色社会主义伟大旗帜。党的“十七大”报告指出，改革开放以来我们取得一切成绩和进步的根本原因，归结起来就是：开辟了中国特色社会主义道路，形成了中国特色社会主义理论体系。中国特色社会主义伟大旗帜，是当代中国发展进步的旗帜，是全党全国各族人民团结奋斗的旗帜，也是检察事业建设、发展的旗帜。高举中国特色社会主义伟大旗帜，最根本的就是要坚持这条道路和这个理论体系。加强思想政治建设，必须紧紧围绕如何高举中国特色社会主义伟大旗帜、坚持中国特色社会主义道路、坚持中国特色社会主义理论体系，教育和引导广大检察干警坚定理想信念，牢记根本宗旨，树立正确的世界观、人生观、价值观和政绩观，提高政治敏锐性和鉴别力，增强政治意识、大局意识、忧患意识和责任意识，自觉做到在任何情况下，始终保持检察队伍忠于党、忠于国家、忠于人民、忠于法律的政治本色。

（二）要坚持发展和完善中国特色社会主义检察制度。中国特色社会主义检察制度是在马克思主义指导下建立起来的，是中国特色社会主义伟大旗帜的一角、道路的一径、理论体系的重要组成部分。坚持中国特色社会主义检察制度，就是高举这面伟大旗帜、坚持这条道路、坚持这个理论体系。加强思想政治建设，必须着眼发展和完善这个制度，总结经验，吸纳借鉴，不断增强自觉性、责任感和紧迫感，牢牢把握发展着的中国特色社会主义检察制度的阶段性特征，全面应对新机遇、新挑战，更加自觉地坚定发展中国特色社会主义检察事业的政治方向，走科学发展中国特色社会主义检察事业的路子，推动中国特色社会主义检察事业持续健康发展。

（三）要坚持用马克思主义中国化最新成果统领检察工作。科学发展观作为马克思主义中国化的最新科学理论，是发展中国特色社会主义必须坚持和贯彻的重大战略思想，不仅是我国经济社会发展的重要指导方针，而且是检察事业的重要指导方针，更是检察队伍建设的行动指南。加强检察队伍思想政治建设，必须教育和引导广大检察人员坚持用科学发展观统领检察工作，全面落实科学发展观的要求。要按照“第一要义是发展”的要求，着力思考和谋划检察工作服务经济社会大局的重要途径和方法，提高服务大局的水平；按照“以人为本”的要求，着力思考和谋划通过切实履行职能，促进以改善民生为重点的社会建设，维护社会和谐稳定，进一步提高严格、公正、文明执法的水平；按照“全面协调可持续”的要求，着力思考和谋划全面履行法律监督职能，形成科学合理的检察工作格局，破解制约检察工作发展的体制性机制性障碍，增强发展协调性，破解检务保障瓶颈性难题，保障检察工作可持续发展；按照“统筹兼顾”的要求，正确处理检察工作发展中的各种重大关系，着力思考和谋划统筹兼顾检察工作的途径和方法，努力实现检察工作全面、协调、可持续发展。

二、大力加强思想政治建设，必须探索建立社会主义法治理念教育的长效机制，不断端正和统一执法思想

社会主义法治理念是社会主义核心价值体系的重要组成部分，是马克思主义中国化法治建设理论的核心内容，是政法工作的指导思想和灵魂。坚持社会主义法治理念，就是坚持马克思主义在政法意识形态的指导地位，就是坚持正确的执法思想。2006年以来，全省检察机关深入扎实地开展社会主义法治理念教育活动，取得了集中教育阶段性的成效。但应该看到，一种思想理念的形成和确立，需要有一个循序渐进、逐步深化的过程。社会主义法治理念的形成和确立也是如此，不可能一劳永逸、一蹴而就。各级检察机关必须把社会主义法治理念教育作为检察队伍思想政治建设的一项长期任务，探索建立社会主义法治理念教育的长效机制，不断端正和统一执法思想。

（一）要健全完善制度，积极构建社会主义法治理念经常性教育的平台。行之有效的制度，是我们各项工作得以长期坚持的前提和保证。健全完善学习培训制度，把社会主义法治理念作为检察人员日常学习的重点内容和培训的必修课程，纳入检察干警思想教育、业务培训、晋升考试等，不断夯实检察人员社会主义法治理念的思想基础；健全完善理论中心组学习制度，始终突出领导干部特别是新进班子成员这个重点，督促领导干部带头学习和践行社会主义法治理念，充分发挥表率和辐射作用，影响和带动本单位、本部门的学习；健全完善理论研讨制度，围绕社会主义法治的重大理论和实践问题，组织各级理论和政策研究部门广泛开展专题调研和研讨，推动社会主义法治理念和检察工作实践的结合，真正用社会主义法治理念指导检察工作。

（二）要探索创新形式，不断拓宽社会主义法治理念经常性教育的途径。形式多样的教育方法，不仅能够保持工作活力，而且还利于增强工作效能。要加强研究探索，善于总结经验，不断创新教育形式，尤其要认真总结集中教育活动中的有效做法，抓好经常性的以案析理活动，在不同范围、不同部门定期或不定期地组织开展“以案析理”，促进活动持续开展。同时，要注意把系统教育与社会教育有机结合起来，大力宣扬和表彰践行社会主义法治理念的先进

单位和个人，不断浓厚良好氛围。

（三）要加强考核考评，努力实现社会主义法治理念经常性教育的目标。科学实施考核考评，是机制建设的重要内容，也是检验、评价工作成效的有效方法。各级检察机关必须把执法理念是否进一步端正、执法能力是否进一步增强、执法行为是否进一步规范、改革方向是否进一步明确、队伍建设是否进一步加强、人民群众对检察队伍和检察工作的满意度是否进一步提高，作为衡量和评价社会主义法治理念经常性教育工作成效的标准，严格进行考核考评，切实整改、巩固、提高，使广大检察干警成为共产主义远大理想和中国特色社会主义的坚定信仰者、社会主义法治理念的坚定捍卫者、科学发展观的忠实执行者、强化法律监督维护公平正义的自觉实践者、和谐社会建设的积极促进者，不断扩展社会主义法治理念教育的成效。

三、大力加强思想政治建设，必须加强和改进经常性思想政治工作，切实调动和激发广大检察干警的积极性、创造性

近年来，全省检察队伍的思想状况总体是好的，但也存在一些这样那样的问题，有的甚至还比较严重。分析起来，一个重要原因，就是对经常性思想政治工作重视不够，缺乏针对性、及时性、实效性。经常性思想政治工作较为薄弱的问题不容忽视。各级检察机关必须积极探索新形势下思想政治工作的特点、规律和方法，在增强“三性”上下工夫，不断加强和改进经常性思想政治工作，切实调动和激发广大检察干警的积极性、创造性。

（一）要下工夫增强经常性思想政治工作的针对性。经常性思想政治工作是做人的工作，要解决的问题是“活”的思想问题。没有针对性，工作就会失去方向和目标。因此，必须紧紧盯住检察队伍这个主体，及时了解检察人员的工作、学习和生活情况，把工作的视角和触角扩展到8小时以外，延伸到检察人员的社交圈、娱乐圈和生活圈，弄清检察人员在干什么、想什么、需要什么，把准检察人员的思想脉搏。只有这样，才能找准经常性思想政治工作的着力点，有的放矢地开展经常性思想政治工作，防止和克服工作上的盲点和偏差。

（二）要下工夫增强经常性思想政治工作的及时性。经常性思想政治工作贵在经常，难在及时。经常性思想政治工作离开了及时性，也就失去了工作的意义。因此，经常性思想政治工作必须做到“紧贴思想、善于结合、形成合力”。“紧贴思想”，就是要紧贴检察人员思想，检察人员到哪里就在哪里开展

工作，把思想政治工作落实到办案第一线，落实到日常工作、生活中；检察人员思想上有什么问题就解决什么问题，什么时候出现问题就什么时候做工作，工作不到位不撤手，问题不解决不松劲。“善于结合”，就是要同检察机关党的先进性建设结合起来，同检察职业道德建设结合起来，同深入开展“八荣八耻”社会主义荣辱观教育结合起来，使经常性思想政治工作渗透到各项检察活动之中，贯穿于各项检察工作全过程。“形成合力”，就是要组织和调动各方面的力量，建立经常性思想政治工作的队伍和网络，明确工作责任，形成层层抓思想政治工作、人人做思想政治工作的生动局面。

（三）要下工夫增强经常性思想政治工作的实效性。能否解决检察人员现实思想问题，是衡量经常性思想政治工作成效的重要标志。要自觉纠正和克服用整体教育代替个体教育、用解决实际问题代替解决思想问题等偏差，防止搞形式主义和片面性工作；要坚持“以人为本”，加强思想引导、人文关怀和心理疏导，把解决思想问题与解决实际问题结合起来，使检察人员正确对待组织、他人和自己，正确对待困难、挫折和荣誉；要贯彻“从严治党，从严管干部”的思想，建立完善检察队伍建设激励机制，大张旗鼓地奖励和表彰各类先进的人和事，批评帮助不良思想，严肃查处严重错误。

14. 认真贯彻党的十七大精神和胡锦涛总书记重要讲话扎实开展大学习、大讨论活动*

一、统一思想，提高认识，切实增强搞好大学习、大讨论活动的责任感和自觉性

2008 年 3 月初，中央政法委决定，今年在全国政法系统开展党的“十七大”精神和胡锦涛总书记在全国政法工作会议代表和全国大法官、大检察官座谈会上的重要讲话大学习、大讨论活动。开展大学习、大讨论活动，是各级政法机关当前的一项重要政治任务，是进一步加强政法队伍建设、推动政法工作创新发展的重要举措。同年 3 月 31 日，中央政治局常委、中央政法委书记周永康同志在《关于在全国检察机关部署开展大学习、大讨论活动的情况报告》上作出重要批示：学习、讨论活动一定要提高思想政治觉悟，切实加强队伍的思想、作风建设，有力推动全国各级的检察工作，为建立公平正义的社会主义法治社会作出新贡献。周永康同志的重要批示，深刻阐明了开展大学习、大讨论活动的深远意义，明确指出了检察机关开展大学习、大讨论活动的切入点和着力点，为检察机关开展好大学习、大讨论活动指明了方向，提出了新的更高的要求。省委政法委、高检院先后制定实施方案，对开展大学习、大讨论活动进行了具体部署。省院党组对开展这次活动高度重视，在部署查办民生领域职务犯罪专项工作电视电话会议上，敬大力检察长对全省检察机关开展大学习、

* 本文发表于《人民检察（湖北版）》2008 年第 5 期。

大讨论活动作了专门部署，强调要把这项活动作为开创检察工作新局面的奠基工程和加强检察队伍建设的灵魂工程切实抓紧抓好。近日，省院党组又研究制定了全省检察机关《实施方案》和省院机关的具体安排。省院作为全省检察机关的领导机关，一定要精心组织，科学安排，引导全体干警从全局和战略的高度，深刻认识开展大学习、大讨论活动的重大意义，切实把思想和行动统一到中央、省委、高检院的决策部署上来，努力克服影响学习讨论活动的消极思想和不良情绪，增强责任感和自觉性，紧密联系省院机关和全省检察工作实际，切实抓好大学习、大讨论活动，为全省检察机关作出表率。

二、明确任务，突出重点，深入扎实地推进大学习、大讨论活动

全省检察机关开展大学习、大讨论活动《实施方案》和省院机关具体安排，对活动的指导思想、目标任务、步骤方法和组织领导都作出了具体部署。各部门和全体干警都要明确任务，结合实际，突出重点，狠抓落实。

一要抓好学习培训，坚定检察工作政治方向。这是大学习、大讨论活动的首要任务。要突出学习重点。重点研读党的十七大报告和胡锦涛总书记的重要讲话，认真学习全国、全省十一届人大一次会议文件、全国、全省政法工作会议精神、敬大力检察长在第十二次全省检察工作会议上的讲话、省院服务大局二十条、检察工作一体化机制指导意见、加强检察队伍建设若干问题的决定等重要文件；要通过潜心学习，反复研讨，深刻领会精神实质和根本要求。要丰富学习形式。在引导自我学习、组织集中学习的基础上，采取专家辅导讲座、知识竞赛、学习交流、警示教育、先进事迹报告会和革命传统教育等生动活泼、灵活多样的方式，调动学习热情。要增强学习效果。学习培训工作要严格学习纪律，保证学习时间和人员，按照周永康同志重要批示的要求，注重提高检察人员思想政治觉悟，切实增强开展大学习、大讨论活动的自觉性，牢牢把握高举旗帜、科学发展、服务大局、解放思想、与时俱进等五个方面的重要原则，坚定检察工作的正确政治方向。

二要深入组织讨论，奠定坚实思想理论基础。各部门和全体干警要紧紧围绕“检察机关如何增强大局意识服务好构建社会主义和谐社会”等四个专题，广泛开展以案析理、网上论坛、座谈交流等多种形式的讨论活动。各部门领导班子、处级干部在对四个专题进行认真思考的基础上，要重点围绕“检察工作要把满足人民群众的新要求新期待作为出发点和检验标准”“如何贯彻党的十七大精神加强和改进检察工作”等七个专题进行深入研讨。讨论中要注意结合实际，增强针对性，防止空对空。各处室在对上述专题讨论的基础上，要结合

本处工作加以细化，做到什么问题突出，就重点讨论解决什么问题。要组织全体干警围绕专题撰写学习体会或理论研讨文章，把学习讨论活动引向深入。要通过深入讨论，进一步统一思想，凝聚力量，集中智慧，为开创湖北检察工作新局面奠定坚实的思想理论基础。

三要扎实查摆整改，切实解决重点难点问题。近年来，为切实解决检察队伍、执法办案等方面的重点难点问题，我们先后开展了社会主义法治理念教育、三个专项治理、作风建设年等活动，坚持把查摆整改作为关键阶段和重要环节来抓，取得了明显成效，但也存在整改措施未落实到位、查摆出的问题未彻底解决等问题。在这次大学习、大讨论活动中，各部门要对近年来开展教育活动的情况进行“回头看”，主要看以前查摆出的问题是否已经解决，制定的整改措施是否已经落实到位；要采取自查、互查、上下帮查、面向社会开门查等形式，通过召开民主生活会、座谈会、以案析理现场会等有效方式，切实梳理、找准本部门和个人在执法思想、执法能力、执法行为、执法作风方面存在的问题。对集中查摆出来的问题，要逐一梳理归类，认真分析原因，制定出责任明确、切实可行的整改措施和整改方案，用改革的办法和创新的举措，切实解决重点难点问题，建立健全长效机制。

四要紧密联系实际，不断加强改进检察工作。最近，曹建明检察长在学习贯彻十一届全国人大一次会议精神电视电话会议上强调要努力从更高起点、更高层次、更高水平上谋划和推动检察工作，着力抓好五个方面的工作：着力维护社会和谐稳定，着力服务经济社会发展，着力保障和改善民生，着力维护和促进司法公正，着力深化检察体制和工作机制改革。各部门要按照曹建明检察长的要求，紧密结合本部门工作实际，认真对照全国、全省“两会”期间人大代表、政协委员提出的意见、建议和批评，进一步解放思想，与时俱进，深刻把握人民群众对检察工作的新要求、新期待，切实按照党的“十七大”的部署加强和改进检察工作，全面落实“十二检会”的各项部署，深入推进今年的27项重点工作，推动全省检察工作科学发展。

三、领导带头，强化责任，确保大学习、大讨论活动取得实效

一是领导带头，率先垂范。各处室领导班子、处级以上领导干部不仅要精心组织，抓好部署，而且要以身作则，率先垂范，在大学习、大讨论活动中发挥带头示范作用。在认真做好本处室组织领导工作的同时，各处室领导班子要带头学习讨论，带头参加培训，带头撰写体会文章，带头查摆问题，带头制定和落实整改措施。对本处室在队伍建设、执法办案、规范执法等方面存在的问

题，领导班子成员要从自身找原因，把自己摆进去，对照大学习、大讨论活动的具体要求，深刻反思，认真整改，全面提高法律监督能力和领导水平，带动活动的深入开展。

二是强化责任，加强督促。这次大学习、大讨论活动在院党组的统一领导下进行。各处室负责人要切实负起责任，建立相应工作机制和工作制度，按照《安排意见》细化具体措施，真正做到认识到位、领导到位、措施到位、工作到位，务求取得实效。机关党办、政治部等职能部门要加强对各处室开展大学习、大讨论活动的督促指导，注意及时总结成绩、发现问题、推广经验，保证活动顺利进行。开展大学习、大讨论活动的情况要纳入领导干部考核和年终考核评比的重要内容。

三是合理安排，统筹兼顾。今年是深入贯彻党的“十七大”精神的第一年，是喜迎北京奥运会的一年，也是检察机关恢复重建的第三十周年，各项检察工作任务十分繁重。各处室要合理安排、统筹兼顾，按照“五个结合”的要求，把搞好大学习、大讨论活动与学习实践科学发展观活动、深化社会主义法治理念教育、推动检察工作、推进检察改革和检察机制创新、执法规范化建设有机结合起来。要把学习讨论活动的成效体现到坚定检察工作正确的政治方向上，体现到推动检察工作深入发展上，体现到检察队伍整体素质的进一步提高上，用各项检察工作的实绩检验学习讨论活动的成效。

15. 牢固树立服务大局的理念*

马克思主义法学观认为，社会主义法是由社会主义国家制定或认可并由国家强制力保证实施的行为规范的总称。社会主义法治是指广大人民群众在共产党的领导下，依据宪法和法律规定，通过各种途径和方式，管理国家事务，管理经济文化事务，管理社会事务，保证国家各项事务依法进行，逐步实现社会主义民主的制度化、法律化，以建设富强、民主、文明的社会主义国家。其具有行使主体的特定性、行使依据的法定性、实现形式的多样性、管理范围的多元性、实现进程的渐进性、奋斗目标的全面性等六个特征。

社会主义法治理念则是指同经济基础与政治上层建筑相适应、相协调的有关法的观念、价值及其意识形态的总称，是社会主义思想上层建筑的重要组成部分。它必然反映社会主义先进生产力发展要求，反映坚持人民民主专政的国体、坚持党的领导、坚持马克思主义指导地位，反映坚持从国情出发、改革创新及与时俱进的要求。从根本上说，社会主义法治理念实质是马克思主义法律观，是马克思主义关于法的本质、属性、价值、作用等的科学理论与中国特色社会主义法治实践相结合的产物，是马克思主义世界观和方法论在我国当代法治思想领域的具体反映，也是毛泽东思想、邓小平理论、“三个代表”重要思想和科学发展观在法治思想领域的具体反映。其特征可概括为四个方面。

一是具有政治性。我国各项法律制度是党的主张、人民意愿和国家意志的集中反映。因此，社会主义法律制度具有鲜明的政治性，反映了党的领导、人民当家做主、依法治国的有机统一，反映了中国特色社会主义法治建设的基本规律。

二是根植人民性。社会主义法治理念是以马克思主义为指导，建立在社会主义制度基础上的；它始终坚持马克思主义关于人民群众是推动历史的决定力量这一根本政治立场，把“执法公正，一心为民”作为根本宗旨。因此，社会

---

* 本文发表于《学习月刊》2007年第10期。

主义法治理念的核心是执法为民，是人民主权思想在法律意识形态领域的集中体现。

三是彰显科学性。社会主义法治理念以法律现象为客体，必然反映合法合理、及时高效、程序公正、公平正义等法律思想、观念和心理，体现社会主义法治文明发展的规律，具有法律科学性与开放性。

四是体现先进性。社会主义法治理念具有马克思主义与时俱进的理论品质，反映社会主义先进生产力的发展要求，以服务党和国家工作大局为其重要使命，既坚持马克思主义的世界观和方法论，又随着中国特色社会主义宏图伟业的深入实践与持续推进，不断融入鲜明的时代精神与鲜活的发展要求，始终体现时代性、把握规律性、富于创造性。

服务大局是社会主义法治的重要使命。牢固树立服务大局的理念，必须深刻认识服务大局理念的重大现实意义，全面理解服务大局理念的深刻内涵，自觉坚持用服务大局理念指导检察工作实践。

一、深刻认识服务大局理念的重要意义

检察机关是社会主义法治建设的重要力量，检察工作是党和国家工作的重要组成部分。因此，检察机关必须以社会主义法治的使命为自身重要使命，检察工作必须以服从服务于党和国家工作大局为根本任务，作为检验自身工作成效的重要尺度。牢固树立服务大局的理念，是社会主义法治理念的重要内容，对于始终坚持检察工作的正确方向、充分发挥检察机关的职能作用、不断推动检察事业的创新发展具有重大而深远的意义。这表现在以下三个方面。

（一）树立服务大局理念是社会主义法治建设的必然要求

从法与国家的关系看，马克思主义法学观认为，法是国家意志的集中体现，必须确认、保护和发展国家的根本利益；法的实现过程就是法所体现和保护的国家利益的实现过程；立法、执法、司法、守法等各项法的创制与实施活动，都必须确认、保护、促进和发展国家利益。“国不能无法而治”，法治作为国家治理方式，归根到底是受国家建设的根本任务所决定并为之服务的。胡锦涛同志指出：“随着我国经济社会的不断发展，中国特色社会主义事业的总体布局，更加明确地由社会主义经济建设、政治建设、文化建设三位一体发展为社会主义经济建设、政治建设、文化建设、社会建设四位一体。”因此，我国社会主义法治就是要为特色社会主义事业服务，即为经济建设、政治建设、文化建设、社会建设四位一体的社会主义事业服务。所以，法与国家的关系，决定了服务大局是社会主义法治的重要使命；推进社会主义法治建设，必须牢固

树立服务大局的理念，致力于建设富强民主文明的社会主义国家。

从法与经济的关系看，基本经济制度决定着法的本质，法的真正基础是社会的物质生活条件。正如马克思在《哲学的贫困》一文中深刻指出的，“只有毫无历史知识的人才不知道：君主们在任何时候都不得不服从经济条件，并且从来不能向经济条件发号施令。无论是政治的立法或市民的立法，都只是表明和记载经济关系的要求而已”。在当代中国，“最根本的是要坚持发展是硬道理的战略思想，把发展作为解决中国一切问题的关键”。法是受经济基础决定并为之服务的，它必须确认和巩固一定社会的基本经济制度；法治的首要任务是致力于保障、促进、发展经济基础和服务于经济建设。因此，法与经济的关系、法与经济社会发展的关系，也决定了服务大局是社会主义法治的重要使命；推进社会主义法治建设，必须牢固树立服务大局的理念，努力为社会主义经济建设、政治建设、文化建设与和谐社会建设，创造和谐稳定的社会环境和高效公正的法治环境。

检察机关和检察干警是社会主义法治建设的重要实践者和推动力量，必须牢固树立服务大局的法治理念，认清大局，服从服务于大局，自觉为完成社会主义法治所肩负的重要使命而不懈努力。服务大局理念的确立，使法治实践和检察工作的目标更加清晰、眼光更加深远、方向更加明确，从而更好地担负起检察工作服务大局的重要使命。

（二）树立服务大局理念是有效履行法律监督职责的必然要求

从法与政治的关系看，马克思主义政治学与法学观认为，政治的核心是国家政权，作为国家意志集中体现的法必须确认和保障国家政权，必须确认和调整政治关系，必须促进政治的发展。法治是现代政治的必然要求，是调整政治关系、促进政治文明发展的重要手段。我国是人民民主专政的社会主义国家，社会主义政治的核心问题是人民当家做主，坚持人民民主与国家专政职能的统一，使国家政权始终反映人民的根本愿望、体现人民的根本意志、维护人民的利益和要求。因此，社会主义法治必须确认和保障这一根本政治关系。正如我国宪法明确宣告的“中华人民共和国的一切权力属于人民”，这就从根本大法上确立了人民当家做主的政治地位。同时，我国“建设有中国特色社会主义政治，就是在中国共产党的领导下，在人民当家作主的基础上，依法治国，发展社会主义民主政治”。因此，我国社会主义法治必须保障和促进坚持党的领导、人民当家做主和依法治国有机统一，保障巩固党的执政地位，保障人民当家做主，保障社会主义民主政治的发展。

我国现行的检察制度，是以马克思主义国家与法的理论为指导，贯彻人民民主专政理论、人民代表大会制度理论、民主集中制理论和列宁的法律监督思想，适应我国政权性质与政法体制，适应维护国家法制统一需要、保证司法公正的要求而建立和发展起来的。同资本主义国家三权分立、检察机关作为行政权的附属或派生机关有根本区别，体现了党的领导与人大监督下对行政机关、审判机关实施法律监督的重要特色；它是中国特色社会主义政权建设与法治建设中作出的历史性选择，其产生与发展具有科学的理论基础、坚实的政治基础与丰富的实践基础，其根本任务就是为当代中国的经济、政治、文化与和谐社会建设服务。人民检察院组织法规定的五项基本职能，也贯穿了服务大局重大政治责任的根本要求。因此，检察机关作为国家机器的重要组成部分，作为党领导人民实行人民民主专政的重要工具，作为实施法律监督、维护法律统一正确实施的专门机关，必须承担起巩固党的执政地位、保障人民当家做主、维护国家长治久安、维护法制统一与社会公平正义的重大政治责任。这是检察工作维护国家和人民根本利益，保证有效履行法律监督职责的必然要求，是检察机关讲政治、顾大局、守纪律的根本体现。任何时候，检察机关和检察干警都必须自觉地服从服务于党和国家大局，保障国家和人民的利益。检察工作做得好不好、成效大不大，最终要用维护改革发展稳定、保障和服务大局的成效来检验。

从检察机关服务大局的实践看，近年来，检察机关以开展“强化法律监督、维护公平正义”教育活动为主线，突出检察工作主题，全面履行法律监督职责，严肃查办和积极预防贪污贿赂、渎职侵权等职务犯罪，加强批捕、起诉工作，强化对各项诉讼活动的法律监督，为经济社会发展创造法制统一、平等竞争与公平正义的环境不懈努力，取得了很大成绩。我省检察机关服务党和国家工作大局的行动是积极的，途径是多样的，创造了不少新鲜经验，取得了较好的效果。特别是针对有的检察机关和检察干警服务大局不相适应、不相符合的问题，以敬大力同志为班长的新一届省院党组以科学发展观为统领，以法治理念教育为主导，以“强化法律监督，维护公平正义”为主题，以“规范执法与三项治理”双管齐下为切入点，以 35 项重点工作目标责任分工为载体，以服务大局为根本目标，相继召开了服务武汉城市圈建设、服务新农村建设、服务国有企业改革与高新技术产业座谈会，广泛征求党政负责同志、农村基层组织、企业与高技术产业高管人员、社会各界人士以及基层检察长的意见，形成了《湖北省人民检察院关于充分发挥检察职能为改革发展稳定大局服务的意见》。这个“意见”立意高、视角广、内容新、措施力，是对我省检察机关多年来服务大局经验的高度概括总结，对于全省检察机关贯彻科学发展观、深化检察工作主题、把握服务方向、拓展服务途径、改进服务方式、转变服务作风、提高服务水平、增强服务效果将起到极大的推动作用。实践证明，坚持服务大局，检察工作就能取得良好成效，党委、政府、人民群众就会满意；适时总结服务大局的经验，进一步明确服务方向、创新服务途径与方式，就能推进检察事业持续健康协调发展；脱离服务大局，检察工作就会偏离方向、迷失目标，工作成效与自身发展就会受到影响。

把服务大局作为社会主义法治的基本理念，体现了法与政治的关系，使我们对法治实践和检察工作成效的检验与评价有了一个客观的标准，有助于法治实践和检察工作自觉同党和国家大局相适应。检察机关和检察干警必须牢固树立服务大局的观念，自觉以服务大局的成效检验工作，坚持识大体、顾大局、讲政治，紧紧围绕大局全面正确履行职责，不断开创检察工作新局面。

（三）树立服务大局理念是加强和改进检察工作的必然要求

从经济、政治、法治建设与检察队伍建设的关系看，一方面，经济基础决定着法治建设的性质、任务与方向，法治建设、检察机关自身建设必须顺应经济社会发展要求，同政治文明建设相适应、相协调；另一方面，经济社会发展程度和民主政治水平直接影响着法治建设与检察机关自身建设的进程。从经济社会发展看，我国经济持续发展，社会全面进步，经济实力和综合国力不断增强，为加强和改进检察工作、提高服务大局水平提供了较为雄厚的物质基础；从政治文明建设看，我们党在实践中不断深化对执政规律和社会主义建设规律的认识，明确提出了科学发展观、构建社会主义和谐社会等重大战略思想，更加重视发挥检察机关在维护社会和谐稳定、保障社会公平正义中的职能作用，这为加强和改进检察工作、提高服务大局的自觉性提供了科学的理论指导、政治保障与组织支持；从社会条件看，全社会的法治观念日益增强，人民群众对检察工作更加关注与支持，这为加强和改进检察工作、增强服务大局的实效提供了坚实的群众基础与良好的社会氛围；从历史发展进程看，我国社会主义事业正处于“二元经济”转型期、体制转轨期、加入WTO过渡期的“三期”碰头关键阶段，既是“黄金发展期”与重要战略机遇期，又是人民内部矛盾凸显、刑事犯罪高发、对敌斗争复杂的时期，检察机关强化法律监督、维护公平正义、保障法制统一、服务大局的责任更加重大，任务更加繁重。我国《国民经济和社会发展第十一个五年规划纲要》在对经济建设、政治建设、文化建设、社会建设进行全面部署的同时，对“维护国家安全和社会稳定”“正确处理人民内部矛盾”“加强廉政建设”“全面推进法制建设”提出明确任务，要求“推进司法体制和工作机制改革，规范司法行为，加强司法监督，促进司法公正，维护社会正义和司法权威”；中共中央《关于进一步加强人民法院、人民检察院工作的决定》，在深刻阐明检察机关法律监督性质、地位与作用的同时，强调把握“三个高度”：从提高党的执政能力、巩固党的执政地位、完成党的执政使命的高度，深刻认识新形势下检察工作的重要意义；强调牢固树立“三个意识”：提升法治水平必须进一步牢固树立提升经济水平的意识，优化法治环境必须进一步牢固树立优化经济环境的意识，维护宪法和法律权威必须进一步牢固树立维护党和国家权威的意识；强调肩负“四项重要责任”：巩固党的执政地位，维护国家长治久安，保障人民群众安居乐业，促进物质文明、政治文明、精神文明、和谐社会建设协调发展方面的重大政治责任；强调坚持“一个主题”、提高“四个能力”：在党的领导和人大监督下，坚持“强化法律监督，维护公平正义”的工作主题，切实提高维护国家安全和社会稳定的能力，保障社会公平和正义的能力，运用司法手段化解社会矛盾的能力，服务经济建设，促进改革发展的能力；强调实现一个目标：切实发挥检察职能作用，维护改革发展稳定的大局，保障全面建设小康社会这一根本目标的实现。这是加强检察工作、推进检察事业持续协调健康发展的纲领性文件，为进一步发挥检察职能、服务大局指明了方向，提出了新的更高要求。

同时，我们必须清醒地看到，目前在一些地方和有的检察机关领导与干警中，还存在执法观念、执法工作与服务大局的要求不相适应、不相符合的问题，突出表现在以下几个方面。

一是有的党政领导和检察干警不能全面把握大局，把服务经济建设片面理解为服务经济利益，在工作内容和政绩评价上出现偏差，导致少数地方给检察机关下达招商引资、罚没创收等经济指标。同时，一些检察机关为追逐自身的经济利益，办案为钱、为钱办案等现象屡禁不止。

二是有的把地方、部门的局部工作和利益置于全党全国工作大局和整体利益之上，在执法活动中搞利益驱动或者搞挂牌保护、特殊保护等，有的借口服务地方经济发展设置执法“禁区”，对某些案件的受理、对有关机关在一些娱乐服务场所“黄赌毒”现象监管中失职渎职行为的查处作不合法的限制。对此，有的不敢抵制，甚至压案不查、瞒案不报。

三是有的片面理解或割裂检察工作与大局的关系，缺乏大局观念和围绕大局、服务大局的意识，存在单纯业务观点，认为执法工作与大局无关，或者关系不大，导致执法不作为，职责懈怠，或者机械执法、就案办案，片面追求法律效果，不重视政治效果与社会效果，执法不讲究方法策略，引发企业、社会不稳定等问题。

四是有的对服务大局与履行职责的关系存在模糊认识，甚至对立起来。有的违法插手经济纠纷搞利益驱动，甚至乱扣押、违法追缴等，恶意规避法律，放弃职责履行，牺牲法治权威，损害检察机关和检察队伍的形象，损害党和政府的威信，最终影响和妨碍大局。

解决上述这些问题，最关键、最迫切的是要进一步正确认识和把握大局，自觉按照大局的要求加强和改进检察工作，使检察工作更好地融入大局、贴近大局、适应大局，不断提高服务大局的能力和水平。

总之，服务大局理念是加强和改进检察工作的思维引领与实践指导，要求我们必须从推进社会主义法治建设的高度，增强服务大局的自觉性；从切实履行检察职责的高度，增强服务大局的针对性；从促进检察工作持续协调健康发展的高度，增强服务大局的急迫性。真正把服务大局的根本目标作为检察工作的坐标系，用服务大局的要求加强检察工作，用服务大局的成效检验检察工作，在服务大局的过程中发展检察事业，用服务大局的成效彰显检察机关的业绩。

二、准确把握服务大局理念的深刻内涵

当前和今后一个时期，检察工作服务大局的目标任务，就是要紧紧围绕保障和促进中国特色社会主义事业，也就是紧紧围绕保障和促进社会主义经济建设、政治建设、文化建设与和谐社会建设，全面履行打击各类刑事犯罪、维护国家安全与社会稳定，惩治预防职务犯罪、促进勤政廉政建设，强化法律监督职能、维护社会公平正义，化解矛盾纠纷、促进和谐社会建设的职能，为全面建设小康社会，建设富强民主文明的社会主义国家，努力创造“五个环境”：和谐稳定的社会环境；公正高效的政务环境；规范有序的市场环境；宽严相济的政策环境；公平公正的法治环境。根据这一目标任务，树立服务大局观念，检察工作必须自觉做到“四个适应”，检察机关和检察干警必须自觉强化“四个意识”。

（一）适应经济发展的新形势，强化服务社会主义经济建设的执法意识

检察工作服务大局，首要的就是服务社会主义经济建设。在中国特色社会主义事业的大局中，经济建设始终是中心。党的“十六大”明确指出，“全面建设小康社会，最根本的是坚持以经济建设为中心，不断解放和发展社会生产力”。“十五”时期，我们牢牢抓住发展这个党执政兴国的第一要务，聚精会神搞建设，一心一意谋发展，不断推进改革开放，经济总量、人民生活水平、社会总资本、综合国力、进出口贸易上了“五个大台阶”。中国经过26年的快速

发展，取得了令人瞩目的成就。我国经济发展、中华民族振兴既迎来几百年不遇的重大战略机遇期与黄金发展期，又面临不少新挑战，国内发展既存在许多有利条件，也面临不少困难和问题，总的是处于重要战略机遇期、社会矛盾凸现期，面对和平、发展、合作的时代潮流，经济全球化深入发展，中国竞争力明显提升，国内国际两个市场、两个资源相互补充，发达国家在经济、科技上占优势的压力长期存在，围绕资源、市场、技术、人才的竞争更加激烈，贸易保护主义新的抬头。为此，“十一五”规划贯穿了以科学发展观为统领这条主线，明确了6条方针，提出了9项奋斗目标，描绘了“新三步走”的宏伟蓝图：第一步，2001～2010年，实现GDP翻一番，人民生活实现小康更加宽裕型；第二步，2010～2020年，GDP翻两番，人均GDP达3 000美元；第三步，2020～2050年，基本实现现代化，把我国建成富强民主文明的社会主义国家。“十一五”规划的国家目标概括起来，就是增长目标、强国目标、社会和谐目标、国家安全目标、国际竞争力目标、可持续发展目标。中国未来发展是中华民族振兴的时代、全面发展的时代、全面崛起的时代。所有这些，都对当前及今后一个时期的检察工作提出了迫切要求。如何充分发挥检察职能，运用好法这一“利益调节器”，保障科学发展观的落实，巩固社会主义基本经济制度，促进经济社会关系协调，规范和引导经济建设健康进行，保障“十一五”规划的顺利实施，保障“新三步走”战略目标的顺利实现，迎接全面振兴、全面发展、全面崛起时代的早日到来，是检察工作适应经济发展的重大政治任务。因此，检察机关和检察干警树立服务大局的观念，必须自觉适应经济发展新形势，牢牢把握发展才是硬道理的战略思想，不断强化服务社会主义经济建设的执法意识。

检察工作服务社会主义经济建设，就是要做到“五个充分发挥”：就是要充分发挥法律监督工作在调节社会资源和经济关系、规范和引导经济活动中的重要职能作用，坚决维护我国的基本经济制度，维护社会主义市场经济秩序，维护国家经济安全；就是要充分发挥检察机关打击和预防经济犯罪、加强对裁判经济纠纷不公的法律监督作用，积极参与治理商业贿赂专项工作、整顿和规范市场经济秩序的专项治理，促进现代市场经济中社会信用体系的健全，打破行业垄断和地区封锁，依法保护和鼓励公平竞争，为社会主义市场经济发展营造良好的法治环境；就是要充分发挥检察机关保障合法权益、维护法制统一、保障公平正义的职能作用，依法平等保护各类市场主体的合法权益，促进构建公平竞争、规范有序的市场体系，努力营造各种所有制经济共同发展、各种经济主体安心经营的创业发展环境；就是要充分发挥惩治贪污贿赂、渎职等职务犯罪的职能作用，严厉打击经济领域、商业活动中贪污贿赂、滥用职权等破坏市场法治环境、危害经济发展的职务犯罪，维护国有资产安全，保障改革发展的成果；就是要充分发挥检察机关保护知识产权的职能作用，通过加强对民事、行政、裁判不公的法律监督，加大打击侵犯知识产权犯罪力度，支持企业创新，保护自主创新，引导社会创新，服务国家创新的发展战略。

（二）适应政治文明的新任务，强化服务社会主义政治建设的执法意识

社会主义政治建设是中国特色社会主义事业的重要组成部分。党的“十六大”提出：“必须在坚持四项基本原则的前提下，继续积极稳妥地推进政治体制改革，扩大社会主义民主，健全社会主义法制，建设社会主义法治国家，发展社会主义民主政治，巩固和发展民主团结、生动活泼、安定和谐的政治局面。”“十一五”规划对政治文明建设作出了新部署。社会主义法治是社会主义政治建设、政治文明的重要组成部分，必须保障和服务社会主义民主政治建设，坚决维护人民民主专政，坚决维护人民代表大会制度、中国共产党领导的多党合作和政治协商制度、民族区域自治制度，依法保障人民行使民主选举、民主决策、民主管理、民主监督的权利，努力为党科学执政、民主执政、依法执政服务，为政府提高社会建设和管理水平服务，积极推进建设社会主义法治国家进程；必须按照构建社会主义法律体系的要求，积极参与立法活动，在发展社会主义民主政治、保障公民权利、促进社会全面进步、规范社会建设和管理、维护社会安定等方面法律的制定和完善过程中积极献计献策；必须适应民主政治建设新形势新任务，在检察工作中坚持以人为本，对经济、社会与人的全面、协调和可持续发展发挥更好的协调、引导与规范作用，更好地服务政治文明建设；必须坚持检察工作与时俱进、创新发展，加强检察队伍建设，改进执法工作，不断推动自身与社会主义经济、政治、文化与和谐社会建设相协调、相适应。因此，检察机关和检察干警树立服务大局的理念，必须自觉适应政治文明的新任务，坚持讲政治、讲大局，努力增强服务大局的政治责任感、使命感，不断强化服务社会主义政治建设的执法意识，增强服务政治建设的自觉性。

检察工作服务社会主义政治建设，就是要做到“六个切实履行”：切实履行依法打击危害国家安全的犯罪的职能作用，开展对敌斗争，保障社会主义根本制度，维护人民民主专政的国家政权，维护国家统一与安全，巩固党的执政地位；就是要切实履行实施宪法与法律保障公民基本权利的作用，严肃查办非法拘禁、刑讯逼供、破坏选举等侵权犯罪案件，依法保障公民的各种民主权利，充分尊重和保障人权；就是要切实履行查办职务犯罪的职能作用，推进反

腐败斗争及党风廉政建设，密切党与人民群众的血肉联系，巩固党的执政基础；就是要切实履行严肃查办行政执法与司法不公背后的滥用职权、贪赃枉法等职务犯罪案件，促进依法行政与服务型政府的建立，保障国家法律统一正确实施；就是要切实履行民事审判、行政诉讼的法律监督职能，促进依法司法，维护国家与法律权威；就是要切实履行结合办案、宣传法制的职能，促进全民法律意识和依法办事能力的提高，推进依法治国方略的实施；就是要切实按照中央、高检院、省委的部署，积极稳妥地推进司法体制和工作机制改革，抵制各种错误思潮影响，防止照搬西方政治、司法制度的模式，依法保障各项政治体制改革措施的顺利实施，不断增强服务政治文明建设的自觉性。

（三）适应精神文明的新要求，强化服务社会主义文化建设的执法意识

先进文化是人类文明进步的结晶，又是推动人类社会前进的巨大动力。坚持以人为本，加快文化建设，不断满足人民群众日益增长的多层次精神文化需求，推动人的全面发展，已经成为我国现代化建设的一项重大而紧迫的任务。“十五”期间，我国社会文化建设事业取得了新成绩，精神文明建设有了新进展。“十一五”规划对精神文明、社会文化建设提出了新要求。因此，全面建设小康社会，必须大力发展社会主义文化，建设社会主义精神文明。社会主义法律与社会主义主流文化在本质上是一致的，社会主义法治肩负着保障和促进社会主义先进文化发展的重大责任。当前，在推进社会主义文化建设的过程中，我们面临着传统观念的转变和西方各种思想文化的冲击与影响，以致一些人思想混乱、诚信缺失、道德失范、精神颓废，一些地方传统优秀文化艺术受到破坏、社会丑恶现象滋生蔓延、文化产业发展缺乏保障等，社会主义法治必须适应加强思想文化建设的新要求，充分发挥检察职能作用，为保护和发展先进文化、改造落后文化、抵制腐朽文化提供强有力的保障。在近几年来关于司法体制改革的讨论中，有的在法律体系和检察制度上“言必称英美”；有的主张削弱检察机关的法律监督职能，甚至取消检察机关的法律监督地位，将检察机关改造成单纯的公诉机关；有的以西方司法制度为参照系，对党的领导、四项基本原则的宪法原则公开质疑与挑战；有的主张在中国套用西方国家的检察制度与司法制度，意图通过司法体制改革削弱甚至剥夺党在司法领域的发言权、监督权与领导权，进而为否定党的领导打开缺口。因此，检察机关和检察干警必须增强政治鉴别力，警惕资产阶级法学观的渗透；必须坚持马克思主义法学观的指导地位，同否定党的领导、否定社会主义制度、否定人民代表大会制度、否定检察机关的性质的错误思想观念作斗争；必须坚持依法治国与以德治国相结合，牢牢把握社会主义先进文化的前进方向，不断强化服务社会主义

文化建设的执法意识，增强服务文化建设的自觉性。

检察工作服务社会主义文化建设，就是要做到“五个坚持”：就是要坚持履行检察机关的职能，依法打击各种社会丑恶现象，抵御资本主义腐朽思想文化的侵蚀，弘扬科学文化精神，依法保障和促进文化事业和文化产业健康顺利发展；就是要坚持履行打击犯罪、参与综合治理职能，配合有关部门依法打击盗版行为，积极参与查处非法出版物，整顿文化市场秩序，扫黄打非、禁毒禁赌、查处卖淫嫖娼、赌博、吸毒、暴力色情出版物与淫秽网站等专项行动与专项治理工作，以净化思想文化环境，营造健康向上的文化娱乐氛围，保障和推动先进文化发展；就是要坚持履行民事审判、行政诉讼的监督职能，通过依法调节民事、经济关系，平等保护各类市场经济主体，维护其合法权益，彰显公平、正义与效率的价值观；就是要坚持履行检察职能，依法保障科技工作者与文化工作者的合法权益，保护专利权、著作权等不受侵犯，保障良好的创作环境，努力为繁荣文化事业服务；就是要坚持马克思主义法学思想与法律文化的指导地位，加强检察机关法律监督基础理论建设与检察文化建设，自觉抵制精神污染，提高防御腐朽思想文化侵蚀的能力，树立适应社会主义精神文明要求与时代精神需要的执法思想与理念，丰富检察理论，发展检察文化。

（四）适应构建和谐社会的新战略，强化服务社会主义和谐社会建设的执法意识

构建社会主义和谐社会，是我们党提出的重大战略思想。法律本身就是追求社会和谐的产物，法治的功能与构建和谐社会的目标具有一致性。“十一五”规划对和谐社会建设提出了新要求。社会主义和谐社会六个方面的基本特征都与检察工作密切相关，检察机关和检察干警在构建社会主义和谐社会中责任重大。当前，影响社会和谐稳定的问题主要是利益性矛盾，如何适应构建和谐社会的新要求，运用法律手段和司法途径，确定权利义务，调整利益关系，防范和化解社会矛盾，促进人们和谐相处、社会和谐进步、人与自然和谐发展是检察机关所应肩负的重要历史使命。因此，检察机关和检察干警必须自觉适应构建和谐社会的战略思想要求，更加深入地把握和谐社会建设对检察工作提出的新任务，自觉按照构建和谐社会的要求加强和改进工作，不断强化服务社会主义和谐社会建设的执法意识，切实增强服务和谐社会建设的自觉性。

检察工作服务社会主义和谐社会建设，就是要注意把握“八个着眼于”：就是要在继续强调打击敌人、惩治犯罪、保护人民、服务建设的职能作用的同时，以更加宽广的眼界和思维，着眼于实现有效的社会治理，建设更加有效的社会管理体制和机制，防范和化解社会矛盾，化消极因素为积极因素，保护和

增加和谐因素，来加强和改进法律监督的各项业务工作，实现国家的长治久安；就是要着眼于在全社会实现公平正义，充分发挥司法引导作用，通过严格公正文明执法，更好地引导公民和社会组织依法合理表达利益诉求、维护自身合法权益，依法行使法定权力，有序参与政治、经济和社会生活；就是要着眼于加强执法能力建设，充分发挥检察机关保障、促进法律与政策实施的作用，坚持宽严相济刑事政策，依法执行从轻、减轻、不起诉、缓刑、社区矫治等规定，缓和社会冲突，减少社会对立；就是要充分发挥法制宣传教育、检察建议、个案预防、系统预防、重大工程项目预防及社会预防等职能作用，积极运用法律手段解决纷争，促进社会和谐；就是要着眼于多措并举、增强实效，充分发挥民事裁判、行政诉讼监督职能，确保依法制裁民事经济活动中的欺诈行为，以及不赡养老人、不抚养子女、虐待家庭成员等不良行为，促进和睦社会、家庭与人际关系的形成；就是要着眼于全面落实科学发展观，加强对破坏资源开发、破坏环境保护等方面案件的查处，促进资源节约型、环境友好型社会建设，促进人与自然和谐相处；就是要着眼于服务新农村建设，充分发挥基层检察机关职能作用，加强农村社会治安综合治理，防范打击影响农民生产生活的各种犯罪，保障国家支农惠农政策的落实，保障和服务社会主义新农村建设，促进城乡统筹发展；就是要着眼于促进“中部崛起”，积极查办和预防实施“中部崛起”战略过程中发生在能源、水电、原材料、交通运输、商品流通、老工业基地振兴、高新技术产业、教育、医疗卫生、社会保障等行业、领域的职务犯罪，保障国家促进中部地区崛起政策的落实。

三、自觉实践服务大局理念的基本要求

社会主义法治理念与法治实践是辩证统一的，社会主义法治能否实现好服务大局的重要使命；检察工作能否承担起服务大局的重大政治责任，关键在于法治实践特别是检察工作的成效。因此，服务大局不仅是一个法治理念问题，更是一个检察工作实践问题。学习贯彻中央、省委关于开展社会主义法治理念教育、进一步加强“两院”工作的决定精神，落实省院关于服务改革发展稳定大局“二十条”，我的心得体会是，检察机关和检察干警要自觉实践服务大局理念，坚持科学发展观，树立正确政绩观，全面正确履行职责，充分有效发挥职能作用，积极主动地为党和国家大局服务，最主要的是坚持做到以下六点。

（一）始终明确目标要求

紧紧围绕“保障和促进中国特色社会主义事业”，不断强化服务社会主义经济、政治、文化与和谐社会建设的措施，全面履行法律监督职能，为全面建

设小康社会，建设富强民主文明的社会主义国家，创造和谐稳定的社会环境和公正高效的法治环境，是检察工作服务大局的目标任务。检察机关和检察干警自觉实践服务大局观念，首先必须明确这一目标要求：

（1）围绕目标统一思想。深刻认识检察工作服务大局的重大意义，坚持用邓小平理论、“三个代表”重要思想和科学发展观统一执法思想，牢固树立正确的检察工作指导思想，切实把思想统一到服务大局的目标上来，把力量凝聚到发挥职能作用为大局服务上来，增强服务大局的主动性和坚定性；自觉地把检察工作放在大局中去思考、去谋划、去把握，明确服务大局的基本任务、基本原则、工作重点、具体要求，提高服务大局的自觉性和创造性。

（2）根据目标总揽全局。加强对经济社会发展重大问题和知识的调研与学习，尤其要认真学习和深刻领会党的路线方针政策以及党中央、国务院和各级党委、政府的重大决策部署，牢牢把握社会主义经济、政治、文化与和谐社会建设的主要内容和基本要求，厘清经济社会发展的指导思想、基本方针、目标任务、实施战略、阶段任务与长远发展，随时了解掌握新形势新任务对检察工作的新要求，努力提高“把握大局、总揽全局、发挥职能、开拓局面”的能力。

（3）按照目标推动工作。坚持把实现这一目标作为创造性开展工作的强大动力，搞好“三个结合”：把检察工作发展思路与服务大局的目标有机结合、把检察工作重点与服务大局的要求有机结合、把检察工作措施与服务大局的效果有机结合，切实使服务大局的要求贯穿于每一项检察职能，使服务大局的举措落实到每一个执法环节，不断加强和改进检察工作，拓展服务大局的领域，创新服务大局的方式，提升服务大局的水平，严明服务大局的纪律，增强服务大局的效果。

（二）准确把握结合点

自觉实践服务大局的理念，关键是用正确的执法理念作指导，在服务大局中找准位置、明确方向，准确把握两个要点。

（1）明确立足点。检察工作服务大局不是空洞的，而是具体的；它必须通过具体的职责履行、职能发挥去实现和体现，把扎实履行自身职责作为服务大局的立足点。检察机关作为维护法律统一正确实施的专门机关，每一项职责都同大局工作紧密相关。就具体部门、单位和干警而言，把本职工作干好、把各自职责履行好、把职能作用发挥好，就是在服务大局；按照岗位职责要求，认真履职尽责，做好每一项工作，办好每一起案件，都是为大局服务的最好体现。要坚持把履行检察职能作为服务大局最基本、最直接、最有效的途径，把服务大局贯穿于执法办案的各个环节，体现在各项监督职能的正确行使、有效发挥上，不能脱离大局就案办案、就监督抓监督；要通过全面做好各项监督工作，充分发挥其职能作用，创造和谐稳定的社会环境和公正高效的法治环境。为大局服务，不能脱离办案空谈服务，不能超越职能搞服务；要依法做好本职工作，按照法律赋予的权限，严格依法办事，公正文明执法，热情周到服务，不失职渎职、不滥用职权，不违法办案，优质高效地做好岗位职责所要求的具体工作，正确有效地为大局服务。

（2）找准结合点。服务大局，既要立足检察职能，又要充分发挥职能作用，积极探索为大局服务的方法和途径，找准检察工作服务大局的结合点，增强为大局服务的针对性、有效性。要提高从大局出发观察、分析和处理检察工作实际问题的能力，准确把握大局对检察工作的要求，转变工作思路，明确工作重点，强化工作措施，不断拓展为大局服务的领域。当前，找准检察工作大局服务的结合点，要特别注意从当前经济社会发展的新形势新任务出发，做到“六个更加注重”：更加注重综合运用法律、政策、教育、经济、行政手段化解矛盾纠纷，从源头上预防和减少社会矛盾；更加注重宽严相济刑事政策的贯彻落实，减少社会对立面；更加注重提高执法公信力、促进和谐人际关系的形成，从源头上预防和减少社会矛盾；更加注重研究非传统安全问题，加强应急机制建设，全面提高防范、处置恐怖事件和突发性事件的能力；更加注重全面落实综合治理各项措施，严厉打击各类犯罪活动，推进平安建设、法制建设，保障人民群众安居乐业、国家长治久安；更加注重发挥法律监督工作依法调节、规范、引导经济社会关系的重要作用，支持和引导依法行政、依法办事、依法管理，依法合理表达诉求、维护权益，保障、促进经济社会关系协调发展，服务改革开放和经济建设大局。

（三）正确把握执法原则

马克思主义唯物辩证法认为，形势决定任务，任务决定方针政策，方针政策指导实施法律。检察工作是否自觉坚持正确执行党的方针政策与严格执行法律的一致性，坚持公检法三机关互相配合、互相制约的一致性，坚持党的领导与依法独立行使检察权的一致性，自觉贯彻省院关于服务大局“二十条”的若干原则，是检验检察机关、检察干警服务大局成效的重要标尺之一。这就要求检察机关的领导和干警必须提高把握基本原则的水平。概括起来，就是牢牢把握六条原则：一是坚持运用法律与执行党和国家政策相统一，善于在政策指导下依据法律规定开展执法办案工作。二是坚持执法办案的法律效果、政治效果与社会效果的有机统一，克服就案办案、机械执法的单纯业务观点，依靠人民群众的支持与社会广泛参与办好各类案件，开展好各项法律监督工作。三是坚持“一要坚决，二要慎重，务必搞准”的方针，切实做到有罪追究、无罪保护、严格依法、客观公正。四是坚持惩防并举、标本兼治，一手抓惩治，一手抓预防，努力防止和减少犯罪案件的发生。五是坚持打击与服务、防护相结合，依法惩治犯罪者，支持改革者，保护创业者，挽救失足者，教育失误者。六是坚持专门工作与群众路线相结合，相信人民群众、依靠人民群众、尊重人民群众，善于处理好群众的利益诉求，维护好、实现好人民群众的根本利益。实践证明，只要创造性地运用这些基本原则指导执法办案，服务大局的效果就好；反之，服务大局的成效与水平就难以提高。

（四）正确处理八种关系

检察机关和检察干警实践服务大局的理念，必须正确认识和处理好 8 个关系。

（1）服务大局与立足本职的关系。服务大局，最重要的是结合检察职责要求，做好每一项工作，办好每一起案件，实实在在地为大局服务。服务大局必须立足本职，真正做到“积极不畏难，执法不越位，服务不添乱，切实不表面”，绝不能离开法定的职能去“服务”大局，坚决防止借口服务大局把什么事都包揽过来，甚至干一些明显超出检察机关法定职能的事、超出本职工作的事，如违背法律规定，给干警下达“创收”指标，指派干警参与催粮、催款、收缴计划生育罚款、强制拆迁等，以确保正确服务大局而不是最终妨碍大局。

（2）服务大局与严格依法履行职责的关系。一方面，服务大局的重要手段和前提是依法正确履行职责，不能离开法定职能去“服务”大局。违背这一前提，职责履行不好、作用发挥不好，就会影响服务大局的效果，甚至适得其反而给大局添乱。要坚决防止和纠正单纯业务观点，孤立看待检察工作，割裂检察工作与改革发展、与党和国家大局的关系，脱离社会主义经济、政治、文化与和谐社会建设大局，脱离保障服务目标孤立地抓检察工作等错误思想与作法。另一方面，检察机关和干警依法履行职责的根本目标是保障和服务大局，不能不顾大局去“发挥”职能。要防止和纠正把服务大局单纯理解成只讲服从，忽视检察工作和法治实践自身规律、原则与发展创新的要求，消极被动，无所作为，不敢理直气壮地依法履行职责，不能全面正确发挥作用，甚至有法不依、执法不严、违法不究等不利于保障和服务大局的思想倾向和做法，以确保落实服务大局而不是游离于大局之外。

（3）全局利益与局部利益的关系。党和国家大局需要通过各地各部门的具体工作推动和实现，必须从具体的、局部的工作着手，立足抓好当前，促进长远发展，保障服务党和国家大局；地方、部门的局部利益要服从服务于大局利益，不能本末倒置，以局部代替全局。因此，在检察工作中，要始终把全党全国工作大局和整体利益放在地方和部门的局部工作和利益之上。要坚持法制统一原则，坚决防止和克服执法中的地方和部门保护主义，绝不能以局部代替全局，为了某个地方、部门、单位的局部利益，置全局利益与法制统一于不顾，搞执法特殊化，破坏社会主义法治，妨碍和影响大局。要坚持和发扬检察机关分工负责、相互配合、相互制约、一体运行的优良传统，既讲依法制约，又讲支持配合，纠正和防止搞无原则的扯皮甚至相互阻碍，在执法活动及推进司法体制机制改革中，要坚持中央、省委确定的方针与原则，注意防止和克服部门利益驱动、部门本位主义，按照司法体制改革的目标要求，健康稳妥地推进，从而确保服从服务于整个法治实践目标与党和国家大局，努力增强检察工作为大局服务的合力与整体效果。

（4）法律效果与社会效果的关系。执法的法律效果与政治效果社会效果具有内在一致性。任何执法活动都应当追求法律效果与政治效果社会效果的有机统一，任何只求某种单一的执法效果而忽视甚至牺牲其他效果的观念和行为都是错误的。法律效果是最基本的标准，具体执法活动首先以执法的质量和水平来衡量，坚持依法办事，绝不能执法违法；同时，要讲政治、讲大局，注重执法的政治效果与社会效果，统筹考虑法律公平与社会正义，考虑执法活动的社会评价与导向作用，绝不能不顾大局、就案办案，甚至不规范办案造成企业和社会不稳定、经济发展受影响、人民群众不满意。因此，检察机关既要注意纠正和防止只讲法律效果不讲政治效果、社会效果，机械办案，机械执法，又要注意纠正和防止只讲社会效果、不讲法律效果甚至执法违法进而损害法治原则与权威。

（5）打击犯罪与预防犯罪的关系。打击犯罪是检察机关为经济建设最好最直接的服务，但并不是服务的全部内容，检察机关还承担着预防犯罪的服务职能。因此，检察机关要在坚决打击各类犯罪分子的同时，结合检察职能，主动做好犯罪预防工作，一手抓打击，一手抓预防，达到“办理一案、预防一处、教育一片、安定一方”的目的。

（6）办案数量与办案质量的关系。数量是质量的载体，质量是数量的灵魂。检察机关要重视办案数量，坚决纠正有案不立、瞒案不查、不敢办案，保持检察工作持续协调健康发展，不出现大起大落的现象。同时，切实把办案质量作为检察工作的生命线，提高检察工作各个环节的办案质量，把执法不严、执法不公、执法不准的问题减少到最低限度，将每一个案件都办成经得起历史检验的铁案，使检察机关惩治犯罪、保护人民、服务大局的职能作用得到最大限度的发挥。

（7）实体法与程序法的关系。司法公正不仅包括实体公正，而且包括程序公正。程序法的作用不仅在于保证实体法的正确适用，还在于防止司法权的滥用、保障诉讼参与人的合法权益。程序公正既是实现司法公正的切入点，也是实现维护改革发展稳定大局的关键环节。所以，检察机关在执法活动中，既要从大局着眼，更要从严格程序小处着手，用程序规范保证实体公正，将实体上的准确和程序上的合法都作为评价办案质量的重要标准，用程序公正与实体公正这些细节的到位保障服务大局的到位。在实施监督中，既要严把案件的事实关、证据关、法律适用关，又要严把办案的程序关；既要依法加强对违反实体法的监督，又要注重纠正违反程序法的行为，促进实体公正与程序公正的有机统一，切实维护法律的统一正确实施，更加有效地服务大局。

（8）惩治犯罪与保障人权的关系。尊重和保障人权是社会进步和司法文明的标志，是我国的宪法原则。尊重和保障人权，首要的是坚持以人为本，为广大人民群众共同和普遍的人权提供完善的法律保障。其次，要树立维护社会秩序与保护人权、打击犯罪与保护人权并重的观念，既要认识到维护正常的社会秩序是保护多数人利益的需要，又要在执法过程中注重保护相对人的权利；既要认识到依法打击犯罪是对大多数人权利的保护，也要严格依法保护犯罪嫌疑人、被告人的合法权益，平等保护被害人及所有诉讼参与人的合法权益，使各项检察工作和执法行为都充分体现公平和正义，全面提高服务大局的水平。

（五）注意政策和策略

政策与策略是党的生命，更是法律监督的生命。省院关于服务大局“二十条”把严格掌握法律政策界限，坚持宽严相济、区别对待的刑事政策，平等保护各类市场主体的合法权益，讲究执法策略和方法，作为服务大局的灵魂与根本。只有深入理解、勇于实践、敢于创新，才会使检察工作服务大局呈现喜人的局面：（1）要善于用法眼观察法律现象，坚持罪刑法定原则，按照法无明文规定不禁止的精神，观察经济社会各种纷繁复杂的现象，严格区分改革探索失误与违法犯罪、执行政策偏差与钻改革空子实施犯罪、合法收入与违法犯罪、不正之风与违法犯罪、轻微犯罪与严重犯罪等界限，当宽则宽，当严则严，努力提高服务大局的法律政策水平。（2）要把握执法的“火候”，讲求执法策略与方法，慎重对待涉及经济发展、与企业经营直接相关的人力资本、技术资本、货币资本、流动资本、实物资本的流转与交易，甄别违法与犯罪，审慎适用扣押、冻结、划扣等强制手段，防止运用强制措施不当，杜绝滥用强制措施导致对经营与微观经济运行的损害，提高服务大局的水平。(3) 要按照统一的尺度执法，自觉地坚持法律面前人人平等，破除执法中的分三六九等的等级保护观念与做法，不分公有与私有、国有与民营、内资与外资，一律实行平等保护，营造各种所有制经济相互促进、共同发展的环境，绝不允许执法中出现“法外之民”“特殊保护”的现象，提高服务大局、平等保护各类市场主体合法权益的水平。

(六) 着力提高执法能力

实践服务大局的理念，必须适应大局对检察工作的新任务新要求，认真解决执法工作与大局要求不相符合、不相适应的问题，着力提高为经济社会发展大局服务的能力。

第一，着力提高维护国家安全与社会稳定的能力。面对刑事犯罪高发、对敌斗争日益复杂的新形势，检察机关与检察干警必须着力提高维护国家安全与社会稳定的能力。为此，要做到“五个善于”：(1) 善于掌握与分析对敌斗争、社会治安的新情况、新问题，充分认识其尖锐性、复杂性，依法严厉打击境内外各种敌对势力的破坏渗透活动，牢牢打击犯罪重点，坚持哪类犯罪突出就集中打击哪类犯罪，始终保持对严重危害社会治安犯罪的高压态势；(2) 善于贯彻执行“稳、准、狠”的刑事方针与宽严相济、区别对待的刑事政策，以分化瓦解犯罪分子，取得最佳社会效果；(3) 善于总结运用“严打”整治斗争以来积累的有效经验，积极探索建立贯彻“严打”方针的经常性工作机制，提高批捕、起诉工作的水平，增强打击犯罪的针对性和实效性；(4) 善于创新检察工作机制，健全群众参与社会治安的工作机制，加强治安管理和重点整治工作，加强基层基础建设，推进平安创建活动，落实综合治理领导责任制和责任追究制；(5) 善于驾驭社会治安局势、维护社会治安稳定，提高打击犯罪、维护稳定、服务大局的工作水平。

第二，着力提高运用司法手段化解社会矛盾的能力。法是社会利益关系的调节器，检察机关作为专门法律监督机关，必须从构建社会主义和谐社会的高度，正确认识和解决经济利益调整中的问题，着力提高化解矛盾纠纷、构建和谐社会的能力。具体要求是“八个必须”：(1) 必须善于正确处理人民内部矛盾，预防和减少违法犯罪及群体性事件的发生，维护改革发展稳定大局和广大人民群众根本利益；(2) 必须增强政策观念，严格依法办事，妥善处理涉农、涉企、涉法矛盾纠纷，真心实意解决人民群众普遍关心和涉及群众切身利益的问题；(3) 必须转变执法作风，集中认真做好处理涉法上访工作，妥善处理群众的涉法申诉和判决执行，依法保障群众合法权益；(4) 必须善于依法合理引导群众正确认识和处理各种利益关系，通过法定程序表达自己的合理诉求，运用合法手段维护自身合法权益；（5）必须正确处理改革发展稳定的关系，做到把改革的力度、发展的速度和人民群众的承受程度统一起来，不断提高人民群众生活水平，从源头上预防群体性事件的发生；（6）必须健全司法救助制度，完善执行工作机制与对执行工作实施有效法律监督，让经济确有困难的群众打得起官司，确保有理有据的当事人打得赢官司，让打赢官司且有条件执行的当事人及时实现权益，让有损法律尊严的错裁错判及时得到纠正，维护国家法律权威；（7）必须探索健全人民监督员制度，保障执法公正与效率；（8）必须完善工作机制，在党委政府统一领导支持下，积极参与建立部门各负其责、齐抓共管的社会治安综合治理工作机制和协调一致、运转高效、灵活畅通的处置矛盾纠纷和群体性事件工作机制，提高检察机关化解矛盾纠纷、促进社会和谐的工作水平，维护社会政治稳定。

第三，着力提高服务经济建设、促进改革发展的能力。检察工作与改革发展紧密相关，检察机关必须努力提高打击经济犯罪、裁决经济纠纷、保护市场秩序、促进改革发展的执法能力，充分发挥检察机关在服务经济建设中的作用。检察机关提高服务经济建设的能力，必须努力做到“五个讲求”：（1）讲求打击经济犯罪的有效性，适时参与对经济犯罪多发领域与重点行业的专项打击、专项斗争和重点整治行动，依法严厉打击经济犯罪活动；（2）讲求提高发现、预防和打击经济犯罪的针对性，总结完善行政执法与刑事司法衔接机制，把打击与预防结合起来，形成打击经济犯罪的合力；（3）讲求适用方针政策指导执法的可操作性，认真研究、慎重处理改革发展中出现的新情况新问题，做到严格区分罪与非罪的界限，合法合理办理经济案件；（4）讲求执法方式方法的科学性，既依法办案，又注意维护发案单位正常的工作秩序和生产经营秩序，努力提高为企业发展服务的水平；（5）讲求履行职责的拓展性，加强民事行政检察监督和法律服务工作，依法平等保护各类市场主体合法权益，研究制定在社会管理与执法活动中为经济社会发展服务的新举措，努力为加快经济社会发展创造公正高效的法治环境。

第四，着力提高保障社会公平正义的能力。做好检察工作，队伍是根本，也是保障。因此，检察机关服务大局，必须大力加强检察队伍建设，努力建设一支政治坚定、业务精通、作风优良、执法公正的专业化高素质的队伍，提高严格公正执法的能力，更好地发挥检察机关保障社会公平正义的作用。要注意把握八个方面：（1）指导方针上，要坚持以贯彻执法公正、一心为民的政法工作根本指导方针为重点，在加强队伍的思想政治建设，强化宗旨教育、执法观教育和职业道德教育上下工夫，努力提高队伍革命化水平；（2）班子建设上，必须坚持以党风廉政建设为重点，在加强领导班子建设上下工夫，努力提高领导水平；（3）干警素质上，必须坚持以提高整体素质为关键，在加强队伍的教育培训、严格管理和推进“创争当”活动上下工夫，努力提高队伍专业化水平；（4）改革创新上，必须坚持以保证司法公正、维护司法权威为目标，在推进司法体制和工作机制改革上下工夫，努力提高检察工作协调运行水平；（5）规范执法上，必须坚持以规范执法行为为抓手，在深入推进执法规范化建设、认真解决执法中的突出问题上下工夫，提高执法活动规范运行的水平；（6）执法作风上，要坚持求真务实，真抓实干，深入实际，深入经济社会发展第一线，积极探索服务大局的新途径、新举措与新方法，纠正和防止官僚主义、推诿扯皮、拖拉作风，提高执法效率，讲求执法效果；（7）执法便民上，要深化检务公开，制定与落实便民措施，增强检察工作透明度，自觉接受人民群众与社会各界的监督；（8）依法治警上，必须坚持依法从严治警与从优待警的方针，在加强监督制约、完善工作保障上下工夫，保证执法权正确行使，促进严格公正廉洁执法。

16. 以科学发展观为统领推进检察事业全面协调可持续发展*

党的“十七大”报告指出，改革开放以来我们取得一切成绩和进步的根本原因，归结起来就是：开辟了中国特色社会主义道路，形成了中国特色社会主义理论体系。高举中国特色社会主义伟大旗帜，最根本的就是要坚持这条道路和这个理论体系。这对于坚定检察事业发展的政治方向，牢牢把握执法为民的宗旨，推动检察工作全面协调可持续发展，发展与完善中国特色社会主义检察制度，意义重大。过去的五年，是中国特色社会主义事业开拓新局面、马克思主义中国化的最新理论成果开拓新境界的五年。检察工作以“强化法律监督、维护公平正义”为主题，按照“加大工作力度、提高执法水平和办案质量”的总体要求，在服务大局中加强，在锐意改革中发展，在破解难题中前进，呈现出检察业务健康发展、执法办案规范运行、基础设施明显改观、信息化建设步伐加快、检务保障较大改善、基层得到更多实惠的良好局面，中国特色社会主义检察制度展现出旺盛的生命力，检察事业发展处于最好的历史时期之一，检察理论与应用研究也呈现繁荣发展的态势。在新的发展阶段继续推进人民检察事业全面协调可持续发展，必须坚持以科学发展观统领检察工作，不断增强贯彻落实科学发展观的自觉性和坚定性，着力转变不适应、不符合科学发展观的思想观念，着力解决影响和制约检察事业科学发展的突出问题，把科学发展观贯彻落实到检察工作的方方面面。

第一，深刻认识检察事业发展的阶段性特征，明确中国特色社会主义检察制度发展和完善的方向。科学发展观，是党中央立足社会主义初级阶段基本国

* 本文发表于《人民日报》2008年3月18日。

情，总结我国发展实践，借鉴国外发展经验，适应新的发展要求而提出的重大战略思想。进入新世纪新阶段，我国发展呈现出一系列新的阶段性特征。与此相应，中国特色社会主义检察事业的发展也呈现出较为明显的阶段性特征：(1) 在发展水平方面，检察工作得到了长足发展，同时总体水平还不高，东、中、西部发展差异较大，城乡之间、地区之间发展不平衡，执法办案数量、质量、效果、安全都呈现出明显的差异性；(2) 在发展方式方面，检察工作的发展方式在逐步完善，同时因地区经济发展差异、保障水平参差不齐、保障结构多样化，执法办案中不规范、不文明、不廉洁现象时有反弹；(3) 在发展体制机制方面，现行的检察体制、机制总体上是同我国经济社会发展相适应，同政治体制、司法体制、权力协调与制约机制相协调的，同时随着形势的发展，一些与发展要求不适应不符合的问题，特别是一些体制性机制性障碍逐渐显现出来，亟待解决；(4) 在协调发展方面，各项检察工作协调发展有明显进步，同时立案监督和侦查活动监督、刑事审判监督、刑罚执行和监管活动监督、民事审判和行政诉讼监督仍是薄弱环节，同维护社会主义法制的统一、尊严、权威，维护社会公平正义的要求存在差距；(5) 在发展保障方面，检察发展的保障水平有了较大改善，同时保障体制、机制与日益繁重的检察工作不相适应，信息技术装备水平与执法办案不相适应，整体保障水平与检察工作一体化、执法办案规范化不相适应等矛盾仍然突出；(6) 在发展主体方面，检察队伍整体素质有了明显提高，同时与新形势新任务的要求比，文化素质、专业素质不高，高层次、专家型人才缺乏，一些地方出现检察官断档，队伍管理不够规范，少数干警执法思想不够端正、纪律作风不过硬，利益驱动、为钱办案，执法违法甚至贪赃枉法的人和事时有发生；(7) 在发展的理论及其文化方面，检察理论及其文化建设有了长足进步，同时完善具有实践特色、民族特色、时代特色的中国特色社会主义检察理论体系的任务仍然艰巨，文化建设的整体氛围还不浓，以社会主义核心价值体系为支撑，以依法治国、执法为民、公平正义、服务大局、党的领导为核心价值理念的检察文化的功能有待充分发挥；(8) 在发展开放性方面，检务公开的推行，人民监督员制度的试行，检察对外合作与交流的拓宽，提高了社会对检察工作的认可度与支持度，增强了检察机关的活力，人民群众的满意度在提升，提升了国际声誉，同时接受人民监督的途径有待进一步完善，在开放过程中社会上又出现了一股崇拜西方价值观，鼓吹、推销“三权分立”“司法独立”的思潮，甚至以我国检察制度、司法制度作为攻击重点，企图以此打开缺口，从根本上取消党的领导，取消人民代表大会制度，推翻社会主义制度，而有的检察工作者、理论研究工作者对此虽有警觉，但从坚持马克思主义在政法意识形态的指导地位、发展和完善中国特色社会主义检察制度的高度，从理论与实践的结合上，进行有理有据回应的力度不够，检察理论的吸引力、凝聚力、感召力有待提高。

这些阶段性特征从根本上说是由社会主义初级阶段基本国情决定的。为此，检察领导者、检察人员、理论工作者都要立足于我国仍处于并将长期处于社会主义初级阶段的基本国情，深入调研、共同思考如何高举中国特色社会主义伟大旗帜，坚定检察事业发展的政治方向。中国特色社会主义伟大旗帜、中国特色社会主义道路、中国特色社会主义理论体系，是当代中国发展、各族人民团结奋斗、全面建设小康社会的法宝，是政法检察工作的灵魂。中国特色社会主义检察制度是在马克思主义指导下建立起来的，是符合中国国情的，是这面旗帜的一角，这条道路的一径，这个理论体系的重要组成部分。推进人民检察事业，必须自觉地高举这面旗帜，坚定走这条道路，用这个理论体系统领检察工作：（1）着眼于检察事业发展所处的历史方位和时代使命，深刻认识在适应工业化、信息化、城镇化、市场化、国际化的时代背景下，检察工作服务发展、保障发展、促进发展的新形势、新任务，牢牢把握发展着的社会主义检察制度的阶段性特征，从全面落实依法治国方略，保障和促进经济社会发展，保障和促进和谐社会建设出发，不断丰富中国特色社会主义法治实践和检察实践经验；（2）着眼于突出“强化法律监督、维护公平正义”工作主题，增强法律监督能力，切实履行检察职能，维护宪法、法律统一正确实施，卓有成效地服从服务于经济社会又好又快发展；（3）着眼于深化检察改革，总结经验，吸纳借鉴，与时俱进，开拓创新，积极稳妥地解决制约检察工作发展的体制性机制性障碍，全面应对中国特色社会主义检察事业发展中面临的新机遇、新挑战，努力建设公正、高效、权威的法律监督机关，更加自觉地坚定中国检察事业的政治方向，更加自觉地走科学发展中国特色社会主义检察事业的路子，奋力开创中国特色社会主义检察事业新局面。

第二，按照“第一要义是发展”的要求，着力思考和谋划检察工作服务经济社会发展大局的重要途径和方法，不断提高服务大局的水平。要针对刑事犯罪高发、反腐败斗争任务艰巨、维护公平正义任务加重的新形势，在总结检察机关服务经济社会发展、新农村建设、国企改革、高新技术产业兴起成功经验的基础上，牢固树立发展是第一要务的思想，认清服务发展是检察机关的神圣使命和重要任务，着力思考和谋划进一步增强科学发展意识、开放合作意识、市场经济意识、大局意识、中心意识、服务意识，找准工作着力点、切入点，创新服务的途径、方式和方法，为经济社会又好又快发展、为构建中部地区战略支点提供更加有力的法律保障和更好的法治环境。同时，要针对检察自身发展整体水平不高等问题，着力思考和谋划检察工作的自身发展，注重创新发展理论，破解发展难题，把握发展规律，提升发展整体水平，实现自身又好又快发展，以检察和谐促社会和谐。

第三，按照“以人为本”的要求，着力思考和谋划围绕保障和促进以改善民生切实履行检察职能、围绕保障严格公正文明执法加强检察队伍建设的新举措，不断提高法律监督能力。实现好、维护好、发展好最广大人民群众的根本利益是全部检察工作的出发点和落脚点，人民群众满意与否是判断检察工作成效的根本标准，坚持执法为民、改善民生、维护民生、保障民生，解决好人民群众最关心、最直接、最现实的利益问题，是检察工作的根本职责。要针对侵害人民群众生命财产安全的案件突出、基层扰民损民害民的侵权案件多发、与人民群众切身利益相关的诉求增多等问题，在总结近五年来开展治理商业贿赂，查处新农村建设领域腐败案件，查办教育卫生领域行贿受贿腐败案件，建立检察信访快速处理机制，同行政执法相衔接移送查处职务犯罪案件机制，积极参加社会治安综合治理、平安创建等专项工作经验、机制创新成效的基础上，着力思考和谋划通过履行审查逮捕、审查起诉职能、查处贪污贿赂渎职侵权案件、加强诉讼法律监督职能、完善便民利民的权益保障机制、利益协调机制、矛盾调处机制、诉求表达机制，从完善法律、健全体制机制方面增强防范和打击各类刑事犯罪的能力，保护好人民的生命财产安全，增强人民群众安全感；有效预防和惩治群众身边的腐败犯罪，促进廉政建设，促进政风社风的好转，促进社会和谐稳定。

另一方面，要针对检察队伍在思想素质、纪律作风、管理机制等方面与新形势新任务要求不相适应的机制和问题，厘清检察队伍的历史传统情况、现实构成情况、存在不适应情况问题的根源，按照中央、高检院关于加强“两院”工作的“决定”及实施意见、加强检察队伍思想政治、领导班子、纪律作风、素质能力、管理机制、检察文化“六大工程建设”等举措，着力思考和谋划结合实际，出台具有针对性、创新性、指导性的配套政策和实施措施，突出加强思想政治建设，持之以恒地用社会主义核心价值体系和社会主义法治理念教育干警，使之成为共产主义远大理想和中国特色社会主义的坚定信仰者、社会主义法治理念的坚强捍卫者、科学发展观的忠实执行者、强化法律监督维护公平正义的自觉实践者、和谐社会建设的积极促进者；突出加强领导班子建设，按照政治坚定、求真务实、开拓创新、勤政廉政、团结协调的要求，努力建设坚定贯彻党的理论和路线方针政策、善于领导科学发展、朝气蓬勃、奋发有为的领导集体；突出加强作风建设，大力弘扬新风正气，全面加强思想作风、学风、工作作风、领导作风、生活作风、执法作风建设，把作风纪律建设与规范化建设相结合，努力形成“不愿为”的激励机制、“不敢为”的惩戒机制、“不能为”的防范机制，增强自身拒腐防变能力；突出加强专业化建设，加大教育培训力度，加大人才引进力度，强化对领导干部的素能培训，对一线检察人员的业务培训和岗位技能培训，对新进新任职人员的上岗培训、任职资格培训，创造吸引和留住人才的良好环境，正确评价和使用检察人才，全面提升检察队伍的素质能力；突出加强管理机制建设，改进和完善绩效考评体系，完善激励约束机制，探索建立健全信息化管理机制和职业保障机制，全面提升检察队伍管理科学化、现代化、信息化水平；突出加强检察文化建设，构建检察人员共同价值体系，大力培育积极向上的精神和良好的职业道德风尚，广泛开展检察文化创建活动，全面提升检察队伍精神动力与文化氛围，努力使检察队伍成为政治坚定、业务精通、作风优良、执法公正，永远忠于党、忠于国家、忠于人民、忠于法律的坚强队伍。

第四，按照“全面协调可持续”的基本要求，着力思考和谋划破解制约检察工作发展的体制性机制性障碍和检务保障瓶颈性难题，增强法律监督整体合力，形成科学合理的检察工作格局的新方法，保障检察工作全面协调可持续发展：（1）在全面发展方面，要以三大诉讼法修改为契机，着力思考和谋划在坚持检察业务中心、突出检察工作重点、加强职务犯罪侦查、强化审查批捕审查起诉职能的同时，合理配置检察人力物力资源，着眼于解决人民群众反映强烈的执法、司法不公问题，强化立案监督和侦查活动监督、刑事审判监督、刑罚执行和监管活动监督、民事审判和行政诉讼监督工作，完善诉讼法律监督权的合理配置、拓宽监督渠道、建立健全同行政执法相衔接的机制，增强监督活力和实效，形成科学合理的检察工作格局，推动检察工作全面发展。（2）在协调发展方面，要针对制约检察工作协调发展的体制性机制性障碍，在总结检察体制机制 35 项重点改革工作成效与经验的基础上，着力思考和谋划从实际出发，大力推进检察工作一体化、法律监督调查、促进公正规范文明执法长效、执法办案科学考评和绩效管理、执法办案监督制约等机制创新，为检察工作协调发展提供强大动力。（3）在可持续发展的物质保障方面，要针对检务保障“三个突出矛盾”，着力思考和谋划按照统筹兼顾的根本方法，疏通渠道、创新机制，从工作指导、人财物配备、机制建设等方面加强基层检察机关和检察队伍建设，解决好编制紧缺、经费不足、技术装备水平不高、司法考试门槛高、人才流失等问题，提高检务保障水平。（4）在推进检察事业科学发展的理论支撑方面，要应对当前在检察理论研究、检察体制与司法体制改革过程中出现的诸多争鸣，着力思考和谋划从高举旗帜，坚定道路，推进依法治国进程，建设公正高效权威的检察体制的高度，构建中国特色社会主义检察学理论体系，使检察理论与应用研究体现时代性、把握规律性、富有创造性、具有科学性，为建设中国特色社会主义检察制度、为检察工作全面协调可持续发展提供坚实的理论支撑。

第五，按照“统筹兼顾”的根本方法，正确处理检察工作发展中的若干重大关系，着力思考和谋划系统推进检察事业科学发展的工作思路。统筹兼顾，是我们党长期执政的根本经验，是新的历史条件下保障科学发展的根本方法。坚持统筹兼顾，关键是坚持正确的思想路线、思想方法，正确认识和妥善处理社会主义检察事业发展中的若干重大关系，树立世界眼光，加强战略思维，把握发展机遇，应对风险挑战，增强发展活力。检察领导者、检察人员需要着力思考和谋划正确处理专政与民主、打击与保护、监督与服务、业务与队伍等重大关系，统筹兼顾好各项检察工作；着力思考和谋划以树立正确执法理念、坚持以业务工作为中心、加强检察队伍建设、推进改革创新、加强执法保障为抓手，统筹协调各项检察工作；着力思考和谋划处理好执行法律与执行党的刑事方针政策之间的关系，正确贯彻执行“严打”方针和宽严相济刑事司法政策，以保障和促进和谐的目标衡量贯彻执行刑事方针政策的成效；着力思考和谋划完善相关体制机制，把执法办案的法律效果与社会效果有机统一起来，既打击和震慑犯罪，又减少社会对抗，最大限度地增加和谐因素，最大限度地减少不和谐因素。

总之，面临新形势新任务，检察机关责任重大，使命光荣，必须始终高举中国特色社会主义伟大旗帜，坚持以邓小平理论和“三个代表”重要思想为指导，深入贯彻落实科学发展观，不断发展和完善中国特色社会主义检察制度，为维护公平正义、促进社会和谐作出不懈努力。

17. 加强检察机关党风廉政建设扎实推进“作风建设年”活动*

为加强全省检察机关党风廉政建设，省院决定，2007年在全省检察机关开展“作风建设年”活动，全面加强思想作风、学风、工作作风、领导作风、干部生活作风和执法作风建设，推动检察工作全面健康发展。开展“作风建设年”活动，是贯彻中央、省委和高检院部署要求的具体举措，是按照构建社会主义和谐社会要求加强和改进检察工作的具体举措，是新形势下加强全省检察机关领导干部作风建设的具体举措。全省检察机关和检察干警要深化认识，统一思想，充分认识开展“作风建设年”活动的现实必要性，积极主动地投入到“作风建设年”活动中去。

一、把握形势要求，充分认识检察机关加强党风廉政建设的重要性和必要性

加强和改进党的建设，提高拒腐防变和抵御风险的能力，是党中央反复强调的重大历史课题。党的十六届六中全会从构建社会主义和谐社会的战略高度，对深入开展党风廉政建设和反腐败斗争提出了明确要求，强调贯彻标本兼治、综合治理、惩防并举、注重预防的反腐倡廉战略方针，推进教育、制度、监督并重的惩治和预防腐败体系建设。在省纪委十一次全会上，中央政治局委员、省委书记俞正声同志作了重要讲话，要求进一步统一对党风廉政建设和反腐败斗争形势的认识，加强领导干部作风建设，坚定不移地把党风廉政建设和反腐败斗争推向深入；省委常委、省纪委书记宋育英同志对全省反腐倡廉工作

* 本文发表于《人民检察（湖北版）》2007年第4期。

进行了部署。在全国检察机关纪检监察工作会议上，贾春旺检察长要求各级检察机关要切实从党和人民事业兴衰成败的高度，从全面加强社会主义现代化建设的全局出发，从实践检察工作主题、维护公平正义的历史责任着眼，既充分发挥法律监督职能作用，加强查办和预防职务犯罪工作，促进反腐败斗争深入开展，又认真落实党风廉政建设的各项要求，深入扎实地推进自身反腐倡廉工作。全省检察机关要全面贯彻中央、省委和高检院的精神，深化认识，强化措施，把全省检察机关党风廉政建设和反腐败工作不断推向深入。

去年以来，全省检察机关通过开展社会主义荣辱观教育、社会主义法治理念教育和加强廉洁从检教育以及开展“三个专项治理”活动和巡视、检务督察等工作，全省检察机关党风廉政建设取得了明显的成效。但还存在不少问题，与党和人民的要求还有差距：一是极少数领导干部违纪违法问题突出，严重损害了检察机关形象，特别是去年松滋、石首两个基层院检察长违法违纪案件，造成了恶劣的社会影响，务必引起我们深刻反思和高度重视；二是执法办案环节的违法违纪案件占较大比例，少数检察人员以案谋私，办关系案、人情案、金钱案的问题仍有发生；三是一些损害群众利益、伤害群众感情的问题还没有得到有效遏制，耍特权、逞威风，借办案之机“吃拿卡要”等现象时有发生，执法不严格、办案不文明、侵犯当事人合法权益等问题依然存在；四是有的检察干部作风不正。胡锦涛同志指出的八个方面的作风问题在我省检察机关不同程度地存在，有的地方、有的方面还比较突出。这说明，全省检察机关党风廉政建设和反腐败工作的任务仍然很艰巨，解决检察队伍和执法办案中的突出问题、巩固“三个专项治理”活动成果还需要作出艰苦的努力。全省检察机关特别是各级领导干部一定要克服盲目乐观和麻痹松懈情绪，充分认识反腐倡廉工作的重要性和紧迫性，以坚定不移的态度、坚决有力的措施，坚持不懈地推进党风廉政建设和自身反腐败工作。

二、把握重点环节，从四个方面夯实检察机关加强党风廉政建设的基础

第一，强化教育，夯实廉洁从检的思想道德基础。加强党风廉政建设，必须把思想道德教育摆在突出位置。要加强党章学习和党的理论教育，加强党性锻炼和宗旨教育，引导检察人员自觉用马克思主义中国化的最新成果武装头脑、指导工作，牢固树立马克思主义的世界观、人生观、价值观和正确的权力观、地位观、利益观；深入开展社会主义法治理念教育活动，坚持社会主义核心价值体系，进一步端正和统一执法指导思想；深入开展社会主义荣辱观教

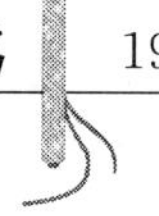

育，加强检察职业道德建设，营造健康向上的检察文化；加强检察纪律教育，增强廉洁自律意识。要注重教育手段的创新，善于运用先进典型示范引导，善于采取反面案例进行警示教育，增强教育的说服力和感染力；要紧紧抓住检察队伍的思想状况和执法办案中容易发生问题的环节，什么问题突出就解决什么问题，增强教育的针对性和实效性。

第二，强化制度，推进具有检察特色的反腐倡廉制度建设。加强制度建设和创新，形成完善有效的体制机制，是反腐倡廉的治本之策。要抓住正确行使检察权这个关键，完善落实检察机关反腐倡廉的各项制度，探索建立具有检察特色的反腐倡廉制度体系：(1) 要严格落实党风廉政建设责任制。切实解决一些检察院特别是有的领导干部思想认识不到位、工作措施不得力的问题，始终把党风廉政建设责任制作为检察机关党风廉政建设和自身反腐败工作的“总抓手”和“一把手”工程来抓。要结合执法规范化建设，突出抓好责任分解、责任考核、责任追究，把党风廉政建设责任制落实到各个业务部门和检察人员，贯穿于执法办案的全过程。(2) 要坚持和完善民主集中制。班子成员特别是“一把手”出问题，往往与民主集中制坚持得不好有很大关系。要针对班子建设中存在的突出问题，进一步健全党内生活制度，严格执行党内议事规则和决策程序，提高班子解决自身问题、防止消极腐败的能力。检察长要带头遵守民主集中制，不搞一言堂，凡是重大决策、重要干部任免、重要建设项目安排和大额资金使用，必须集体讨论决定；班子成员要讲大局、讲团结，不能固执己见、意气用事，更不能以个人恩怨损害班子的团结和战斗力。(3) 要完善和落实规范执法办案的制度，建立健全促进公正规范文明执法的长效机制。继续深入开展规范执法行为活动，并将长效机制建设作为重中之重，进一步健全业务运行、质量保障、办案考评、责任追究和队伍建设规范。要严格执行各项规范制度，注重抓好《办案过错责任追究办法》的落实，加大责任追究力度，坚决纠正执行规范制度失之于宽、失之于软的现象。

第三，强化监督，完善保证检察权正确行使的工作机制。监督是反腐倡廉工作的关键性措施。要坚持对检察队伍特别是领导干部严格要求、严格管理和严格监督，在强化外部监督的同时，不断完善内部监督制约的工作机制：(1) 要加强内部执法办案监督。依法加强内部分工制约，认真落实“一案三卡”制度和流程监督、网上监督、动态监督等措施，积极探索适应检察工作特点的监督制约机制。扎实推进“三位一体”机制建设，利用信息网络手段，强化对执法办案的监督、检查和考核。推行执法档案制度建设，各市州分院都要选择一两个基层院开展试点工作。(2) 要加强对各级院领导班子和领导干部的监督。积极推进检察工作一体化机制建设，认真落实巡视制度、上级院负责人同下级院负责人谈话制度、上级院派员参加下级院党组民主生活会制度和下级院向上级院报告工作制度，切实加强上级院对下级院的领导和监督。省院将于上半年对黄冈、黄石、荆门、汉江等四个市分院进行巡视，有条件的市州院要探索对基层院开展巡视工作。要着重加强对领导干部尤其是“一把手”的监督，继续抓好高检院“六个严禁”要求的落实，重点加强对领导干部行使办案决定权和人、财、物权的监督。要严格执行《党政领导干部选拔任用工作条例》，选拔任用干部必须征求纪检监察部门的意见，否则不能提交党组会讨论决定。（3）要积极推行检务督察。加强检务督察机制建设，规范检务督察工作，积极探索有效方式方法，将督察与巡视相结合、明察与暗访相结合、日常督察与突击检查相结合、普遍检查与重点抽查相结合，重点针对执法作风、干部作风问题和执法不公正、不规范、不文明问题进行督察，充分发挥检务督察工作在促进执法公正和队伍廉洁方面的作用。

第四，强化纪律，加大查处检察人员违法违纪案件的力度。严肃党纪国法、坚决查办违纪违法案件，是反腐倡廉的重要任务，也是惩治腐败的重要手段。俞正声同志在省纪委十一次全会上强调，任何时候查办案件这一手都绝对不能放松；只有惩治有力，教育才有说服力，制度才有约束力，监督才有威慑力，改革才有推动力。贾春旺检察长要求，检察机关要始终坚持从严治检的方针，进一步加大查处检察人员违法违纪案件的工作力度，大力提高主动发现和主动查处违法违纪案件的能力。全省检察机关特别是纪检监察部门要认真贯彻这些指示要求，坚持从严治检不动摇，对检察人员违法违纪案件，发现一起、查处一起，绝不能瞒案不报、压案不查，更不能袒护迁就。要善于从日常工作和生活的不正常现象中发现违法违纪案件线索，及时坚决主动查处，以体现检察机关处理自身腐败问题的决心和力度，赢得人民群众的信任。同时，要树立正确的工作导向，对于那些主动发现和查处违法违纪问题的单位，要客观公正地评价其工作，不能在考核评比中简单地“一票否决”。在查办案件中，既要严肃执行纪律，又要讲究政策、注重效果，对一般违纪行为者力争教育挽救，对主动说清和交代问题的依法依纪从轻从宽处理。上级院要加强对办案工作的领导，严格按高检院规定权限范围进行初核，处级以上领导干部违法违纪案件线索一律报省院备案；对基层院主要领导严重违法违纪案件线索，省院纪检监察部门要牵头组织调查。

三、把握目标任务，增强检察机关开展“作风建设年”的实效

我省检察机关开展“作风建设年”的目标任务，是要深入实践胡锦涛总书记倡导的八个方面的良好风气，认真对照俞正声同志提出的干部作风中存在的六个方面的问题，按照贾春旺检察长提出的检察机关领导干部作风建设要求，全面加强检察机关作风建设，使全省检察干警坚持贯彻科学发展观，解放思想、实事求是、与时俱进的精神明显增强；坚持理论联系实际，勤奋好学、学以致用的作风明显增强；坚持求真务实，务求实效、精益求精的工作责任感明显增强；坚持正确的政绩观，联系群众、顾全大局、依法科学民主决策的能力明显增强；坚持马克思主义生活观，艰苦奋斗、勤俭节约的思想明显增强；坚持立检为公、执法为民，公正规范、文明廉洁执法的意识明显增强。

要着力在四个方面下工夫：（1）要着力倡导八个方面的良好风气。胡锦涛总书记提出的八个方面的良好风气，体现了新形势新任务对领导干部作风的根本要求，是我们加强检察机关作风建设的基本内容，也是实现检察机关领导干部作风进一步转变的鲜明标志。全省检察机关特别是各级领导干部要深刻领会树立八个方面良好作风的重大意义和具体要求，坚持高标准、严要求，切实做到“勤奋好学、学以致用，心系群众、服务人民，真抓实干、务求实效，艰苦奋斗、勤俭节约，顾全大局、令行禁止，发扬民主、团结共事，秉公用权、廉洁从政，生活正派、情趣健康”，全面加强自身作风建设。（2）要着力解决存在的突出问题。要针对作风方面存在的突出问题，下决心、下工夫加以解决，什么问题突出就着力解决什么问题。当前要进一步采取措施，对人民群众反映比较强烈、比较集中的问题，特别是对受利益驱动违法违规办案问题，损害人民群众及当事人合法权益问题，政令检令不畅问题，违反民主集中制问题，滥用职权、以案谋私问题，酗酒赌博等严重损害检察形象的问题，要下大力气予以坚决整治。要重视领导干部生活作风方面的问题，加强教育监督，严肃查处干部生活作风败坏等严重违法违纪案件。从今年起，全省检察机关处级以上干部要将个人婚姻状况变化情况作为重大事项向组织报告。（3）要着力转变领导干部作风。各级院领导班子特别是“一把手”，要在作风建设上发挥表率作用，带头查找自己身上存在的突出问题，带头采取措施扎实整改，通过自身示范带动全体检察人员作风的转变。省院党组作出了“十项承诺”并颁布了“禁酒令”，全省各级院领导班子也要出台有关加强作风建设的约束性规定，作出承诺、接受监督，并带头执行“禁酒令”。（4）要着力改进执法作风。要突出检察工作特点，把解决干部作风问题与解决执法作风问题紧密结合起来，把作风

建设与执法规范化建设紧密结合起来，把加强队伍建设与改进执法办案工作紧密结合起来，规范执法行为，改进执法方式，讲究执法策略，促进公正、规范、文明、廉洁的执法作风建设，提升检察机关执法形象和公信力。

18. 准确把握时代特征 自觉践行党的先进性*

全面准确地理解党的先进性的基本内涵与时代特征，对于各级检察机关党的组织、党员领导干部和广大党员自觉践行党的先进性，永葆党的本色至关重要。党的先进性，是指党遵循人类社会发展规律，以实现共产主义远大理想为最终目标，以推动社会先进生产力、推动社会先进文化、代表和保障中国最广大人民利益为根本任务，以科学发展、走中国特色道路为基本途径，以基本纲领、基本路线、基本方针政策为指导，以经济、政治、法律、文化、外交、国防制度为保障，以党员的先锋作用、党员领导干部的表率作用、党组织的战斗堡垒作用为主体，党在革命、建设、改革各个历史时期与时俱进的科学理论与伟大实践的活动。全面理解、自觉践行党的先进性必须把握8个特征。

一、把握信仰的目标性特征，坚定理想信念

党的最高理想和最终目标是实现共产主义。崇高的理想信念始终是共产党人保持先进性的精神动力。正如一位无产阶级革命家说过的："共产党人可贵的一个地方，就在于他们能坚持自己的信仰。"共产党人始终把实现共产主义的远大理想作为崇高的目标，孜孜以求，痴心不改。这一特征要求我们在践行党的先进性时，要坚定理想信念：（1）要树立正确的世界观、人生观、价值观。善于用马克思主义的辩证唯物主义与历史唯物主义的"显微镜""解剖刀"来观察自然现象，分析处理社会问题，剖析自身思想问题，认识和掌握社会发展规律，社会主义建设规律和党长期执政规律；善于把握社会和事物发展的基

---

* 本文2006年4月被中共湖北省委保持共产党员先进性教育活动领导小组评为"全省先进性教育活动与党的先进性建设理论研讨征文二等奖"，2007年1月被中共湖北省委省直机关工作委员会、湖北省机关党建学会评为"2006年度全省机关党的建设调研论文一等奖"。

本矛盾，正确区分主要矛盾与次要矛盾、矛盾的主要方面与次要方面；善于把握度与度的界限，抓住“关节点”，正确处理不同性质的社会矛盾，从而坚持真理、修正错误、促进社会发展、推动事业前进、开创工作局面。(2) 在重大政治问题上始终保持清醒头脑。在思想政治领域，必须同否定四项基本原则，搞“三权分立”等自由化思潮划清界限，开展不懈的斗争，不发表同党的路线纲领方针政策相悖的言论；在坚定特色道路上，坚持用社会主义建设的伟大成就激励自己，教育和鼓舞群众，坚定社会主义信念；在反对腐败问题上，坚持“两分法”“两手抓”，既看到绝大多数干部是好的，搞腐败的是极少数，又看到产生腐败现象的复杂原因，看到治理腐败取得的成效，树立信心，增强实效。(3) 在实践上脚踏实地，埋头苦干，无私奉献，正确处理好工作中的难点问题。正确处理大目标与本职岗位的关系，把做好本职工作与大目标紧密联系起来，甘当一颗永不生锈的“螺丝钉”；正确处理服从组织与个人理想的关系，自觉做到“共产党员是块砖，哪里需要哪里搬”，以事业第一、工作第一、他人第一，不计较个人得失；正确处理国家利益、集体利益与个人利益的关系，经常算一算“三本”账：算一算个人成长进步账，把握人生的新起点，认识到个人的知识、能力、经验、文凭、水平与成长是党的培养、社会帮助的结果，把它作为追求理想，做好工作，回报社会的前提条件，绝不能作为向党和人民讨价还价的本钱；算一算收入与贡献的“差距账”，校正人生的坐标点，要经常算一算同农民、工人、基层干部的收入与奉献的差距账，常常想想我们不值得由那么多农民养活，我们是否对得起农民，我们拿什么业绩回报他们；算一算功臣模范的“奉献”账，增强人生的激励点，要经常同焦裕禄、孔繁森、郑培民、任长霞、牛玉儒、周国知、吴天祥等党员楷模比一比，看一看，自觉抛弃个人私利，自觉为党旗增辉。

二、把握品质的无私性特征，牢记党的宗旨

全心全意为人民服务是党的惟一宗旨，党除了工人阶级和广大人民群众的利益外没有自己的特殊利益。这一特征要求我们在践行党的先进性时，要牢记党的宗旨，准确理解党的宗旨的内涵。从服务的范围看，它是指人民群众这个大多数，而不是狭隘的个人、家庭、小团体这个极少数，当两者发生矛盾时要把人民摆在第一位；从服务的要求看，就是毛泽东同志曾指出的，“共产党人的一切言论行动，必须以合乎最广大人民群众最大利益，为最广大人民群众所拥护为最高标准”，也就是完全彻底、全心全意，而不是半心半意，更不是三心二意；从服务的目的看，就是为民谋利益，“谋”是一个能愿动词，它表明

服务主体在精神状态上是自觉主动地服务，而不是消极应付；在思路上是创造性地服务，而不是墨守成规；在行动上是脚踏实地服务，而不是坐而论道；在自我评价上是“俯首甘为孺子牛”，而不是患得患失；在服务标准上是以人民群众满意不满意、赞成不赞成、答应不答应为最高检验标准，而不是自我满足、自我陶醉、飘飘亦然。因此，为人民谋利益，是党的宗旨理论的一块奠基石，也是检验各级党组织、党员领导干部和党员是否保持先进性的一块试金石。牢记党的宗旨，第一要树立“立检为公、执法为民”正确执法观。从思想上和实践上不断解决好执法权是谁给的、为谁执法、怎样执好法。自觉地把执法岗位作为为人民服务的平台，把执法活动作为保护好、实现好人民利益的途径，带着对人民深厚的感情执法，本着对人民群众高度负责的精神办案，依靠人民群众履行好职责。第二要树立正确的权力观。要明确检察权在保护人民、惩治犯罪、保障人权、维护社会公平正义、服务现代化的重要地位与作用，特别是其对于巩固党的执政基础，提高党的执政地位，推进物质文明、政治文明和精神文明的极端重要性。因此，一定要真正做到权为民所用、情为民所系、利为民所谋，要为人民执掌好检察权。

三、把握要求的根本性特征，践行“三个代表”

党的先进性所在就是始终代表和推动社会先进生产力，始终代表和推动社会先进文化，始终代表和保障最广大人民的根本利益。“三个代表”是党保持先进性的“魂”，是党保持先进性的不竭动力和源泉；离开了“三个代表”，党的先进性就成为无源之水，无本之木。这一特征要求我们在践行党的先进性时，坚持用“三个代表”的重要思想武装头脑，指导实践，推动工作。立足检察职能，践行“三个代表”的根本要求，就是要把“两维护”“两促进”作为检察工作的出发点和归宿：维护司法公正、维护最广大人民的根本利益，促进发展、促进社会和谐。要持之以恒地坚持把维护司法公正贯穿于各项检察业务工作的始终，作为法律监督的本质要求，努力做好各项法律监督工作，维护社会主义法制统一正确实施。要毫不动摇地把维护最广大人民的根本利益作为最高的价值追求，坚持党的领导，保护广大人民的根本利益与严格依法办事的一致性，自觉做到为民、爱民、利民、安民。要自觉为发展这个执政兴国第一要务服务，认真贯彻“严打”方针，为发展创造稳定的社会环境；依法从重从严惩治严重破坏社会主义市场经济秩序的犯罪活动，维护统一、开放、竞争、有序的市场经济秩序，为发展创造有序的市场环境；继续把查办和预防职务犯罪工作摆在重要位置不动摇，以查办和预防职务犯罪的更大实效，为发展创造优质的兴政理务环境；不断加大诉讼监督工作力度，全面加强刑事诉讼监督、民事审判和行政诉讼监督，为发展创造公平正义的司法环境。要积极促进社会的和谐与稳定，坚定不移地把维护社会稳定作为首要的政治任务，努力做好检察机关环节各项维护稳定的工作，充分尊重和保障人权，充分保障和促进人的全面发展，让人民创造财富的聪明才智得到充分有效的发挥，努力营造人们想干事、能干事、干成事的和谐社会氛围。

四、把握发展的时代性特征，坚持与时俱进

党的先进性既是永恒的，又是历史的、渐进的和发展着的。一方面，党的先进性是马克思主义政党区别于资产阶级及其他政党的显著特征，是其力量所在，生命所系。另一方面，党的先进性随着历史阶段的基本任务的变化而不断发展与丰富，在各个历史时期表现出不同的特点，包含着特定的内容，具有鲜明的时代特征和与之相适应的基本要求。党的先进性始终是顺应时代发展潮流，反映社会发展规律的。实现现代化、完成国家统一、促进世界和平和人类共同发展，既是新世纪新阶段党所肩负的三大历史使命，又是我们党面临的时代主题。党只有紧紧把握时代主题，坚持“一个中心，两个基本点”的基本路线，制定切实可行的现阶段奋斗目标，率领全国人民为之奋斗，才能不辱使命。自觉践行党的先进性，就要坚持与时俱进，不断开拓创新。要以改革的精神冲破不合时宜的观念，革除体制、机制和制度弊端。要用发展着的马克思主义指导检察实践，自觉转变在计划经济条件下形成的“重打击轻保护”“重实体轻程序”“重惩治轻预防”“重服务公有制经济轻服务非公有制经济”的旧的司法理念，牢固树立公平、公正、公开的现代司法观。要进一步确立现代公平司法观，依法平等保护公有制经济的发展和非公有制经济的发展，依法平等保护各类法人和社会各阶层的合法权益，依法平等保护合法劳动收入和合法非劳动收入，依法平等保护国有财产、集体财产和私人合法财产，努力维护全体人民各尽其能、各得其所而又和谐相处的局面；要进一步确立现代公正司法观，认真落实社会主义法治原则，坚持罪刑法定原则、法律面前人人平等原则，严格区分罪与非罪界限，依法打击犯罪者，坚决保护无辜者，全力支持改革者，及时挽救失误者，尽心帮助弱势者；要进一步确立现代公开司法观，自觉将检察工作置于社会各界和广大人民群众的监督之下，进一步拓宽接受监督的渠道，着力完善检务公开制度，提高司法检察工作的质量、效率和公信度，努力为我国人民享有的广泛权利和自由提供可靠的司法保障。紧紧围绕提高司法公正与效率的目标，大力推进检察改革，努力消除影响司法公正与效率的体制、

机制和制度性障碍，深入推进检察理论创新、检察体制创新、检察业务管理机制创新、检察队伍管理机制创新和检务保障机制创新，从制度上保障依法独立公正地行使检察权，防止滥用检察权，保障广大检察官把人民赋予的司法权力真正用来为人民谋利益。

五、把握主体的层次性特征，发挥“三个作用”

党是由党的组织、党员领导干部、党员三个层次组成的一个有机整体，不同的层次其先进性的要求各有所侧重，各不相同。在党的组织层面，就是要发挥党的核心领导作用：党要善于体现时代性、把握规律性、富于创造性，并研究与制定出正确的理论、纲领、路线、政策和策略，组织党员坚定不移地贯彻执行党的纲领、路线、方针、政策，坚持党要管党、从严治党的方针，并贯穿于对党员的教育、管理、监督的各个环节中，抓好教育这个基础、制度这个根本、监督这个关键、领导干部这个重点，适时解决党员和党组织在思想、组织、作风和工作等方面同形势任务不相适应、不相符合的问题，适时解决影响改革、发展、稳定与涉及人民群众切身利益的实际问题，不断增强自身的创造力、凝聚力和战斗力。在党员领导干部层面，就是要发挥好率先垂范作用，要经受住改革开放，市场经济和长期执政的多重考验，始终坚持党的事业第一、坚持人民的利益第一，自觉做到以高尚的精神示范人、以优良的作风带动人、以为民的行动温暖人、以实在的业绩感召人、以良好的形象影响人，做党的先进性的坚强捍卫者与坚定实践者。在党员层面，就是要时时处处发挥模范带头作用，自觉做到刻苦学习，坚定信念，胸怀大局，心系群众，奋发进取，开拓创新，争创一流业绩。对党员检察官来说，就是要用检察机关党员先进性的行业标准校正自己的行为，自觉做到“八个坚持、八个做到、八个走在前”：坚持理想信念，做到立场坚定、旗帜鲜明，奉献检察事业走在前；坚持刻苦学习，做到钻研理论、精通业务，提高执法能力走在前；坚持党的宗旨，做到立检为公、执法为民，维护公平正义走在前；坚持勤奋工作，做到脚踏实地、爱岗敬业，争创一流业绩走在前；坚持严格执法，做到惩治犯罪、保障人权，强化法律监督走在前；坚持服务大局，做到立足本职、着眼和谐，促进改革发展走在前；坚持党的纪律，做到服从组织、廉洁从检，落实检令检纪走在前；坚持“两个务必”，做到求真务实、昂扬向上，树立良好形象走在前。只有这样保持共产党员的先进性才能在不同层面落到实处。

六、把握载体的岗位性特征，做好本职工作

党员的先进性必须体现在改革发展稳定的各项工作中，体现在具体的工作岗位上，通过一流的工作业绩表现出来。毛泽东同志曾说过：“现在的努力是朝着将来的大目标的，失掉了这个大目标，就不是共产党员了。然而放松今日的努力，也就不是共产党”。这一特征要求我们在践行党的先进性时，从五个方面着力：在工作标准上，要做到高标准、高质量、高水平，要件件精品，不出废品，切忌马虎、凑合、满不在乎；在工作劲头上，要有一股“虎气、朝气、锐气”，切忌滋长“怨气、暮气、惰气”；在工作思路上，心要热，头要冷，切忌心血来潮；在工作作风上，要实事求是，做到说老实话，做老实人，办老实事，切忌漂浮；在工作纪律上，严格执法，秉公办事，严守纪律，切忌以权谋私，拿原则作交易。同时，在处理工作关系上，要自觉摆正大家与小家，大事与小事、主角与配角、办案与综合、管理与服务、协调与制约、数量与质量、名利与奉献、领导与被领导、分工与负责等关系。做到齐心协力，团结一致，努力创造出党无愧于时代、无愧于历史、无愧于人民的一流工作业绩。

七、把握标准的实践性特征，提高自身素质

党的先进性既是一个理论问题，也是一个实践问题，归根到底是要在火热的社会实践中检验、发展和提高。这一特征要求我们在践行党的先进性时，要注重提高党员的能力素质和提高党组织的领导水平，掌握体现先进性的过硬本领。注重学习，积极开展“创建学习型检察院”活动，引导广大党员树立终身学习的观念，把学习当做一种政治责任、一种精神追求、一种思想境界，做到：学以立德，提升境界；学以增智，开阔眼界；学以致用，改造世界，不断更新知识结构、拓宽知识面，努力掌握做好工作的新知识、新本领。注重思想政治素质的提高，始终把思想政治建设摆在党员队伍建设的首位，坚持不懈地用马列主义、毛泽东思想、邓小平理论和“三个代表”重要思想武装头脑，努力提高检察机关共产党员的政策法律水平，引导广大党员善于从政治上去观察、分析和处理问题，在大是大非面前始终保持清醒的头脑，确保政治上的坚定性和敏锐性；强化检察职业道德建设，广泛开展“两个务必”的教育，保证广大党员过好名与利、苦与乐，情与法“三关”。适应新形势、新任务的要求，着力提高检察机关执法能力建设，就整体层面而言，当务之急是大力加强“五个能力建设”：不断提高立检为公、执法为民，服务经济社会发展能力；查办

预防职务犯罪，推进反腐败斗争能力；打击预防刑事犯罪，维护社会稳定能力；强化司法监督，维护司法公正能力；依法建院，从严治检，严格公正、文明执法能力。就个体而言，就是要通过岗位练兵、实践锻炼、送学深造等途径，从而成为检察工作方面的“行家里手”，做到干一行，爱一行，钻一行，精一行，努力为保持党的先进性添砖加瓦。

八、把握扬弃的辩证性特征，永葆党的生机

批评与自我批评，是党永葆其青春活力的法宝之一，是党区别于其他政党的显著标志之一。我们的党就是通过自觉的批评与自我批评，适时地清扫党内的一些灰尘，不断纯洁党的思想、组织和作风，推动党的事业前进的。这一特征要求我们在践行党的先进性时，一方面要继承和保持党的优良传统，另一方面要不断纠正错误：(1) 要发扬优良传统，保持昂扬向上的精神状态。发扬党的优良传统就是要发扬“三大作风”、牢记“两个务必”。树立调查研究信念、兴调查研究之风就是解决问题的关键。自觉做到问题自调查研究中提出，决策从调查研究中产生，落实在调查研究中完成，在亲知真知深知上下工夫，在找准结合点上做文章，做到“吃透上面的，摸清下面的，借鉴别人的，形成自己的”，创造性地完成各项工作任务。严格党内生活，要本着对党、对人民、对组织、对同志高度负责的态度，从团结的愿望出发，积极开展经常自觉的、严肃认真的思想交锋，通过不断的批评与自我批评，克服缺点，纠正错误，解决矛盾，提高素质，增强党性。密切联系群众，牢记群众利益无小事，诚心诚意为群众办实事，尽心竭力为群众解难事，坚持不懈为群众做好事，把对党负责、对人民负责与对法律负责有机结合起来。(2) 要铲除腐败，保持党的健康肌体。坚持“标本兼治，综合治理，惩防并举，注重预防”的方针，积极探索和建立使腐败分子“不想为”“不能为”“不敢为”的教育、预防、监督、惩治的机制；加大查办和预防职务犯罪的力度，集中精力，突出重点，深入查办职务犯罪大案要案，积极开展个案预防、行业预防与社会预防，推进反腐败斗争，促进党风廉政建设。(3) 要增强党员自身修养。广大党员尤其是党员领导干部要坚持廉洁从政，廉洁从检，自觉做到自尊、自重、自警、自励，慎初、慎微、慎独，从而在政治上不出格，思想上不沉沦，作风上不漂浮，经济上不贪占，生活上不腐化，树立清正廉明的“公仆”形象，始终保持共产党人的本色。

19. 关于开展社会主义法治理念教育若干问题的思考*

全国政法工作会议部署，2006 年要对全体政法干警进行社会主义法治理念教育，把执法公正、一心为民作为根本指导方针，真正做到用正确的执法理念指导执法活动。这一重大举措非常必要、非常及时，必将对实际工作产生重要的指导和推动作用。这里，我结合检察机关实际，对开展社会主义法治理念教育的若干问题进行了学习、思考，总结体会如下。

一、开展社会主义法治理念教育非常必要

当前，我国正处于加快发展的"黄金时期"，同时又处于"矛盾凸显时期"，社会主义法治建设既有有利条件，又面临繁重任务；在新形势下，党和人民及社会各界对法治建设尤其是对执法工作提出了更高要求，使政法检察机关的执法理念、执法水平面临新的考验，使开展社会主义法治理念教育成为紧迫任务。

第一，开展社会主义法治理念教育是贯彻落实科学发展观、构建社会主义和谐社会的必然要求。树立和落实科学发展观，努力构建社会主义和谐社会，是党中央在全面建设小康社会、推进社会主义现代化建设新的历史时期提出的重大战略目标和措施，也是对社会主义法治建设和政法检察机关执法工作提出的根本性要求。在法治建设和执法工作中贯彻落实科学发展观，其前提和根基是将执法为民、公平正义、保障人权等符合和体现科学发展观要求的法治理念信仰化，成为指导执法行为的自觉意识，保证执法工作正确发展方向。因此，开展社会主义法治理念教育，是用科学发展观统一执法思想的过程，是用科学发展观统领执法工作的必然要求。民主法治是社会主义和谐社会的制度平台，

---

* 本文发表于《检察日报》2006 年 1 月 27 日、2006 年 4 月 28 日。

也是和谐社会其他特征实现的基础和保障。因此，作为法治建设重要内容和重大举措的社会主义法治理念教育，与社会主义和谐社会建设密切相关：开展法治理念教育，能够促进政法检察机关自觉按照民主法治要求加强执法工作，加大执法力度，为构建和谐社会提供更加有力的法治保障；能够促进政法检察机关不断提高执法水平，做到公正执法，为构建和谐社会创造良好的法治环境；能够促进政法检察机关自觉规范执法行为，减少自身引发的社会不和谐问题，实现执法和谐，维护社会和谐稳定。因此，开展社会主义法治理念教育，是民主法治建设的重大举措，是构建和谐社会的必然要求。

第二，开展社会主义法治理念教育是推进依法治国、建设社会主义法治文明的必然要求。依法治国是我们党总结探索执政规律，改革完善领导方式和执政方式，实现依法执政、推进政治文明和法治文明建设的重大举措。法治文明是观念形态、制度形态、实践形态文明的复合体。因此，落实依法治国基本方略，既需要在建立法律制度、推动法律实施上着力，又要从树立法治理念上着手，积极开展社会主义法治理念教育，促进法治思想的普及和深入。首先，法治理念教育是法律创制和实施的先决条件。只有把人民主权、保障权利、制约权力、公正司法、依法办事等社会主义法治理念贯穿到立法、执法、司法和守法的全过程，才能保证党的方针政策贯彻落实和依法执政，实现党的领导、人民当家做主和依法治国的有机统一。其次，法治理念教育是法治现代化进程的牵引动力。只有首先推进法治理念的现代化、培植和构筑先进法治的社会根基，才能推动法律制度创新和实践探索，使社会主义法律制度和执法实践更好地体现时代性、把握规律性、富于创造性。另外，法治理念教育是深化司法改革的保障手段。只有在政法检察机关乃至全社会树立符合时代要求的社会主义法治理念，才能为改革创造良好的思想基础和社会氛围，保证各项改革积极稳妥地推进；同时，法治理念教育能够极大地促进司法理论创新，进而推动司法工作体制创新、机制创新，促进中国特色社会主义司法文明、法治文明和政治文明建设。

第三，开展社会主义法治理念教育是实践执法为民思想、推动政法工作健康发展的必然要求。随着经济快速发展和社会日益开放，随着民主法治建设的深入推进，人民群众的民主意识、权利意识、法律意识不断增强，对政法检察机关的执法工作提出了新的更高要求。不仅要求我们依法维护国家及公共利益，而且要求我们依法维护公民个人的合法权益；不仅要求我们执法严格、公正，而且要求我们执法规范、文明。有些过去能过得去的事情现在过不去了，有些过去适应的做法现在不适应了，很多过去没遇到的问题现在不断产生，一些法律没有明确规定的问题也需要及时处理。因此，政法检察机关必须顺应形势发展的要求，必须适应人民群众的要求，不断端正执法思想、更新执法观念，自觉树立和落实崇尚法治、平等保护、司法文明、程序正义等现代法治理念，推动执法观念创新和工作创新，推动各项政法工作健康深入发展。同时，通过开展社会主义法治理念教育，将执法为民、保障人权等符合科学发展观要求的现代法治理念贯彻落实到执法办案的各个环节，使执法工作更符合党和人民的要求，更符合法治建设的规律，是政法工作沿着正确方向健康发展的思想保证。

第四，开展社会主义法治理念教育是加强政法队伍建设、提高政法检察机关执法能力的必然要求。近年来，通过持续开展教育整顿活动，政法队伍的整体素质不断提高、执法能力不断增强，但一些政法干警执法不规范、不严格、不公正、不文明、不廉洁的问题仍有发生。剖析这些问题产生的原因，很多都与执法思想不端正、执法观念落后密切相关。如有的干警“重打击轻保护”“重实体轻程序”“重口供轻证据”“重配合轻制约”“重司法秘密轻司法公开”“重就案办案轻司法服务”“重法律效果轻社会效果”等一些错误观念根深蒂固，习惯于老办法、老套路，结果导致执法不严格、不公正甚至刑讯逼供等问题和冤假错案的发生。因此，队伍素质不高，根源主要在于社会主义法治理念树立不牢；执法能力不强，根源主要在于社会主义法治理念更新不够。推进政法队伍建设、提高执法能力，必须加强社会主义法治理念教育，促进广大干警自觉端正执法思想、更新执法观念、牢固法律信念，从源头上防止和减少执法问题的发生，做到为民执法、严格执法、公正执法、文明执法、廉洁执法。

二、社会主义法治理念的本质和内涵

社会主义制度是建筑在马克思主义理论基础之上的，对社会主义社会中的种种现象，都能从马克思主义中找到本质认识，因此，分析社会主义法治理念的本质也不能离开马克思主义的指导。按照这种方法论进行分析，我们可以发现：社会主义法治理念的本质是马克思主义法律观，是马克思主义关于法的本质、属性、价值、作用等的科学理论、系统思想和基本观点与中国特色社会主义法治实践相结合的思想理论产物，是马克思主义世界观和方法论在法治思想领域的具体反映，也是毛泽东思想、邓小平理论、“三个代表”重要思想和科学发展观在法治思想领域的具体反映。

掌握了社会主义法治理念的本质，我们就可以把社会主义法治理念的内涵概括为：建立在社会主义制度基础上，以马克思主义法律观为指导，由我国人民当家做主的本质所决定的，反映中国特色社会主义法治建设基本规律和党的领导、人民当家做主、依法治国有机统一根本特征的，关于法律现象的思想、观念、知识和心理的总称。它具有四个鲜明特征：

(1) 人民性。社会主义法治理念以马克思主义为指导，建立在社会主义制度基础上，必须始终坚持马克思主义关于人民群众是推动历史的决定力量这一根本政治立场，把“相信人民、依靠人民、为了人民”作为根本指导思想。社会主义法治理念由我国人民当家做主的本质所决定，是社会主义民主法治思想的重要内容。依法治国的主体是人民，依法治国是人民治国、民主治国，立法和执法都要服从人民群众根本意愿、服务人民群众根本利益，保障人民当家做主的主体地位。因此，社会主义法治理念的核心是执法为民思想，是人民主权思想在法律意识形态领域的集中体现。树立社会主义法治理念，必须牢固树立人民群众主体地位的意识，自觉克服“法律工具主义”“以法治民”思想。

(2) 政治性。我国社会主义法治建设是在党的领导下进行的，各项法律制度是党的主张和国家意志的集中反映。因此，以法律制度为载体、蕴涵于法治文明中的法治理念具有鲜明的政治性，反映了党的领导、人民当家做主、依法治国有机统一的根本特征，反映了中国特色社会主义法治建设的基本规律。树立社会主义法治理念，必须高度警惕和自觉抵制司法工作“非党化”“非政治化”“政治中立”等错误思想。

(3) 法律性。社会主义法治理念以法律现象为客体，归根到底是关于法律现象的思想、观念、知识和心理，既承袭了中国法文化的优秀传统，又吸纳了世界法治文明的精华，反映了一切法治文明发展的一般规律，具有深刻的法律科学性、专业性。因此，既要把社会主义法治理念与政治意识、道德观念区别开来，又要将法治理念教育与政治思想教育、职业道德教育紧密结合、相互促进，防止和克服“法律虚无主义”、权大于法、以情代法等错误认识和做法。

(4) 先进性。社会主义法治理念本质上是马克思主义法律观，具有马克思主义与时俱进的理论品质，既坚定不移地坚持马克思主义的世界观和方法论，又随着中国特色社会主义法治建设实践的深入，不断融入鲜明的时代精神和鲜活的发展要求，始终体现时代性、把握规律性、富于创造性。因此，树立社会主义法治理念既是一个坚定社会主义法治信念、牢固马克思主义法律观的过程，又是一个推动法律观念更新的过程。

三、政法检察机关应着重提倡十大法治理念

当前，政法检察机关要牢固树立符合“三个代表”重要思想、科学发展观

要求和现代法治精神的社会主义法治理念：

（1）要树立执法为民理念。牢记全心全意为人民服务的宗旨，真正在思想上解决“为谁执法、靠谁执法、怎样执法”的重大问题，坚持以人为本，牢固树立人民群众主体地位的意识，把执法岗位作为为人民服务的平台，把执法活动作为保护和实现人民利益的途径，真正带着对人民群众的深厚感情执法，本着对群众利益高度负责的精神办案，通过执法切实实现好、维护好、发展好人民群众根本利益，保障人民群众的主权主体地位。

（2）要树立崇尚法律理念。增强对法律精神的感悟和体认，自觉遵守法律规则，学习法律知识，认同法律价值，保护法律秩序，维护法律权威，捍卫法律尊严，追求法律理想，严格执行法律，始终忠于国家、忠于人民、忠于法律。

（3）要树立司法公正理念。既全面履行司法职责，依法惩治各种犯罪，监督纠正司法不公；又坚持以事实为依据、以法律为准绳，不偏不倚，不枉不纵，切实做到有罪追究、无罪保护，严格依法、客观公正，维护社会公平和正义。

（4）要树立保障人权理念。认真贯彻执行“国家尊重和保障人权”的《宪法》规定，坚持打击、保护、监督、服务并重，既依法履行执法司法职责，保护人民群众的基本权利，又依法保障包括犯罪嫌疑人、被害人及其家属、证人、申诉人、被申诉人等在内的所有诉讼参与人的合法权益。

（5）要树立法制统一理念。正确理解和适用国家法律，坚决抵制和克服地方保护主义、部门保护主义，防止和纠正因地方、部门利益而破坏法治统一实施的问题。要强化执法权也要接受监督、接受制约的观念，保证执法权依法、正确、严格、规范行使。

（6）要树立法律平等理念。不分贫富、不分地域、不分职业、不分国有民营、不分内资外资，平等地对待每一个案件当事人，平等地保护他们的合法权益，一视同仁地提供法律服务。依法保护一切有益于人民和社会的劳动，平等保护一切合法的劳动收入和合法的非劳动收入，促进人们和谐相处、社会和谐发展。

（7）要树立司法效率理念。自觉消除执法中的官僚主义、拖拉作风，努力提高执法效率，降低诉讼成本，严守办案时限，杜绝超期羁押，保障当事人合法权利，维护涉案单位正常秩序。强化司法管理意识，运用先进理论、科学方法、规范制度加强对司法活动的质量管理、过程控制和动态监督，提高司法效率。

（8）要树立程序正义理念。严格按照法定程序办事，坚持实体与程序并重原则，自觉破除程序法只是为实体法服务的、程序规定碍手碍脚、按程序办事麻烦的思想，自觉防止和纠正法外程序、省略程序、违反程序等诉讼问题，充分保障当事人知情权、辩护权、申诉权等诉讼权利，实现实体公正与程序公正的有机统一。

（9）要树立司法公开理念。坚持以公开促公正，不断完善执法司法公开的内容，丰富执法司法公开的手段和形式，增强执法司法工作的透明度、公信度，依法保障人民群众对执法司法活动的知情权、参与权、监督权，实现执法和谐。

（10）要树立司法文明理念。坚持法治与德治并重，自觉克服态度粗蛮、方法简单、居高临下的做法，以人道的、人性化的方式对待案件当事人，充分体现法治的人文精神和执法司法的人文关怀。坚持宽严相济、区别处理，加强教育、感化和挽救工作，积极化解矛盾纠纷，实现执法的法律效果、社会效果有机统一。

四、政法检察机关开展治法理念教育的方法和措施

开展社会主义法治理念教育影响深远、意义重大，应全力抓好。根据政法检察机关当前执法工作实际、队伍建设实际和以往教育整顿的经验做法，社会主义法治理念教育活动需从以下六个方面着力开展。

（1）在思想发动上着力。深入分析政法工作面临的形势和政法检察机关法治理念存在的不足，深化对开展法治理念教育重要性、必要性和紧迫性的认识，抓好动员部署，激发广大政法干警自觉参与法治理念教育活动的积极性、主动性，增强他们扎实开展法治理念教育的责任意识和学习热情。

（2）在正面教育上着力。总结四个“五年普法”工作的有益经验，坚持以正面教育、自我教育为主，组织广大政法干警自觉学习法律知识，开阔法律视野，钻研法学理论，提高专业技能，树立和培养现代法治理念。要组织编写有针对性的教育读本，明确社会主义法治理念的本质、内涵、特征和基本内容，廓清社会主义法治理念与西方法治理念的区别，对有关盲目崇尚西方法治理念、不加批判地引进西方法治思想的倾向与做法予以批判、纠正，消除理论混乱和认识误区，教育和引导广大干警树立正确的法治理念。要广泛开展自学法学原著、精读法学名篇等读书活动，促进广大干警对社会主义法治理念真懂、牢记、会用。

（3）在丰富形式上着力。要采取举办读书班、研讨会、学习培训、演讲比

赛、写读书笔记、举行考试考核、建立学习档案等丰富多彩的教育活动形式，使法治理念教育贴近执法工作实际、容易为干警接受、能发生潜移默化作用，真正使广大干警对社会主义法治理念“内化于心、外践于行”。

(4) 在集中研讨上着力。开展社会主义法治理念教育，既要总体安排、整体推进，又要突出重点、分步实施。要突出当前迫切需要树立和强化的法治理念，分列专题进行集中研讨，及时形成一批理论成果，推动教育活动不断深入。

(5) 在抓好结合上着力。坚持把法治理念教育同执法工有机结合，用正确的执法理念指导执法工作，在加强和改进执法工作中落实和强化正确的法治理念；把法治理念教育同队伍建设有机结合，通过教育活动促进队伍素质提高，用队伍建设的成果来检验教育成效；把法治理念教育同专项整改活动有机结合，从执法思想、执法理念的高度深入剖析和切实解决人民群众反映强烈的突出执法问题，规范执法行为，促进执法公正，让人民群众及时看到法治理念教育的成果；把法治理念教育同执法规范化建设有机结合，组织开展执法规范制度清理工作，对违背法治理念要求的要予以废止、剔除，对与法治理念要求不完全一致的要予以修改、完善，对反映法治理念要求的要建立、推广，使社会主义法治理念得以制度化、程序化，真正贯穿到执法的各个环节，形成执法的长效机制。

(6) 在组织领导上着力。要周密部署、精心组织，认真制订实施方案，明确活动的指导思想、目标要求和方法步骤，保证教育活动有条不紊地扎实开展。要成立工作机构，落实领导责任，形成分工负责、协调抓落实的工作格局。要建立督察制度，加强督促指导，推动一级抓一级，逐级抓落实；上级机关要深入基层，及时掌握进展情况，加强具体指导，推动法治理念教育在基层干警和办案一线得到落实、收到实效。要加强示范引导，总结推广经验做法，表彰树立正面典型，积极营造良好氛围。

20. 牢记党的宗旨，永葆共产党员先进性*

——学习胡锦涛同志重要讲话的几点体会

胡锦涛同志在1月14日的重要讲话中，深刻阐述了党的先进性建设是关系马克思主义政党生存发展的根本性问题，并要求全党深刻理解和准确把握新时期共产党员保持先进性的基本要求，强调指出其中重要的一点是“坚持党的根本宗旨，始终不渝地做到立党为公、执政为民”。下面，我就党的宗旨问题，谈几点学习体会。

一、深刻理解党的宗旨含义及其确立的根源

所谓宗旨，是指目的和意图。任何政党，无论是资产阶级政党还是无产阶级政党，都有党的宗旨，用它来表明立党的目的，用它来团结本阶级的力量和争取民众支持。

我们党的宗旨是全心全意为人民服务，并把全心全意为人民服务作为党的一切活动的出发点和归宿。确立这个宗旨，表明了我们党的主要目的和意图在于服务。它所涵盖的思想内容有三层含义：(1) 标明了服务的范围。这个范围是“人民”，强调是为“最广大人民群众的根本利益”服务。为多数还是为少数，这是宗旨内涵中的一个“量”的界限，更是一个“质”的界限，是我们共产党的一条重要政治原则，也是党的组织的合理性、科学性的标尺，它鲜明地体现了党的价值取向、执政理念和本质特征。(2) 标明了服务的要求。党章开宗明义地要求为人民服务要做到“完全”“彻底”“全心全意”，不是半心半意，更不是三心二意。这就摆正了党同人民群众的关系，保持同人民群众的血肉联

---

* 本文发表于《政策》2005年第5期；2006年7月被《政策》杂志社评为“永葆共产党员先进性征文一等奖”。

系，永远同人民心连心，真正显示出立党为民的本色。（3）标明了服务的目的。为人民服务的目的，就是为人民谋利益。“谋”是一个能愿动词，它表明，服务主体在精神状态上是主动地自觉地服务，而不是消极应付；在思路上是创造性地服务，而不是墨守成规；在行动上是脚踏实地地服务，一步一个脚印，而不是坐而论道；在自我评价上是“俯首甘为孺子牛”，而不是患得患失、斤斤计较；在标准上是以人民满意不满意、赞成不赞成、答应不答应作为最高的检验标准，而不是自我满足、自我陶醉，飘飘亦然，不是常常自以为是，不自以为非。因此，为人民谋取利益，这是党的宗旨理论的一块奠基石，也是检验党员是否保持先进性的一块试金石。

我们党之所以将全心全意为人民服务确立为自己的宗旨，这是因为：（1）这是由党的历史唯物主义世界观所决定的。历史唯物主义认为，人类社会的历史归根到底是物质生活资料生产的历史，生产力发展是社会最终决定的力量。生产力和生产关系、经济基础和上层建筑的矛盾运动是推动社会历史前进的根本动力。而人是生产力中最活跃、最革命的因素，是代表了先进生产力要求的人民群众推动着生产关系和上层建筑的变革；人民群众是改造自然的主体力量，也是改造社会的主体力量。因此，人民群众是历史的创造者，是真正的英雄。毛泽东同志把群众是真正的英雄这一马克思主义唯物史观精辟地概括为一句话：“人民，只有人民，才是创造世界历史的动力。”无产阶级和劳动人民要得到自身的真正解放和幸福，只有依靠人民群众自身的力量来实现。无产阶级政党必须顺应人民群众是历史创造者这一根本规律，紧紧依靠人民群众的力量，全心全意为最广大人民谋利益，才能实现自己的历史使命。（2）这是由党的性质所决定的。我们的党是中国工人阶级先锋队，同时是中国人民和中华民族的先锋队。我们党是无产阶级政党，是马克思主义政党。党的性质决定了它不能只是一个代表少数人或单纯为本阶级谋利益的狭隘的宗派集团，决定了它必须立党为公，必须全心全意为人民服务。党坚持全心全意为人民服务的宗旨，也就体现了党的无产阶级先锋队的性质；而党坚持无产阶级先锋队的性质，也就必须牢记并实践全心全意为人民服务的宗旨。（3）这是由党在新世纪新阶段的伟大历史使命所决定的。实现现代化、完成祖国统一、维护世界和平和促进人类共同发展，是我们党在新世纪新阶段的伟大历史使命；党的最终奋斗目标，是实现共产主义。党的这一历史使命，不仅完全体现了工人阶级的意志和愿望，也完全符合最广大人民的根本利益。同时，为了实现这一历史使命，党必须团结、带领广大人民群众同自己一道奋斗，必须全心全意为人民谋利益。

我们党从它创立之日起，就始终代表着中国最广大人民的根本利益，把是否符合最广大人民的根本利益作为衡量一切工作的最高标准。延安整风之后，毛泽东同志在党的“七大”上对党的宗旨作了精辟的论述。他指出：共产党人的一切言论行动，必须以合乎最广大人民群众的最大利益、为最广大人民群众所拥护为最高标准。邓小平同志把这一人民利益标准具体化、形象化，提出把人民拥护不拥护、赞成不赞成、高兴不高兴、答应不答应作为制定各项方针政策的出发点和归宿。“三个代表”重要思想极其鲜明地声明以执政为民为本质，发展了以实现和维护最广大人民的愿望和利益为最高标准的思想。胡锦涛同志在2003年“七一”重要讲话中进一步指出：“建设中国特色社会主义的根本目的是实现好、维护好、发展好最广大人民的根本利益，党的理论、纲领、路线、方针、政策和工作必须以符合最广大人民的根本利益为最高衡量标准。”因此，党的宗旨内涵，随着革命、建设和改革的历程，不断丰富和发展，并且具有鲜明的时代特征，成为一代又一代党员前进的精神动力、指路明灯。

二、深刻认识党的宗旨地位及其作用

首先，党的宗旨是党的根本标志，是共产党区别于其他政党的本质特征。利益代表是政党的基本职能。历史经验表明，判断一个政党的性质，不仅要看它由什么人组成、看它为自己贴上什么标签，而且更要看它的宗旨是代表什么人的利益并在实践中能否实现这些利益。资产阶级政党为了取得和保持执政地位，争取广泛支持，往往自诩为“全民党”，标榜代表全社会的利益，极力淡化其阶级实质。马克思主义政党从不掩饰旗帜鲜明的阶级立场；因为它的性质是工人阶级先锋队，它的宗旨是为人民谋利益。马克思、恩格斯在《共产党宣言》中指出，“共产党人同其他无产阶级政党不同的地方只是：一方面，在无产者的不同的民族的斗争中，共产党人强调和坚持整个无产阶级共同的不分民族的利益；另一方面，在无产阶级和资产阶级的斗争中所经历的各个发展阶段上，共产党人始终代表整个运动的利益”。“过去的一切运动都是少数人的或者为少数人谋利益的运动。无产阶级的运动是绝大多数人的，为绝大多数人谋利益的运动。”我党建党80多年来，始终坚持全心全意为人民服务的根本宗旨，坚持把党的宗旨贯穿于党的一切活动中，集中体现在制定纲领、路线和方针政策上，体现在始终坚持群众路线上，体现在保持密切联系群众的作风上。相信人民群众、依靠人民群众、一切为了人民群众，这是“三个代表”重要思想的根本出发点和落脚点，也是我们党区别于其他政党的分水岭。

其次，党的宗旨是我们党取得革命和建设胜利的根本保证。我党由小变大、由弱变强、由革命党成为执政党，取得了新民主主义革命、社会主义革命胜利，取得中国特色社会主义现代化建设的举世瞩目的成就，是因为获得了人民群众的拥护和支持，从人民那里汲取了无穷力量。革命战争年代，我们党带领群众推翻了压在中国人民头上的“三座大山”，充分体现了人民群众的意愿，得到了人民群众的坚决拥护。新中国成立初期，我们党提出了过渡时期的总路线，完成了从新民主主义到社会主义的过渡，确立了社会主义制度。党的“八大”制定了全面开展社会主义建设的正确纲领，提出了集中力量发展社会生产力、实现国家工业化的任务。党的十一届三中全会以后，我们党拨乱反正，进行建设中国特色社会主义的伟大实践，党和人民的事业蒸蒸日上。所有这些，正是工人阶级和最广大人民群众的根本利益的体现。同时，我们也看到，由于“左”倾错误的影响，特别是林彪、江青反革命集团的破坏，我们党在一段时间里没有正确处理好宗旨问题，党群关系、干群关系受到了严重损害，社会主义事业受到了严重损害。实践证明，什么时候坚持了全心全意为人民服务的宗旨，我们的事业就会兴旺；什么时候背离了全心全意为人民服务的宗旨，我们的事业就会遭到挫折。国际共产主义运动史也表明了，一个国家的政权、一个政党的前途和命运最终取决于人心向背，如果执政体制僵化、执政能力衰退、执政成效不能代表人民的利益，不能令人民满意，就会失去执政乃至生存的基础，直至丧失政权，失去执政地位。20 世纪初，第二国际之所以发生分裂并最终瓦解，根本原因在于各国党内机会主义抬头，党的性质、党的宗旨发生了严重蜕变，党的先进性不复存在，有的甚至公开支持本国政府参与帝国主义战争。20 世纪后期，拥有 88 年历史、近 2 000 多万党员、执政长达 70 多年的苏联共产党瞬间丧失政权，一条根本的教训就在于它修正了自身的理论、纲领、路线，丢掉了为人民服务的宗旨，失去了先进性这一党的生命线，在实践中脱离了人民群众。东欧剧变同样如此。我们要经常用这些政权兴衰更替的教训自警自省，始终坚持党的宗旨，保持党的先进性，确保党的事业兴旺发达。

最后，党的宗旨是每个党员的行动指南。胡锦涛同志指出：“我们党的根基在人民、血脉在人民、力量在人民。群众在我们心里的分量有多重，我们在群众心里的分量就有多重。能不能坚持全心全意为人民服务的根本宗旨，是衡量一名党员是否合格的根本标尺。”党的宗旨是每个共产党员的行动指南，同时依赖于全体党员的实践去实现。没有全体党员具体的、富有说服力的为人民服务的行动，党的宗旨就会变成一句空话。《中国共产党章程》规定：“中国共产党党员必须全心全意为人民服务，不惜牺牲个人的一切，为实现共产主义奋斗终生。”因此，坚持为人民服务的宗旨，既是对人民群众的承诺，也是我们党对全体党员的根本要求。每个党员为人民服务的行为，都会换来群众对党的信赖、爱戴和拥护，能使党的执政基础和执政地位不断巩固。

三、牢牢把握党的宗旨的时代特征

建党 80 多年来，我们党“全心全意为人民服务”的宗旨从未有过改变，它始终是动员全党、团结和带领全国人民前进的光辉旗帜。在不同的历史时期，由于党的历史任务、人民利益的具体体现和要求不同，坚持和实践党的宗旨具有不同时代特征。

在革命战争年代，也就是新民主主义革命时期，党领导人民群众推翻了“帝、官、封”三座大山，建立新中国，从根本上代表人民群众的利益，实现了自己的宗旨。具体到土地革命时期，我们党处于白色恐怖的包围之中，但最终使革命星火形成燎原之势，靠的就是关心群众利益，把革命大目标和人民群众根本利益紧紧连在一起，发动群众支持、参加革命。当时人民群众的最大利益是获得生存的土地，我们党带领革命群众打土豪分田地，关心群众的实际生活问题，充分体现了人民群众的意愿。每当有一批群众翻身，根据地就扩大一片，革命力量就不断壮大。具体到抗日战争和解放战争时期，我们党提出了“民兵是胜利之本”“战争的伟力之最深厚的根源，存在于民众之中”，激发人民群众极大的革命热情；我们党紧紧依靠人民群众，维护群众利益，坚持同中华民族的生死存亡和前途同呼吸共命运，开展了抗日、解放的人民战争，最终取得了伟大胜利。在一切服从革命战争的这个年代，共产党员保持先进性、坚持党的宗旨集中体现在“英勇战斗、不怕牺牲”上。无数共产党人，为了实现革命的理想和目标，为了维护和实现人民群众和中华民族的根本利益，为了建立人民当家做主的新中国，有的在战场上前仆后继，流血牺牲，有的在刑场上视死如归、慷慨就义，有的在敌后临危不惧、斗智斗勇。李大钊、方志敏、夏明翰、杨靖宇、刘胡兰、张思德、狼牙山五壮士等无数革命先烈，都是革命战争时代党的宗旨的实践典范。

在新中国成立初期和计划经济时代，我们面临的是一穷二白、人口众多、经济落后和百废待兴的局面。人民群众的根本利益和最大愿望是在翻身解放、当家做主之后，尽快改变落后面貌，进行社会主义建设。相应地，我们党的任务就是巩固人民政权，恢复国民经济，对生产资料私有制进行社会主义改造和全面建设社会主义，不断满足人民群众日益增长的物质文化生活需要，我们党的一系列方针政策都集中体现了人民群众的利益。在这个时期，党员保持先进性、坚持党的宗旨全心全意为人民服务，集中体现在大公无私、忘我工作、甘于奉献、积极投身社会主义建设上。雷锋“把有限的生命投入到无限的为人民服务中去”、愿做“革命的螺丝钉”；焦裕禄“心里装着全体人民，惟独没有自己”；“两弹元勋”邓稼先毅然回国参加建设，为国家和人民作出巨大贡献；杨水才的“小车不倒只管推”；王国福的“一分钱掰成两半花”；“铁人”王进喜和他的战友们以“十不精神”，❶ 在国家工业战线上树立了一面光辉旗帜，等等。在那个时代，他们以党员的实际行动，忠实实践着全心全意为人民服务的宗旨。

在改革开放和社会主义市场经济新时期，人民群众的根本利益在于发展经济，满足人民是益增长的物质文化生活的需要。党的任务是解决温饱、推进现代化建设、全面建设小康社会。我们党实行改革开放政策、建立和发展社会主义市场经济，就是为了进一步解放和发展生产力，加快现代化的发展进程，使全国人民逐步走向共同富裕的道路；我们党加强社会主义民主和法治建设，加强党风廉政建设和执政能力建设，推动“三个文明”建设协调发展，都是在实践全心全意为人民服务的宗旨。在新的历史时期，党员保持先进性、坚持党的宗旨集中体现在经受得住市场经济、个人利益得失的考验，团结和带领群众共同建设中国特色社会主义，投身于党所领导的伟大事业。孔繁森献身西藏，以身殉职，向党和人民交出人生最后的答卷是身上的 8.6 元钱和阿里经济的 12 条建议；郑培民权为民用、利为民谋、一身正气、两袖清风；吴天祥千方百计为民排忧解难；牛玉儒以饱满的革命激情忘我工作；任长霞执法为民，忠于职守。党员队伍中涌现出的这些实践典范，在人民群众中有口皆碑。

四、新世纪新阶段坚持党的宗旨的基本要求

在新世纪新阶段，在党长期执政的条件下，不断推进改革开放和社会主义现代化建设，发展社会主义市场经济，赋予党的宗旨以新的时代内涵，对坚持党的宗旨提出了新的更高要求。

(1) 要坚持立党为公、执政为民。立党为公、执政为民，是“三个代表”重要思想的本质，是我们党必须恪守的政治立场，是我们党根本宗旨的集中体现。坚持立党为公、执政为民，始终保持同人民群众的血肉联系，是党执政 50 多年来的主要经验之一。只有一心为公，立党才能立得稳；只有一心为民，执政才能执得好。能不能落实立党为公、执政为民的要求，是衡量有没有真正

---

❶ 不怕苦、不怕死、不为名、不为利、不讲工作条件、不讲工作时间、不讲工作报酬、不分职务高低、不分分内分外、不分前方后方。

学懂、是不是真心实践“三个代表”重要思想的最重要标志。坚持立党为公、执政为民，应当贯穿于我们党全部工作中，体现在每一个党员和干部的思想行动上。在党长期执政的条件下，坚持立党为公、执政为民，必须突出强调要认真解决好权力观问题，树立和实践正确的权力观。权力观的核心是为谁掌权、为谁服务的问题。胡锦涛同志在 1 月 14 日的讲话中强调指出，“作为领导干部必须牢记我们手中的权力是人民赋予的，只能用来为人民谋利益，而决不能用来为自己牟私利，要始终为人民掌好权、用好权。”检察机关是国家政权的重要组成部分，检察队伍是一支以共产党员为主体的政法队伍，必须时刻牢记检察权来源于人民，来源于国家宪法和法律，必须始终坚持“立检为公，执法为民”，始终坚持为人民执法，为人民掌好检察权，努力使各项检察工作更加符合人民的意愿。

（2）坚持抓好发展这个党执政兴国的第一要务。发展是时代的要求，是人民的愿望，是解决中国一切问题的关键。“发展才是硬道理”，这是邓小平同志总结社会主义建设经验教训提出的著名论断。我们党把发展作为执政兴国的第一要务，归根结底是为了维护和实现最广大人民的根本利益，不断提高人民群众的生活水平，不断增强我国的综合国力。能不能解决好发展问题，直接关系到人心向背。党必须始终紧紧抓住发展这个执政兴国的第一要务，努力提高领导发展的能力，把坚持党的先进性和发挥社会主义制度的优越性，落实到发展先进生产力、推进社会主义先进文化、实现最广大人民的根本利益上来，推动社会全面进步，促进人的全面发展。紧紧把握住这一点，就从根本上把握、体现了人民的愿望，把握了社会主义的本质。面对新世纪新阶段发展的重要战略机遇期，我们每一位党员都应该懂得：抓住机遇、加快发展是我们党对国家、对民族、对人民肩负的历史责任；坚持党的先进性，发挥社会主义制度的优越性和实现民富国强，归根到底要靠发展。要团结和带领群众聚精会神搞建设，一心一意谋发展，使人民群众通过发展享受到更多的经济、政治、文化权益，使我们党执政为民的宗旨通过造福于民的实践得到更加充分的体现。

（3）坚持党的群众路线，诚心诚意为群众谋利益。把全心全意为人民服务的宗旨落到实处，党员干部必须坚持党的群众路线，保持同人民群众的血肉联系，老老实实向人民学习，真心诚意为人民服务。每一位党员要牢固树立群众观点，相信群众、依靠群众，善于从群众中汲取智慧和营养。人民群众是真正的英雄，是人类历史的创造者，只有同人民群众结合在一起，真正相信群众、依靠群众，才能有力量、有智慧、有办法，才能战胜困难，为人民多作贡献。要倾听群众呼声，深入群众，深入基层，了解群众在想什么、盼什么、欢迎什么、反对什么，及时解决群众最现实、最关心、最紧迫的问题。要关心群众利益，热心帮助群众解决生产生活中遇到的实际困难。胡锦涛同志要求我们，“要始终与人民群众同呼吸、共命运、心连心，牢记群众利益无小事的道理，时刻把群众的安危冷暖记在心上，为群众诚心诚意办实事，尽心竭力解难事，坚持不懈做好事”。当前，要高度重视和维护人民群众最现实、最关心、最直接的利益，尤其要想方设法帮助下岗职工、困难企业职工、城乡贫困人口、贫困地区群众、受灾地区群众、失地农民生活保障、农民医疗保障、失学孩子接受义务教育难、工资被长期拖欠的农民工、城乡居民收入差距拉大等群众解决实际问题，切实把中央为他们脱贫解困的各项政策措施落到实处，使他们切实感受到党和政府的温暖。

（4）坚持拒腐防变，始终保持清正廉洁。党的性质和宗旨，决定了共产党人必须永远保持清正廉洁的本色。做到清正廉洁，是广大党员特别是党员领导干部必须具备的政治品格，是新时期保持党员先进性的基本要求。近些年来，腐败问题已成为一个损害党的形象、疏远党群关系、危害改革开放和现代化建设的严重问题。每一位党员特别是领导干部要从关系党生死存亡的高度，充分认识腐败问题的严重危害性，增强拒腐防变、廉洁自律的自觉性和坚定性。要严格遵守四大纪律和八项要求，要“常修为政之德，常思贪欲之害，常怀律己之心”，永远保持清正廉洁，一身正气，从而保证我们党始终成为清正廉洁的党，始终成为全心全意为人民服务的党。

五、身体力行，坚持党的宗旨不动摇

当前，我国正在发展社会主义市场经济，这给我们进一步加强和改进党的建设提出了新的要求，注入了生机与活力，但也给党员的思想带来一定冲击。因此，在改革开放和市场经济条件下，强调党员坚持党的宗旨、始终保持党员先进性、充分发挥党员的先锋模范作用，对于推进党所领导的建设中国特色社会主义伟大事业，具有非常重大的意义。我认为，当前党员坚持党的宗旨，应注意和把握好以下几个问题。

（1）要把坚定理想信念与脚踏实地工作紧密结合起来。理想信念作为人们的世界观在奋斗目标上的集中体现，从来都是一种能动地推动人类社会发展的巨大力量。共产主义理想和社会主义信念，是建立在马克思主义揭示人类社会发展规律的基础上的，因而是科学的理想信念。党员在市场经济中，绝不能忘记党的宗旨和理想，不能放弃自己的信念和追求，要清醒认识我们发展的市场经济是社会主义市场经济，要正确认识当代社会主义和资本主义的发展趋势

20世纪东欧剧变和苏联体后，国际共产主义运动遭受挫折；而当代资本主义经过300年的发展和自身的调整改革，目前正处于相对稳定和不断发展的阶段，仍有相当的活力。在这种情况下，我们要坚持用马克思主义的立场、观点、方法来认识世界，要从人类社会发展规律的高度来认识人类社会发展的客观规律，不断坚定自己的理想信念。只有这样，我们才能眼界宽广、心胸开阔，就会自觉地、满腔热情地为党和人民的事业奋斗；只有这样，我们所从事的发展社会主义市场经济的实践，就不会因丧失精神支柱和战斗意志而走偏方向。同时，我们要看到党和人民的事业是由无数具体工作推动的，实现共产主义理想和现阶段奋斗目标，离不开今日在市场经济条件下解放与发展生产力的努力。我们的每一个岗位、每一项工作，都同党的整个事业紧密相连；我们要看到自己工作的重要性，脚踏实地扎扎实实地工作，努力创造一流工作业绩。特别是我们作为检察机关的党员领导干部，人民赋予我们的权力很大，责任更大，这要求我们认认真真地思考清楚"当官干什么、掌权为什么、身后留什么"这个问题，要毫不懈怠地努力工作，以实实在在的工作业绩，为人民的检察事业作出应有的尽可能大的贡献。

（2）要正确处理党和人民的利益与个人利益的关系，发扬无私奉献精神和自我牺牲精神。党和人民的利益高于一切，个人利益服从党和人民的利益，这是我们党员的最高原则。在市场经济条件下，在各种各样的利益矛盾面前，我们作为党员要经受得起诱惑和考验，始终坚持把党和人民的利益放在第一位。对检察机关来讲，要把党和人民的利益放在第一位，当前就是要坚持检察工作紧紧服从服务于党和国家工作大局，服从服务于发展第一要务，努力为建设全面小康、构建和谐社会提供有力的法治保障。我们思考、谋划、部署检察工作，都要从大局出发，才能使我们的工作更加符合党和人民的利益。对个人来讲，就是要牢记宗旨，做到克己奉公的观念不能丢，党的优良传统不能丢，多讲奉献，多作贡献，不计较个人的名利与得失。要经常算算"三本账"：一是算算个人成长进步账，通过算账，把握人生新起点；二是算算个人奉献"差距账"，校正人生奋斗坐标点；三是算算模范人物的"贡献账"，通过算账，找准人生奋进"激活点"。只有心里装着人民群众大多数，经常同工人、农民比，同一线基层的同志比，尤其是多与下岗职工、贫困群众比，进而激发我们的热情，鼓舞斗志，扎实工作，多作贡献，多作奉献。

（3）要勤奋学习，努力提高为人民服务的本领。我们正处在知识创新的时代、终身学习的时代，世界科技发展日新月异，新知识、新技术、新经验层出不穷。党员干部要胜任工作、胜任领导，无论在什么工作岗位上，都必须有过硬的政治素质和一套过硬的本领、专业知识和专业技能。只有抓紧学习、刻苦学习、善于学习、善于重新学习，才能不断增长才干，提高为人民服务的本领，提高实践“三个代表”重要思想的本领。这就要求领导干部既要干在前，更要学在前，认真从书本中学，从实践中学，从基层群众中学，勤动脑、动手、动笔，甘当群众的小学生，甘当基层干警的小学生，不断从群众的智慧、经验、才干中汲取营养，不断充实自已、提高自已，为党和人民更好地工作。

（4）要切切实实为基层服务，多办实事，多解难事，多排忧事。无论在何种条件下，一个合格的党员干部应当想基层人民群众之所想，急基层人民群众之所急，政治上着眼基层，行动上服务基层，工作上落实到基层，尽心尽责做人民群众的公仆。当前，我国既处于发展的关键时期，又处于矛盾的凸显时期，新情况新矛盾层出不穷，群众中需要解决的困难和问题很多，这就要求我们出实招、办实事、见实效。如社会治安不够好，腐败现象和职务犯罪依然严重，执法中存在着执法不严、执法不公、监督不力等突出问题，人民群众对此深恶痛绝，反映强烈。我们要大力加强法律监督能力建设，进一步加大工作力度，积极查办职务犯罪、严厉打击刑事犯罪、大力强化诉讼监督。作为检察机关的领导干部，我们要顺应群众的呼声和要求，认认真真地去研究各项工作面临的形势任务，同时，在组织分管工作中要深入实际调查研究，倾听处室班子的意见，关键时刻靠前指挥，身体力行，采取有力措施推动工作，努力解决基层干警、检察干部和检察工作中的热点难点问题，促进检察工作创新发展。

（5）要清正廉洁，筑牢拒腐防变的防线。近些年来，一种令人痛心的现象时有发生，有少数领导干部工作几十年，也为党和人民作出了一些成绩，但由于逐渐放松党性修养，放松世界观改造，在市场经济条件下挡不住金钱的诱惑，走上了腐化堕落、违法犯罪的道路，损害了党和政府在群众中的威信和形象。这一现象警示我们，时刻不能忘记党的宗旨，一定要廉洁自律，过好政治关、权力关、金钱关、美色关、人情关；告诫自己要耐得住寂寞，抵得住诱惑，管得住小节，保持清醒头脑，严格自律，防微杜渐；真正把个人和工作融入党、国家和民族的伟大事业中去，不忘宗旨，永葆本色。

21. 学习贯彻决定精神 加强执法能力建设*

党的十六届四中全会作出的《关于加强党的执政能力建设的决定》（以下简称《决定》），是推进中国特色社会主义伟大事业和党的建设新的伟大工程的纲领性文件。贯彻《决定》，对于提高检察机关的执法能力、有效地发挥监督职能作用、促进党的执政能力建设具有十分重要的意义。因此，检察机关贯彻落实《决定》精神的着力点就是加强自身的执法能力建设。

一、统一思想，增强执法能力建设的责任感和急迫感

检察机关是法律监督机关，担负着保护人民、惩治犯罪、维护稳定、维护社会公平正义、服务现代化的繁重任务。坚持党对检察工作绝对领导是检察工作的一项基本原则；加强执法能力建设，是加强党的执政能力建设的重要内容，是检察机关肩负法律监督职责和历史使命的迫切需要。

近几年来，检察机关从抓统一执法思想入手，强调以“立检为公，执法为民”为核心，以建设高素质检察官队伍为关键，以加强基层院建设为基础，以深入查办职务犯罪大案要案、严厉打击严重刑事犯罪、加强诉讼监督为重点，全面开展各项检察业务，检察工作上了一个大台阶。检察队伍执法能力有了较大提高；干警的精神面貌发生了可喜变化；检察机关的执法办案、基层院建设、检察改革、廉政建设等成效明显，有力地巩固和促进了党的执政能力建设的成果，有很多经验值得总结。如把统一执法思想作为践行“三个代表”重要思想的切入点，树立正确的权力观、人权观、监督观与大局观；把规范执法行为作为中心环节，切实转变执法作风，切实改进执法方法，严肃执法纪律，不断提高执法效果；坚持业务建设、队伍建设、信息化建设“三位一体”一起

* 本文发表于《检察日报》2004 年 12 月 17 日。

抓，推进检察事业持续、协调、健康发展；创新机制，不断增强检察机关的活力；坚持党对检察工作的绝对领导，自觉接受人大监督，为检察工作提供政治和法律保障，等等，这是一方面。另一方面，在加强执法能力建设方面面临的任务仍然艰巨，概括起来有如下五个方面：

一是从观念看，面对世界多极化、经济全球化的曲折发展中出现的敌对势力对我实施西化、分化的现实危险性，如何提高应对能力，维护国家政治、经济、文化安全，一些同志思想上准备不足，存在与己无关的思想；面对国内改革发展进程中出现职务犯罪高发、刑事犯罪居高、诉讼监督乏力，有的同志服务大局的意识不强，急躁情绪、松懈情绪、无所作为情绪滋长；少数自侦案件的质量不高。

二是从基层院一些检察长、业务部门负责人的思想理论水平看，有的不注重政治理论学习，不注重国际经济、政治、法律、文化等知识的学习；有的解决复杂矛盾、复杂问题、复杂案件的本领不大；有的执法素质、执法能力同贯彻落实"三个代表"、全面建设小康社会、维护国家法制统一、维护社会公平正义不适应的问题仍需进一步解决。

三是从执法现状看，在各种因素的影响和制约下，解决队伍中执法不公、不严、不廉的任务仍是长期的、艰巨的。

四是从基层检察院和机关的一些党员看，有的事业心、责任感不强；有的执法作风不扎实；有个别班子战斗力不强。

五是从领导体制、执法方式、执法机制、执法保障看，还存在一些体制上的缺陷，亟待改革、加强与完善。

因此，要在总结检察机关加强执法能力建设经验的基础上，认真分析形势，查找差距，进一步增强四个意识：忧患意识、大局意识、责任意识、服务意识。从"四个致力于"的高度深化"四个认识"：一是从致力于提高"立检为公，执法为民"水平的高度，充分认识加强执法能力建设对于巩固党的执政地位的重要性；二是从致力于提高服务大局水平的高度，充分认识加强执法能力建设对于保障国家长治久安的必要性；三是从致力于提高强化法律监督、维护公平正义水平的高度，充分认识加强执法能力建设对于推进社会主义物质文明、政治文明、精神文明建设协调发展的急迫性；四是从致力于提高科学发展检察事业水平的高度，充分认识提高执法能力建设对于建设有中国特色社会主义检察制度的可行性，进一步增强执法能力建设的责任感和历史使命感，克服盲目性，减少片面性，提高自觉性。

二、明确目标，全面加强执法能力建设

执法能力，就是指以党的理论、路线、方针、政策为指导，以《宪法》、法律为依据，以法定的组织制度为依托，动员和组织全省各级检察院依法执法办案、开展法律监督、管理检察事务的本领。

其一，要明确加强执法能力建设的指导思想。当前及今后一个时期检察机关加强执法能力建设总的指导思想，可以概括为，按照“六以”的思路：以马列主义、毛泽东思想、邓小平理论、“三个代表”重要思想和科学发展观为指导，以“立检为公，执法为民”为宗旨，以“强化法律监督，维护公平正义”为主题，以维护国家法制统一、服务现代化为目标，以加强基层院建设为基础，以建设高素质检察官队伍为关键，全力推进检察事业的创新发展。

其二，要明确加强执法能力建设的目标要求。依据高检院、省委、省院总体要求及基层院建设纲要，当前及今后一个时期加强执法能力建设基本目标是：(1) 要使检察机关始终成为忠实践行“立检为公，执法为民”宗旨的法律监督机关；(2) 要使检察机关始终成为服务改革发展稳定大局、维护国家法制统一的可靠力量；(3) 要使检察机关始终成为严格执法、公正执法、维护社会公平正义的中流砥柱；(4) 要使检察队伍始终成为求真务实、开拓创新、廉政高效的信赖队伍。

其三，要落实加强执法能力建设的主要任务。按照中央《决定》、省委《决议》和高检院、省院指示精神，加强执法能力建设的主要任务就是要着力提高“五个水平”：一是坚持“立检为公，执法为民”的宗旨，着力提高服务大局的水平；二是全面履行法律监督职能，着力提高依法办案的水平；三是强化基层院建设，着力提高队伍整体执法水平；四是加强领导班子建设，着力提高检察长科学决策水平；五是大力实施规范化管理工程，着力提高现代检察管理水平。

三、强化措施，使加强执法能力建设落到实处

首先，在部署上，要结合贯彻全国、全省检察长会议关于加强业务建设、队伍建设和规范化与信息化建设的精神，立足现实，着眼长远，抓住重点，整体推进。

其次，在内容上，要认真贯彻高检院、省院提出的树立科学的执法观、改进执法方式、创新执法机制、转变执法作风、提高执法素质、坚持党的领导的要求，深化加强执法能力建设认识，细化加强执法能力建设领导责任、实施责

任与监督责任，落实加强执法能力建设措施。

其三，在重点上，要引导各级检察院围绕“五个着力提高水平”来展开。各地还可以根据实际，先解决执法能力方面存在的突出问题，通过加强一两个方面的执法能力建设，带动其他执法能力建设。

其四，在方法上，要以研究新情况、解决新问题、增长新本领为切入点，做到“四个贯穿”“四个结合”：学习贯彻《决定》，加强执法能力建设，要贯穿于检察机关党的建设全过程，贯穿于检察机关各级领导班子建设全过程，贯穿于加强检察机关执法能力建设全过程，贯穿于加强基层检察院建设全过程；学习贯彻《决定》，加强检察机关执法能力建设，要同服务经济建设、执法办案、队伍状况、执法条件结合起来，做到有的放矢，从而全面提高执法能力，推动各项检察工作。

其五，在效果上，要通过加强执法能力建设目标、任务、措施的实施与落实，使检察机关执法宗旨更加明确，执法机制更加健全，执法方式更加科学，执法基础更加牢固，执法水平更加提高。

22. 惟有源头活水来*

——首届全国检察理论研究年会综述

“神州改革春潮涌，惟有源头活水来”。世纪之交的中国，正经历着政治民主化、经济市场化、社会法治化的转轨过程。“变革”是当今时代的主旋律，检察制度也面临着改革与发展的机遇和挑战。如何建立和完善有中国特色的社会主义检察制度？检察权在国家权力体系中如何定位？法律监督如何定位与落实？如何建立具有独立、公正、高效的检察权力运作机制等，都是当前需要解决的问题。为探求和回答检察改革中的上述重大理论和实践问题，1 月11～13 日，来自全国高校和研究机构的法学专家以及检察系统的理论工作者 100 余人聚集北京，参加为期 3 天的理论研讨活动。现将与会者集中研讨与争鸣几个问题的观点综述如下。

一、关于检察机关的性质和地位问题

理论界对检察机关的性质是司法机关还是行政机关，在国家结构中应该定位为法律监督机关还是公诉机关，存在一些争鸣。概括起来有：专门的法律监督机关说、司法机关与行政机关双重属性说、行政机关说、司法机关说。对此，与会绝大多数学者和理论工作者认为，中国检察制度是以马列主义、毛泽东思想、邓小平理论为指导，依据列宁同志的监督理论，从自己的国情出发，既未一味照搬苏联采用的一般监督的原则及其制度，又未照搬大陆法系实行“检察官指挥警察”的原则及其制度，而是在坚持党的领导的前提下，按照人民代表大会制度下“一府两院”的政治框架，公安、检察、法院三机关分工负责、互相配合、互相制约的原则，对检察机关的性质、地位、职权及其作用作出科学界定的基础上创设的。它既吸取了苏联等一些社会主义国家和大陆法系

---

* 本文于 2001 年 3 月被《面向 21 世纪中国共产党建设研究》编委会评为“优秀论文”。

一些国家有关创建检察制度、创设检察权方面一些有益成分，具有中国的时代特色，又吸收了人类有关检察文化方面的文明成果，同时具有中华法系的烙印。一些外国国家领导人、司法同仁及专家学者对中国特色的检察制度比较赞赏，认为其在履行法律监督、确保司法公正、防止司法腐败方面起了很好的作用，值得借鉴和学习。与会大多数学者指出，当前理论界少数学者对中国检察制度和苏联检察制度之间的联系的分析缺乏辩证法，对英美法系和大陆法系法制框架的研究缺乏历史分析，简单地用“三权分立”的理论体系及其政治框架来评价中国的检察制度与司法制度，认为西方的司法制度应成为我国司法改革的模式，研究中国司法制度的改革，就是研究如何同外国接轨，亦即“言必称英美，谈必话接轨”，而不从国情出发，用历史的、联系的、发展的观点来研究中国的检察制度与司法制度；甚至把工作中的问题、执法中的偏差同检察制度与司法制度混为一谈。其研究动机往往是好的，对于人们了解国外的一些司法制度文化也是有帮助的。但其研究方法不够科学，其效果往往把理论与实践引入狭窄的胡同。许多学者指出，人民代表大会制度是我国的一大政治优势和政治特色，它与资本主义政治制度中的“多党竞争，分权制衡”制度有着本质区别。宪法规定人民检察院是国家的法律监督机关。这是根植于中国国情的理性选择。研究中国特色社会主义检察制度与司法制度的发展和完善问题，不能脱离和超越国家政权的基本框架，不能想当然地构筑中国检察制度与司法制度的改革模式。只有把握好坚持国家政治制度、国家权力结构的基本框架，不搞“三权分立”的切入点，用正确理论指导，既坚持经过实践检验证明有益于中国特色检察制度与司法制度发展的经验，又吸收国外先进的思想文化，才能不断把握检察改革的方向，推进司法改革的进程，切忌方法论的片面性与绝对化。

二、关于检察机关的职权范围问题

检察机关应当具有哪些职权，监督权是否等于检察权，检察机关是否应当拥有侦查权，是否应当实行检警一体化，批捕权是否应当交给法院，检察机关是否应该有民事审判、行政诉讼的监督权。在这些问题上，有肯定说与否定说之争。不少学者认为，检察职能的特色就是：具有侦查、起诉、监督三足鼎立与综合模式的特点；自成系统，相对独立，形成自上而下、集中统一的组织关系；采用法律监督和法律监督机关的一般概念，并原则上有权对审判活动实施监督；侦查任务的检警划分界限比较清晰，与国外检察机关为侦查主持机关（法律上的）和“二线侦查机关”有区别，修改后的《刑事诉讼法》使检察机

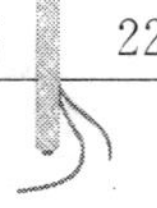

关的机动侦查权被限制于一个极为狭窄的范围；实践中施行一定程度的“起诉便利主义”，且法律上限制比较严格；服从党的领导、接受人大的监督，等等。与会大多数学者认为，检察机关对职务犯罪拥有侦查权，既符合中国国情，也为世界各国通例，甚至有的英美法系国家立法中出现检察机关行使侦查权之强化的趋势。对检察机关实行“检警一体化”问题，与会学者争论较大，认为从我国国家结构、权力配置、法律制度框架层面分析，仿效大陆法系的做法，推行“检警一体化”，其生成条件尚不具备。

三、关于司法改革的方向问题

有的学者曾提出，改革“司法部不司法”的现象，分解大公安为小公安，革除检法并列体制，确立以审判为中心的司法格局。绝大多数与会学者认为，研究司法改革与检察制度改革应当坚持马克思列宁主义、邓小平理论的法学思想，坚持历史唯物主义与辩证唯物主义的研究方法，坚持实事求是、一切从中国国情出发的原则，坚持《宪法》确定的法治原则与人民代表大会制度下的“一府两院”的政治框架，不能照搬西方的法律制度模式来改造中国的法律制度，不能片面强调与西方国家接轨。对于司法部、公安机关的改革问题，会议争鸣讨论的意见不多。对于以审判为中心的司法格局问题，与会者进行了热烈讨论。对于以审判为中心、将公诉人视同当事人、将批捕权移交给法院，大多数与会者持否定态度。大多数学者指出，西方的以法官为中心的诉讼结构是“三权分立”政治框架下的重要司法制度，它是以法律对法官审判权力严格限制为前提的。法官虽有对被告人适用法律的自由裁量权，但其对被告人是否构成犯罪，则是由一批从未学过法律又无司法实践经验的人组成陪审团或担任陪审员，按照“自由心证”原则，经过庭审听证作出的。这种司法制度首先否定了法官对被告人的定罪权。因此，英美法系的诉讼制度特别是审判制度的最大特色是定罪权同量刑权的分离，其本质是对司法官员权力的制衡与限制。这就大大削弱或限制了法官的审判权，其独立审判的空间相对缩小，司法地位居第二：首先是谁决定定罪，其次是谁决定按律科刑以及如何运用程序，其“程序优先”原则对法官才具有意义。从这个意义上看，没有定罪权，法官只能依据程序作出裁判，对被告人是否有罪的认定是否正确，法官不承担任何风险与责任。从程序而言，法官当然是“永远正确”的，也难得出错。许多学者进一步指出，在我国，定罪权、量刑权集于法官一身，如果再将其他的司法权能（刑事案件的审查逮捕权）赋予法官，不仅使法官的职权异化成具有司法、行政的双重属性，而且法院的性质也异化成为具有行政属性的司法机关；这不仅同强化法院的独立性的改革初衷相悖离，而且使法官处于既是公正的仲裁人又是居高临下的监督者的双重角色的两难境地，而一旦对日益增大的“绝对权力”不实行有效监督（内部制约与外部法律监督），就很难实现司法公正的理性追求与现实表现的有机统一，“司法公正”就将成为一句空话。改革的出路在于以权力制衡权力，以制度规制制度，使之在互动规制中达到和谐一致与有序制衡，而不是人为设置谁为中心，简单地削权与扩权。对检察体制如何改革问题，不少学者认为，检察改革的着力点是解决检察工作的体制、机制和制度问题。对检察机关法律监督权能界定为刑事犯罪的追诉权、司法弹劾权、诉讼监督权；检察领导体制要解决如何向宪法、检察院组织法规定的领导体制归位问题，其关键是配置充足的司法资源如人、财、物，有效的政策资源等；强化对职务犯罪的侦查机制；建立以主诉检察官为刑事诉讼核心的工作机制；创设提起民事行政诉讼的监督机制；建立以检察官为主体的人员分类管理体制等。

四、关于推行主诉检察官办案责任制问题

与会者对推行主诉检察官办案责任制的意义以及主诉检察官的概念、定位、框架、职权、原则、制约与监督等进行了充分的研讨。对主诉检察官的概念有岗位说、责任说、制度说等不同的界定。大多数学者认为，主诉检察官是指具备一定资格的检察员经过一定的审批程序，依照有关规定，独立行使一定职权并承担相应责任的公诉人。主诉检察官制度，是在起诉部门内设立若干主诉检察官岗位，依法独立行使是否提起公诉的职权和出庭公诉，并承担相应责任的一种公诉机制。主诉检察官具有司法和行政的双重属性。其制度框架包括设立、办案责任的形式、选任资格（包括政治标准与业务标准）；其职权包括对审查起诉和公诉案件负有的职权，依法独立行使检察权，对案件有牵连的人作出其他处罚的建议的职权。建立主诉检察官制度，应坚持吸收借鉴、因地制宜、公正效率、依法改革等原则，克服文化限制、政策限制、制度限制、资源限制诸方面的制约；切实处理好主诉检察官同检察长、检察委员会、部门领导、办案组成员之间的关系，强化监督制约机制。与会者一致建议主诉检察官制度的创设，要与检察官法、检察院组织法配套衔接，大力开展培训工作，落实必要经费，加快建立一支高素质、专业化主诉检察官队伍的步伐，推动检察改革全面发展。

五、关于检察官管理制度问题

学者们认为，新中国检察官管理制度的发展经历了曲折的初创期、逐步形

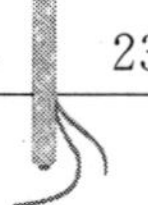

成与发展期、“文化大革命”的中断期、恢复重建后逐步法制化的发展期等四个阶段。对检察官的分类管理制度已初步确立。但存在检察官定位不准、制度设计违背司法运行规律、难以实现司法公正目标、选任机制导致检察官职业非精英化、职位范围宽泛导致其结构不合理、行政化管理模式阻碍检察官独立行使检察权等不完善问题。许多学者提出了改革与完善的意见：将检察官准确定位为司法官，以此建立和完善科学的检察官管理制度和模式；改革选任制度，实行司法官从业资格一体化制度和法定推选制度，实现司法官精英化，树立职业权威；建立分类管理制度，科学规范检察官职位，可划分为检察官、检察事务官、检察书记官和法警，将行政管理人员、政工人员纳入公务员序列；改革产生和任免制度，建立检察官推选制度，检察官的产生应通过推选、审核与任命三个程序来完成；在人民检察院内部设立推选委员会，负责推选工作，推选委员会由所辖检察院的检察长、资深检察官、地方党委组织部门、人大代表组成，实现司法官人事管理上的相对独立；改革对检察活动的单纯行政管理方式，建立检察官独立办案工作机制；实现检察官的司法官化，改革检察员职务保障制度，建立检察官职业高薪制和检察官的不可更换制。目前检察官的工资与国家公务人员相同，属于低薪待遇，这难以吸引优秀法律人才走向司法序列。改革的目标之一将检察官和法官同公务人员区别开来，采用各国对检察官和法官的物质待遇保障给予充分重视的做法，严格限制免除检察官职务的适用情形和程序，非具特定情形并依特定程序，不得免除检察官职务。

六、关于检察机关内部制约机制的问题

与会学者认为，检察机关内部制约机制，在 20 世纪 80 年代中期形成了由侦查、逮捕、起诉“一竿子插到底”，为“双重制约”制度。第一个层次是，对自侦案件的侦查、逮捕、起诉分别由三个部门办理；第二个层次是，对自侦案件免予起诉（修改后的《刑事诉讼法》中被取消）或不起诉等决定不服或对人民法院生效判决、裁定不服而提出申诉的案件，由控告申诉检察部门办理。“两法”修改以后，内部制约机制逐步制度化、规范化。自侦案件举报线索由举报中心受理和管理；侦查由反贪污贿赂和法纪检察部门分别负责；立案监督、逮捕、起诉和侦查活动监督分别由审查批捕、审查起诉部门办理；申诉由控告申诉部门办理；扣押的款物由财务部门统一管理；侦查部门违法违纪案件由检察机关的监察部门承担；民事抗诉案件由民事行政检察部门审查决定；逐步推行“执法责任制”“过错追究制”“刑事赔偿制”，强化执法责任和内部制约。这些，体现了我国刑事与民事立法的权力制衡精神，在司法实践中起了积

极作用。内部制约机制存在的问题是，机构设置不够科学，职权分工重叠交叉，名称与所履行职责不相符，制约机制不完善，制约效果有时不到位。健全内部制约的原则是：根据检察职权设置内部制约机构；坚持业务归口、职责明晰；检察机关内部业务机构应当功能齐全，一项业务只由一个部门承担，一个部门只承担一项职责，切实改变职能交叉、分工不明、内部制约不力和“小检察院”的状况；内部机构设置上下对口；严格分工，专业管理；贯彻制约与效率相统一的原则。完善内部制约机制的目标：（1）检察机关业务机构应当由反贪污贿赂侦查、法纪检察部门、刑事诉讼监督部门、公诉部门、刑事执行监督部门、民事行政检察部门、控告申诉检察部门等组成，对铁路运输等专门检察部门的职能进行必要的调整。（2）将内部制约的重点放在对内部自侦权的制约与分解方面，尽快制定检察机关内部立案监督工作规则，加强对职务犯罪侦查部门立案活动的监督，加强刑事诉讼监督部门（审查逮捕部门）对侦查部门的制约，实行初查、侦查、移送逮捕、移送审查起诉、移送审查不起诉相分离的制度。（3）内部制约机制规范化。检察机关直接受理侦查的办案工作，应拟制成公安机关侦查、检察机关审查逮捕、审查起诉、立案监督相似的办案程序，并使之程序化；内部制约应当文书化，防止随意制约和制约不力现象的发生。（4）落实办案责任制和错案追究制。

七、关于完善民行监督立法问题

大多数学者认为，加强民行审判、行政诉讼监督，是建立社会主义市场经济体制的迫切要求，是实施依法治国方略的重大举措，是人民群众的强烈愿望，是完善检察制度的重要内容，是发展有中国特色检察事业的一个新的领域、新的支撑点。《民事诉讼法》《行政诉讼法》是我国由计划经济向市场经济转轨的重要历史时期制定出台的，带有这个历史时期鲜明的痕迹，不可避免地会留有“计划经济”时代的色彩。其中，重要的方面是权力制衡原则体现不充分，诉讼模式存在一定的缺陷，民事行政检察监督立法不完善，以致面对国家利益、社会公益遭受严重侵害、诉讼不公无力制约，诉讼成本昂贵等，两部诉讼法无从对其进行有序、高效的规制。许多学者强烈呼吁，国家立法机关要尽快调研并修订《民事诉讼法》《行政诉讼法》，或作出司法解释，以完善民行检察监督立法。首先，应当赋予检察机关对损害国家利益、社会公益的民事行为提起诉讼权及参与诉讼的职权，以弥补司法中的漏洞。其次，具体规定抗诉案件再审的审级、审限和人民检察院派员出席法庭的任务，完善抗诉程序立法：规定“同级抗同级审”的原则，人民检察院应当向同级人民法院提出抗诉，并由同级人民法院开庭再审；人民检察院提出抗诉的案件，同级人民法院必要时可以裁定（不能采用交办函或转办函）形式，指令原作出生效裁判的下级人民法院再审；人民法院再审人民检察院按照审判监督程序提出抗诉案件的审理期限，可以分别适用《民事诉讼法》第 135 条、第 159 条和《行政诉讼法》第 57 条、第 60 条的规定，再审期限自同级人民法院裁定再审或指令下级人民法院再审的次日起计算；人民检察院派员出席再审法庭的任务，包括宣读抗诉书、参加法庭调查、说明抗诉的理由和根据、对法庭审判活动是否合法实行监督；赋予人民检察院对执行程序中的裁定、先预执行裁定、破产程序中债权优先受偿裁定、企业法人破产还债程序终结的裁定、诉前保全裁定、诉讼费负担裁定等错误裁定及错误民事调解书的抗诉权。最后，赋予人民检察院对人民法院民事行政案件审判卷宗的调阅权、调查取证权、证据保全权及必要的勘验、鉴定权。

八、关于检察经费保障问题

有的学者指出，检察经费严重不足，成为制约检察事业发展的障碍。其成因是："分灶吃饭"的财力体制是检察机关经费不足的体制根源；不平衡的财力状况是检察机关经费保障不足的经济根源；以块为主、单线调控，检察机关领导体制下的物力供给脱节，是检察经费保障不足的管理模式根源。其理论与实践上的误区是：将检察经费等同于行政费，对检察机关的性质、职能与作用认识不足，忽视了其经费支出的特殊性；将检察经费同政法机关其他部门经费等同，对与政法机关其他部门具有法定收入来源、经费调控能力大、办案支出费用有别等未予分析研究，对检察机关办案难度大、经费开销大、无收入来源、无自我调控能力长期未予重视，致使检察机关经费拮据问题长期不能得到解决；对检察工作这一事权划分不准确。许多学者指出，检察权是国家的统一权能，检察职能的根本作用是保证《宪法》、法律在全国范围内如同军事、国防、外交一样，不因各地的经济发展状况、民族自治程度的差别、宗教信仰的不同、自然资源的各异，都毫无例外地得到一体的统一、巩固和有效防务，以及一体地得到遵守。因此，统一的检察权不容依附于行政财权的"分灶吃饭"而分级分割。当前司法实践中的地方保护主义、部门保护主义，有法难依、执法不严、违法难究，司法部门成为地方保护主义的工具，其物质根源之一在于财力的分散性、不平衡性和严重短缺性。解决检察经费保障的根本出路在于，建立公共支出财政体制下的保障机制，实行分步走的办法：第一步，改现行的完全分级负担的财力保障机制同检察领导体制相分离的制度，为以块为主、中央和省级增加专项财力，通过高检院和省级院补贴、优先扶持贫困县院、基本缓解检察机关经费困难的状况。第二步，按照法律规定检察机关领导体制，中央和省加大财力投入力度，充分发挥检察系统条条的宏观调控检察经费的力度，实行人员经费地方财政负担，业务费、装备费、设施费由中央财政统筹，最高人民检察院与省级院分两级统一管理的双重经费管理体制，着力解决检察业务经费制约检察事业发展的“瓶颈”问题；按照“从优待检，高薪养廉”的原则，适度提高检察人员的工资待遇。第三步，将人员经费、检察业务经费“双轨两级管理”并为中央财力统一管理，将检察经费纳入同国防费、外交费同等序列，作为中央事权所需公共支出的年度预算。第四步，随着财政体制和检察制度的改革与完善，检察经费管理体制逐步由地方管理为主过渡到检察系统上下垂直管理。

有的学者还就完善检委会制度，改进专家咨询委员会咨询方式，深化“检务公开”，大力推进检察机关人事制度改革、全面推行竞争上岗、双向选择、任期目标、任职资格考试、选任试用、任期聘用等改革举措的理论的科学性、操作的可行性、推广的急迫性、实践的完善性、模式构建的系统性等方面进行了深入的研讨与交流，为检察改革的深化提供了新鲜理论观点，营造了良好氛围，必将为检察改革深入开展起到积极推动作用。

23. 公正司法是检察工作的永恒主题*

党的十五大提出依法治国、建设社会主义法治国家的基本方略。刚刚闭幕的九届人大二次会议将这一基本方略写进宪法。这充分体现了广大人民的意志，标志着我国政治、经济、文化和社会生活各个方面都已步入法治轨道，我国法治建设步入更加重视法律实施的重要历史时期。在依法治国的总体方略中，公正司法是一项重要内容，是建设社会主义法治国家的一项基本要求。正确理解和把握公正司法的内在含义、实现司法公正的具体要求，既是时代赋予广大司法人员的神圣使命，也是广大人民群众十分关注的一个热点问题。

（1）公正司法是依法治国的中心环节。法治是由立法、执法、守法三个环节构成的完整统一的体系，三者相互依存，互为制约，其中司法机关的执法活动是联结三者的枢纽，是立法的主旨和初衷能否实现的关键所在。在社会主义法治国家的建设中，司法公正具有特别重要的意义。这是因为，司法公正是社会主义国家司法机关及其司法活动的最本质要求。司法权力是国家权力的重要组成部分，其直接来源是国家权力的分配与赋予，其最终来源是人民，司法机关由人民代表大会依法产生，向人民代表大会负责；人民将其所涉及的纠纷和问题交由司法机关裁决处理，是基于对司法机关及其工作人员的信赖，是以司法公正为前提的。司法公正与否是司法机关能否赢得群众、获得人民支持的根本所在。

（2）公正司法是形势发展的必然要求。当代中国正处于伟大变革时期，除旧布新成为时代的进行曲，改革和发展是主旋律，高度集中的计划经济被充满生机与活力的社会主义市场经济所代替。市场经济的内在要求是追求公正性、

---

* 本文发表于《依法治理》1999 年第 6 期；1999 年 4 月被湖北省行为法学会评为“优秀论文一等奖”。

公平性与公开性，讲究效益与效率，对司法工作不断提出新的要求，如何做到公平与效益兼顾，在合理与合法中求得统一，都对司法公正提出了许多新的要求。

(3) 公正司法是现实的迫切需要。当前执法环境总体上有利于依法治国方略的实施，但少数执法人员特别是司法人员徇私舞弊、贪赃枉法、以言代法、以罚代刑等有法不依、执法不严、违法不究等司法腐败现象，已成为社会关注的焦点、热点和社会不安定的重要因素，加大对刑事、民事、行政诉讼法活动是否合法的监督，维护司法公正和法律尊严是推进依法治国、保障国家长治久安的重要保障。

(4) 公正司法是检察工作的永恒主题。作为《宪法》规定的专门法律监督机关，维护国家法律的统一正确实施是检察机关的立身之本，司法公正是检察机关法律监督职能的本质属性，它体现在检察职能的各个方面、贯穿于检察监督机制的每个环节。检察人员的任何一点越权或失职，不仅有失自身的司法公正，而且直接或间接影响到依法治国总体方略中司法公正这一基本要求能否实现和实现的程度。因此，公正司法既是党和国家对人民检察院正确行使检察权的根本要求，也是广大人民群众对检察机关的强烈呼声。

为不辱宪法和法律赋予的神圣使命，不负人民群众及社会各界的期望和重托，应着重从三个方面下工夫：(1) 全面履行法律监督职责，落实公正司法。主要是积极开展对国家机关及其工作人员职务行为公正性和廉洁性的监督，不断加大查办国家工作人员贪污贿赂犯罪和国家机关工作人员渎职犯罪的工作力度，促进国家工作人员依法公正履行职责；严格依法批捕起诉各类刑事犯罪分子，充分发挥检察职能严厉打击严重刑事犯罪活动；认真履行刑事、民事、行政诉讼法律监督职责，运用法律赋予的各种监督手段，纠正和追究司法活动中的有法不依、执法不严、裁判不公、知法犯法、徇私枉法等行为，维护法律的统一正确实施。(2) 不断建立健全监督制约机制，保障公正司法。主要是用制度规范执法行为，保障检察权的正确行使和防范检察权的作用。在内部监督制约方面，进一步完善贪污贿赂、渎职犯罪案件侦查工作内部制约机制。例如，实行侦查工作与案件线索的受理、管理、审查工作相分离；侦查工作与审查决定逮捕、审查起诉工作相分离；侦查工作与对不立案、撤案、不起诉的复议、复查工作相分离；侦查工作与对涉案款物的扣押、收缴、管理工作相分离；实行侦查工作的办理权与决定权相分离。为了确保办案质量，普遍实行办案责任制和错案追究制，贯彻执行刑事赔偿制度。在接受外部监督方面，主要是自觉接受各级人大及其常委会的监督，高度重视人大代表的意见、批评和建议，认真办理人大交办、人大代表反映的案件和有关事项。还应采取多种形式广泛听取党政机关、有关司法部门和社会各界的批评、意见和建议；大力推行检务公开，促进司法公正。(3) 对检察队伍深入进行教育整顿，促进司法公正。主要是抓好思想教育；认真组织执法大检查；严肃查处检察人员违法违纪案件；清理不合格检察人员，纯洁执法队伍；开展执法思想大讨论，把广大干警的思想统一到公正执法的轨道上来。上述几个方面，尤其是通过教育整顿，广大检察干警的执法思想基本得到统一，依法办事、公正执法的自觉性有了较大提高，检察机关履行法律监督职能的各项工作向规范化迈出了一大步。今年开年以来，我们要求全省检察机关以维护司法公正为核心，以加大监督力度为着力点，广泛开展“办案质量年”和“队伍素质年”活动，这将使我省检察工作在维护司法公正方面迈向一个新台阶。

公正司法对于依法治国，既是一项长期任务，又是一项紧迫的工作。司法公正是实体公正与程序公正二者的统一。在司法实践中，后者往往被轻视。这是越权失职、执法活动随意、办案质量不高的一个重要原因。因此要在纠正重实体轻程序的陈旧执法观念上下工夫，在执法过程中，既要做到认定事实符合客观实际，实体处理符合法律规定，又要求司法程序符合规范要求，全面体现有法必依、执法必严、违法必究的社会主义法治原则。司法公正也是惩治犯罪与保障人权两方面要求的统一。在司法实践中，后者往往被忽视。在我们的传统执法观念中，办案就是追究犯罪，追究了犯罪就保护了人民，至于在追究犯罪过程中的所作所为是否尊重和保障了他人的合法权益，似乎不是一个值得讲究的问题。因此，一定要把更新执法观念、统一执法思想、规范执法行为作为首要环节，弘扬实事求是，重证据、重调查研究的办案原则，既全面客观公正地收集证实犯罪的证据，又全面客观公正地收集无罪的证据。保障无罪的人不受刑事追究，杜绝冤假错案的发生。杜绝因司法不公而造成冤假错案的思想隐患。司法公正还是符合法律规定的公正与符合人民愿望和要求的公正二者的统一。合法公正与合乎民意的公正在一般情况下是一致的；但由于社会生活千姿百态，市场经济飞速发展，法律规定难免滞后，人民群众的个别要求难免与法律的某些规定发生冲突。这是一个执法效果问题。因此必须在改进执法方法上下工夫，注重办案时机的确定，注意做好相关部门和工作人员的工作，严格区分和正确处理罪与非罪的界限，把法律规定的公正与人民群众愿望和要求的公正有机统一起来，提高司法公正的社会效果。

总之，维护司法公正需要做的工作很多。统一执法思想是前提，即把广大执法人员的思想统一到全心全意为人民服务的根本宗旨上来，统一到维护法律统一正确实施的根本任务上来；与此同时，坚持做到惩治犯罪与保护人权并重，办案数量与质量并重，执行实体法与执行程序法并重，提高司法队伍的素质是关键。目前应突出两点：（1）要把廉洁自律、公正司法作为队伍建设尤其是领导班子建设的核心和着眼点；（2）把培养“一专多能”的干警队伍作为方向和目标，提高司法队伍的整体素质，制度建设是保证。主要是要建立健全和落实各项办案工作制度，特别是内部制约制度，尽快出台监督法，把规范执法行为作为一项重要基础性工作抓紧做好。司法改革是动力。要以保证司法机关依法独立公正地行使职权，清除司法腐败，推进司法民主和公正为目标，在完善司法和法律监督体制、理顺司法机关职能及其各部门工作关系、提高诉讼质量和效率等方面下工夫。就检察机关而言，主要是深化检务公开；推行主诉检察官制度；加强和改进检察委员会工作；推行考试录用、竞争上岗、不合格辞退等人事制度改革；理顺内部机构及其职能等。通过一系列不断深化和完善的改革措施，把有中国特色的充满生机与活力的社会主义司法和检察事业推向21世纪。

24. 论加强检察机关精神文明建设*

一、深刻认识新形势下检察机关自身精神文明建设的地位和作用

社会主义精神文明是社会主义社会的重要特征，是现代化建设的重要目标和保证。检察工作是社会主义精神文明建设的重要组成部分。建设社会主义精神文明，必须依法加强对社会生活各方面的管理。制裁危害社会的犯罪行为、惩治腐败，这些都离不开检察工作的开展。检察机关自身精神文明建设是检察工作的重要一环。它为检察事业的发展提供有力的精神动力、智力支持和思想保证，决定检察工作的性质和方向。

首先，加强检察机关自身精神文明建设，是坚持有中国特色社会主义检察制度的内在需求。社会主义是文明进步的社会。高度物质文明和高度精神文明的有机统一，是社会主义现代化的重要战略目标，也是社会主义的本质要求。作为建立在社会主义经济基础之上的上层建筑——人民检察院，一方面，它的完善与发展，需要高度的物质文明提供基础和保障；另一方面，它把保卫和促进改革开放，经济发展，社会进步，推进国家富强、民主、文明的社会主义现代化作为自己全部活动的根本出发点和落脚点。这就要求它必须坚持党的实事求是的思想路线；坚持“一个中心，两个基本点”的基本路线；以马列主义、毛泽东思想和邓小平同志建设有中国特色社会主义理论为指导思想，坚持社会主义宪法原则和法制方针，坚持专门机关同群众相结合的路线，不断加强自身精神文明建设，从而适应形势与任务的要求。只有这样，才能保持我国检察制度的性质，使检察工作沿着正确的方向发展。

---

* 本文发表于《检察理论研究》1997 年第 4 期；1997 年 11 月被中共湖北省委政法委员会评为“全省政法战线调研论文三等奖”；收录于《热点·难点·重点（三）》，湖北人民出版社 1999 年版。

其次，加强检察机关自身精神文明建设是履行法律监督职责的迫切需要。检察机关的基本职责是反腐败查办贪污贿赂犯罪大案要案、严厉打击严重刑事犯罪和执法监督，维护法律统一正确实施。它本身就是社会主义精神文明建设的组成部分。当前，在一些地方和部门，贪污贿赂等严重腐败现象仍呈发展蔓延之势；经济领域的假冒伪劣、欺诈坑蒙、偷漏骗逃税款等违法犯罪活动呈上升趋势；危害人民群众安全的严重刑事犯罪较为猖獗；黄赌毒等丑恶现象沉渣泛起；执法不严以及因地方保护主义和部门保护主义作祟出现的滥用职权、执法犯法的现象相当突出，引起了人民群众的强烈不满，成了社会的热点问题之一。随着改革开放的深入、社会主义市场经济体制的建立以及依法治国、建立社会主义法治国家方针的深入贯彻实施，检察机关法律监督的任务将更加艰巨。同所承担的任务相比，检察机关的工作还存在较大差距。从思想认识上看，少数干警存在畏难情绪，工作中缺乏勇气和斗争精神；在执法过程中，检察环节存在该立案的不立案、不该撤案的撤案、该捕不捕等问题；对一些地方和部门执法不严，违法不究，“缓一批、放一批”等影响“依法从重从快”和“依法从重从严”方针执行的问题监督不力。实践表明，相同条件下的检察工作开展得如何，往往取决于它们的精神文明建设状况。只有把加强检察机关自身精神文明建设放在建设有中国特色社会主义事业整个大局之中，才能高屋建瓴，明确检察工作面临的机遇和挑战、成绩和问题、现状和前景，自觉地肩负起法律监督职责，通过加强检察工作，推动社会主义精神文明建设和民主法制建设。

最后，加强检察机关自身精神文明建设是提高队伍整体素质的客观需要。一个国家的兴衰取决于整个民族素质的高低。检察事业的成败同样取决于整个检察队伍的素质高低。政治方向需要人来把握、业务工作需要人来开展，队伍素质是关键性的问题。应该看到，检察队伍从总地看是好的。随着科技迅猛发展，社会主义民主的不断加强和法制的不断完善，新的法律不断出台，执法要求越来越高；这些对检察队伍提出了新的更高要求。而目前队伍整体业务素质和文化素质尚不能适应，文化结构和专业结构亟待完善。同时，商品经济大潮带来权力、地位、人情、美色和金钱的诱惑，一些领域道德失范，拜金主义、个人主义滋长。这些对广大检察干警的世界观、人生观和价值观都是严峻的考验。极少数干警理想信念淡化，职业道德受到扭曲，有的甚至走上了犯罪道路；一些地方在执法过程中受利益驱动，插手经济纠纷，有的充当地方保护主义的工具。事实表明，当前提高检察队伍素质的任务相当紧迫和繁重。只有加强检察机关自身精神文明建设，才能提高队伍的战斗力和拒腐防变能力，才能建立起一支政治可靠、品德高尚、业务精通、作风过硬、纪律严明的高素质检察官队伍。

二、紧密联系实际，突出重点，准确把握检察机关自身精神文明建设的内涵

社会主义精神文明建设的内容十分丰富。联系检察机关实际，自身精神文明建设应当着重解决理论指导、思想道德和文化教育三个问题。其中理论指导是基础，决定自身精神文明建设的方向；思想道德是核心，体现自身精神文明建设的本质特征；文化教育是重要环节，是自身精神文明建设的必要途径。三者有机统一，不可分割。此外，要把握：一个关键点，即加强领导班子建设，它是检察机关精神文明建设的核心；一个衔接点，即加强群众性的精神文明创建活动，把检察机关自身精神文明建设同人民群众的创建活动联系起来。

第一，坚持用科学的理论武装人。马列主义、毛泽东思想和邓小平同志建设有中国特色社会主义理论是我国现代化建设总的指导思想，也是检察事业最根本的思想武器。作为政治上层建筑的检察机关与作为思想上层建筑的理论指导正如肌体与灵魂，二者是互相作用、互相统一的。没有科学理论的武装，检察工作就会失去方向。当前，要组织广大干警认真学习马列主义、毛泽东思想，特别是学习邓小平同志建设有中国特色的社会主义理论，学习邓小平同志的社会主义民主与法制理论，提高全系统的思想政治水平，增强执政党的基本路线和依法治国方针的自觉性和坚定性。要认真研读邓小平同志的原著，学习运用马克思主义立场、观点和方法研究新情况、解决新问题的科学态度和创造精神，用以回答和解决检察工作同改革开放、经济发展、民主法制、精神文明、社会稳定相关的一系列重要论述，做到政治方向明确、政治立场坚定、政治观点鲜明、政治纪律严明，提高广大检察干警的政治敏锐性，增强政治鉴别力，真正解决“为谁执法”的问题。

第二，坚持把思想道德建设作为中心环节来抓。首要的是牢牢把握全心全意为人民服务的宗旨和集体主义原则。改革开放以来，总有人对这一点作否定性论证，有人甚至公开“为个人主义正名”。集体主义强调个人和集体利益不可分割，认为集体是个人得以生存和发展的首要前提，符合集体利益的个人才能和价值的实现，是集体富有朝气、充满活力的条件和基础。为人民服务是坚持集体主义的当然结论，二者是统一的，必须作为思想道德建设的基础抓好。要抓好以清正廉明、执法为民为核心的检察职业道德建设，树立人民检察官令贪官恶吏闻风丧胆、为党和人民高度信赖的“利剑形象”；疾恶如仇、执法如山、刚正不阿的“包公形象”；一身正气、清正廉明、秉公执法的“清官形

象”；不怕困难，不畏艰难、顽强善战的“勇士形象”；一心为民、公而忘私的“公仆形象”。把职业道德凝聚在检察官形象的塑造之中，通过树立形象进行职业道德建设。近年来，一些地方检察机关开展“创最佳检察院，争一流科处室，当优秀检察官”“创两个一流”等活动，提供了政治思想、职业道德建设的范例，应当推而广之。要坚持思想道德建设方面的“两手抓”：一手抓道德教育、一手抓制度约束，使之持之以恒，落到实处。

第三，大力发展检察文化教育事业。近年来，检察文化教育事业取得了一定的成绩。培训工作开展较好，检察干警的文化专业知识水平有所提高；检察宣传、文艺开始纳入轨道，一些反映检察事业的文学艺术作品不断推向社会；群众性的检察文化生活也开展起来。但从总体看，检察文化教育仍存在“三个滞后”：检察文化教育事业滞后于飞速发展的经济建设；检察文化教育总体水平滞后于全社会文化教育发展状况；检察文化教育事业滞后于检察工作的发展。检察学（法律监督学）、检察文化、检察教育作为新型的学科范畴、一项独特文化教育事业，尚未被全社会所认识，有的甚至把它作为“部门之见”，摆不到应有的位置；在理科、文科部门教育林立与分割、法律院系偏少且无一开设检察专业课程的状况下，法律监督学及其文化教育被挤掉或忽略；检察专业文化教育被称为“部门办学”而遭到排斥；一些检察机关把自己仅仅当做办案单位，尚未把检察文化教育事业摆到应有高度，失掉了许多机遇，以致当国家采取调控措施、合理利用资源、联合办学措施时，赶不上教育事业蓬勃发展的“班车”。为此，我们一定要从建设民主法制、实现现代化目标要求的战略高度，充分认识检察文化教育事业的重要性和急迫性：（1）要争取国家和地方的支持，把检察教育纳入国民经济和社会发展总体规划，作为长期的发展目标之一。综合大学、法律院系亦应把开设检察专业摆到教学改革的重要位置。（2）要利用国家调控政策，合理利用资源，采取自办、联办等多条腿走路的办法，有选择地建立教育和科研基地。（3）努力培养和造就队伍。要抓紧发现、培养一批检察教育工作者乃至检察理论家和教育家；发现、培养一批检察文化的理论、文学、艺术人才。（4）扶持一批作品。研究检察理论的高难作品要扶持，反映检察事业的高雅文艺作品也要扶持。这就需要一批出色的人才从事检察出版业与报刊业工作，建立起阵地、园地与载体。只有把具体工作与“为检察干警服务、为检察事业服务、为民主法制建设服务”的大目标结合起来，才能保证检察文化教育事业沿着正确方向发展、繁荣起来。

第四，加强领导班子建设。检察机关自身精神文明建设抓得好坏与否，关键靠领导班子。一个领导班子的精神状态，本身就是这个单位整体精神状态的集中表现。事实证明，哪个地方的检察院“一班人”讲政治、讲团结、讲效率、有干劲、作风硬，哪个地方的检察工作就有生机，整个机关就有朝气，干警精神面貌就蓬勃向上。抓自身精神文明建设，必须抓住这个关键。从精神文明建设角度看，加强领导班子建设，概括起来就是要“四带头”：带头学好“特色理论”，并以理论为指导，解决事关检察工作全局的大事、难事和急事，使检察工作充满生机与活力；带头坚持民主集中制，班子中坚持讲团结，顾大局，互相支持，协调办事，自觉增强党性锻炼，接受批评与监督，形成民主的气氛，防止个人专断；带头遵纪守法、廉洁自律，自觉抵制拜金主义、个人主义、享乐主义的侵蚀，用自己的良好形象去凝聚队伍，带好队伍；带头坚持严格执法，勤政为民，惩恶扬善，使队伍成为政治强、作风硬、业务精、纪律严的战斗集体。

第五，积极开展“检民共建”的群众性精神文明创建活动。检察机关是国家政权的组成部分，它的存在是为了人民，它的一切活动也是为人民服务。“检民共建”的群众性精神文明创建活动，实质上属于检察工作“为人民服务”的一个侧面、一个内容、一种形式。它把检察机关跟人民群众联系在一起，使检察机关自身精神文明建设在人民群众之中找到归宿与落脚点，获得活力与生机。开展这项活动，一要以服务人民、联系群众、宣传检察工作为宗旨，同解决人民群众普遍关心的实际问题结合起来，使群众在参与中受到教育，在实践中得到提高。创建活动要讲求实效，切忌搞“花架子”，做表面方章，反对受利益驱动强拉硬扯的所谓“创建”活动。二要联系业务工作，提高检察机关服务的自学性。直接同人民群众接触的控申举报等“窗口”部门，更应做到热情、认真、负责。反贪、法纪等检察部门通过办案以案释法，为企业建章立制的做法值得推广。社会治安综合治理工作可以探索新的方式与方法。三要发挥乡镇检察室、小康工作队的枢纽作用，通过扶贫、办案及其他有益的“检民共建”活动，把民主法制思想、精神文明风气向社会传播。

三、进一步加强领导，强化措施，扎扎实实抓好检察机关自身精神文明建设

精神文明建设要抓落实。这项工作容易一冷一热一阵风。因此，必须加强和改善对这项工作的领导，重视规划、投入、计划工作。要建立主要领导亲自抓、各方面积极参与的领导体制和工作机制，重在建设，务求实效，把自身精神文明建设的各项工作落到实处。当前应着重解决以下几个问题。

第一，制定规划，确保自身精神文明建设有计划分步骤地实施。检察机关

自身精神文明建设是一项系统工程。涉及指导思想、奋斗目标、基本任务、办法措施等一系列问题，必须制定总体规划，研究实施步骤和重要措施，并注意处理好几个关系：一是自身精神文明建设与整个检察工作的关系。自身精神文明建设是检察工作的有机组成部分，要做到与检察工作“四同”：同规划、同部署、同检查、同落实。二是远期规划与近期计划的关系。要通过一个个近期计划的实施，阶梯式锁链式向前发展，最终实现长远规划目标。三是总体目标与具体措施的关系。只有目标没有措施，目标就会落空；没有总体目标的统揽作用，具体措施本身则难以持久。因此，要十分注意目标规划同具体措施的衔接。规划要明确，措施要管用。四是规划制定与规划落实的关系。反对形式主义，防止头脑发热一阵风，真正做到脚踏实地，持之以恒。

第二，加大投入，为检察机关自身精神文明建设提供物质保障。没有必要的物质保障，精神文明建设的许多任务就难以落实。检察机关应从实际出发，争取计委、财政部门的支持，把自身精神文明建设的投入纳入年度财政预算，争取纳入国民经济和社会发展中长期规划。要把改善办案装备与加快对高科技的运用结合起来，实现高效工作；要把改善干警的福利待遇与丰富干警的精神生活结合起来，美化环境，娱乐生活，愉悦心境，陶冶情操，使物质的东西变成精神的财富，使干警始终保持饱满的政治热情和崇高的敬业精神，忘我地投入检察工作。

第三，加强党性党风教育，发挥党员的先锋模范带头作用。共产党员在检察机关占绝大多数，是精神文明建设的主力军，应当充分发挥其先锋模范作用，推动自身精神文明建设的发展。要经常开展以讲学习、讲政治、讲正气、讲艰苦奋斗为主要内容的党性党风教育，加强基层党组织建设和党风纪律作风约束，解决党员干部中存在的突出问题，使党员真正起到表率作用。

第四，引进竞争机制，培养积极向上的风气。近几年来，我们在队伍建设和管理方面积累了不少经验，但同建立社会主义市场经济体制、加强民主与法制建设、推进检察事业的总要求还不相适应。社会主义精神文明建设与社会主义市场经济建设是联系在一起的，市场经济当中那些有利于提高和增强人的自立意识、竞争意识、效率意识和开拓创新精神的管理方法和经验，可以引入检察队伍和机关管理中来。要坚持以往行之有效的做法，比如强调教育、强调思想政治工作，强调个人服从组织；强调用制度规范干警行为，用激励竞争机制营造奋力拼搏的环境；同时，要加大人事制度改革的步伐，认真实施《检察官法》，建立高效、协调、有序运转的检察官管理体制，以焕发干警的精神，激励他们施展其才，更好地开展检察工作，推进检察事业的发展。

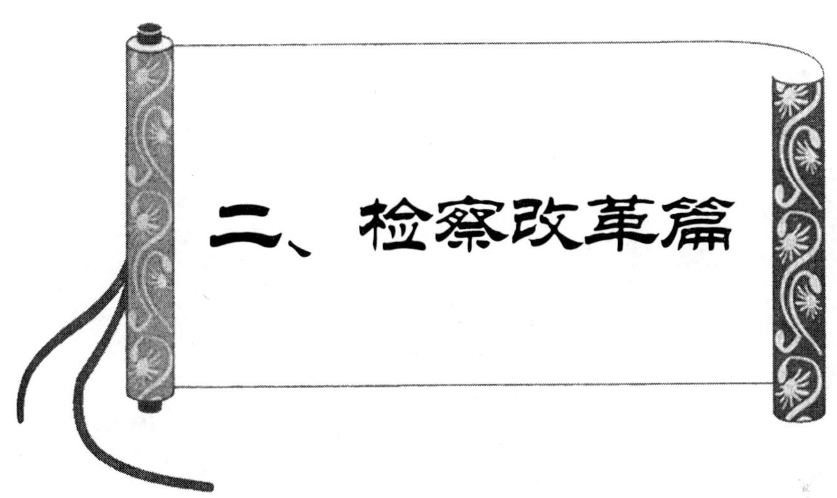

二、检察改革篇

25. 我国检察职权优化配置的路径选择*

检察职权是检察机关行使检察职能或检察官履行检察职务所依法享有的具体权能。各国法律对检察职权通常都有明确、具体的规定，这些规定是检察机关享有和行使权力的法律依据。如何合理配置检察机关的权力，保证检察权的有效行使，既达到惩罚犯罪，维护社会秩序，又实现保障人权，维护正义，是任何法治国家共同面临的重要课题，也是检察制度的核心内容之一。[1] 当前，优化检察职权配置、建立科学的检察职权体系，是新一轮检察改革的重要内容，关系到我国检察权能否公正、高效、权威地行使，关系到我国社会主义检察制度能否得到健全发展。鉴于此，本文对世界检察职权配置状况进行细致梳理，通过确认异同以掌握检察职权配置的基本规律；对我国检察职权配置现状进行客观分析，通过分析得失以把握优化检察权配置的重点问题；对检察职权优化配置的指导思想进行宏观思考，通过分清主次以探求检察职权优化配置的主要路径。

一、检察职权配置的比较考察

按照“通说”划分标准，检察制度可以分为大陆法系的检察制度、英美法系的检察制度和社会主义的检察制度等三种类型。通过比较考察不同类型的检察制度，我们可以探寻检察权演进的历史轨迹，把握检察职权配置的发展趋势。由于各国政治体制、经济基础、法律制度、文化传统和社会状况等方面存在差异，所以各国检察职权配置必然各具特色，以契合其本国实际。

---

* 本文收录于全国刑事诉讼法学研究会 2009 年年会论文集。

[1] 本书课题组编著：《外国司法体制若干问题概述》，法律出版社 2005 年版，第 105 页。

（一）大陆法系国家的检察职权配置

西方检察制度诞生于法国。1285 年，法国国王菲利浦四世赋予“国王代理人”以政府公诉人的地位，其拥有（1）听取私人控告；（2）侦查案件；（3）提起公诉；（4）支持控诉；（5）抗议法庭判决；（6）代表国王监督地方行政当局等职权。这为当代检察制度的形成及现今联合国制定《关于检察官作用的准则》铺设了历史基础。1808 年，拿破仑颁布刑事诉讼法典，全面规定检察官在刑事诉讼中的地位和职权，检察官的组织体系、领导体制等日趋成熟。20 世纪 90 年代末，为适应检察职权配置现代化的发展趋势，法国时任司法部长的伊丽莎白·冀古夫人提出检察制度要进行改革，司法部长作为行政长官指挥检察机关的职权被剥离，检察职权获得相对的独立性、中立性，行政色彩淡化。法国检察官享有极其广泛的职权——不仅体现在刑事诉讼中，也体现在民事诉讼、行政诉讼甚至是行政管理中。具体而言，法国检察官在刑事诉讼中的职权主要包括：指挥侦查、裁量起诉与程序选择、支持公诉以及刑罚执行；在民事诉讼中，检察官充当有关公益案件的当事人参与民事诉讼，同时，为防止法律的错误适用，检察官拥有在审判时莅庭陈述意见、监督审判的权力；在行政诉讼中，检察官具有一般管辖权的行政法院，检察官仅仅是法律的捍卫者，而在具有特殊管辖权的行政法院中，检察官则是特殊行政机关利益的代言人；在行政管理领域，检察官具有监督司法辅助人员、监督相关机构、检察院外的行政管理以及与公共秩序维护紧密相关的其他事项等权限。❶ 由此可见，检察官职权配置制度在当代法国司法制度中具有重要地位，成为法国司法系统有序运作必不可少的有机组成部分。

德国采法国的检察制度，其检察职权主要包括：（1）刑事案件侦查权和侦查监督权，包括指挥、监督警察机关侦查的权力；（2）提起和支持公诉权；（3）刑事判决执行权；（4）刑事审判监督权；（5）参与民事诉讼权；（6）参与行政诉讼权。❷

以法国、德国检察职权配置模式为发端，大陆法系国家检察职权配置的基本模式得以建构。在资本主义国家殖民扩张，输出其政治、法律、文化制度的同时，其检察职权配置模型一同输出到殖民地国家，形成了当代大陆法系约 100 多个国家和地区检察职权配置的基本内容。

---

❶ 施鹏鹏：“法国检察官的职权”，载《人民检察》2007 年第 17 期。

❷ 李征著：《中国检察权研究——以宪政为视角的分析》，中国检察出版社 2007 年版，第 14～15 页。

（二）英美法系国家的检察职权配置

英国检察制度产生的渊源有两个：一个是大陪审团；另一个是作为检察长前身的国王律师。1166年，亨利二世设立专司向法院控告重大刑事案的12名陪审员，由大陪审团向法院控告。13世纪，英王派律师代其起诉，其检察制度正式建立。1461年，英王律师更名为总检察长，同时设置国王辩护人（1515年更名为副总检察长），专司对破坏王室利益案件的侦查、起诉和听审。其身份具有多重性，集总检察长、女王的法律顾问、政府的法律官员和律师界的领袖于一身。由于受英国政治、经济、文化和历史条件的影响，英国检察职权较弱，其结构也不尽完善，仅维护王室利益，充当政府代言人、法律咨询者的角色。进入20世纪70年代，在社会呼唤公平正义、诉讼效率和法制权威的情势下，这种检察职权配置模式受到了严峻挑战，迫使英国首相卡拉汉、撒切尔夫人对其进行大胆创新。与此同时，国会通过了《刑事起诉法》《严重欺诈局法》等法律，赋予英国检察机关与当代检察职权配置模式相协调的职权。英国（主要包括英格兰和威尔士地区，不包括苏格兰地区）检察职权主要有：（1）公诉权；（2）职务犯罪侦查权（依据1987年《严重欺诈局法》，建立总检察长领导下的严重欺诈局，直接立案侦查起诉500万英镑以上的重大、复杂欺诈案件；500万英镑以下的欺诈案件由具有起诉职权的检察官负责侦查。）；（3）对警察的侦查提出建议权；（4）在涉及国家利益的重大民事诉讼中，代表政府出庭参加诉讼，[1] 从而弥补了英格兰和威尔士地区检察职权公诉权、参与民事诉讼权、职务犯罪侦查权方面的缺陷。以联合国《关于检察官作用的准则》所强调的检察官结构性职权配置模式为导向的制度转型，为英国的检察制度模式注入了现代化的一些要素，使其呈现出新的生命力。

美国的检察制度，既仿效英国，又受荷兰与法国的影响，具有自身特点。美国检察职权的核心是追诉犯罪，并对政府官员职务犯罪行使侦查权。这包括：（1）触犯联邦刑法的刑事犯罪案件，由联邦检察官向法院起诉；（2）对重罪案，由联邦检察官向大陪审团提供证据和法律咨询，并由其决定是否起诉；（3）大陪审团决定起诉，检察官成为公诉的执行者。美国建立联邦与州相对独立的检察组织体系及相关制度安排，以保证上述权能行使的统一性与各州长检察官职权行使的相对独立性。

以英国、美国检察职权配置模式为基础的制度殖民输出过程中，近60个国家和地区逐步形成了与英美国家相似的检察职权配置模式。

---

[1] 本书课题组编著：《外国司法体制若干问题概述》，法律出版社2005年版，第132～133页。

（三）社会主义国家的检察职权配置

随着社会主义制度的建立，以苏联为代表的社会主义检察制度应运而生。1936 年 12 月前苏联通过了宪法，其中明确规定检察机关在国家体制中的地位、作用、职权和组织原则等。至此，一个具有苏联特色的、高度垂直统一的检察制度宣告形成，其标志着法律监督权行使的专门化和制度化。苏联检察机关享有一般监督权，即检察机关对各级政府、地方各级权力机关、企业、事业单位和公民，就其所发布的文件和所实施的行为是否合法实行监督。检察机关在诉讼中的职权有：对侦查、调查机关的监督权；批准或变更强制措施的权力；向调查、侦查机关发出指示；决定不起诉权；在刑事诉讼中支持公诉，在民事诉讼中支持民事诉讼；对审判活动及判决、裁定的监督权，按照上诉程序、审判监督程序对案件提出抗诉，并有权中止已被抗诉的裁决、裁定的执行。此外，检察机关还享有对剥夺人身自由权行使的合法性进行监督的权力。

苏联解体后，俄罗斯等独联体国家逐渐改变了其检察制度的社会主义性质。以俄罗斯为代表的部分国家继续保留原有的检察职权配置模式和运行机制，而部分东欧国家则选择了大陆法系国家的检察职权配置模式。

（四）联合国关于检察职权配置的基本准则

联合国在总结世界各国检察职权配置模式的基础上，根据国际司法现代化的要求，在 1990 年第八届联合国预防犯罪和罪犯待遇大会上对检察职权配置作出统一规定。这集中体现在大会制定的《关于检察官作用的准则》之中。该准则明确规定，检察官为司法工作的重要执行者，是一种有荣誉和尊严的职业；第 11 条规定，检察官有公诉权；第 14 条规定，检察官有不起诉权；第 15 条规定，检察官对贪污腐化案件有侦查权；第 16 条规定，检察官有监督权；第 17 条规定，检察官有酌处权。概而言之，主要就是公诉权、侦查权、监督权等三大职权。联合国检察职权配置模式，反映了当代检察职权配置的趋势、特点及一般规律，是当代各国和地区配置检察职权的指南，其对于科学配置检察职权、优化检察权权能结构、形成现代规范的检察权权能体系、促进检察职权配置现代化建设具有重大而深远的意义。

考察上述三种类型的检察制度以及联合国《关于检察官作用的准则》，可以抽象出检察职权配置的基本特征。

（1）检察权的性质及检察机关的地位对检察职权配置具有决定性作用。大陆法系国家的检察权兼具司法权与行政权的双重属性，英美法系国家的检察权属于纯粹的行政权。在“三权分立”的政治体制下，西方国家的检察权无独立生长的空间，一般附属于行政权。大陆法系的检察官是“近于司法官之行政权之官员”，所有刑事案件都由检察官提起公诉。同时，为了保证公诉的有效性，法律赋予检察官指挥警察侦查和自行侦查的权力。与公诉权相联系，检察官具有自由裁量权、抗诉权等。英美法系的检察官是“政府律师”，主要是向政府提供法律咨询意见，代表政府提起公诉。检察官作为一方当事人，被赋予广泛的自由裁量权。以苏联为代表的社会主义国家检察机关，则是独立的法律监督机关，拥有广泛的检察职权，拥有“一般监督”乃至“最高监督”的职权。检察权的独立，是社会主义法律监督理论对人类社会司法制度的重大贡献，也是人类经济社会发展到一定阶段，对政治资源配置尤其是司法职权配置体系、结构、功能逐步科学规范的必然选择。

（2）公诉权、侦查权、监督权是检察职权配置的历史路径选择。纵观人类社会对政治权力尤其是司法职权配置的路径，最初的职权配置模式的路径选择只能从氏族社会长老的最高权力裂变为国家立法、行政、司法“三位一体”的权力体系，天子一言九鼎，言出法随。随后，对战争俘虏的处置权逐步演变为司法裁判权。司法裁判权最先从立法权、行政权和军事权中分离出来，成为相对独立的权力。为了制衡地方封建割据状态下的司法专横、颠覆神明裁判的滥用、应对法制统一与中央权威受到的严峻挑战，检察官作为国家利益的代表者、法制统一的捍卫者、公平正义的维护者，其职权从行政权分离出来又同时处于从属地位，以实现对司法裁判权运行的制衡；作为社会公共利益的代言人，承担起对犯罪的侦查、指控的职能和参与民事、行政诉讼的职能。直到经济全球化的到来，经济社会的工业化、信息化、城市化、市场化、国际化迅猛发展，给法治现代化提出了新挑战新要求，也给检察职权配置的科学化规范化提出了新要求。联合国在总结国际社会政治职权、司法职权尤其是检察职权配置经验、教训的基础上，才形成以联合国《关于检察官作用的准则》为标志的，具有侦查、公诉、监督三项基本职权的新型职权配置模式。

（3）检察权仍处于发展完善之中，检察职权配置已呈现出多元化趋势。检察权作为一种新兴的权力，从产生之日起一直处于不断发展中，检察职权在不断充实、完善。从近期世界各国检察改革来看，一方面，一定范围内的侦查权（主要限于职务犯罪案件，在英美法系被定义为诈欺案件）在逐步加强。另一方面，检察机关的相关权力在扩大，主要体现在三个方面：一是检控裁量权不断扩大；二是赋予检察官调解和一定的处罚权；三是赋予检察机关提起、参与民事行政诉讼的权力。[1] 此外，检察机关的职权范围已从诉讼领域拓宽到社会

---

[1] 王守安：“谈科学配置检察权”，载《人民检察》2005年第6期（上）。

生活的其他方面，一些欧盟国家的检察机关开始享有广泛的社会事务干预权。这不仅有助于将社会生活纳入法制轨道，促使社会行为的规范化，而且有利于实行法治。❶ 同时，检察职权运行的内控机制与外部衔接调控配套制度日益缜密。如 20 世纪 80 年代以来，泛欧国家总检察长会议致力于探求检察官职业道德，从内控方面规范检察官角色地位及职权运行。美国等国家通过检察官行使职权分工的细密化，将重大案件的决定起诉与执行起诉职权分离，同时加强外部监督，防止检察官职权滥用。

二、我国检察职权配置的状况评析

我国检察职权配置模型，是在列宁法律监督思想的指导下，在借鉴苏联检察职权配置模型的基础上，根据我国社会主义初级阶段的物质生活条件再造而形成具有中国特色的检察职权配置模式。我国检察职权配置是围绕维护党的领导、坚持中国国体与政体、履行法律监督职能的主线展开的。

（一）我国检察职权配置的立法现状

1979 年颁布、1983 年作部分修订的《人民检察院组织法》第一次开宗明义地规定了人民检察院是国家的法律监督机关，该法第 5 条具体规定了五项检察权职能。1982 年《宪法》再次确认了检察机关的法律监督地位，规定检察机关依法独立行使检察权，逮捕必须由检察机关批准，强调检察权行使的专属性、相对性。1989 年通过的《行政诉讼法》第 10 条、1991 年通过的《民事诉讼法》第 14 条、1996 年修改后的《刑事诉讼法》第 8 条，以及 1982 年国务院颁布的《劳动教养试行办法》第 6 条、1990 年国务院颁布的《看守所条例》第 8 条、1994 年通过的《监狱法》第 6 条、1995 年通过的《人民警察法》第 42 条等，对检察职权作过具体规定，赋予检察机关对有关事项进行法律监督的权力。这些法律规定明确了检察机关的职权范围，是检察机关进行法律监督的依据。换言之，我国检察职权配置的现行路径表现为：（1）《宪法》第 129 条将人民检察院定位为国家法律监督机关。（2）《人民检察院组织法》第 4、5、6 条对检察职权作了狭义列举，主要有：对叛国案、分裂国家案和严重破坏国家法律政策统一实施的重大犯罪案件，行使检察权；对国家工作人员利用职权实施的贪污贿赂、渎职侵权等犯罪案件进行侦查，以实现对国家工作人员遵守法律情况的监督；对刑事犯罪案件进行审查批捕、决定逮捕和决定起诉、不起诉；对公安、安全机关的侦查活动和法院的刑事、民事和行政审判活动以

---

❶ 吴丹红：“欧盟检察制度发展趋势及其启示”，载《人民检察》2005 年第 2 期（上）。

及刑罚执行进行监督，以实现司法监督。(3) 三大诉讼法笼统规定了检察机关对刑事诉讼、民事诉讼以及行政诉讼进行法律监督，但未具体规定监督的手段和程序。最后，其他法律、法规明确了检察机关对刑罚执行机关和羁押场所的监督权。

据此，理论界对我国检察职权的界定各不相同，主要观点有：(1)“三类说”：我国检察权通过分解包括公诉、诉讼监督、侦查三项基本权力，是法律监督权的合理展开。❶ (2)“四类说”：一种观点认为我国检察权的内容包括刑事公诉权、刑事司法监督权、民事行政司法监督权和司法解释权；❷ 另一种观点认为检察职权包含限定侦查权、审查权（监督权）、公诉权（含审查和程序裁量权）、检察弹劾权（纠正违法、检察建议权）等四项权能。❸ (3)“五类说”：检察机关的职权可以归纳为职务犯罪侦查权、批准或决定逮捕权、公诉权、对刑事诉讼、民事审判和行政诉讼活动的监督权、法律赋予的其他职权等五个方面。❹

以上观点从不同角度阐明了我国的检察职权配置模型的结构及其内容，综合其合理成分，考察检察权的起源、现代各国赋予检察机关的职权以及联合国的有关规定，笔者认为，我国检察权由公诉权、侦查权和监督权三大职权构成。侦查权是检察权与生俱来的职权，没有侦查权就无法发现违法犯罪行为存在的事实，就无法履行法律监督职能。公诉权是检察权最核心、最本质的职权，没有公诉权就无法保障法律的统一、正确实施，就无法维护公平与正义。监督权与公诉权一样由来已久，是检察权的本质体现。我国检察机关以法律监督为根本职能，监督权是不可或缺的权能。这三大检察职权密切联系，构成了一个紧密结合的有机体。它们共同服务于法律监督的职能，服从于法律监督的需要。检察机关只有充分、全面地行使好这些检察职权，才能维护国家法律的统一正确实施，防止行政权、审判权的专横与腐败。

（二）我国检察职权立法配置的客观评析

从总体看，我国检察机关职权配置，基本适合我国检察机关的性质定位和基本国情，检察职权行使所产生的利好大于其产生的弊害，为检察工作的科学

---

❶ 白新潮：“中国检察权的定位及其权力配置”，载刘佑生、石少侠主编：《规范执法：检察权的独立行使与制约》，中国方正出版社 2007 年版，第 88 页。

❷ 洪浩著：《检察权论》，武汉大学出版社 2001 年版，第 27～29 页。

❸ 王晓苏：“关于我国当代检察权法理定位及权能配置模式的思考”，载孙谦、张智辉主编：《检察论丛（第 6 卷）》，法律出版社 2003 年版，第 64 页。

❹ 孙谦主编：《中国检察制度论纲》，人民出版社 2004 年版，第 128 页。

发展奠定了基础。但是，随着我国法制文明的进步和法治实践的推进，现行立法的滞后性愈加明显，严重影响了法律监督的实效。现行立法未能充分体现宪法对检察机关的概括性授权，导致检察机关在履行法律监督职能过程中陷入“名不副实”的窘境，其法律监督范围远未达到对法律的统一正确实施进行全面监督的要求。总之，检察权的虚拟空间过大而实际空间过小，使检察权实际上难以成为与行政权、审判权相协调的国家权力。

（1）有些立法过于原则。譬如民事行政诉讼法律监督权，民事诉讼法和行政诉讼法仅作原则规定，未设计完备的程序。另外，由于立法的抽象，造成检、法两家在实践中产生不必要的冲突，最高人民法院屡屡以司法解释限制抗诉权的行使范围，不利于维护宪法法律的统一正确实施，不利于维护司法公正和树立司法权威。

（2）有些立法授权不科学。在职务犯罪侦查权方面，初查的地位未作明确规定，检察机关尚未享有并案侦查权、技术侦查权、秘密调查权等。在刑事诉讼中，对立案、侦查活动中违法行为的调查权、对侦查机关就犯罪嫌疑人财产采取强制性措施的审查权、建议更换办案人权、量刑建议权、附条件不起诉权等未加规定，对适用简易程序审理的案件、刑事附带民事案件、自诉案件、再审案件和死刑二审和复核案件的监督缺乏立法授权。在民事、行政诉讼中，民事行政检察权的应然状态是由民事行政诉讼法律监督权、公益诉权和司法弹劾权构成的三维结构，而现行法律只规定了抗诉权，对于公益诉权、司法弹劾权（包括违法调查权、建议更换承办人权、提请人大罢免违法审判人员建议权）未作规定。此外，对行政执法机关执法违法、执法不公等行为的介入调查权、纠正违法建议权未予明确。

（3）有些立法过于零散。如关于行政法律监督的规定个别化地规定在极少数法律、法规之中。检察机关行政法律监督权尚未形成体系，仅限于人身自由等特定范围，这是我国法制建设中的薄弱之处。[1] 现行《人民检察院组织法》对行政法律监督未作规定，检察机关享有的一些行政法律监督权是由国务院制定行政法规（如《看守所条例》《劳动教养试行办法》等）来设定的。根据《立法法》的规定，检察职权只能通过国家法律来规定。国务院给检察机关设定职权，有违宪政，不具合法性。

---

[1] 尹吉：“我国检察机关行政法律监督制度研究”，载中国法学会检察学研究会编：《检察学理论体系研讨会论文集》，第254页。

三、优化我国检察职权配置的构想

优化我国检察职权配置是一项艰巨的系统工程。在此，我们从宏观上就优化我国检察职权配置的指导思想加以探讨，并从检察职权配置的重点问题入手，对我国检察职权优化配置的主要路径加以探索。

（一）我国检察职权优化配置的指导思想

1. 必须坚持以我国宪法与基本国情为基础

优化我国检察职权配置，必须严格以宪法为依据，不能偏离宪法规定的原则和精神，这是维护国家法制统一、推进依宪治国的基本要求。我国检察实践已经证明，如果背离法律监督权的宪法定位来配置、行使检察职权，那么就有可能背离检察职权设置的初衷而走向自己的反面。同时，检察职权的调整、变化，是检察机关履行法律监督职能、适应我国经济社会发展需要的必然要求。优化我国检察职权配置，应更多地考虑我国的历史传统，考量我国的基本国情以及检察权运行的实际需要。依据“路径依赖”理论，坚持我国的宪政体制与基本国情，可以减少调整检察职权的阻力，降低风险成本，防止检察职权变革而脱离实际。

2. 必须坚持以司法工作规律、检察工作规律为指导

遵循司法工作规律，合理配置侦查权、检察权、审判权和执行权，协调好检察权与侦查权、审判权和执行权等关联权力的关系，确保“分工负责、互相配合、互相制约”的原则得到贯彻落实。遵循检察工作规律，理顺检察机关的纵向关系，正确处理上下级检察机关之间的领导关系，落实检察机关的领导体制。检察权的各内涵权力之间互相配合、互相制约，在制约中形成整体主义的检察权，这是博弈论中分权力的一种均衡。[1] 我们应优化检察职权在上下级检察机关之间、检察机关各内设机构之间的配置，进一步健全“上下一体、分工合理、权责明确、相互配合、相互制约、高效运行”的检察职权配置模式和运行机制，有效整合法律监督资源，增强法律监督实效。

3. 必须坚持以强化法律监督、维护公平正义为目标

强化法律监督、维护公平正义是我国检察工作的主题。强化法律监督职能是检察机关的基本职责，也是检察机关树立法律监督权威的基本途径。但由于现行立法存在着诸多缺陷，检察实践中也存在着诸多制约法律监督职能发挥的瓶颈，导致检察职权不全、保障不力、权威不够，严重影响了法律监督权威。

[1] 宣章良、胡薇薇：“检察权配置的博弈分析”，载《华东政法学院学报》2006 年第 6 期。

按照强化法律监督职能的主线，合理配置检察职权，细化检察权权能结构，规范检察职权程序运行体系，形成接受法律监督义务体系的配套机制，实现法律监督的制度化、规范化和程序化。

（二）优化我国检察职权配置的主要路径

1. 优化职务犯罪侦查权的配置

目前，有不少人质疑检察机关职务犯罪侦查权的合理性，认为应将这项权力划出去，成立独立的反贪污贿赂侦查机构。这些观点的基础就是认为侦查权就是行政权，检察机关基于“法律监督者”地位不应拥有侦查权。我们认为，该观点十分狭隘，对世界上大多数国家均将职务犯罪侦查权赋予检察机关的普遍现象视而不见，难免失于片面。职务犯罪是一种严重破坏国家的管理秩序和公职人员职务的廉洁性、正当性的行为，是滥用行政权、审判权等权力的极端形态，具有极大的危害性。检察机关加大对国家公职人员贪污贿赂等犯罪的惩治力度，符合检察权作为法律监督权的性质，有利于巩固党的执政地位、维护宪法尊严和权威、坚持中国特色的国体和政体，有利于对行政权、审判权的有效制约和规制，有利于增强法律监督的刚性。当前，检察机关职务犯罪侦查工作，应当适应惩治预防腐败犯罪的新形势、新任务、新特点，建立健全教育、制度、监督并重的惩防体系，增强控制能力、发现能力、侦查能力、指控能力和预防能力等。

从立法方面，要修改刑法中渎职罪主体“国家机关工作人员”的范围，与刑事诉讼法中“国家工作人员”的范围保持一致，将国家工作人员职务犯罪侦查权统一配置于检察机关；要建立关联管辖制度，赋予检察机关在职务犯罪侦查过程中对“原案”及派生犯罪的并案侦查权，以防止侦查管辖纠纷、节约司法资源；要将“初查”明确规定为刑事诉讼的法定程序，赋予检察机关在初查中的秘密调查权；要完善职务犯罪侦查手段，赋予检察机关刑事技术侦查权，适当延长传唤、拘传的持续时间。要依据《联合国反腐败公约》的规定，完善职务犯罪侦查权的配置，通过修改和完善相关国内立法，实现国际公约的国内化。要修改受贿罪、行贿罪、挪用公款罪的规定，增加相关职务犯罪的罪名；要建立健全举报制度、污点证人制度、举证责任倒置制度、资产追回制度、缺席判决制度等。在职务犯罪预防方面，要更加注重公民、民营经济主体及其他社会组织在预防中的地位与作用，加快结合办案进行预防的法律化进程。在国际司法协助、引渡、被判刑人移管、境外资产追缴、信息情报交换等方面，要加快与缔约国签订条约、协定的步伐，扫除潜逃腐败贪官的缉拿障碍。

2. 优化刑事诉讼监督权的配置

在刑事诉讼活动中，检察机关有权对刑事立案与侦查活动、审判活动、刑罚执行活动进行监督，强化刑事诉讼监督是检察改革的难点之一。因此，立法要明确监督范围，将不该立案而立案的情形纳入监督范围，建立侦查机关对犯罪嫌疑人财产采取强制性措施提请检察机关审查的制度，将逮捕之外的强制性侦查措施纳入监督范围，明确监督程序和接受监督的义务；赋予检察机关附条件不起诉权、量刑建议权和对死刑复核的监督权；针对刑罚执行中存在的突出问题，明确规定检察机关刑罚执行的同步监督权，减刑、假释、保外就医和监外执行应提请检察机关审查监督。同时，立法要强化法律监督措施，赋予检察机关法律监督调查权、更换办案人的处置建议权等。总之，要通过修改相关刑事诉讼立法，保障法律监督程序的法定性、有序性，提高刑事法律监督的针对性、实效性，建立起维护司法公正的长效机制。

3. 优化民事行政检察权的配置

现行民事行政检察权配置不足，导致法律监督力度不够，难以适应人民群众的司法需求。我们要坚持宪法原则，细化民事行政检察权，构筑中国特色民事行政检察权权能结构体系。民事、行政检察权应建立起以民事行政诉讼监督权、公益诉权和司法弹劾权为内容的新型权能结构体系。(1) 立法应明确规定检察机关有权对民事审判和执行行为进行监督，明确可以抗诉的裁定种类，规定检察机关有权对违法调解进行监督。同时，赋予检察机关调卷权、调查取证权、庭审参与权、再审结果知情权等具体权能。(2) 一些违法的民事、行政行为已严重侵害国家利益、公共利益而得不到法律规制，公共利益的维护不得不依赖于薄弱的民间力量，这无疑是诉讼制度的一块“硬伤”。检察机关作为国家利益和公共利益的代表，应当依法享有公益诉权，明晰行使权力的程序、路径及相关保障措施，及时排除、制止损害国家利益和公共利益的违法民事、行政行为。(3) 为加强民事行政诉讼监督的刚性和实效，针对法官违法现象，应当赋予检察机关对法官在职务活动中的违法行为进行调查、监督、追究乃至提出弹劾建议的权力。

4. 优化对行政执法活动法律监督权的配置

目前，行政执法违法、滥用职权、贪赃枉法等现象蔓延，损害政府形象、破坏法律统一正确实施，降低政府公信力，甚至损害公民、法人和其他组织的合法权益，这既是法律监督的真空地带，又是人民群众呼唤执法公正的热点部位。因此，应建立对行政执法违法行为的法律监督机制，包括对严重违法但尚未构成犯罪的行为之调查权、建议撤换行政执法人员权、提请同级人大撤换、罢免相关行政执法违法人员权、对行政法规、规范性文件违宪和违法进行审查并提请有权机关撤销的建议权，这必将有力促进法治政府、责任政府和服务型政府的建设。

26. 拓宽人民监督员监督渠道 推动检察工作科学发展*

人民监督员制度，是由代表公众的人民监督员按照一定程序，对检察机关查办职务犯罪案件及其他执法活动进行监督的一种社会监督制度安排。其目的是为了加强检察机关查办职务犯罪工作的社会监督，确保检察机关职务犯罪侦查、批捕、起诉等检察权正确行使，促进公正、文明、廉洁执法，维护司法公正，维护社会公平正义。如何深化人民监督员制度试点工作，增强检察机关接受社会监督的实效，推动检察工作的科学发展？笔者认为，必须始终坚持检察工作的人民性，拓宽监督渠道，自觉增强接受人民监督的透明度和有效性。

一、坚持检察工作的人民性，自觉接受社会监督

检察机关是国家法律监督机关，人民性是检察机关最根本的政治属性。检察权来源于人民，属于人民，也必须用来为人民服务，并使人民检察院得到人民的充分信赖和支持，实现检察工作的科学发展。（1）要坚持检察工作的人民性。检察机关的性质决定其执法办案、开展法律监督必须始终以科学发展观为统领，尊重人民的主体地位，真正站在人民的立场谋划检察工作，切实按照人民的新要求新期待加强和改进检察工作，使检察工作真正符合民情、反映民意、集中民智、保障民生。（2）必须牢固树立群众观点，自觉贯彻群众路线。周永康同志深刻指出："做好法律监督工作，离不开群众的大力支持。法律监督工作的根本出路就在于专群结合、依靠群众。检察监督难，依靠群众就不难。"这就要求我们一定要牢固树立群众观点，坚持一切为了群众，把人民拥护不拥护、赞成不赞成、高兴不高兴、答应不答应作为衡量检察工作的根本标准，自觉从人民最满意的事情做起，从人民最不满意的问题改起，着力满足人

* 本文发表于《湖北日报》2009 年 6 月 12 日。

民群众的司法需求。（3）要自觉接受社会监督。改革开放以来，检察机关切实履行法律监督职责，依法办理了一大批案件，为经济社会发展和和谐社会建设作出了应有贡献。与此同时，执法办案中也出现了一些不公、不严、不廉等问题，一定程度上影响了执法公信力，影响了检察机关的形象。为此，经中央批准，自 2003 年 8 月起在全国检察机关试行人民监督员制度，将检察机关自行查办职务犯罪案件中不服逮捕决定、拟撤销案件、拟不起诉的案件（以下简称"三类案件"），以及应当立案而不立案或者不应当立案而立案、超期羁押、违法搜查扣押冻结、应当给予刑事赔偿而不依法予以确认或者不执行刑事赔偿决定、检察人员在办案中有徇私舞弊贪赃枉法等违法违纪情形的（以下简称"五种情形"），交与人民监督员监督，从而拓宽了检察机关接受人民监督的范围和方式。当前受国际金融危机冲击，我国经济发展遇到困难。这要求我们必须更加注重做好关注民生、保障民生的工作，切实履行打击严重刑事犯罪、查处职务犯罪、开展诉讼监督等职能，保障经济社会平稳较快发展。与此同时，要着力加强司法民主建设，继续巩固和推进人民监督员制度试点工作，不断探索扩大司法民主、接受社会监督的有效形式，最大限度地拓宽检务公开的渠道，保障人民群众对检察工作的知情权、参与权、表达权、监督权，最大限度地让检察权在阳光下运行，真正把检察工作置于人民群众的有效监督下，以司法民主更好地保障人民当家作主。

二、创新监督方式，增强人民监督员监督的实效

人民监督员制度试行以来，我省检察机关始终强调"三类案件"监督的"三防工作机制"：防止规避监督或漏监督情况发生、防止控制与诱导人民监督员的监督意向、防止滥提口号滥宣传。同时，积极丰富监督方式，比如，邀请人民监督员参与执法检查活动，邀请全省检察机关人民监督员参与"三个专项治理""作风建设年"活动，收到了一些成效，积累了一些经验。截至 2008 年底，全省检察机关共监督"三类案件"1 252 件 1 363 人，监督总数位居全国第七；监督"五种情形"案件 17 件。通过监督，促进了执法行为的规范、案件质量的提高，防止了案件处理的偏差，保障了犯罪嫌疑人合法权益，促进了检察机关公正、文明、规范、廉洁执法，增强了社会对法律监督的认可度、支持度和满意度。目前，全国检察机关试行该制度已达 90%。人民监督员制度先后被写入《中国人权事业的进展》《中国的民主政治建设》《中国的国防建设》《中国的法治建设》四个白皮书及中央其他重要文件。

如何进一步强化接受社会监督的意识，增强监督实效？笔者认为，进一步

增强人民监督员监督工作的有效性，既在于观念更新、机制创新，更在于创新监督方式，扩大检务公开，拓宽监督渠道。我省检察机关拟从四个方面着手创新。（1）下级院向上级院报告工作情况，请人民监督员参与。今年起，省检察院人民监督员将被邀请参与每半年一次的市州分院向省检察院报告工作会议，听取监督评议意见。（2）检察队伍建设与检察人员纪律作风建设情况向人民监督员公开。检务督察是对检察人员纪律作风、检风检纪、办案安全等情况进行督促检查的内部监督制约的有效方式。今年起，我们将适时邀请人民监督员参与督察，以形成内外部监督制约的合力。（3）制定出台检察工作重要文件听取人民监督员意见。今后，省检察院在制定出台与人民群众切身利益密切相关的重大决策、规范性文件前，将公开征求人民监督员意见，提高有关决策、规范性文件制定的有效性和实用性，增强检察机关执法的社会公信力。（4）多途径扩大人民监督员知情渠道。我们将继续邀请人民监督员参与执法检查、案件质量评查、申诉案件公开听证、控申部门联合接访等活动。对于人民监督员没有提出但群众通过控告申诉途径反映的，对查办职务犯罪案件中查封扣押冻结款物处理决定不服、应当刑事赔偿而不予以确认或不执行刑事赔偿决定的情形，也可以纳入监督范围，使“五种情形”监督方式多样，效果更好。此外，我们将采取座谈、走访、邀请参与旁听庭审或通过网络互动、问卷调查、检察开放日等多种方式，让人民监督员更多地了解检察工作、及时监督检察工作，进一步增强监督实效。

三、强化保障措施，为人民监督员正确履职提供必要条件

充分的保障是人民监督员正确履职的必要条件，也是深化人民监督员制度试点工作的前提。我们将进一步强化五个保障。（1）强化组织保障。全省检察机关检察长把接受人民监督员监督工作作为“一把手”工程，纳入检察工作重要内容，做到有位置、有部署、有检查、有落实。（2）强化服务保障。人民监督员办公室是人民监督员履行监督职责的服务机构，也是联系各相关业务部门接受社会监督的协调机构。全省各级院人民监督员办公室有必要进一步增强服务意识、协调意识、责任意识，切实搞好服务工作。按照高检院《关于贯彻落实〈中央政法委员会关于深化司法体制和工作机制改革若干问题的意见〉的实施意见》及相关部署，今年 7 月 1 日起，分、州、市级人民检察院和县级人民检察院受理侦查的职务犯罪案件需要逮捕犯罪嫌疑人的，由上一级人民检察院审查决定。高检院相关职能部门正制定文件，对于上一级人民检察院作出的批捕决定，犯罪嫌疑人不服逮捕决定的，由上一级人民检察院人民监督员进行监

督。全省各分市州院一定要适应新形势，适时调整力量，健全工作机制，提高服务质量。（3）强化制度保障。高检院目前正与全国人大、国务院联合调研，对人民监督员制度试点范围、程序进行深入论证，以进一步改革完善人民监督员制度。我们将研究贯彻落实意见，为全省检察机关人民监督员制度的深化和各位人民监督员正确充分履职提供制度保障。（4）强化理论保障。理论是实践的支撑。现阶段，人民监督员制度的规范化、法制化是制度进一步深化的两个重大课题，也是该项制度运行成效之所在。目前，试点工作在理论研究上面临着一些热点、难点及薄弱问题。比如，人民监督权利对检察权监督的效力或约束力、人民监督员选任机制的完善、如何实现人民监督员制度的法制化等等，我们将与人民监督员一道，从理论与实践层面对这些问题进行深入研究论证，不断深化提高。（5）强化经费保障。在省财政厅的大力支持下，全省检察机关人民监督员工作的经费都已纳入检察业务费开支范围。在保障监督办案业务必要经费的同时，我们将为每位人民监督员赠阅《检察日报》及相关法律资料，为他们全方位了解检察工作提供充分保障。

人民监督员制度是一项关乎制约公权力行使的制度安排，是一项关乎司法体制改革尤其是检察体制改革能否持续深化的制度安排，也是一项关乎社会公平正义能否真正实现的制度安排。我们坚信，坚持检察工作的人民性，紧紧依靠人民，人民监督员制度一定能够持续健康发展，检察机关的法律监督职能一定能够得到更充分的发挥，检察工作的全面协调可持续发展也一定能够顺利实现。

27. 夯实检察工作一体化机制理论基础　为扎实推进这项机制良性运行提供不竭动力

——检察发展论坛第一次会议闭幕词*

检察发展论坛第一次会议，经过大家共同努力，取得了圆满成功。最高人民检察院检察长曹建明同志对论坛给予亲切关怀，热切关心，在繁忙工作中专门为论坛致信，强调“检察机关要按照科学发展观的要求，坚持在党的领导和人大监督下，忠实履行宪法、法律赋予的法律监督职责，进一步完善和推进检察工作一体化，上下统一、横向配合、步调一致、检令统一，维护检察工作的整体性、统一性，增强法律监督的实效与合力”，这为本次论坛确定了主题，为检察工作一体化机制建设的基础理论研究与实践推进指明了方向，是我们深入开展这一课题理论研究与实践的指南。湖北省人民检察院检察长敬大力同志、最高人民检察院司法体制改革领导小组办公室常务副主任万春同志、湖北省法学会常务副会长姚仁安同志为论坛的举办发表了热情洋溢的致辞，重点阐述了确定检察工作一体化机制的总体要求、坚持检察工作一体化机制的基本理念、明确检察工作一体化机制建设的根本意义、准确界定“检察工作一体化”的概念实质、正确认识和处理党的领导、人大监督与上级检察院领导的关系、实施检察工作一体化机制的重要措施等问题，强调指出检察工作一体化的探索和实践，是检察机关贯彻落实科学发展观的实际行动，体现了检察工作的基本

* 本文发表于《人民检察·湖北版》2008 年第 11 期。

规律，体现了中国检察制度运行的特点，是在现行政治体制和法律制度框架内，为落实宪法规定的检察领导体制而进行的机制创新，有利于检察机关排除地方保护主义、部门保护主义的干扰，依法独立公正行使检察权，有效维护国家法律的统一正确实施；有利于突破影响和制约检察工作开展的体制性障碍、机制性束缚和保障性困扰；有利于发展和完善中国特色社会主义检察制度。同时，强调要以检察发展研究中心为载体，搭建学术平台、完善检察制度、形成特色品牌。

这次论坛的显著特点如下：(1) 主题的鲜明性。本次论坛牢牢把握“检察机关法律监督职能与检察工作一体化机制建设”这一主题，突出检察工作一体化机制建设的重点与强化法律监督的目标，厘清了检察工作一体化与检察机关法律监督职能之间的内在联系，探寻通过检察工作一体化机制创新、强化检察机关法律监督职能的路径依赖。(2) 内容的丰富性。本次论坛坚持理论研究与实证分析相结合、理性思考与经验总结相结合，对检察工作一体化机制进多维度、多视角的探讨，不仅从理论上阐明了检察工作一体化的基础、价值及功能，而且思考了如何在各项检察工作中落实检察工作一体化的基本要求，关注检察工作一体化机制建设过程中可能引发的新问题，总结了检察工作一体化机制创新的成功做法与经验，将有力推进检察工作一体化机制建设的深入开展。(3) 交流的互动性。本次论坛具有广泛的代表性，清华大学、中国人民大学、中国政法大学、北京师范大学、武汉大学、华中科技大学、四川大学、中南财经政法大学、中国社会科学院法学研究所等著名高等院校和科研院所的法学权威积极建言献策，高检院厅室主要负责人、检察理论研究所、国家检察官学院鼎力相助，黑龙江、辽宁、上海、江苏、广东、湖南、贵州等兄弟省市的同仁们前来传经送宝，基层检察干警踊跃参加。

这次论坛的主要收获为：(1) 明确了推进检察工作一体化建设必须以科学发展观和社会主义法治理念为统领，紧紧围绕“强化法律监督、维护公平正义”的检察工作主题，充分发挥检察机关的领导体制优势，增强法律监督合力，提高执法水平和效率，维护国家法律的统一正确实施，维护社会公平正义和司法公正，为构建社会主义和谐社会创造良好的社会环境和公平正义的法治环境。(2) 明确了推进检察工作一体化建设必须坚持的基本原则，即：坚持党的领导，自觉接受人大监督；坚持依法独立公正行使检察权；坚持上级领导下级；坚持分工制约与协作配合相结合；坚持公正与效率并重；坚持实行民主集中制，依法、科学决策；坚持合理配置和整合检察资源。(3) 明确了推进检察工作一体化建设必须坚持“上下统一、横向配合、步调一致、检令统一，维护检察工作的整体性、统一性”的总体要求。(4)明确了推进检察工作一体化建设必须遵循检察工作规律。检察工作一体化机制是检察制度的核心内容，是当代检察制度运行发展的规律，也是中国特色社会主义检察制度运行发展的规律。以科学发展观为统领全面加强和改进检察工作，必须遵循检察工作一体化这一规律，按照这一规律加强领导、配置资源、增强合力、提高效率，促进检察机关结成运转高效、关系协调、规范有序的统一整体。(5)明确了推进检察工作一体化建设必须正确处理检察工作一体化与检察一体化、部门一体化的关系，坚持在现有政治体制和法律框架内不断推进和发展这一工作机制。(6)明确了推进检察工作一体化建设必须有相关配套的制度规范来保障，形成统一、规范的配套制度体系。如湖北通过建立工作报告与评议、规范性文件管理、工作情况通报、请示报告与情况说明、上级检察院党组协管干部工作、巡视、检务督察等制度强化上级检察院的领导权威；通过单设大要案侦查指挥中心及其办公室、建立加强案件线索管理、侦查管辖、有关案件备案审查和上报审批的制度、完善提高公诉工作整体合力的制度、制定各内设机构在惩治和预防职务犯罪中加强监督制约和协调配合的规范性文件、完善“侦、捕、诉”衔接配合、涉检信访工作协作与责任、诉讼监督协作和法律监督调查等机制，实现横向协作、内部整合；通过加强执法规范化建设、检察队伍专业化建设、管理科学化建设和执法保障制度建设，完善检察工作考评制度，实现检察工作的总体统筹等，其制度功效初显。(7)明确了推进检察工作一体化建设必须坚持党的领导、人大监督与依法治国的有机统一，自觉维护中央权威，坚持人民代表大会制度，坚持专门机关与群众相结合的路线，切实履行法律监督职责，保障宪法、法律统一正确实施。论坛会议的另一重大成果是，经过充分酝酿，决定聘请马克昌、樊崇义、傅宽芝、卞建林、龙宗智、陈卫东、宋英辉、王敏远、张建伟、夏勇、陈国庆、王洪祥、万春、谢鹏程、徐建波、刘佑生、石少侠、周洪波等为湖北省人民检察院检察发展研究中心特约研究员。这将使“中心”实力剧增，知名度提升，对加强“中心”建设将产生重大深刻影响！

本次论坛围绕“检察工作一体化与检察机关法律监督职能的有效发挥、检察工作一体化的理论基础与现实要求、检察工作一体化的成功做法与经验”三个专题坦诚交流，畅所欲言，达成普遍共识，达到了预期目的。

一、关于检察工作一体化与检察机关法律监督职能有效发挥的关系

这次论坛的重要成果之一就在于统一了对检察机关性质、检察工作一体化

含义、检察工作一体化与法律监督内在有机联系的认识，高度认同检察工作一体化机制建设有利于整合法律监督资源、形成法律监督合力、提高法律监督能力、增强法律监督实效、完善法律监督制度，是落实宪法原则规定、强化法律监督职能的重要举措。大家一致认为，检察机关作为我国的法律监督机关，法律监督属性是其本质属性。检察机关要更好地担负起宪法和法律赋予的职责，必须始终把强化法律监督、维护社会公平正义作为根本任务来抓，切实把工夫下在监督上，着力增强法律监督能力。与会代表强调，检察工作一体化机制是在宪法和法律框架下的机制创新，是在坚持党的领导、人大监督前提下的检察工作运行机制，具有合宪性、合理性与可行性。不少专家代表从应然的角度分析指出，法律监督是检察制度的本原和内核，各项具体检察职能都是由法律监督权派生而来；检察工作一体化则是法律监督权有效运行、实现法律监督资源优化配置的重要载体。来自实务部门的代表从实然的视角进行考察后认为，推进检察工作一体化机制建设可促使检察机关更好地履行法律监督职能，增强法律监督的整体性、统一性和协调性，提高检察机关执法质量和效率，发挥法律监督的整体优势和效能。与会代表一致指出，检察工作一体化与检察机关法律监督职能具有内在的必然关系，两者互为表里，互相依存。

在热烈的交流与争鸣中，形成了具有鲜明代表性的观点。中国社科院法学所傅宽芝研究员认为，检察工作一体化机制符合人民检察院职能多元化特点的客观要求，符合人们认识客观事物规律的要求，符合检察机关履行职能活动规律的要求，具有战略意义，是我国检察机关切实贯彻科学发展观所取得的优异成果。中南财经政法大学姚莉教授指出，检察工作一体化有利于克服检察权地方化的倾向，为法律监督职能的行使创造良好的外部环境；有利于形成法律监督的合力，达到最佳的监督效果。武汉大学赵钢教授认为，检察工作一体化机制创新遵循检察工作的基本规律，破解了制约检察工作科学发展的机制性障碍，其科学性、合法性、针对性凸显，具有促进检察职能充分履行与加强对检察权的监督制约的重要功能。四川大学龙宗智教授认为，检察工作一体化机制是适应我国政治体制、现实需要与总结检察改革经验教训、符合检察工作规律的机制创新。中国政法大学樊崇义教授认为，湖北检察工作一体化机制的依据充分，前提明确，原则准确，操作规范，可以概括为“湖北模式”，或称为湖北经验，值得推广。他建议，要从推进民主法治建设的高度深刻认识法律监督的含义，按照我国一元分权结构的政治体制与权力结构模式，从巩固党的执政地位、实现国家长治久安、社会和谐稳定的目标出发，着力研究法律监督权对行政权、审判权的分权制约、有效监督这一重大课题。广东省江门市人民检察院副检察长陈俊民认为，检察权是一个整体，检察院的各项法律监督职能是一个整体；检察工作一体化是以“院”为单位的一体化，不能异化为业务部门的一体化，这是保障检察权的整体性、统一性的需要。湖北省宜昌市人民检察院检察长孙光骏认为实行“上下统一、横向协作、内部整合，总体统筹”的检察工作一体化机制，是落实检察机关领导体制、提高法律监督能力的重要创新举措，也是优化检察职权配置，建立公正高效权威的检察制度的有益探索。

二、关于检察工作一体化的理论基础与现实要求

与会专家代表对检察工作一体化机制创新给予了充分肯定，指出这一机制创新不仅具有重大的理论价值，而且有着深刻的现实意义，有利于发挥检察机关的体制优势、整体优势，有利于促进中国特色社会主义检察制度的自我完善和发展，已成为检察体制改革和机制创新的重要切入点和着力点，成为建设公正高效权威的社会主义检察制度的有效途径。会议代表强调，检察工作一体化机制创新具有坚实的理论基础，反映了制度协调的系统论和制度运行的效率论，通过整合不同层次、不同区域、不同类别的检察资源，促进检察机关结成统一整体，充分发挥法律监督整体效能；反映了权力运行的监督制约理论，通过建立健全决策权、执行权、监督权既相互制约又相互协调的权力结构和运行机制，确保检察权的正确行使，确保宪法和法律的统一正确实施；反映了组织管理理论的要求，通过建立公正规范文明执法的长效机制和完善检察业务、队伍和信息化“三位一体”机制，提高检察管理的科学性和执行力，提高检察机关执法公信力，促进法律监督的公正高效和权威。

中国人民大学陈卫东教授从宪法规定、检察工作规律、检察工作实际需要、维护法制统一、实现刑事政策等五个方面来论证检察工作一体化的理论基础；提出要建立相关保障机制，正确处理好与党的领导、人大监督、政府关系，落实检察工作一体化的纪律；要在立法上明确检察工作一体化机制，建立书面存档制度，正确处理检察工作一体化与发挥检察官自主性的关系。北京师范大学宋英辉教授运用系统论思想诠释检察工作一体化机制的理论基础，认为检察工作一体化不仅是实践层面的一项创新，也是理论层面的一项创新。检察工作一体化机制优化和整合了检察资源、有效解决了检察工作在实践中存在的突出问题，对于深化检察改革、建设具有中国特色社会主义检察制度有着深刻的现实意义。同时，检察工作一体化机制拓展了检察理论研究的视野、丰富了检察理论研究的内容，对于加强检察理论研究、构建具有中国特色社会主义检察理论体系有着重要的价值。武汉大学康均心教授指出，检察工作一体化机制

创新对于加强检察职能的统一，增强法律监督的效能和合力产生了明显的效果，但这一机制建设在运行过程中会与原有的工作模式、运行方式、制度体系产生一定的矛盾，主要存在上下统一与下级自主、横向协作与各负其责、内部整合与相互制约、总体统筹与制度环境之间的矛盾，并从理论上予以回应，寻求破解之道，确保检察工作一体化机制建设顺利推进。武汉大学陈岚副教授从维护检察工作的统一性、追求案件的客观真实、倡导公诉中心主义等视角对检察工作一体化进行了全新解读。清华大学张建伟教授从理论视角对检察一体化进行考察，分析了检察机关和审判机关的不同组织结构及其原因，认为检察一体化原则主要体现为指挥、监督权、事务调取权和事务转交权、委任分管权、任免、惩戒权等权力，并从实践应用角度对审判过程中检察官易人、一审检察官参与二审程序等诉讼问题进行解答，对检察一体框架下如何提高检察官办案的自主性提出可行性建议。高检院检察理论研究所谢鹏程研究员认为，湖北检察工作一体化机制是区别于行政权运行规律与审判权运行规律、反映检察工作运行规律的一项创新，是一种保障检察权行使的整体性与统一性、增强法律监督实效与合力、纠正和防止检察权运行地方化与行政化的一种新型模式，值得借鉴推广。他建议推进这项机制建设要坚持各级院依法独立行使职权的原则，坚持民主集中制原则，正确处理与遵循诉讼规律、尊重下级院独立执法主体地位、发挥检察官自主性与创造性的关系，正确处理同服从党的领导、接受人大监督、政府支持和群众监督的关系，使这一机制发挥更好的效果。黑龙江省人民检察院法律政策研究室主任孙宝民认为，检察工作一体化机制目的是按照检察工作整体性、统一性的要求，克服地方化、部门化倾向，使检察职能得以充分发挥。这样的思路是我们研究检察工作一体化机制的基点，也是研究的价值所在。这种模式的选择具有鲜明的时代特征和中国特色，是对中国检察制度的反思，是对检察实践的回应。

三、关于检察工作一体化的成功做法与经验

大多数检察实务工作者深切地体会到，实践是检察工作一体化机制创立与运行的生命，注重实践是检察工作一体化机制丰富与发展的显著特征。专家学者与检察实务工作者共同指出，检察工作一体化机制创新，是检察机关落实党中央关于加强和改进检察工作新要求的具体举措，是落实高检院一贯要求的重要途径，是推动检察事业全面协调可持续发展的现实需要，是落实现行法律、司法解释和高检院文件有关规定的迫切需要。实践证明，这一机制建设在深化检察改革、优化检察职权配置、规范执法行为、提高执法水平等方面已显示出

强大的生机与活力，产生了良好的法律效果与社会效果。

来自湖北、辽宁、上海、黑龙江、江苏、贵州等省市检察机关的同志们从检察业务工作、队伍建设、检察业务管理、内部整合、异地交叉办案等方面介绍了实施检察工作一体化的情况。湖北省武汉市人民检察院检察长孙应征、襄樊市人民检察院彭胜坤、黄石市人民检察院检察长杨武力、鄂州市人民检察院检察长古峰、咸宁市人民检察院检察长鲁尔英等同志结合工作实际谈到，加大检察工作一体化建设一定要突出重点，通过强化组织原则、上级的指令权与监督权、上级支持下级的力度，实现上级院对下级院的领导；通过建立健全职务犯罪侦查工作的统一组织、指挥、管理与协调机制，完善职务犯罪侦、捕、诉内部制约和协作配合机制，健全法律监督各个环节的衔接与配合机制等，加强内部协调配合；以武汉城市圈及“两型社会”建设为平台，促进横向协作；以强化法律监督为目标，推进总体统筹。同时要加强保障建设，通过科技强检建设、执法规范化建设、检察管理科学化建设，为推动检察工作一体化机制提供技术支撑、制度保障和组织保障。辽宁省盘锦市检察长刘铁鹰介绍，盘锦市两级检察机关推行一体化工作机制始于2003年9月的反贪工作，之后不断向其他业务工作和队伍建设推进和扩展，现已在各项检察业务工作和检察队伍建设中显现出实际效果和生命力。上海市静安区人民检察院检察长罗昌平介绍，检察业务管理在实现方式上采取纵向联系、横向协调、职权保障、全程监督的工作方法，与检察工作一体化“上下一体、分工合理、权责明确、配合制约、运行高效”的检察工作机制形成有机统一。上海市人民检察院法律政策研究室主任龚培华认为，内部整合是检察工作一体化的重要内容，检察机关侦、捕、诉、研联动工作机制将四业务部门形成网状的互相配合与制约的力量，动态地实现检察机关自侦案件办理的规范化、科学化，优化检察系统司法资源、提高检察机关工作能力，体现检察机关法律监督整体力量。贵州省人民检察院毕节分院副检察长黄伟介绍，2005年6月以来全区检察机关认真总结并积极探索一体化办案经验和异地交叉办案工作路子，先后在8个县（市）实行异地交叉办案，整合办案力量160多人，实施反贪异地交叉办案109件125人，大要案101件，涉嫌犯罪的科局级以上领导干部百余人。江苏省人民检察院法律政策研究室主任尹吉介绍，江苏省检察机关正在研究起草检察工作一体化机制方面的规范性文件。

四、关于需要深入研究的几个问题

与会代表指出，检察工作一体化机制在理论上要深化研究，在实践中要渐进式地推进。(1) 研究视角有待进一步开阔。要综合运用宪政理论、法律监督理论、检察组织管理理论与法哲学、法制度经济学、信息学、管理学等多学科知识，加强对检察工作一体化机制的功能、价值、根源的研究，从理论与实践的结合上进行全面、系统的诠释。(2) 研究重点要进一步明确。要加强对检察工作基本规律、创新工作机制研究，为切实落实宪法和法律关于检察领导体制和法律监督性质的规定，维护检察工作的整体性、统一性，保障检察机关依法独立公正地行使检察权提供理论支撑。要加强对检察工作一体化机制同诉讼规律兼容性问题的研究，比如如何坚持正确处理检察工作一体化与检察官独立承办案件的关系；如何坚持正确处理检察工作一体化与保障各级检察院执法主体地位的关系，强调在层级性前提下的检察工作的整体性、统一性，解决检令不畅、内部分散问题，增强法律监督的实效与合力，注重保障各级检察院依法行使职权，同时通过完善上级检察院领导下级检察院的程序、方式和责任等措施方法进一步坚持这一原则要求；如何坚持正确处理检察工作一体化与加强内部监督制约的关系，建立“侦捕诉衔接配合与相互制约工作机制”，在制约中配合，在配合中制约；如何坚持正确处理检察工作一体化与提办、交办、督办案件及指定异地管辖的关系，对案件或案件线索按照刑诉法属地管辖或属人管辖的原则，一般交由被查对象或者犯罪嫌疑人单位所在地或者犯罪地人民检察院办理，指定异地管辖只是一种例外，限定为必须符合“四种情形”之一的案件，即有管辖权的下级人民检察院查办确有困难的，本院检察干警涉嫌职务犯罪的，下级人民检察院在初查或者立案侦查过程中出现复杂情况难以继续查办或者查办明显不力、需要改变管辖的，其他指定异地管辖更为适宜的等；如何坚持正确处理检察工作一体化与检察机关跨级或跨地域代行检察职权的问题，对于受上级检察院指派跨层级、跨区域履行职责的检察官，由其履职所在地检察院检察长依法任命法律职务，履职结束后予以解除；如何坚持正确处理检察工作一体化与防止检察机关过度行政化的问题，坚持依法独立行使检察权，加强内部监督制约，加强检察长对检察工作的统一领导与坚持党组集体领导、坚持民主集中制原则、充分发挥检察委员会集体决策作用的一致性，上下一体与把握各层级院执法主体、执法责任的界限；如何坚持正确处理实行检察工作一体化与执法公开化、社会化、民主化的关系，既要实行检察机关内部的工作一体化，又不搞自我封闭、神秘化，大力推进检务公开，充分保障人民群众对检察工作的知情权、参与权和监督权。(3) 要注重检察工作一体化机制模式选择的研究。逐步探索、建立全国统一的检察工作一体化模式，以增加合力、整合资源，促进中国特色社会主义检察制度的发展与完善。(4) 要重视推进检察工

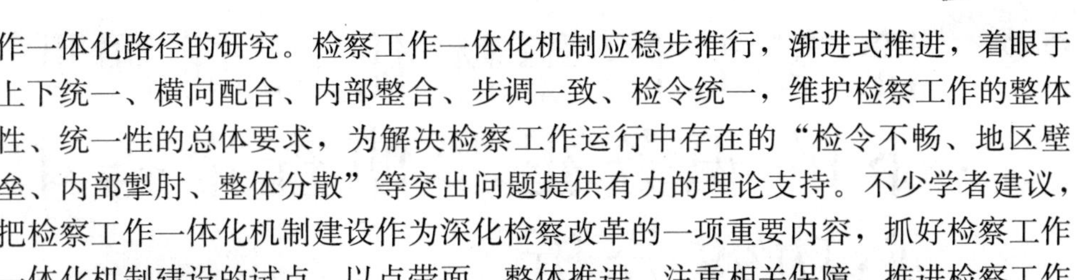

作一体化路径的研究。检察工作一体化机制应稳步推行，渐进式推进，着眼于上下统一、横向配合、内部整合、步调一致、检令统一，维护检察工作的整体性、统一性的总体要求，为解决检察工作运行中存在的“检令不畅、地区壁垒、内部掣肘、整体分散”等突出问题提供有力的理论支持。不少学者建议，把检察工作一体化机制建设作为深化检察改革的一项重要内容，抓好检察工作一体化机制建设的试点，以点带面，整体推进，注重相关保障，推进检察工作一体化机制的制度化、规范化和法制化。这对于促进检察工作一体化机制建设是十分裨益的。

28. 检察工作一体化机制视野下的职务犯罪侦查指挥中心功效分析*

所谓检察工作一体化，是指检察机关在坚持党的领导和人大监督的前提下，依据宪法和法律的规定，按照检察工作整体性、统一性的要求，在检察机关实行的"上下统一、横向协作、内部整合、总体统筹"的工作运行机制。[1] 2006年，湖北省检察机关尝试将职务犯罪大要案侦查指挥中心及其办公室单设，探索建立起符合检察工作一体化机制要求的侦查工作运行模式。这一模式试点运行两年多来，有效地破解了制约职务犯罪侦查工作规范、高效运行的瓶颈难题，提高了职务犯罪侦查工作水平。从法制度经济学层面总结此项机制创新的实践，笔者认为，其功效可概括为以下五个方面。

一、规范分流，统一管理，源头预防和治理"多头管理、多头分流"的功效

职务犯罪侦查情报信息工作，对于检察机关准确把握职务犯罪的规律性、增强发现线索的主动性、提升处置复杂情况的预警性、提高决策指挥的科学性具有积极作用，是职务犯罪侦查工作的一项重要基础性业务建设。借鉴域内、外职务犯罪侦查情报信息管理的有益经验，使有限的情报信息资源发挥最大"效用"，需要建立一个统一的部门来组织管理情报信息。为此，一些国家和地区相继对原来分散的情报信息机构进行整合，打破部门间的壁垒，成立统一

---

* 本文发表于《国家检察官学院学报》2009年第1期第17卷；收录于《检察工作一体化机制创新——湖北检察机关的探索与实践》论文集，中国检察出版社2008年版。

[1] 敬大力：《检察工作一体化问题》，中国检察出版社2008年版，第2页。

的、综合的、权威高效的情报部门。多年来，我国检察机关职务犯罪侦查部门在情报机制建设方面几乎处于停滞状态，这与职务犯罪的多样化、高智能化以及国内犯罪国际化、国际犯罪国内化等新趋势新特点极不适应，以致职务犯罪情报信息传导途径难以实现从“被动型”向“主动型”转变。我国检察机关职务犯罪情报信息的管理模型主要有以下几种。

第一，“松散归口型”。这种模型的现实状况表现为，以举报中心归口管理职务犯罪线索为主，与其他职务犯罪侦查部门自主管理案件线索相结合。这种“归口”与“分散”的职务犯罪情报信息管理机制，极易造成职务犯罪情报信息传导机制失灵，常常形成职务犯罪情报信息资源管理“部门壁垒”，成为执法办案利益驱动、情报信息传导掣肘的重要根源，以致产生情报信息管理运行机制上的“边际效用递减”现象。[1] 这主要表现在，职务犯罪侦查指挥机构增加一单位的情报信息管理成本投入所获得的管理收益呈递减趋势，并且常常形成重大情报信息积压、泄露或流失，情报信息“孤岛”现象滋生等一种侦查资源分享与利用中的“陷阱”现象。这通常表现为，层级检察机关内设职能部门的校正情报信息运行机制失灵的成本无控制增长，情报信息孤岛现象的普遍蔓延，因情报信息资源管理“部门壁垒”引发的利用风险难以化解，情报信息利用的收益不确定或者不高等等。

第二，“单一归口型”。这种模型的现实状况表现为，将职务犯罪侦查指挥中心及其办公室设在反贪污贿赂部门内，并且作为渎职侵权类犯罪案件组织、指挥、协调、管理功能的替代形式。反渎职侵权部门及其他肩负查处职务犯罪职能的部门，则无法运用这一机制来有效地利用情报信息资源，合理配置侦查资源、提高侦查效率、形成侦查合力。这些部门不得不组建一套隐形的职务犯罪侦查指挥系统，作为指挥机制缺失的补救形式，以致反贪污贿赂部门、反渎职侵权部门及其他肩负查处职务犯罪职能的部门常常在侦查指挥运行机制上产生摩擦、冲突甚至撞车现象，从而额外增加侦查指挥、实施侦查及协助侦查等方面的隐形成本、协调成本和监督执行成本。

第三，“双头壁垒型”。这种模型的现实状况表现为，反贪污贿赂、反渎职侵权两部门分别设立自成体系、相互掣肘的侦查指挥中心。“双头壁垒”模型

---

[1] 边际效用（marginal utility，简称 MU）度量了从消费一种商品的一个额外的数量中所获得的额外的满足。边际效用递减是指，在一定时间内，在其他商品的消费数量保持不变的条件下，消费者从某种商品连续增加的每一消费单位中所得到的效用增量是递减的。参见［美］平狄克、鲁宾费尔德著：《微观经济学（第 3 版）》，张军等译，中国人民大学出版社 1997 年版，第 74 页。

在两个职务犯罪侦查部门内部运行具有一定的效益，但在检察机关职务犯罪侦查整体范围内其成本增加，风险难以分散，收益不确定甚至有时出现负效益，同“松散归口型”“单一归口型”的功效并无二致。

将职务犯罪侦查指挥中心及其办公室单设，职务犯罪侦查指挥中心负责一个层级检察机关全局性的情报信息工作的组织指导、日常情报信息的汇集处理、分析研判、预警通报、实战应用和考核奖惩。职务犯罪侦查指挥中心办公室则通过建立职务犯罪侦查案件线索信息库、职务犯罪档案库等基础数据库，实现省际区域内乃至全国范围职务犯罪侦查情报信息共享。在此基础上，加强与有关部门的协商，建立社会公共管理信息共享机制，逐步实现与社会人口基础信息库、空间基础地理信息库、法人单位基础信息库、经济与金融及电子政务数据库、行贿档案等社会情报信息的有效链接。这一“统一归口、分离单设”模型，能够有效避免上述三种模型在成本投入、风险分摊、收益不确定等方面的缺陷，有效解决目前职务犯罪情报信息管理中存在的“多头管理、多头分流”等诸多问题，适应职务犯罪侦查指挥与实施侦查、协助侦查有序分离又协调一体的客观需要，强化横向与纵向的联系和协作，凸显职务犯罪侦查整体性、统一性与有序性的功效，起到源头治理的作用。从法制度经济学层面分析，该模型及机制运行以一单位的成本投入，能够有效地节约侦查指挥、实施、协作过程中所产生的直接成本、额外隐形成本、协调成本和监督执行成本，综合治理“情报信息孤岛现象”、有效校正侦查指挥运行机制失灵、纠正与克服职务犯罪侦查“边际效用递减”的现象。这就意味着其在配置职务犯罪侦查资源、提高侦查效率、增强侦查合力、提升侦查整体战斗力等方面的收益增量是持续、有序增加的，亦即该机制运行能够产生规模报酬递增效应。

二、规范交办，提高效益，源头预防和治理“多头交办、交而不办”的功效

交办是人民检察院将本院管辖的案件或下级院管辖的重大复杂案件，指定由下级院办理的执法活动。这是实现检察工作“上下一体”的重要机制和载体之一，而形成“归口交办、一体执行”的交办机制是职务犯罪侦查运行机制规范、高效的目标追求。当前职务犯罪侦查实践中存在的多头交办、部门交办、交而不办等无序情形，直接影响了职务犯罪侦查资源的有效利用、职务犯罪侦查指挥权、实施侦查权的规范行使与职务犯罪侦查效能的整体提高。因此，规范和完善交办的原则、程序和范围显得尤为迫切。

为了防止和克服前述无序现象，建立健全反映职务犯罪侦查特点、适应职

务犯罪侦查现代化趋势、符合检察工作规律的科学职务犯罪侦查指挥运行机制，湖北省检察机关推行的职务犯罪侦查指挥中心及其办公室的运行机制，着重在职务犯罪案件统一交办方面进行规范、创新实践。

第一，明确交办的原则。省院交办案件应当交给有管辖权的市、州、分院办理；必要时，可交由市州分院指定的县市区院办理。这就有效地纠正和防止了交办主体不明、越权交办、滥用交办权等无序现象，理清了“交”与“办”的关系，明晰“交”的权限与“办”的职责，限制了“交”与“办”这一环节不作为、乱作为或不规范、不文明等无序问题，从机制层面提升了职务犯罪侦查指挥与实施侦查层面的能力，为提高执法水平奠定了前提与基础。

第二，明确交办的方式。切实做到“院对院”交办，下级院在接到上级院交办函后必须及时报告本院检察长。这就强化了法律监督工作的整体性与层级性，体现了检察机关的性质与法律监督权运行的特色。这既能有效防止检察官个人滥用职权，避免人情与地方的干扰，又凸显“上下一体”、检察长领导检察工作的制度优势与机制运行特色，还能防止重要的交办件石沉大海，或被个别检察官当做徇情、徇私的筹码。

第三，明确交办的程序。案件交办由承办人提出意见，经职务犯罪侦查指挥中心办公室主任审核后，报检察长批准，并建立交办台账，制作交办函，加盖院印章。承办案件的人民检察院收到交办函及有关材料后，当日内送本院检察长决定，并在受理之日起 7 日内向上级人民检察院职务犯罪侦查指挥中心书面报告拟处理意见。在案件办理过程中还应及时报告进展情况和查处结果；对立案、采取和变更强制措施、侦查终结等上级人民检察院职务犯罪侦查指挥中心有明确要求的相关事项，均须事先报经上级人民检察院职务犯罪侦查指挥中心同意后实施。明晰的程序既是对职务犯罪侦查权这一公权力行使边界的确定与限制，是确保其规范运行、节省其运行成本、化解运行风险、提升运行效益的“路径”、机理或载体，又是检察权最基本的实现形式。因此，明确交办程序，就从制度运行层面界定了“交”这一权力行使的范围及其运行的路径，又从制度运行层面界定了“办”这一权力行使的范围及其运行的路径，交办双方共同构成一个“层级衔接、上下一体、相互制约、协调运转”的检察权运行体系及其机制，其法律监督效果一定呈现出情报信息资源、职务犯罪侦查资源、法律监督资源共享收益方面的“帕累托最优状态”❶，其制度运行之外的负效应及其X效率❷能够得到有效控制或者得以避免。

第四，明确交办的责任。加大各级院对上级院交办案件所负的职责，其既要了解办案情况、指导案件侦查，又要注意办案安全、规范执法行为。试点工作表明，规范交办机制对于增强执行力、保障检令畅通，提高职务犯罪侦查工作的整体效能，解决执行不力等不规范现象具有重要功效。

三、规范管辖，整合资源，源头预防和治理“多头管辖、相互掣肘”的功效

规范管辖，是严格规范文明执法的重要环节。一方面，由于经济发展的不平衡性、执法条件的差异性、职务犯罪侦查指挥运行机制的欠协调性，现行职务犯罪侦查实践中乱争管辖、多头管辖、滥用指定管辖权等现象时有发生。规范管辖、整合资源，成为职务犯罪侦查指挥的关节点之一。湖北省检察机关推行的职务犯罪侦查指挥中心及其办公室的运行机制，其特点之一就是在规范管辖方面进行创新，该机制蕴含着相当丰富的内容，即：对受理的案件或线索，原则上依法交由被查对象或者犯罪嫌疑人单位所在地或者犯罪地人民检察院办理。指定异地管辖是职务犯罪侦查指挥中心履行统一指挥职责的重要方式，对于克服地方保护主义至关重要，需要予以全面规范。经一个层级检察院检察长决定或批准，职务犯罪侦查指挥中心指定异地管辖主要限于四种情形：(1) 有管辖权的下级人民检察院查办确有困难的；(2) 本级检察院检察干警涉嫌职务犯罪的；(3) 下级人民检察院在初查或者立案侦查过程中，出现复杂情况难以继续查办或者查办明显不力，需要改变管辖的；(4) 其他指定异地管辖更为适宜的。在现实职务犯罪侦查实务中，当遇有这种情形之一的“特定情形问题”出现时，职务犯罪侦查运行时常发生“掣肘”现象，即职务犯罪侦查权运行常常遭到反侦查力量的制约、困扰或阻抵，从而增加职务犯罪侦查权运行过程中的摩擦成本，或排除“掣肘”力量的额外显性成本与隐形成本，这就意味着与不同此条件下的职务犯罪侦查权运行相比，其不可避免地增加额外显性或隐形

---

❶ 如果对于某种既定的资源配置状态，所有的帕累托改进均不存在，即在该状态上，任意改变都不可能使至少有一个人的状况变好而不使任何人的状况变坏，则称这种资源配置状态为帕累托最优状态。参见高鸿业：《西方经济学（上册·微观部分）》，中国经济出版社1997年版，第379页。

❷ 一般意义上，X（低）效率可理解为非配置（低）效率，主要指经济单位（企业及家庭）由于各种内部原因而没有充分利用现有资源或获利机会的一种状态。参见刘小怡：《X效率一般理论》，武汉出版社1998年版，第25页。

成本所带来的效率降低，更不可避免地减少职务犯罪侦查权运行的法律效果、社会效果等方面的收益。而将属于这四种情形之一的案件指定异地管辖，其功效之一在于将层级的上级检察机关所拥有的比较优势职务犯罪侦查指挥权以一定的既定单位成本（包括人力、物力、财力及其机制运行）投入，进而分散与化解前述四种情形发生可能造成或产生职务犯罪侦查的X效率，侦查收益不确定、社会评价方面的支持度、信任度持续走低等法律风险、政治风险及社会风险，从而提升职务犯罪侦查的效率与效益，赢得人民群众与社会支持。因此，指定异地管辖权的行使，对于避免职务犯罪侦查遭遇四种特定情形的陷阱，是有效的。

另一方面，当前职务犯罪侦查人才库管理松散、职务犯罪侦查资源调配渠道不顺畅，难以满足职务犯罪侦查工作的客观需要。无论是从职务犯罪的现状还是从职务犯罪侦查工作的实际需要来考量，都需要对有限的侦查资源进行合理配置，最大限度地形成侦查合力。因此，职务犯罪侦查指挥中心被赋予侦查资源的调配权：统一调配层级检察机关之间或本级检察机关内部的人力、信息、装备等侦查资源，运用成熟的制度规范与运行机制，会同政工部门、业务部门管理侦查人才库等等。实践表明，这一机制有利于职务犯罪侦查工作的平衡发展，有利于迅速突破职务犯罪案件，有利于提高职务犯罪侦查工作的整体性与协调性。

四、规范侦查，加强制约，源头预防和治理“压案不查、瞒案不报”的功效

职务犯罪侦查工作中“神秘主义”的办案旧模式仍然存在，职务犯罪侦查不规范、不文明等现象时有发生，是治理与规范职务犯罪侦查工作的重点之一。湖北省检察机关通过加强侦查指挥中心及相关工作机制建设，一方面，强化对职务犯罪侦查工作的统一组织、指挥、管理与协调，进一步规范职务犯罪侦查行为，促进严格公正文明执法。另一方面，强化对职务犯罪侦查工作的领导和总体统筹，强化检察长对职务犯罪侦查工作的领导和管理责任，促进执法办案工作的平稳健康发展。

“权力失去监督必然导致腐败”。职务犯罪侦查权运行的成功经验与沉痛教训都表明，权力必须受到制约，权力的运行一旦具有绝对的封闭性与独断性，则不可避免地产生收益的逆向性，以致常常出现破坏性。为确保职务犯罪侦查权的正确行使，必须使其在阳光下运行，自觉接收监督制约，这是规范执法行为的客观需要。因此，对职务犯罪侦查指挥、实施、协作等权力的合理分解与

制衡，就是实现职务犯罪侦查权力制约的有效途径。湖北省检察机关改“松散管理”模型、“单一管理”模型、“双头管理”模型为“统一归口、单设管理”模型的职务犯罪侦查指挥运行机制，承担着统一管理案件线索，统一交办、指定异地管辖等职能，形成办案部门职权与办案管理部门职权的适度分离，有利于对职务犯罪侦查权进行制约，有利于完善检察机关的内部监督制约机制，体现了检察体制改革与工作机制创新的总体要求和精神实质。通过加强内设机构之间的监督制约，建立保障规范执法的长效机制，能从制度运行机制层面防止“有案不查、瞒案不报”等违法行为的发生，使职务犯罪侦查权在法制的轨道上科学运行。正如著名法制度经济学家诺思所言，制度约束一般分为正式约束、非正式约束及实施机制三个方面。❶ 在正式约束方面，检察机关职务犯罪侦查权行使在外部规制管理上须向同级人大及其常委会报告工作，接受人大常委会的执法检查，贯彻执行人大及其常委会的决议、决定，虚心听取人大代表的建议、意见和批评，认真办理人大代表提出的各项议案，在接受人大监督中不断加强和改进检察机关的职务犯罪侦查工作；在内部规制管理上设置了纪检监察监督、检务督察等正式制度。在非正式约束方面，各级检察机关一直高度重视接受外部监督约束，创新了人民监督员对职务犯罪侦查行使的“三类案件”“五种情形”履行职权可能发生种种偏差的监督与制约，初显了其生命力与功效。在实施机制层面，职务犯罪侦查权与职务犯罪审查批准逮捕权、审查起诉权分设，分工由不同的副检察长主管，职务犯罪侦查指挥权实行统一归口、独立运行、规范管理，与实施具体职务犯罪侦查权适当分离，按照“分工负责、互相配合、互相制约”的原则及运行机制，保证了职务犯罪侦查指挥权与职务犯罪侦查实施权规范运行，共同维护和实现公正司法的目标。

五、规范指挥，提高效率，源头预防和治理“指挥失灵、效率不高”的功效

职务犯罪侦查工作缺乏必要的联系与协作，县区之间、地区之间、省域内的调查取证难、追捕在逃犯罪嫌疑人难、侦查协作难，职务犯罪大要案指挥常常失灵等等，往往成为职务犯罪侦查整体效能提升的瓶颈。职务犯罪侦查指挥机制的建立与运行，不仅有效协调下级人民检察院、本级院各内设机构之间在侦查活动中产生的争议事项，而且协调跨区域的侦查协作事项以及审判管辖等

❶ ［美］道格拉斯·C. 诺思著：《经济史中的结构与变迁》，陈郁等译，上海三联书店、上海人民出版社 1994 年版，第 19 页。

等，成为规范指挥，提高效率的制度支撑。职务犯罪侦查指挥中心承担起统一协调职务犯罪侦查工作的基本职责，有效地解决了职务犯罪大要案指挥协调难等问题，增强了其快速反应能力，提高了职务犯罪侦查效率。尤其是职务犯罪侦查指挥中心实行成员制组织形式，是检察长领导下对本级人民检察院有关内设机构职务犯罪初查、侦查工作进行组织、指挥、管理与协调，代表本级人民检察院对下级人民检察院职务犯罪初查、侦查工作进行组织、指挥、管理与协调的职能机构，这就全面厘清了职务犯罪侦查指挥中上下左右协调、协作运行中的各种关系。其对实施侦查、协作侦查的部门或检察机关的指挥、协调、监督虽然会增加相应的成本投入，但其与多头、无序指挥状态所产生的"外在性"❶ 问题，或产生的 X 效率及其为此所支付的不停顿治理的成本相比，其收益是可观的，实践证明是有效率的。实践中，职务犯罪侦查指挥中心办公室作为其办事机构，是检察机关单设的内设机构之一，不再挂靠或附属于反贪局抑或反渎局。这种独立存在的机构设置，可以充分发挥职务犯罪侦查指挥中心及其办公室的组织、指挥、协调与管理作用。职务犯罪侦查指挥中心认为确有必要时，对案情重大复杂、社会反映强烈、需要跨区域侦查、下级人民检察院侦查确有困难或者组织侦查不力的职务犯罪大要案，报经检察长决定后，通过采取组织专项侦查行动、实施专案侦查、交办、指定管辖、参办、督办、提办等多种侦查指挥方式组织侦查，形成了区域间、省与省之间联网指挥、功能完备、机制健全、运行高效的职务犯罪侦查指挥系统，从制度与机制运行层面有效地预防抑或解决了因其自身缺陷所产生的"指挥失灵、效率不高"等问题，从而提升了职务犯罪侦查指挥与实施侦查的整体功效。

总之，将职务犯罪侦查指挥中心及其办公室统一归口、单设，是一项崭新的职务犯罪侦查指挥运行模式，实践已证明这项机制创新具有强大的生命力。这一开创性的职务犯罪侦查指挥运行模式，是创新中国特色社会主义检察机关职务犯罪侦查机制的途径之一。这一战略性的改革举措，是中国特色社会主义检察制度职务犯罪侦查权实现的有效形式。随着改革的深入，检察机关职务犯罪侦查指挥中心的功效必将得到更为充分的体现与彰显。

---

❶ 未被市场交易包括在内的额外成本及收益被称为外在性。外在性可被分为积极的和消极的两类，其划分取决于个人是否无偿地享有了额外收益，或是否承受了不是由他导致的额外成本。当市场不能带来有效率的结果时，政府可以在经济中发挥一定的作用。当存在积极或消极的外在性时，市场将不能提供有效率的结果。解决外在性的一个方法是规定清晰的产权。参见［美］斯蒂格利茨著：《经济学》（上册），姚开建等译，中国人民大学出版社 1997 年版，第 493、510 页。

29. 以党的十七大精神为指导深入推进检察体制和工作机制改革*

深化司法体制改革，是党的“十七大”提出的明确要求，也是推进政治体制改革、实施依法治国基本方略、构建社会主义和谐社会的一项重大举措。检察改革是司法体制改革的重要组成部分，积极推进检察改革，不断创新检察工作机制，是检察机关适应形势发展，突出检察工作主题和落实检察工作总体要求的客观需要，是推动检察事业科学发展的强大动力。深化检察体制和工作机制改革，有利于全面增强检察机关的法律监督能力，有利于中国特色社会主义检察制度的自我完善和发展，有利于满足人民群众日益增长的司法需求，有利于在全社会实现公平正义。

一、检察改革要以建设公正高效权威的社会主义检察制度为目标

当代中国检察制度是以马克思主义为指导，在社会主义革命、建设和改革开放的伟大实践中建立并发展起来的，具有历史的必然性、内在的合理性和明显的优越性，是与经济社会发展、与社会主义民主政治发展的要求相适应的。但由于我国检察制度受到社会主义初级阶段诸多因素的制约，同建设公正高效权威的社会主义检察制度、推进依法治国的进程还存在不相适应的问题。这表现在：检察机关法律监督能力与维护国家安全、社会和谐稳定的要求，与全社会日益增长的司法需求和人民群众对检察工作的新要求新期待不相适应的矛盾仍较为突出，检察机关依法独立行使检察权的保障体制仍不健全。这就使加快推进检察体制和工作机制改革、破解制约检察工作的体制性与机制性障碍、促

---

* 本文发表于《人民检察·湖北版》2008年第5期。

进检察机关更好地发挥职能作用，成为重大而迫切的课题。建设公正高效权威的社会主义司法制度，是党的“十七大”对深化司法体制改革、实施依法治国基本方略提出的新要求。依照这一新要求，检察体制和工作机制改革的目标就是建设公正高效权威的社会主义检察制度。公正、高效、权威互为条件，不可偏废。公正是本质特征，高效是内在要求，权威是重要保证。要以公正赢得权威，以高效体现公正，以权威保障公正。当前及今后一个时期，检察体制和工作机制改革的一系列措施都应着眼于促进执法公正、提高法律监督效率、树立法律监督权威，使公正、高效、权威形成一个有机的统一体，做到统筹兼顾，防止顾此失彼。司法公正是维护和实现社会公平正义的重要环节，是司法机关树立法律权威、提升司法公信力的关键所在。公正是检察改革最重要的价值目标，是贯彻“强化法律监督，维护公平正义”的检察工作主题和“加大工作力度，提高执法水平和办案质量”的总体要求的客观需要。检察机关作为国家法律监督机关，必须把实现公正作为法律监督的生命线，树立维护公平正义的形象。检察改革要以人民群众反映强烈的突出问题和制约司法公正、影响法律监督职能作用发挥的关键环节为切入点，以强化法律监督、维护公平正义为中心环节，以确保法律的统一正确实施为最高目标。同时，法律监督职能还是防止司法不公的有力屏障，检察机关要对司法不公加强监督，及时纠正，以保证司法部门的权力受到有效的监督制约，保障在全社会实现公平正义。

“迟来的正义等于非正义”。司法效率已成为衡量一国司法制度现代化、科学化与否的重要尺度。高效，是检察体制和工作机制改革的目标之一，其意义在于合理利用检察资源，化解检察风险，节省司法成本，提高法律监督效益，实现法律监督效用帕累托最优。❶ 建立高效运转的检察体制，实现效率目标，需要合理配置检察资源。目前，检察机关正在探索实行的“科技强检”战略、“三位一体”机制，是合理配置检察资源的实现形式，需要在实践中总结完善。

司法权威，是法律权威和法律尊严在司法领域的延伸与体现，是司法权有效运行和司法制度建设的基础与前提。目前，人民群众对维护公平正义的强烈要求与司法能力相对滞后的矛盾较为突出，“关系案”“人情案”“金钱案”等司法腐败现象屡禁不止，我国司法缺乏应有的权威，树立司法公信力的障碍诸多。因此，建设权威的、包括检察制度在内的司法制度，成为推进依法治国基

❶ 帕累托最优（Pareto Optimality），是博弈论中的重要概念，它以意大利经济学家维弗雷多·帕累托的名字命名，是指资源分配的一种理想状态，在不使任何人境况变坏的情况下，而不可能再使某些人的处境变得更好，是公平与效率的“理想王国”。

本方略的迫切需要，成为司法改革的重要目标。建设权威的检察制度，一个重要的方面就在于完善检察机关依法独立行使检察权的机制，有效破解检察权行使地方化的各种困扰，提升法律监督效能；通过落实检察机关领导体制、创新检察工作机制，完善“上下统一、横向协作、内部整合、总体统筹”的检察工作一体化机制，增强法律监督的权威，以便更好地维护人民群众的合法权益，最终在全社会实现公平正义。

二、检察改革要以强化法律监督职能和加强对检察机关自身执法活动的监督制约为主线

强化法律监督职能与加强对自身执法活动的监督制约，是检察改革一以贯之、并行不悖、相辅相成的两个侧面。我国宪法和人民检察院组织法均明确规定，检察机关是国家的法律监督机关，对国家法律的统一正确实施进行专门监督。强化法律监督职能是检察机关的基本职责，也是检察机关树立法律监督权威的基本途径。但是，检察权作为一项公权力，同样存在着膨胀的可能和腐败的危险。为确保检察权的正确行使，必须使其在阳光下运行，自觉接收监督制约，这是规范执法行为的客观需要，是正确履行法律监督职能的重要保障。

我国检察机关具有独立的法律地位，依法行使法律监督职能。但由于职务犯罪侦查、诉讼监督和检察解释体制等方面存在着明显缺陷，检察实践中也存在着诸多制约法律监督职能发挥的现实难题，导致检察职权不全、保障不力、权威不够，严重影响了法律监督实效，法律监督职能被严重弱化。因此，检察改革必须坚持检察机关作为法律监督机关的宪法地位，必须强化法律监督而不是削弱乃至取消其法律监督的宪法地位。按照强化法律监督职能的主线，改革现行检察制度和检察工作机制中不利于履行法律监督职责的部分，完善检察职能，合理配置检察权，将抽象的检察权转化为具体的、可操作的法律监督制度和机制，以实现法律监督的制度化、规范化和程序化。

为了加强对自身执法活动的监督制约，就必须克服执法神秘主义，强化“监督者更应接受监督”的意识，改革完善内外部监督制约机制，增强检察工作的透明度。检察机关在依法履行法律监督职能时，要自觉接收检察机关以外的国家机关、社会团体和公民的监督制约，特别是要接受人民监督员的社会监督。检察机关在强化诉讼监督的同时，要自觉接受公安、法院在诉讼环节上的制约与监督。与外部监督制约机制相比，内部制约机制虽存在着缺陷，但其运行较为规范、高效，在某种程度上它更易发挥作用，与外部监督制约机制能够形成互补。因此，在加强外部监督的同时，必须进一步健全完善检察机关内部

执法环节的制约，提升法律监督的质量与水平。

三、检察改革要以深化检察工作机制创新为重点

党的“十六大”以来，全省检察机关全面贯彻中央和高检院有关深化检察改革的指示精神，按照深化认识、加强领导、加快进程、及时总结、加强指导等五个步骤，积极稳妥、规范有序地推进改革，取得了明显成效。但是，我省检察改革还有不足之处，一些已经部署的改革措施未落实到位甚至还未着手进行，一些改革措施因不具备条件而未加以推进。随着我国经济文化的发展，检察体制和工作机制改革面临着新的形势、新的要求，必须在巩固已有改革成果的基础上，研究和实施深化改革措施，注重在以下五个方面深入推进。

第一，优化职权配置。优化职权配置，是新一轮检察改革的重要内容。要围绕检察改革的目标，遵循司法工作规律和检察工作规律，合理配置侦查权、检察权、审判权和执行权，确保司法机关既互相配合又互相制约。理顺检察机关的纵向关系，按照宪法和法律的规定，正确处理上下级检察机关之间的领导关系，落实检察机关的领导体制。认真研究法律监督职权在上下级检察机关之间、检察机关各内设机构之间的优化配置，进一步健全“上下一体、分工合理、权责明确、相互配合、相互制约、高效运行”的检察体制，有效整合法律监督资源，增强法律监督效能和权威。依据《联合国反腐败公约》的规定，重点完善职务犯罪侦查权的配置，通过修改和完善相关国内立法，实现国际公约的国内化。在实体法方面，要修改受贿罪、行贿罪、挪用公款罪的规定，增加相关职务犯罪的罪名；在程序法方面，要建立健全举报制度、污点证人制度、举证责任倒置制度、资产追回制度、缺席判决制度等，增加反腐败的特殊侦查手段；在职务犯罪预防方面，要更加注重预防的作用，加快结合办案进行预防的法律化进程。

第二，强化对诉讼活动的法律监督。强化诉讼法律监督是检察改革的难点，我国现行法律关于法律监督的规定不够完善，致使法律监督职能难以得到充分发挥。因此，要继续探索完善法律监督调查机制，以此为途径，及时发现、核实和纠正刑事诉讼、民事审判和行政诉讼活动中的违法行为。通过修改刑法、诉讼法和人民检察院组织法等相关法律，推动完善刑罚幅度和适用免刑、缓刑、减轻处罚的规定，建立量刑建议制度、辩诉交易制度，引入恢复性司法理念，扩大检察机关的自由裁量权；拓宽发现司法工作人员违法犯罪线索的渠道，建立健全调阅案卷材料、派员列席审判委员会会议、建议更换办案人等监督措施；构建以公益诉权、抗诉权、司法弹劾权为内容的民事行政检察

权，增设公益诉权、民事执行监督权、弹劾权等权能；完善有关部门接受法律监督的责任和法定义务；明确对死刑二审法律监督的职责和具体监督范围与程序；进一步细化对刑罚执行的法律监督，探索刑事被害人国家救济制度，完善刑事赔偿制度。

第三，深化以检察工作一体化机制为龙头的工作机制创新。在法律框架内积极进行检察工作机制创新，是检察改革的重要内容，也是我省检察机关进行检察改革的重点。运用检察工作一体化机制，在检察业务中加强各地检察机关之间、检察机关各内设机构之间的协作与配合，发挥检察机关体制优势，克服检察权行使的部门化倾向，加强检务管理，提高法律监督效率，形成法律监督合力。这就要求我们从检察工作一体化机制建设的重点、难点问题切入，注重配套性、整体性制度的建设，巩固已有改革成果，认真总结经验，推动改革创新向纵深方向发展。在业务工作机制创新方面，主要是健全完善职务犯罪初查工作机制，深化审查逮捕和公诉方式改革，健全落实宽严相济刑事司法政策的措施，提高执法水平和办案质量。

第四，细化对检察机关自身执法活动的监督制约。将检察机关的执法活动纳入全方位监督、规范发展的轨道，形成完备的监督制约体系，是检察权规范有序运行的重要保障。细化对自身执法活动的监督制约，其实现形式在于：以检务督察制度的广泛推行为切入点，以加强对本级和下级人民检察院及其检察人员执行上级或本级人民检察院决议、决定、制度和重大工作部署的督察为重点，通过形式多样的检务督察，确保严格依法文明办案、认真遵守检察纪律。加强上级检察院对下级检察院办案工作的领导、监督，完善检察机关各内设机构之间的相互制约机制。将规范执法和检察改革结合起来，继续推进执法规范化建设，不断完善执法办案工作机制，进一步完善执法岗位责任机制、执法质量保障机制、执法责任追究机制，建立健全执法档案制度。完善人民群众依法有序监督检察工作的程序和制度，全面推行人民监督员制度，促进人民监督员制度的法制化；深化检务公开，全面推行讯问职务犯嫌疑人同步录音录像制度，增强检察工作的透明度。

第五，完善检察机关的执法保障机制，实现公共财政保障均等化与检察技术手段现代化的有机结合。以实现保障现代化为切入点，逐步由“分级管理、分级负担”的经费保障体制向由省级或中央财政统一保障的检察经费体制转变，确保检察机关依法独立公正行使检察权。加快检察人员分类管理和检察官逐级遴选制度的改革，推动建立检察官单独职务序列和工资制度，健全与检察职业特点相适应的保障机制。大力实施科技强检战略，将科学思想、科学方法、科技手段、科技装配运用到检察工作中，促进观念更新、机制创新和检察资源合理配置。重点围绕检察业务、队伍与信息化“三位一体”机制建设，优化检察信息网络，完善重点应用系统，拓宽信息化应用领域。健全检察科技管理机制，推行网上办案，加强对执法全过程的动态监管。加强与相关执法部门的信息共享平台建设，建立执法信息数据库。加大科技装配投入，加强检察技术人才培养，提高检察工作的科技含量。

30. 深入推进检察工作一体化机制建设*

一、深化认识，增强推进检察工作一体化机制建设的自觉性和坚定性

2007年8月，高检院下发《关于加强上级人民检察院对下级人民检察院工作领导的意见》（以下简称《意见》），这是落实宪法确定的检察机关领导体制，推动建立公正高效权威的检察制度的重要部署。

省院2007年12月下发《关于在全省检察机关实行检察工作一体化机制的指导意见》（以下简称《指导意见》）。实践证明，《指导意见》完全符合高检院《意见》的精神实质和主要内容，这表现在：一是在指导思想上具有一致性。加强上级院对下级院的领导，实行检察工作一体化机制，反映了落实宪法和法律规定的检察领导体制，树立法律监督权威的必然要求；体现了发挥检察机关整体优势，提高执法水平和效率的迫切需要；是强化法律监督，克服地方和部门保护主义，依法独立公正行使检察权的重要保证；对于保障国家法律统一正确实施，维护司法公正与社会公平正义提供了有效途径。二是在建立依据上具有一致性。省院《指导意见》的出台，是把分散在各个法律、一系列文件之中的关于检察工作一体化机制的规定加以整理、组织、归纳而形成的，直接引用高检院的文件就有26个，刚出台的《意见》又得到了集中体现与进一步阐述。因此，高检院《意见》和省院《指导意见》都是宪法、检察官法、检察院组织法、人民检察院刑事诉讼规则和高检院其他文件相关规定的系统化、规范化，更具有针对性、操作性和时效性。三是在具体制度上具有一致性。检察工作一

---

* 本文收录于《检察工作一体化机制创新——湖北检察机关的探索与实践》，中国检察出版社2008年版。

体化机制在队伍建设方面提出的加强上级检察院党组协管干部工作，加强对各级检察院领导干部的监督和管理等；在检察业务方面提出的加强职务犯罪侦查工作的统一组织、指挥、管理与协调、提高公诉工作整体合力等；在宏观指导方面提出的建立请示报告和情况说明制度、建立健全工作报告与评议制度等，这些都在高检院《意见》中得到了体现和肯定。四是在努力目标上的一致性。检察工作一体化机制建设要按照检察工作整体性、统一性的要求，建立“上下统一、横向协作、内部整合、总体统筹”的工作机制，促进检察机关结成运转高效、关系协调、规范有序的统一整体，充分发挥法律监督整体效能。这一目标与高检院《意见》所强调的加强上级院对下级院的领导，以充分发挥检察机关的体制优势，不断增强法律监督的整体合力的部署在目标高度一致。另外，省委对我们推行的这项机制创新也给予了充分认可，在省委落实中央 11 号文件的《实施意见》中，对推行检察工作一体化提出了要求。省院《指导意见》发布后，受到全省各级检察机关的欢迎，各地纷纷行动起来，创造性地贯彻落实。著名法学家马克昌和刘佑生、张智辉、谢鹏程等知名学者都充分赞同检察工作一体化机制，并在理论的高度提出了很好的论证意见。因此，我们要坚定信心，积极进取，更进一步推进检察工作一体化机制建设。

在推进检察工作一体化机制建设过程中，我们必须以高检院《意见》为指导，不断为检察工作一体化机制注入新内容、丰富新形式、取得新成果，使检察工作一体化机制在实践中不断发展和完善。比如，省院《指导意见》提出：“加强检察机关内部执法办案监督，建立以纠正违法办案、保证办案质量、加强检风检纪为主要内容的检务督察机制”。今年，省院党组部署了 2007 年度检务督察工作的重点：一是对“作风建设年”活动情况进行督察；二是对执法不规范、不公正、不文明问题进行督察。高检院《意见》明确提出：“推行检务督察制度，加强对本级和下级人民检察院及其检察人员执行上级或本级人民检察院决议、决定、制度和重大工作部署，严格依法文明办案以及认真遵守检察纪律等情况的督察，确保上级人民检察院决议、决定和重大工作部署以及各项规章制度得到严格执行，促进执法公正和队伍廉洁”。这一方面说明我省关于检务督察的探索是符合高检院精神的，另一方面说明高检院对检务督察制度规定了新的更多内容，需要我们在今后工作中进一步加以落实。我们必须以《意见》为指导，适应和谐社会建设的新任务新要求，善于从全局进行定位思考，善于把握检察工作规律，善于研究解决新情况新问题，推动检察工作一体化机制建设适应时代发展要求，取得新的进步。

二、明确方向，认清推进检察工作一体化机制的总体形势

省院《指导意见》下发以来，各地按照“上下统一、横向协作、内部整合、总体统筹”的总体要求，在开展理论研究、建立配套制度、狠抓落实上下工夫，取得了初步成效。从前8个月的情况看，主要呈现出6个特点。

一是侦查指挥中心及其办公室建设成效初显。省院侦查指挥中心办公室于今年1月1日正式开展工作，省院印发了《湖北省检察机关职务犯罪大案要案侦查指挥中心工作实施办法》，明确了侦查指挥中心的机构设置、职责、工作程序等，逐步实现侦查指挥中心的职能调整和机制创新。截至8月底，省院侦查指挥中心共处理案件线索1 100余件，其中转办1 050余件，交办33件，督办4件。武汉、黄石、宜昌、襄樊、孝感、咸宁、随州等9个市级院已单设了侦查指挥中心。按照检察工作一体化机制的要求，各地加强内部整合，注意侦、捕、诉之间的协调配合；各市级院注意通过统一管理案件线索，统一组织侦查活动，统一调度侦查力量和侦查装备，采取专项侦查行动、专案侦查以及交办、参办、督办、提办和指定异地管辖等方式办理重大职务犯罪案件，积极发挥检察机关的整体优势和上级院的指挥协调作用，有力推动了办案工作的开展，取得了积极成效。

二是下级院向上级院报告工作制度逐步推行。省院2006年以来先后3次听取了15个市州分院和林区院的工作报告，认真开展评议，推动了工作发展。黄石、荆州、恩施等各市州分院也相继组织部分基层院检察长向市院报告了工作，并在实践中不断加以完善和发展，推进这一制度的不断健全，也得到了高检院的充分肯定。报告制度的推行，发挥了检察资源优化配置、检察管理激励约束、工作机制一体运行、层级协调双向交流的四项功能作用，产生了鞭策效应、准则效应、制度效应与共振效应。

三是上级检察院党组协管干部工作得到加强。省院和各市州院党组加大了干部协管力度。武汉、黄石、十堰、宜昌、咸宁、恩施等市州院在基层院检察长换届时及时提出整体建议方案，向同级党委汇报，对基层院检察长的配备发挥了较好的协管作用。在已换届的96个基层院检察长中，新提拔检察长41名，其中内部提拔10名，上级院下派21名，交流任职10名。

四是备案审查、上报审批制度全面执行。全省检察机关认真执行高检院报备报批制度。2007年1～8月，各市州分院直接受理侦查案件决定逮捕81件86人，全部报省院备案；全省直接受理侦查案件决定不起诉50件58人，全部报上一级检察院批准。办理刑事赔偿确认案件拟作不予确认决定报上一级人

民检察院批准的案件3件。

五是检察工作宏观指导机制不断完善。省院制定下发了《湖北省人民检察院考评各市、州检察机关查办贪污贿赂犯罪案件工作办法（试行）》和《湖北省人民检察院考评各市、州检察机关查办渎职侵权犯罪案件工作办法（试行）》，初步建立了有关检察工作评估和分类指导规则。省院侦监、公诉、监所、民行等业务考评标准正在拟定之中。

六是配套制度设计和理论研讨工作深入进行。省院有关部门在清理现有制度和规定的基础上，从强化上级检察机关对下级检察机关的领导关系、加强各地检察机关的横向协作、加强检察机关各内设机构的相互配合、落实检察工作一体化机制的保障措施等方面，正在抓紧制定一些配套制度和规定，并在《人民检察·湖北版》开辟专栏，对我省实行的检察工作一体化机制进行解读与宣传。武汉市院组织召开了检察工作一体化理论与实践推进会，起到了很好的推进作用。

总体而言，全省检察机关贯彻检察工作一体化机制，形成了思想高度统一、狠抓工作落实、勇于探索创新的良好氛围。面临新形势新任务，我们一定要增强责任感和紧迫感，按照构建社会主义和谐社会的总要求，以建立公正高效权威的检察制度为目标，认真贯彻落实高检院《意见》，借鉴吸收其他地方的成功经验，从更高起点、更高水平、更高层次上去思考和推动检察工作一体化机制建设。

三、突出重点，确保检察工作一体化机制建设取得实效

一是在目标上要高标定位。实行检察工作一体化机制，是推进检察工作机制创新的大思路，是创新“湖北模式”的新举措。要按照敬大力检察长提出的四句话十六字的总体要求，将其作为深入推进检察工作一体化机制建设的基本要求，作为我省检察工作机制创新的“龙头”，坚持高标定位，切实做到以下五点：(1) 执法观念上要树立检察工作整体性、统一性的理念。增强整体意识和全局观念，坚持用一体化的措施来落实检察工作一体化机制，加强统一组织和系统推进。(2) 工作重点要有具体的、可操作性的部署。切实将推进工作列入各级院、各部门的工作重点，细化工作措施，制定具体办法，强化落实力度。(3) 典型推广上要有鲜活的经验。充分发挥基层院和广大干警的智慧和力量，注意总结和推广好经验，适时进行交流，在互相学习中不断提高，在借鉴中不断升华，在实践中不断推进。(4) 工作指导上要有明确的要求。上级院要不断提高领导能力和决策水平，增强服务意识，转变工作作风，加强工作指

导，防止出现偏差。(5) 落实责任上要有考核内容。建立健全领导责任制和奖惩机制，将落实检察工作一体化机制的情况作为考核各级机关、部门及其负责人工作业绩的重要内容。

二是在重点上要扭住不放。要按照“明确目标内容，突出行业特点，选择典型试点，上下努力推进，适时总结推广，逐步规范提高”的要求，结合湖北和黄石实际，把实行下级院定期向上级院报告工作、加强侦查指挥中心建设、开展检务督察、检查督办检委会决定决议执行、完善重大事项报告制度、健全工作巡视等作为加强上级院对下级院组织领导的重点工作来抓，不断建立健全检察工作一体化机制，在机制创新方面有所作为，力争大有作为，进一步发挥检察工作整体性和统一性的作用，保障检察工作持续健康协调发展。要把加强对检察队伍特别是领导班子的管理和监督，增强凝聚力和战斗力作为关键环节来抓。充分发挥上级检察院党组协管干部的工作力度，按照公务员法、检察官法和《党政领导干部选拔任用工作条例》的规定，切实选好配强各级院领导班子，不断优化班子结构，增强各级检察院领导班子的凝聚力和战斗力。要通过突出重点，抓住关键，稳步推进，进一步加强上级院对下级院的领导，全面加强检察工作一体化机制建设。

三是在制度上要尽快规范。检察工作一体化机制建设不可能一蹴而就，可能要经过长期的努力才能较为完善。目前，对于高检院《意见》、省院《指导意见》中的具体规定要不折不扣地执行；对于高检院《意见》、省院《指导意见》中的一些原则性规定在大胆进行探索。在推进过程中，省院已先后出台了下级院向上级院报告工作制度、指挥中心工作规范等相关制度，侦捕诉互相配合制度等文件正在征求意见，并将陆续出台。各院要结合本地实际，认真执行上述规范性文件，如情报信息统一管理和综合分析利用、内设机构办案协作制度、统一执法规范和考评标准，请示报告、情况说明以及工作通报制度等等，发挥制度的基础性、保障性和长远性作用，把检察工作一体化机制建设纳入科学发展，有序运行的轨道。要从贯彻落实科学发展观的高度，坚持统筹兼顾的根本方法，注意把推进检察工作一体机制建设与树立正确执法理念、坚持以业务工作为中心、加强队伍建设、加强执法保障等方面有机结合，同检察改革、“三位一体”机制试点改革有效衔接，通过制度规范保障检察工作一体化机制规范运行，通过工作机制创新与制度创新推进检察工作创新发展，通过大力推进检察工作一体化机制建设，促进公正权威高效的检察制度的发展与完善。

31. 建立健全六项机制 增强法律监督实效*

——关于加强法律监督机制建设的思考与建议

切实承担法律监督使命，适应人民群众的新要求新期待，依法对执法司法活动的每个环节进行有效监督，使检察机关的法律监督由“软”变“硬”，是当前和今后一个时期检察机关面临的一个重大课题。现结合调研情况，就如何用好现有法律手段，建立健全工作机制，提出如下建议。

一、建立健全公安安全机关执法情况备案通报的协调机制，切实解决对侦查活动知情难、监督不力的问题

据调查统计，2003～2007 年，全国公安机关共立案各类刑事犯罪案件2 316万件，破案 1 056.6 万件，破案率为 45.6%，年均立案 463.6 万件，破案 211.35 万件；5 年间累计未破案件高达 1 260 余万件，年均 252 万件，未破案件数高于已破案件数。湖北省 2003～2007 年共立案各类刑事案件 75.6 万件，破案 35.5 万件，破案率为 47%，略高于全国平均水平，年均立案 15.12 万件，破案 7.1 万件；5 年间累计未破案件高达 40.1 万件，年均 8.02 万件。刑事案件破案率低的原因是多方面的，但凸显的问题是涉及民生的公民人身权利、民主权利、财产权利，涉及社会管理秩序、市场经济秩序、公共安全等未受到法律的有效保护。按未破获 1 件案件直接影响被害人及其近亲属的权益 4 人计算，未破案件直接危害或影响的社会群体全国达 5 040 万人，湖北达 160.4 万人。从 2007 年度统计年鉴全国 131 448 万人计算，直接影响波及面为 3.83%；以湖北 6 050 万人计算，直接影响波及面为 2.65%，低于全国波及面

---

* 本文发表于《检察发展研究报告》2008 年第 2 期。

1.1个百分点，成为破解人民群众最关心最直接最现实利益问题的焦点问题之一。大量波及民生领域的刑事案件未及时有效破获，表明我国当前应对刑事犯罪高发的能力不强、措施不够、处置不力、监督有待加强。从检察机关2003～2007年履行法律监督职能情况看，受理提请批准逮捕案件3 057 723件4 717 543人，决定逮捕4 232 616人，批捕率为91.3%（比上一个五年度提高2.9个百分点）；受理批准件数和决定逮捕人数分别比上一个五年度上升16.1%和20.5%，比1993～1997的五年相比上升49.9%和55.1%；年均受理批捕案件94.4万人，决定逮捕84.7万人。2003～2007年，检察机关受理批捕案件数占刑事案件发案数的13.2%，破案数的28.9%。湖北2003～2007年度受理批准逮捕案件93 900件142 086人，决定逮捕130 611人，批捕率为94.7%，受理批捕件数和决定逮捕人数分别比上一个五年度上升0.5%和8.8%，比1993～1997的五年相比上升7%和4.1%；年均受理批捕案件2.8万人，决定逮捕2.6万人。2003～2007年度，检察机关受理批捕案件数占刑事案件发案数的12.4%，破案数的26.4%。从立案监督情况看，全国检察机关2003～2007年度对公安机关应当立案而未立案的提出监督立案94 766件，占同期立案数的0.41%，未破案数的0.75%；追捕63 817人，同比上升25.5%，占同期立案数的0.27%，未破案数的0.5%；对不应当立案而监督撤案18 266件，占同期立案数的0.078%。这表明，一方面，检察机关贯彻“严打”方针，加强与公安、安全机关协调配合，对刑事立案与侦查活动实行法律监督总的情况是好的；另一方面，说明全国每年刑事发案、立案、破案活动有高达70%以上的案件没有纳入检察机关的监督视野，检察机关开展立案监督、追捕件数不足同期公安机关立案的1%。对侦查活动的监督仍是法律监督的“软肋”之一，究其主要原因：一是传统的执法理念的影响，习惯于坐堂办案，结合审查逮捕进行监督，不愿监督、不敢监督、不善监督问题较为突出；二是监督力量薄弱，全国检察机关侦查监督部门人员配置比例为7.3%，共3万余人，按每人每年监督未破获案件100件计算，需增编4.6万人，按每人每年监督未破获案件300件计算，则需增编1.53万人；三是对刑事立案和侦查活动监督机制不健全，渠道不畅通，立法不完善。

为了解决对执法、司法情况不清、信息不灵这个“瓶颈”问题，湖北省襄樊市南漳县检察院改革创新，积极探索，公安机关每月5日前向检察机关报送上月本县发案、立案、破案情况，变更或解除强制措施的情况，撤销案件情况等等，较好地解决了监督“知情权”问题。这一经验值得推广。高检院争取与公安部会签文件或推动修改刑事诉讼法，建立健全公安安全机关执法情况备案通报的协调机制，主要内容是：公安安全机关建立以刑事案件发案、立案、破案、撤案以及适用强制措施情况为主要内容的“数据库”，与本地检察机关实行“网上衔接、信息共享”，对其中重特大案件的发案、立案、破案及撤案等情况，实行特别备案和情况通报制度；在数据库建成之前，可借鉴南漳等县市的做法，由公安机关建立统一的台账，每月向检察机关报送上月当地发案、立案、破案、变更或解除强制措施以及撤销案件等情况；检察机关通过加强备案情况审查，召开联席会议，提出检察建议，纠正执法违法等多种形式全面加强刑事立案和侦查活动监督。从实践情况来看，这一机制的重大意义在于：(1)拓宽监督范围。这一机制的建立运行，能够对以前未纳入检察机关监督视野的70%以上的刑事发案、立案、破案、变更强制措施等活动进行有效监督，极大地拓宽了检察机关对刑事立案、侦查活动监督范围。南漳县院对2006年以来的61件取保候审案件进行了系统清理，就督促公安机关重新打击5人，直接起诉7人。(2)畅通监督渠道。这一机制的建立运行，有效解决了检察机关对刑事发案、立案、破案、撤案和侦查活动情况不清、信息不灵、实施监督“疲软”的问题，实现了监督的关口前移和全程监督。(3)丰富监督手段。这一机制的建立运行，改变了检察机关单纯通过办理批捕、起诉案件来发现线索进而开展法律监督的传统做法，改变被动等法律监督线索上门的倾向，实现了主动的、互动的、双向的制约与配合，丰富了法律监督手段。(4)提升监督效果。这一机制的建立，促进检察机关切实加强了对有案不立、有罪不究、以罚代刑、违法立案、随意撤案等问题的监督力度，既提升了检察机关法律监督的实效，也促进了公安机关执法水平的提高，南漳县公安局2007年的刑拘转捕率、案件批准逮捕率、移送起诉率以及取保候审、监视居住重新打击率等主要执法质量指标，由2006年的全市末位一跃而至全市前列。(5)整合监督力量。这一机制的建立运行，一方面必然要求增强检察机关侦查监督部门的力量，目前湖北侦查监督部门实有585人，占全省干警的5.9%，低于全国7.3%的平均水平，必须由中央增加专门编制，调整充实人员；另一方面也必然要求公安安全机关调整充实办案一线的力量。(6)促进改善民生。这一机制的建立运行，能够最大限度地促进解决影响波及全国3.83%、湖北2.65%的群众关注的民生领域焦点问题，发挥检察机关的法律监督职能保障民生、改善民生和服务民生。

二、建立健全行政执法与刑事司法衔接工作机制，切实解决对行政执法违法发现难、查处难的问题

据调查统计，2003～2006 年，全国工商、质检、药检、土地、物价等行政执法部门对各类违法行为立案查处 461.37 万件，移送司法机关追究刑事责任的仅 4 431 件，占 0.096%；国税、地税执法部门对偷税、漏税等违法行为立案查处 268.48 万件，移送司法机关追究刑事责任的仅 2 953 件，占 0.11%；审计部门审计监督违纪违规资金 12 236 亿元，移送司法机关追究刑事责任的仅6 742件，占 0.35%；农业、水政执法部门立案查处各类违法行为 444.61 万件，移送司法机关追究刑事责任的仅 339 件，占 0.008%；林业执法部门立案查处各类违法案件 73.5 万件，移送司法机关追究刑事责任的仅 21 567 件，占 2.93%。上述极不协调的比例，与人民群众要求依法打击各类严重违法犯罪行为的强烈呼声、与中央整顿规范社会主义市场经济秩序的要求、与各类违法犯罪居高不下的严峻现实，存在巨大反差。2003～2007 年，全国检察机关立案侦查滥用职权、徇私舞弊、玩忽职守等渎职侵权案件 42 010 人，各级行政执法部门职务犯罪 30 394 人，这些案件共造成 17 970 人死亡，2 174 人重伤，经济损失 510 亿元。这表明行政执法人员执法不公、不严、不廉问题还比较突出。2001 年，国务院第 310 号令《行政执法机关移送涉嫌犯罪案件的规定》要求行政执法机关依法接受人民检察院的监督。高检院 2001 年颁布了《人民检察院办理行政执法机关移送涉嫌犯罪案件的规定》，2004 年、2006 年又先后与整规办、公安部、监察部会签文件，进一步规范了对行政执法机关移送涉嫌犯罪案件的监督。近年来，全国检察机关依据上述规定，加大了对行政执法机关的监督力度，取得了初步成效。但因这些行政法规和规范性文件效力等次较低，行政执法与刑事司法衔接程序尚未法律化，对不移送涉嫌犯罪案件的责任追究机制尚未建立，法律赋予检察机关对行政执法机关违法行为调查权不甚明晰等，对行政执法违法发现难、处理难问题仍然突出。

湖北省院于 2003 年会同湖北省公安厅等 15 家行政执法部门，联合制定了《行政执法与刑事司法衔接工作机制规定》，对检察机关依法监督行政执法机关移送涉嫌犯罪案件作出明确规定。我们组织对全省食品药品监督管理、工商行政管理、地方税务三个行政执法部门 2006 年 1 月～2007 年 6 月移送涉嫌犯罪案件工作情况进行了专项检查。2006 年以来，我省检察机关督促有关行政执法机关向司法机关移送涉嫌犯罪案件 662 件 800 人，其中，公安机关立案 595 件 765 人，查处徇私舞弊不移交刑事案件等职务犯罪 3 件，促进了依法行政。

我们建议，要认真总结各地的实践经验，进一步健全完善行政执法与刑事司法衔接工作机制，主要内容是：（1）畅通监督渠道。要落实国务院《行政执法机关移送涉嫌犯罪案件的规定》文件要求，努力解决衔接渠道不畅问题，不断探索在信息化条件下检察机关与行政执法机关、公安机关之间“网上衔接、信息共享”平台。（2）完善监督措施。要继续落实好各地在实践中创造的联席会议、备案审查、个案沟通、联合行动、案件督办等制度，逐步探索建立以适时提前介入、同步跟踪调查、监督依法移送、结果通报反馈为主要内容的行政执法与刑事司法衔接工作机制。（3）健全监督手段。在现行法律规定框架内，检察机关要切实抓好协调配合、案件移送、立案监督和查办案件等方面的工作，综合运用查办职务犯罪、开展诉讼监督、提出更换执法人员、落实整改等检察建议多种手段，强化对行政执法机关不依法移送刑事案件的法律监督，增强监督实效。（4）推动立法完善。检察机关对行政执法机关移送涉嫌犯罪案件的监督，是法律监督对行政执法领域失职渎职行为的一种监督与制约。国务院行政法规和会签文件对检察监督的授权效力层次不高，缺乏刚性约束，移送、受理、监督工作程序存在随意性。我们建议高检院深入研究，推动全国人大从立法上解决这种监督权力的法律授予，明确司法机关与行政执法机关在监督协作上的相互关系，建立具体操作程序，明确检察机关监督的具体范围，赋予检察机关对行政执法机关违法行为的调查权，对严重失职渎职行为的查究权，规定相关行政执法部门不履行义务所应承担的责任。

三、建立健全法律监督调查机制，切实解决法律监督手段不足、力度不够、效果微弱的问题

在诉讼活动中，司法执法人员的违法行为时有发生，不仅损害诉讼参与人的合法权利，损害司法公正，而且动摇人民群众对法律的信任，破坏司法机关的执法形象。监督纠正诉讼活动中的违法行为是检察机关的重要职责。但由于相关法律制度过于空泛抽象、操作性不强，赋予检察机关的监督手段乏力、监督方式滞后等，导致检察机关对诉讼违法行为的监督相当薄弱，主要体现为：（1）监督力度不大。前文我们已对刑事诉讼法律监督的情况进行了分析，检察机关对民事审判、行政诉讼监督也存在同样的问题。2003～2007年，全国法院系统共审结一审民事案件2 134万件、行政案件45万件，执行案件1 038万件，执行到位金额16 297亿元。同期，全国检察机关受理不服民事、行政判决申诉案343 834件，占法院审结数的1.58%；提出抗诉63 662件，提出再审检察建议24 782件，两项合计88 444件，仅占法院审结数的0.41%。湖北

省法院系统 2003～2007 年共审结民事行政案件 814 487 件，其中调解结案 52.88%，共执行和部分执行 355 891 件。同期，全省检察机关提出民事行政抗诉 2 613 件，发出再审检察建议 305 件，两项合计 2 908 件，仅占法院审结数的 0.36%。(2) 监督范围受限。近年来，最高人民法院先后以法复 (1995) 5 号、法复 (1996) 13 号、法释 (1998) 17 号、法释 (1998) 22 号、法释 (1999) 4 号等司法解释规定人民检察院对执行中查封财产裁定、先予执行裁定、诉前保全裁定、诉讼费负担裁定、调解书等提出抗诉的，人民法院不予受理。新的民事诉讼法实行之后，各级法院民事行政调解结案率又呈现大幅上升态势。检察机关对大量的违法调解、违法执行活动无法进行监督，成为对民事审判、行政诉讼监督的薄弱环节。(3) 监督效果微弱。根据我国现行法律的规定，检察机关对诉讼违法行为的主要监督手段是提出检察建议和纠正违法通知。2003～2007 年，湖北省检察机关书面纠正侦查机关违法办案情况 417 件次、书面纠正刑事审判活动违法情况 20 件次、书面纠正刑罚执行和监管活动违法情况 452 人次，合计 889 件（人）次，但因为缺乏相关调查手段，检察机关无法对所有可能违法的事项进行全面调查，这些书面纠正违法通知、书面检察建议的采纳率为仅为 80.3%，还有 1/5 的纠正意见得不到采纳。与此同时，对于检察机关口头提出的纠正违法通知、检察建议，一些被监督机关不接受监督的情况较为突出。

针对这一状况，检察机关必须在现行法律框架内，探索建立一套以发现、核实、纠正司法执法人员违法行为为核心内容的法律监督调查机制。2003 年 7 月，武汉市汉阳区检察院在全国检察机关率先制定了《汉阳区人民检察院侦查活动监督试行办法》，建立起侦查活动监督投诉处理机制。2004 年 3 月，湖北省院确定在 50 个基层检察院开展侦查活动监督投诉机制改革试点工作。在试点基础上，省院于 2006 年制定了《湖北省人民检察院刑事立案监督、侦查活动监督调查办法（试行）》，探索建立了刑事立案监督、侦查活动监督调查机制。经过两年多的改革探索，省院于 2008 年 4 月和 8 月分别通过了《湖北省检察机关刑事诉讼法律监督调查办法》和《湖北省检察机关民事审判行政诉讼法律监督调查办法（试行）》，初步建立起了完善的法律监督调查机制。2006 年以来，全省检察机关开展刑事立案与侦查活动监督调查 858 件，刑罚执行与监管活动监督调查 15 件，民事审判、行政诉讼监督调查 91 件，共纠正违法 658 件，既提高了监督的针对性和有效性，又增强了监督质量和实效。我们建议，要在刑事诉讼、民事审判、行政诉讼活动中建立法律监督调查机制，主要内容包括：(1) 明确监督调查的范围。检察机关对侦查机关刑事立案与侦查活动、对审判机关刑事审判、民事审判、行政诉讼和刑罚执行活动、对监管机关刑罚执行活动实行监督，对其中有无违法行为进行审查，对特定违法情形进行必要的调查。（2）明确受理的有关规定。人民检察院除在工作中自行发现诉讼违法行为以外，还通过公民、法人或者其他组织的投诉；犯罪嫌疑人、被告人及其法定代理人、近亲属、委托的律师投诉；有关部门移送和上级机关交办的方式受理。（3）明确调查的有关规定。检察机关对自行发现和受理的线索和材料，经审查有关材料后，认为需要进行调查的，报检察长批准。调查中根据需要采取询问、查询、调取、勘验、鉴定等方式查阅案件材料。（4）明确调查后的处理方式。检察机关调查终结后应当制作调查终结报告。根据调查后认定的事实，对刑事诉讼活动分为无违法行为、有违法行为、涉嫌职务犯罪三种情况处理；对民事审判、行政诉讼活动分为是否符合抗诉条件、有违法行为、涉嫌职务犯罪三种情况处理。

四、健全完善职务犯罪初查、侦查工作机制，切实解决职务职务犯罪侦查发现难、取证难、认定难、处理难问题

对国家工作人员职务犯罪侦查权，是检察机关法律监督的重要内容，也是强化法律监督的重要手段。近年来，检察机关依法履行职务犯罪侦查职能，自觉接受内外部监督制约，办案质量不断提高，有力促进了法律监督工作的深入开展。据统计，2003～2007 年全国检察机关立案侦查贪污贿赂、渎职侵权等职务犯罪案件 179 696 件 209 487 人。其中，撤销案件 6 020 件，仅占立案侦查总件数的 3.35％，撤案率从 2003 年的 5.72％下降到 2007 年的 2.67％；决定不起诉 23 715 人，占立案侦查总人数的 11.32％，决定不起诉率从 2003 年的 19.42 ％下降到 2007 年的 12.36％；起诉 147 915 人，被判决有罪的 116 627人，占 78.85％，有罪判决率从 2003 年的 98.93％上升到 2007 年的 99.66％。但职务犯罪侦查工作也存在一些不容忽视的问题：从职务犯罪侦查工作机制来看，（1）初查程序尚不规范。由于刑事诉讼法没有规定初查程序，对办理职务犯罪案件时在初查阶段可以采取哪些措施，初查获取的材料是否具有证据效力等都不明确，不利于依法开展和规范初查活动。（2）侦查手段较为落后。由于刑事诉讼法没有赋予检察机关技术侦查等查办职务犯罪所必需的特殊侦查手段，传统的侦查措施又不够完善，以致检察机关在办理职务犯罪案件时过多依赖口供，不能适应职务犯罪嫌疑人反侦查能力不断增强等实际，不仅查处职务犯罪的力度和效果同党和人民的要求存在一定差距，也容易因急于破案而发生执法不规范等问题，少数检察机关甚至发生刑讯逼供等违法取证问

题。从职务犯罪侦查监督制约来看，检察机关在实践中逐步形成了较为健全的监督制约体系，实行要案党内请示报告制度，自觉接受纪检部门的组织、协调和监督；自觉接受公安机关和人民法院的程序制约，支持和保障律师依法执业；实行讯问全程同步录音录像、人民监督员和“双报备”“双报批”等制度。据统计，近年来针对办理职务犯罪案件出台的监督制约措施达 20 多项，虽然在不同环节发挥了作用，但从总体上看却缺乏整体性考虑，有的规定之间相互重叠甚至相冲突，制约了其作用的发挥，需要进一步整合完善。

当前，职务犯罪隐蔽化、智能化、群体化特点明显，跨区域、跨国境犯罪增多，反侦查能力增强，与洗钱、黑社会、有组织犯罪相勾结，境外抽逃资金现象突出，办案难度越来越大。职务犯罪侦查发现难、取证难、认定难、处理难等“四难”问题仍然突出，群众和社会各界对加强职务犯罪侦查监督制约高度关注。我们建议，要适应形势发展要求，使检察机关的法律监督由“软”变“硬”，必须健全完善职务犯罪初查、侦查工作机制，主要内容是：(1) 健全职务犯罪初查机制。要着力研究在现有法律和司法解释规定的基础上，如何进一步将查案工作向前延伸的问题，通过加强机制建设来强化初查工作，重点是要在工作机制层面进一步健全和完善初查程序、制度，探索初查的方式方法、措施手段、策略技巧以及运用原则；健全完善检察机关内部有关部门的初查职责定位、分工以及工作配合、制约机制；法律监督调查与职务犯罪案件初查、侦查相衔接的工作机制；情报信息以及线索经营、审查同初查的有效整合机制。(2) 健全完善案件协调协查机制。健全完善与公安机关的案件协查机制，重点加强预审、适用强制措施、追逃、开展技术侦查等方面的协作配合；与人民法院的案件协调机制，重点是制定和落实检察长列席审判委员会的规定，统一证据标准，解决职务犯罪量刑普遍轻缓化等问题；与纪检监察、信访、审计等执纪执法部门的配合机制，重点是建立涉案线索移送、提前介入、同步介入、个案协查、结果反馈等制度；与金融、证券、保险部门的案件协查机制，重点是完善查询、扣押、划拨，金融信息情况通报等制度。检察机关在履行法律监督职能过程中，还要注意加强外部协调衔接机制建设，建立完善争取党委政法委、人大常委会职能机构支持监督机制，公检法三机关情况通报、定期会商、案件协调、互动协作机制，加强同政府职能部门的工作衔接，切实解决好法律监督环境问题。(3) 强化职务犯罪侦查措施。从用好现有监督手段层面看，在职务犯罪侦查阶段，检察机关具有初查、立案、采取强制措施等权力，应充分用足用好这些监督手段，对属于检察机关管辖范围的案件，认为有犯罪事实需要追究刑事责任的时候，应当及时立案，视情况对人采取拘传、取保候审、监视居住、拘留、逮捕等强制措施，对物采取搜查、扣押、查询、冻结等强制措施。从促进立法衔接完善层面看，我国已签署《联合国反腐败公约》，为履行国际法义务，促进国内立法与国际条约的衔接和完善，我国应设立关联管辖制度，规定查处贪污贿赂、渎职侵权等案件时，可以对与之关联的伪证、洗钱等犯罪并案侦查，以提高侦查工作效率；加快侦查现代化手段的法制化进程，规定控制下交付、诱惑侦查、线人、卧底侦查、采样、特工行动、外逃资产追回、污点证人、证人保护、举证责任倒置等侦查、证据措施和缺席判决等审判措施。（4）加强职务犯罪侦查的监督制约。要将人民监督员制度法制化，加强对职务犯罪侦查重点环节的监督。严格执法新《律师法》，完善律师监督制度，加强对职务犯罪侦查过程的适时监督。严格执行讯问全程同步录音录像制度。进一步优化内部侦查分工，加强内外部监督制约，推进检察工作一体化机制建设，确保职务犯罪侦查权的正确有效行使。

五、建立健全检察工作一体化机制，切实解决法律监督整体合力不足问题

当前，在检察权的行使过程中，存在着上下分割、内部掣肘、门户林立、分散随意等问题，影响法律监督工作的顺利开展。比如，检察机关纵向领导关系尚待理清，检令不畅、监督不力的情况时有发生；地方保护主义不同程度存在，职务侦查工作的统一组织、指挥、管理与协调机制有待加强；情报信息的统一管理研判和综合分析利用水平不够高，信息渠道不够畅通，案件线索移送和工作联系配合制度不够完善；公诉工作的整体合力发挥不够；侦、捕、诉各部门的相互制约与协作配合有待加强；部门主义、神秘主义和分散主义现象普遍存在，检察机关之间以及各内设部门之间的协作配合不够，检察资源配置不够科学，如职务犯罪侦查设置反贪、反渎两个指挥中心，推行“双头管理模型”的运行机制，法律监督的整体合力尚未有效发挥等等。这些问题的存在，损害了检察工作的整体性、统一性，影响了法律监督的实际成效。为了解决以上实际问题，湖北检察机关从 2006 年初开始探索检察工作一体化机制改革，实行检察机关“整体的一体化”，而不是“部门的一体化”。2006 年 12 月，省院出台了《关于在全省检察机关实行检察工作一体化机制的指导意见》（以下简称《指导意见》），提出在各级党委领导和人大监督下，建立“上下统一、横向协作、内部整合、总体统筹”的检察工作一体化运行机制，随后制定、修订了配套制度，初步形成了以《指导意见》为主、以配套规定为辅的“检察工作一体化”运行机制的规范体系。通过这一机制的运行及实施，初步显现出“四

个实现、四个防止”的功效：实现上下统一，防止检令不通，通过强化上级检察院对下级检察院的领导，下级服从上级，上级支持下级，实现检察机关的上下统一，防止纠正检令不通、检禁不止；实现横向协作，防止相互掣肘，通过加强各地检察机关之间的协作，互通情况，加强沟通，相互支持与配合，防止纠正相互掣肘、检察壁垒；实现内部整合，防止各自为政，通过职务犯罪大要案侦查指挥中心重组、指挥中心办公室单设以及相关工作机制建设，加强对职务犯罪侦查统一组织、指挥、管理与协调，实现执法办案规范管理、有序分流，统一交办、提高效率，依法管辖、防止掣肘，优化资源、增强实效，统一指挥、协调各方等功效，加强侦、捕、诉衔接机制建设，注重对诉讼活动的法律监督与职务犯罪侦查的协调配合，最大限度地形成工作合力，防止纠正各自为政，部门壁垒；实现总体统筹，防止地方分散，通过结成运转高效、关系协调、规范有序的统一运行体系，充分发挥法律监督的整体效能，防止纠正统筹不够，地方分散。2008 年 4 月，湖北省院又确定了推动检察工作一体化机制全面落实的 44 项重点工作措施，不断深化改革，全面加以推进。检察工作一体化机制建设得到了高检院、省委的充分肯定。最近，曹建明检察长在全国检察长座谈会上明确指出，检察工作一体化机制是检察机关恢复重建 30 年来探索出的重要工作机制之一，并要求在全国检察机关推进这一机制建设，进一步整合检察资源，增强监督的实效与合力。

湖北检察机关实行“上下统一、横向协作、内部整合、总体统筹”的检察工作一体化机制，是深化司法体制改革、优化司法职权配置、规范司法行为的宝贵探索，是提高法律监督能力、建设公正高效权威的社会主义检察制度、保障在全社会实现公平和正义的有效途径。我们建议，要全面建立、推行检察工作一体化机制，主要内容是：在上下统一方面，强化上级检察院决定与监督的权威性、加强检察长对检察院工作的统一领导、加大检察委员会决策的执行力度、建立健全工作报告与评议制度、请示报告与情况说明制度、加强上级检察院党组协管干部工作、加强对各级检察院领导干部的监督和管理。通过上级支持下级、指导下级，下级服从上级，同时切实加重上级检察机关在法律监督中的责任，对法律监督工作中的重大案件、重要事项，通过督办、参办、提办、指定异地办理等多种形式，及时排除干扰和阻力，帮助基层提高法律监督能力和水平。在横向协作方面，加强各地检察机关的检务协作，上级检察院加强对检务协作工作的指导、协调和检查，检察机关相互协作中产生的争议，由有关各方协商解决，协商意见不一致的，报其共同的上级检察院协调解决。相邻地区或区域应建立更加紧密的检务协作关系，健全完善经常性的工作联系、业务对接、办案协调、合作互助机制。在内部整合方面，对职务犯罪线索实行统一管理、研判分析、综合利用、整合资源，对职务犯罪侦查工作实行统一组织、指挥、管理与协调，完善侦、捕、诉有效衔接、配合制约的工作机制；坚持在公诉工作强化法律监督，加大刑事抗诉工作力度，提高公诉工作的整体合力；加强检察机关有关内设机构在预防职务犯罪工作中的协作配合，增强预防工作整体效能；拓宽监督思路，讲究监督方法，采取口头监督与发检察建议、纠正违法通知书相结合，即时监督与事后监督相结合，个案监督与类案监督相结合等方式，综合运用多种监督手段，完善法律监督衔接机制，形成法律监督合力。在总体统筹方面，按照检察机关和检察工作整体性、统一性的要求，促进检察机关上下之间、横向之间以及检察机关内设机构之间结成统一的整体，运转高效、关系协调，充分发挥整体效能；深入推进执法规范化、队伍专业化、管理科学化、保障现代化等工作，为实行检察工作一体化机制提供有力保证。

六、健全完善法律监督的科学考评和绩效管理机制，切实解决法律监督工作任务不落实、随意性大的问题

近年来，法律监督工作虽然取得了明显成绩，但也存在一些不容忽视的问题：有的地方对上级部署不贯彻、不落实；有的工作顾此失彼，随意性大；有的工作左右摇摆，起伏很大；有的对上级要求合意的执行，不合意的不执行；有的对上级“规定动作”不完成，只热心做“自选动作”。要充分认识到，健全完善法律监督的科学考评和绩效管理机制是强化工作宏观指导、管理的重要途径，不仅能够客观准确地评价法律监督的绩效，及时发现和纠正法律监督工作中的问题，更重要的是能够树立正确的工作导向，使考评的结果提前作用于法律监督的过程之中，逐级传导到办案单位和办案人员，引导检察机关和办案人员顺应工作导向，自觉主动地运用和执行上级的决策与部署，推动法律监督工作健康发展。近年来，高检院先后颁布了反贪、反渎综合考评办法，有力推动了办案工作的平稳健康发展。湖北省院在此基础上先后实施了反贪、反渎、刑事抗诉三个考评标准，树立正确工作导向，引导工作科学发展，我省反贪工作近三年分别排位第 21 位、第 14 位和第 6 位，反渎工作近三年分别排位第 20 位、第 17 位和第 14 位，并正在着手健全完善法律监督的科学考评和绩效管理机制，取得了初步成效。

周永康同志在全国政法工作会议上明确指出，必须在执法工作中建立体现科学发展观的政绩考核体系，要以人民群众满意、社会和谐稳定为标准，全面考核、综合考核、科学考核，按照科学发展观的要求，调整考核评价指标体

系，引导政法干警严格公正文明执法。最近，高检院明确提出要在现有各项考评机制基础上，建立“统一的执法绩效综合评估和考核体系”。我们建议，要认真落实周永康同志的重要指示精神，健全完善法律监督的科学考评和绩效管理机制，主要内容是：(1) 坚持全面考评。要在完善反贪、反渎考评标准的同时，着手建立健全对各业务部门法律监督的考评机制。在此基础上，建立对各级检察院法律监督工作的总体考评机制，坚持以检察业务工作为中心，促进检察职能的整体加强；根据业务工作开展情况，科学配置各部门、各门类检察人员。从检察机关的发展历程来看，初步形成了刑事检察起步、职务犯罪扬威、民行检察拓展、检察理论和检察技术支撑、综合保障部门服务的趋势和格局。但据 2006 年统计，职务犯罪侦查部门配备力量较为充足，占 22.9%；审查批捕、审查起诉和对刑事诉讼、民事审判、行政诉讼监督部门配备力量偏少，占 34.5%；综合保障部门配备比例偏高，占 22.6%；检察技术部门占 2.7%；法律政策研究部门占 1.6%。全国、全省检察干警分布是检察机关自身科学发展的一个重要内容，应通过全面考评促进人员的科学配置。(2) 坚持综合考评。对法律监督的考核不能只考虑单项或少数指标，要对办案的力度、质量、效率、效果和安全进行综合考评，还要注重当前与长远、显绩与潜绩的辩证统一，充分发挥考评的正确导向作用。(3) 坚持科学考评。应从各项业务工作的规律性出发，合理设置考评指标，进行科学考评。在考评方法上，既要注重量化考核，还可以引入实绩分析和社会评查，使有关职能部门和社会各界参与到考评中来，形成综合考评结果，提高考评质量。(4) 健全考评机制体系。要全面发挥考评机制的综合、整体效应，建立健全相关配套机制：建立法律监督的预警机制，实行工作考评与预警机制相结合，加强对法律监督的动态监控，及时发现苗头性、倾向性问题，果断采取有效应对措施加以解决，使考评的功能从事后向事前、事中延伸；建立奖惩机制，对考评结果排名居前的要以适当的方式进行奖励和表彰，对排名居后和大幅下滑的要进行批评，有的要责令说明情况或作检讨；建立定期工作报告制度，由上级院对下级院工作进行评议，促进下级院加强和改进工作。

32. 关于司法体制改革若干问题的论证意见*

一、关于完善刑事诉讼法律监督的范围、程序和措施

第一，基本情况。检察机关在刑事诉讼活动中承担着对侦查活动、审判活动、死刑复核和刑罚执行活动进行法律监督的职责，通过审查批捕、审查起诉、出庭支持公诉、抗诉、查办司法不公背后的职务犯罪案件、提出检察建议、发出纠正违法通知等方式，不断加大监督力度，取得了积极成效。

第二，主要问题。(1) 从立案和侦查活动监督看，对不移交刑事案件、该立不立、不该立而立等监督手段疲软，对拘传、刑事拘留、取保候审、监视居住以及扣押、冻结等强制措施缺乏监督手段，对逮捕后侦查机关撤案、改变强制措施监督难以到位。(2) 从刑事审判活动监督看，量刑建议互动机制不通畅，抗诉案件审理标准不统一，对适用简易程序案件、刑事附带民事案件、再审案件、内部请示案件缺乏有效监督。(3) 从死刑二审与复核监督看，检察机关介入死刑复核、发表法律监督意见的时间、途径、方式等没有统一规定。(4) 从刑罚执行监督看，交付执行中无理拒收、违规留所服刑仍然存在，变更执行中违法减刑、假释、保外就医时有发生，监外执行中"五种人"脱管漏管现象较为突出。

第三，对策建议。(1) 完善监督范围。完善立案监督范围，建议立法明确将不该立案而立案问题纳入监督范围；完善对逮捕之外的拘传、传唤、刑事拘留、取保候审、监视居住等对人身权利采取强制性侦查措施，将对物采取的搜查、扣押、查封、冻结等强制性侦查措施纳入监督范围，建立司法审查制度，明确检察机关有权提出纠正意见；修改逮捕条件，完善具体可操作性规定，限

---

* 本文系作者在2008年湖北省委政法委举办的司法体制改革专家论证会议上的发言。

制逮捕的适用对象，建立完善审查逮捕权利保障和救济制度，完善公安机关改变强制措施和重新计算侦查羁押期限的监督，从立法上赋予检察机关办理逮捕案件讯问权、适度调查权；规范检察机关起诉裁量权，建立附条件不起诉制度、非法证据排除规则等制度；适应联合国三大公约的规范要求，完善对技术性侦查措施适用主体、条件、程序等的规定，使其逐步规范化、法制化。（2）明确监督程序。明确侦查机关立案、破案、另行处理等向检察机关报备，接受监督；设立取保候审救济程序，赋予检察机关侦查阶段取保候审决定权；改革监视居住制度，明确对职务犯罪嫌疑人适用特别监视居住程序；对侦查机关对人或对物采取的强制性侦查措施，设立向检察机关备案审查程序，规定对于拘留需要延长至30日的，需向检察机关报批；明确检察机关对侦查活动的知悉权、参与权、建议权，对侦查活动是否合法的调查权，对违法侦查的纠正权、建议权等。明确规定量刑建议制度，逐步统一对审判活动的监督方式；明确抗诉案件的审理程序、期限和方式，限制发回重审、指令再审，规定送达抗诉书后的审结期限。明确规定刑罚执行同步监督权，执行机关在报送减刑、假释意见或向省级监狱管理机关报送暂予监外执行意见时，应当同时抄送检察机关。（3）强化监督措施。赋予检察机关法律监督调查权，建立以发现、核实、纠正司法人员违法行为为核心内容的法律监督调查机制，对诉讼中的违法行为进行审查并开展必要的调查，在此基础上提出纠正意见或者检察建议，增强监督实效；赋予检察机关调阅材料权，对于开展法律监督工作所必需的案件卷宗、其他材料，检察机关可以依法调阅，相关机关应当在规定期限内提供；赋予检察机关更换办案人的处置建议权，对于办案人员在诉讼中涉嫌违法，可能影响对案件公正处理的，检察机关可以视情况提出更换办案人、给予行政处分等建议。

二、关于加强对民事和行政诉讼的法律监督

第一，基本情况。2003年来共受理民行申诉13 822件，立案审查7 322件，提出抗诉2 649件（为受理申诉数的19.2%），占法院再审案件数的24.6%。法院已审结1 198件，其中改判601件，撤销原判发回重审61件，调解结案184件，维持原判321件。直接改判率为50%，综合改变率为70.6%。民行监督的相关法律制度亟待完善，监督力度不够，不适应人民群众强化法律监督的迫切需要。

第二，主要问题。（1）检察机关的抗诉权没有相应的措施加以保障，影响监督效果。（2）检察机关的再审参与权和再审活动监督权无法实现。（3）抗诉

案件的改判率偏低，当改未改的比例高。（4）检察机关抗诉以外的监督无法律明确规定。（5）对损害国家利益、公共利益的重大案件，提起民事公益诉讼主体缺位。

第三，原因分析。主要有两方面的原因：一方面是立法规定不完善：（1）监督范围狭窄，法律只规定对生效裁判可以提出抗诉，对于其他应当监督的问题只有总则的原则规定。如对执行的监督、提起民事行政公益诉讼权都没有规定。（2）监督方式单一，法律规定只有抗诉。（3）监督程序不完备。如对申诉的时限没有规定；提请上一级抗诉的程序规定导致抗诉案件的审查时间过长、程序复杂；再审审级仍可能产生认识分歧等。（4）监督权配置不足，法律未明确规定检察机关调审判卷宗权、调查核实证据权、庭审参与权、庭审活动监督权、再审结果的知情权等。（5）法律规定未明确审判机关接受监督的义务。另一方面是最高人民法院一些司法解释先后就抗诉范围作出规定，涉及对检察机关抗诉权的限制，超越了司法解释的权限。

第四，对策建议。一方面，完善立法或作出立法解释：（1）通过立法解释完善监督范围。包括明确规定检察机关有权监督民事审判和执行活动，进一步明确可以抗诉的裁定种类，规定检察机关对违反法律的强制性规定、损害国家利益、社会公共利益的调解进行监督，赋予检察机关对法官在诉讼中的职务违法行为的监督权。（2）通过立法解释完善监督方式。明确规定再审检察建议、提出监督意见书等监督方式。（3）恢复人民检察院对民事案件的提起诉讼和参与诉讼的权力。另一方面，在现行法律没有修改的前提下，检法两家协商一致共同作出司法解释解决以下问题。（1）明确检察机关的调查权、调卷权、抗诉案件的再审监督权，解决抗诉权的配置问题。（2）建议“两高”就民行审判和民行监督的协调配合达成一致意见，以便全国统一执行。（3）清理、废止与法律规定相冲突的司法解释。

三、关于合理配置职务犯罪侦查权与强化对办案过程的监督

第一，基本情况。职务犯罪侦查权配置：检察机关负责对国家工作人员贪污贿赂、渎职侵权犯罪等54种案件的侦查，公安机关负责对非国家工作人员受贿罪、对非国家工作人员行贿罪、职务侵占罪、挪用单位资金罪等案件的侦查。对检察机关查办职务犯罪的监督：（1）检察机关已实行人民监督员制度，将“三类案件”和“五种情形”纳入监督；（2）嫌疑人可以聘请律师为其提供法律咨询、代理申诉、控告和申请取保候审；（3）法院通过审判工作实现对侦查权的制约；（4）检察机关推行讯问全程同步录音录像制度；（5）检察机关通

过内部侦查分工、侦捕诉分工制约、案件报批报备制度等，实现内部监督制约。

第二，主要问题。在侦查权配置方面：（1）实践中主体身份的法律界限不十分明确，导致检察机关与公安机关之间出现管辖争议。（2）法律未规定检察机关对“原案”及派生犯罪的并案侦查权，影响案件侦查。（3）取保候审、监视居住由公安机关执行，基层公安机关由于自身超负荷工作难以监管到位，不能有效防止串供、毁证、逃跑等。（4）法律对“初查”未作明确规定，而初查的地位、作用越来越重要。（5）检察机关侦查手段有限，如只能向公安、国安机关“借用”技侦措施。（6）传唤、拘传的12小时限制不符合侦查办案规律。在监督制约方面：（1）人民监督员制度未法制化，同时现行的产生、管理方式影响社会公信力。（2）《律师法》的修改脱离实际，制约司法机关办案，影响司法能力和公信力。（3）由于刑事审判制度不完善、非法证据排除规则未建立等，难以实现有效监督。（4）装备设施、人员素质与全程同步录音录像制度“全面、全程、全部”的要求有差距，公安机关不配合。（5）检察工作一体化机制尚不完善，内部监督制约机制有待进一步健全。

第三，对策建议。优化权力配置方面：（1）建议修改刑法中渎职罪主体“国家机关工作人员”的范围，与刑事诉讼法中“国家工作人员”的范围保持一致，将国家工作人员职务犯罪侦查权统一配置于检察机关。（2）建立关联管辖制度，赋予检察机关在职务犯罪侦查过程中对“原案”及派生犯罪的并案侦查权，以便防止侦查管辖纠纷、节约司法资源、适应查案工作需要。（3）将“初查”规定为刑事诉讼的一个法定程序，赋予检察机关在初查中秘密调查的权力。（4）赋予检察机关运用刑事技术侦查手段的权力。（6）将传唤、拘传的持续时间延长。在强化监督方面：（1）将人民监督员制度法制化，加强对职务犯罪侦查重点环节的监督。（2）严格执法新《律师法》，完善律师监督制度，加强对职务犯罪侦查过程的适时监督。（3）建立完善非法证据排除规则、证人强制出庭作证、当庭质证、对质的庭审制度、侦查人员出庭作证制度，证人保护制度、污点证人交易制度、出逃境外的职务犯罪案件缺席审判制度、举证责任倒置制度等，进一步完善刑事证据、审判和执行制度。（4）严格执行讯问全程同步录音录像制度。（5）检察机关进一步优化内部侦查分工，加强内外部监督制约，推进检察工作一体化机制建设，确保职务犯罪侦查权的正确有效行使。

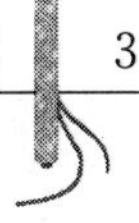

四、关于改革完善看守所管理和监督体制

第一，基本情况。全省有看守所 109 个，其中县市区第一看守所 100 个，部分市州第二看守所 9 个；在押 2.5 万人（约占全省监管场所在押人员的 25%），其中留所服刑人员约占 10%。

第二，主要问题。(1) 看守所同时关押已决犯和未决犯，留所服刑人员“跑风漏气、通风报信”现象时有发生，给侦查工作带来阻力。(2) 侦查机关同时拥有刑事案件侦查权、犯罪嫌疑人羁押权和已决犯的刑罚执行权，加重了侦查机关管理工作难度，不符合决定权、执行权、监督权分离的体制要求。(3) 公安机关承担上述繁重的任务，不利于整合侦查资源、发挥侦查优势，也不利于加强对侦查权的监督制约，同时还不利于未决犯的权益保护和已决犯的监管改造，相反容易成为违法违纪甚至执法违法、司法腐败的体制性根源。(4) 看守所与监狱等其他刑罚执行机关交付执行环节脱节问题严重，余刑一年以上罪犯留所服刑问题较为突出。(5) 对看守所的检察监督有待加强。法律对监督的内容、程序、权利义务，以及看守所接受监督义务、不接受监督的法律后果等均没有作出明确规定；派驻看守所的检察力量不足，基础设施建设有待进一步加强。

第三，对策建议。(1) 从体制方面，建立刑事侦查权、羁押权和刑罚执行权分离制约的管理体制，真正建立起“分工负责、互相配合、互相制约”的司法体制和运行机制，从而有效根治刑讯逼供、超期羁押、暴力取证、违规留所服刑等执法违法、徇私枉法现象。(2) 从立法方面，进一步明确检察机关的知悉权、参与权、违法行为调查权，以及对看守人员违法的监督权，包括纠正违法通知、检察建议书、更换办案人员、给予行政处分建议等。(3) 从手段方面，加强看守所与检察室的网络化建设，实现监所网络化管理和动态监督；设置看守所特审室，加强对职务犯罪嫌疑人的羁押监督，保障其合法权益。

五、关于改革完善劳动教养制度和加强法律监督

第一，基本情况。全省共有劳教所 19 个，其中省辖 5 个、武汉市辖 6 个、其他地市州辖 8 个（包括 1 个在筹建中），常年在教人员 8 000 人左右。总体看，现行劳教制度同宪法保障人权的原则不相适应；检察监督的范围主要限于对劳教场所执法活动监督，对劳教审批环节的法律监督十分薄弱；检察机关的法律监督授权不明，范围较窄，手段乏力。

第二，主要问题。(1) 劳动教养审批权缺乏监督制约。由于劳教管理委员

会不是执法主体，公安部门以劳教管理委员会的名义行使劳教审批权，形成决定权与执行权不分，监督权缺位的现状。(2) 劳动教养审批活动不规范，成为一种内部程序，尚未公开审查，也未引入制约监督机制，致使审批随意性大，以教代刑、以教代拘、执法违法、徇私枉法等现象时有发生。(3) 劳动教养审批活动法律监督机制不衔接。法律对检察机关劳教监督的规定过于原则，对劳动教养的提请呈报、审查批准、复议等诸环节监督没有程序性规定，检察机关难以实施有效监督。

第三，对策建议。(1) 改革和完善劳动教养审批制度。从立法上明确办案、审批、执行分权制约与配合的运行机制，实行由公安机关负责承办案件，法院负责审理裁决，司法行政机关负责管理教育，所外执行纳入社区管理；同时明确当事人享有申诉、辩护、救济权益。(2) 加强检察机关对劳动教养审批活动的法律监督。明确检察机关参与劳教审批、所外执行、所外就医、提前解教、减期、延期等重大事项的呈报、审批程序；明确赋予检察机关调阅案卷、调查取证、纠正违法等劳教检察监督权；明确规定检察机关认为劳动教养判决确有错误的有权提出抗诉；建立对劳动教养的办理、审批和执行的全过程实施法律监督的机制。(3) 改进劳教审批检察监督的方式和手段。主要有建立监督机制，规范业务流程；依法实施立案监督，纠正“以教代刑”；实行经常检察与重点检察、日常监督与专项监督相结合，增强监督实效。

六、关于优化侦查权的配置，强化对侦查活动的监督制约

第一，基本情况。(1) 享有侦查权的主体：有公安、国安、检察、监狱和军队保卫部门、海关走私犯罪侦查局等 6 个机关或部门。(2) 具体权能配置：刑诉法规定了立案权、调查权、决定、变更和执行强制措施权、撤案权、移送审查逮捕权、移送审查起诉权；《人民警察法》规定公安机关有留置权、优先权、交通管制权、技术侦察权等其他权能；《国家安全法》规定国安机关有强制进入权、查看或调阅权、优先权、技术侦察权、查验电子通信工具权、免检权。

第二，主要问题。(1) 侦查权配置存在现代化程度不高、结构不够科学、对侦查权控制与监督的立法不够完善等问题。(2) 侦查的整体效能有待提高。我省公安机关破案率为 47%；经过刑事打击处理的不足抓获的 1/3。(3) 侦查质量有待提高。2003～2007 年全省监督立案 3 388 件 4 129 人，监督撤案 988 件 1 152 人；不捕率和不诉率为 5.2%、3.6%；退查案件占移送起诉案件的 21.9%。(4) 违法侦查的情形时有发生。检察机关提出书面纠正 1 122 件

（次）。

第三，原因分析。（1）刑事侦查运行机制不统一、不协调，导致侦查效率不高，经常发生管辖冲突，侦查资源共享不够。（2）侦查权权能配置上存在缺陷。“不合理”表现在本应由检察机关行使的司法权却授予了侦查机关；“不规范”表现在法律对控制下交付、诱惑侦查、线人、卧底侦查、采样等侦查措施未作规定，但在实践中不规范地大量运作；“不具体”表现在对技术侦察的范围、条件、期限、适用对象和程序等均未作规定；“不科学”表现在传唤、拘传不超过12小时的规定不符合侦查破案规律；“不平衡”表现在公安、国安机关根据特别授权享有广泛的侦查权，检察机关的侦查权最弱；“不全面”表现在我国已签署的国际公约规定的侦查措施未予国内立法化。（3）法律监督不力。缺乏了解侦查活动情况的机制和渠道，现有的监督手段软弱，监督范围和程序不完善。（4）缔结和加入刑事司法协助条约的步伐缓慢。截至2006年10月，我国与世界57个国家建立司法协助关系，其中参与刑事、民事司法协作协议39个，引渡条约26个，移管被判刑人条约4个，检察机关与84个国家签署合作协议96件，但司法协助中发达国家较少，引渡条约中无欧盟、美国、加拿大等发达国家，一些逃往境外的重大职务犯罪嫌疑案件和其他洗钱、贩毒、恐怖、空中劫持等国际犯罪无法有效开展司法协作。

第四，对策建议。在优化侦查权配置方面：（1）改革现行侦查权配置体制，完善侦查工作机制，加强协作，资源共享。（2）设立关联管辖制度，规定查处贪污贿赂、渎职侵权等案件时，可以对与之关联的伪证、洗钱等犯罪并案侦查，以提高侦查工作效率。（3）加快侦查现代化手段的法制化进程，规定控制下交付、诱惑侦查、线人、卧底侦查、采样、特工行动、外逃资产追回、缺席追诉、污点证人、证人保护等侦查、证据和审判措施。（4）加快签署的国际条约国内立法的步伐，加强与发达国家的刑事司法协助。（5）将技术侦查手段法制化，建议修订刑诉法，将电子监听等技术侦查手段法制化，赋予检察机关查处职务犯罪必要的技术侦察权。（6）完善侦查贿赂犯罪等案件的强制措施。现行法律规定传唤、拘传不超过12小时，不符合查办贿赂犯罪主要依靠口供、证人证言的规律。为了有效控制腐败犯罪，防止串供、携款潜逃等现象发生，建议在监视居住制度中规定可以指定监视居住场所，明确适用的时限、对象和期限，从而有利于侦破案件和保障人权。在强化侦查活动监督方面，主要是按照前面提出的思路进行完善。

七、关于从立法上完善对司法（检察）权威的保障制度，切实维护社会主义法制的严肃性

第一，基本情况。我国在立法上已初步形成了保障司法权威的制度体系。但从检察机关来看，仍然存在体制不顺畅、机制不健全、保障不充分、监督缺乏刚性等问题，最终影响了法律的统一正确实施，影响了司法权威。

第二，主要问题。(1) 各级党组织和广大党员带头维护宪法和法律权威，全社会崇尚法治、依法办事的氛围有待进一步改善。(2) 宪法规定上下级检察机关之间是领导与被领导的关系，但这一检察领导体制缺少配套法律制度支持，影响检察权统一正确行使。(3) 三大程序法均赋予检察机关诉讼监督权，但规定过于空泛抽象、可操作性不强，诉讼监督手段乏力。(4) 检察工作机制的特点和规律集中体现为“检察工作一体化”，但目前检察工作机制不顺影响了检察工作整体性和统一性。

第三，对策建议。(1) 在全党、全社会形成依法办事、依法行政、支持司法机关依法独立公正办案的浓厚氛围。1979 年 9 月，党中央在我国第一部刑法和刑事诉讼法即将施行的时候，向全党作出了《关于坚决保证刑法、刑事诉讼法切实实施的指示》，指出：“加强党对司法工作的领导，最重要的一条，就是切实保证法律的实施，充分发挥司法机关的作用，切实保证人民检察院独立行使检察权，人民法院独立行使审判权，使之不受其他行政机关、团体和个人的干涉。国家法律是党领导制定的，司法机关是党领导建立的，任何人不尊重法律和司法机关的职权，这首先就是损害党的领导和党的威信。党委与司法机关各有专责，不能互相代替，不应相互混淆。”党的“十七大”对维护社会主义法制的统一、尊严和权威提出了明确要求，胡锦涛总书记在全国政法工作会议代表和全国大法官、大检察官座谈会上也强调了这一问题，要切实予以落实。(2) 积极落实宪法原则，完善检察官管理体制和检务保障体制，建立同法律监督权统一行使相协调的国家统一保障的检察人员经费保障标准、公用经费保障标准和装备设施建设保障标准。(3) 在检察院组织法中明确规定，检察机关实行“上下统一、横向协作、内部整合、总体统筹”的检察工作一体化机制，同时建立健全一系列检察工作运行和检察管理机制。(4) 完善宪法和刑事诉讼法的原则性规定，赋予检察机关知情、调查、建议等一系列权力，切实增强监督实效。

八、关于健全完善检察机关上下级领导体制

第一，基本情况。宪法规定最高人民检察院领导地方各级人民检察院和专门人民检察院的工作，上级人民检察院领导下级人民检察院的工作；检察院组织法规定检察长统一领导检察院工作。检察机关上下级之间是一种领导与被领导的关系。

第二，主要问题。（1）从检察权力行使机制看，检察权统一行使的法律监督体制与保障体制分灶吃饭、分级负责矛盾突出，检察权呈现地方化。（2）从检察人员管理机制看，检察机关管人与管事相脱节，事权与财权不统一，上下级领导关系受到削弱，检令不畅。（3）从检察工作运行机制看，检察机关存在部门林立、各自为政、条块分割等问题，也造成了相互掣肘，效率不高；（4）从检察职业保障机制看，现有激励、约束办法不多，职业准入门槛高，职业工资、津贴、待遇偏低，检察官队伍动力不足。

第三，对策建议。（1）坚持检察机关宪法地位、原则，改革现有分级保障体制，完善行使中央法律监督事权与财权相适应的统一保障体制，从保障上根本解决检察权地方化问题。（2）按照管人与管事相统一原则，建议检察机关的人财物事权实行中央、省两级统一管理，从组织上为理顺上下级领导关系、确保检令畅通提供保障。（3）恢复 1979 年《人民检察院组织法》的规定，省、自治区、直辖市人民检察院检察长和人民检察院分院检察长由省、自治区、直辖市人民代表大会选举和罢免，副检察长、检察委员会委员和检察员由省、自治区、直辖市人民检察院检察长提请本级人民代表大会常务委员会任免。省、自治区、直辖市人民检察院检察长、副检察长和检察委员会委员的任免，须报最高人民检察院检察长提请全国人民代表大会常务委员会批准。（4）建议在检察院组织法中对“检察工作一体化机制”予以明确规定“上下统一、横向协作、内部整合、总体统筹”的检察工作一体化机制，促进检察机关上下级领导体制的落实。（5）改革干部管理体制和铁路检察管理体制。建议改革党内干部管理方式，对检察干部实行“条块结合，以条为主”的管理体制，即继续实行双重管理体制，由现行的以地方党委管理为主改为以上一级检察院党组管理为主，同级党委协管。鉴于铁路运输检察院具有跨行政区域设置和跟踪办案等方面的特殊性，为了与铁路运输集中统一管理的体制相适应，建议保留专门铁路运输检察院的设置和体制。同时将铁路检察人员从铁路管理部门分离出来，纳入政法专项编制，解决其执法资格和身份问题。

九、关于加强检察队伍建设

第一，基本情况。从机构、编制情况看，我省检察机关总编制 11 027 名，其中中央专项政法编制 10 183 名，地方编制 844 名，实有检察人员 9 749 人。从年龄、文化结构看，35 岁以下占 27.8%，其中 35 岁以下的检察官占 13.9%，比 2002 年下降 9.8%，检察官出现断层，36～45 岁占 38.5%，46～55 岁占 28.3%，56 岁以上占 5.4%；大学本科以上人员 6 766 人，占 69.4%；年均自然减员 222 人。从检察官员额配置情况看，共有检察官6 516人，占检察人员总数的 66.8%。

第二，主要问题。（1）现有编制标准不科学，没有考虑到流动人口、实际工作量和人民群众日益增长的司法需求等因素；编制管理中存在一些地方超编无法进人，一些地方空编也无法进人，地方编制遗留问题、提前离岗人员占用专项编制等问题，制约了检察机关的力量补充。（2）检察机关招录人员机制不完善，进人审批权在党委组织部门，人员招录的组织工作和是否统一招录的决定权在编委和人事部门，检察人员管理出现很多难题，检察官断档问题日益凸显，在部分地区相当突出。（3）检察职业保障水平不高，职务序列保障缺位，职数比例配备较低，工资和福利保障较差，职业教育培训力度不够，影响了检察职业对优秀人才的吸引力。（4）检察人员的合法权益保护力度不够，侮辱、谩骂、攻击甚至打击报复检察干警及其家属的事件时有发生，1998 年以来全省有 15 名干警因公牺牲。

第三，对策建议。（1）改革司法人员编制政策，建立政法专项编制的动态管理模式，赋予检察机关一定的控编自主权和机动编制，着力解决检察官断层和办案人员不足的问题。（2）规范职业准入制度，严格“进出口”管理，完善司法考试制度，实行检察官逐级遴选，从根本上规范检察机关进人体制。（3）建立健全专业化管理机制，建立区别于一般公务员的检察人员职务序列，理顺各级检察院领导职务的规格，落实检察官法 4 等 12 级的立法规定，建立反映检察人员职业特点的职务、职级工资和津贴、福利标准，按照鼓励去基层、鼓励到一线的原则，设置特殊岗位津贴，调动检察人员的积极性。（4）进一步规范检察人员执法行为，建立检察人员身份保障制度，非因法定事由、非经法定程序，检察官不得被免职、降职、减薪、辞退或者处分等，同时依法依纪严厉打击侵害司法人员合法权益的行为。

33. 检察保障体制改革调研报告*

根据中央、高检院及财政部指示精神，我们就检察保障体制改革进行了调研，现就调研情况报告如下。

一、基本情况

检察机关恢复重建以来特别是党的“十六大”以来，在省委和省政府的正确领导下，在全省财政部门的大力支持下，我省检察事业持续发展，检察保障和执法条件不断改善。（1）检察经费保障水平不断提高。2003～2006 年，全省检察机关经费总收入 26.75 亿元，年均增长率为 15.02％，经费总支出 26.82 亿元，年均增长率为 14.77％。同期，全国检察机关（含各省、市、自治区、新疆生产建设兵团，不含最高人民检察院本级。下同）经费总收入 585.6 亿元，年均增长率为 15.2％，经费总支出 575.5 亿元，年均增长率为 15.23％。（2）检察经费收入与支出结构基本稳定。2003～2006 年，全省检察机关人员经费（包括工资、津补贴、其他）、公用经费（包括日常公用经费、检察业务经费）、装备费（包括检察业务类、技术检验鉴定类、综合办公类、基础网络类和人员培训类等经费）的收入结构比例每年保持在 45％、40％、10％左右，支出结构比例基本保持在 43％、39％、18％左右。（3）赃款返还在经费收入中的比例有所下降。2003～2006 年，我省检察机关经费总收入分别为 5.3 亿元、6.19 亿元、7.19 亿元和 8.06 亿元，赃款返还数分别为 1.17 亿元、1.43 亿元、1.28 亿元和 1.16 亿元，分别占总收入的 22.04％、23.17％、17.78％和 14.32％。赃款返还总体上呈逐年下降趋势。2003～2006

---

* 本文系作者主持的 2008 年最高人民检察院重点课题的部分调研成果。有关课题调研总成果详见徐汉明、何大春编著：《中国现代司法（检察）保障体制改革研究》，中国检察出版社 2009 年版。

年，全国检察机关依法追缴赃款上缴财政 125.87 亿元，占国家财政总收入的 0.11%，占财政罚没收入的 34.02%。其中，赃款返还 83 亿元，占上缴财政的 66%，占检察经费总收入的 14.18%，年均减少 0.6%。(4) 中央和省转移支付、专项补贴及国债资金投入比重加大。2003～2006 年，中央、省转移支付和专项补贴 2.9 亿元。其中，中央转移支付和专项补贴 1.3 亿元，省转移支付和专项补贴 1.6 亿元，同期，国家投入我省检察机关国债资金 9 380 万元，用于支持地方检察院“两房”建设，办公用房、技术用房等执法条件得到了改善。(5)“收支两条线”的财政管理制度不同程度地在执行。全省检察机关认真贯彻执行中央和国务院“收支两条线”的规定，不断规范财务管理，暂扣款进入财政专户监管，赃款全额上缴。省院和省财政厅适时组织专项检查，督促“收支两条线”制度的落实情况，纠正和防止检察机关坐收坐支、挪用赃款和私设“小金库”等问题。(6) 县级院公用经费保障标准开始启动，装备建设和“两房”建设取得进展。2006 年，省院会同财政厅制定了《全省县级检察院公用经费保障标准》，2007 年开始执行，检察保障状况得到不同程度改善，为推动检察事业发展发挥了积极作用。

二、主要问题

通过对全省检察保障情况的调查，目前，检察工作发展在保障体制方面仍然存在体制性障碍、机制性困扰，检察经费保障体制同检察业务快速发展不相适应，传统的经费保障机制同日益繁重的工作任务不相适应，现行检察保障整体水平同国家公共财政均等化统一保障的现代管理要求不相适应的矛盾仍然存在。主要表现在以下几个方面。

(一) 经费保障不平衡，同检察事业协调发展不适应

据调查统计，2003～2006 年，全省公安机关刑事立案 591 493 件，破案 280 485件，占立案数的 47.4%；检察机关受理提请批捕 73 036 件，占破案数的 26.04%，受理移送起诉 77 524 件，占破案数的 27.64%；2003～2006 年，审判机关一审民事行政生效判决案件 603 806 件，检察机关受理不服民事、行政裁判、申诉案 11 119 件，占法院判决数的 1.84%。据调查统计，2003～2006 年，全国公安机关刑事立案 1 841 万件，破案 815 万件，占立案数的 44.27%；检察机关受理提请批捕 240 万件，占立案数的 13.04%，受理移送起诉 276 万件，占立案数的 14.99%；2003～2006 年，审判机关一审民事行政生效判决案件 1 788 万件，检察机关受理不服民事、行政裁判、申诉案 28 万件，法院审结 2.5 万件，占受理数的 8.92%；再审改判 0.52 万件，占检察机

关受案数的1.86％。

在检察工作快速发展的同时，保障工作不相适应。据统计，2003～2006年，全省检察经费年均收入6.68亿元，比省财政收入年均增速少7.4个百分点，检察经费年均支出6.71亿元，比省财政支出年均增速少10.1个百分点。检察经费的年增长幅度同检察机关日益繁重的法律监督任务不相适应，制约了检察工作协调发展，经费保障不足同加强法律监督工作、适应人民群众日益增长的司法需求的矛盾凸显。

（二）经费保障增幅与财政增幅不协调，同法律监督的快速发展不适应

随着我省社会经济的快速发展，综合实力显著增强，财政收入总量不断增加，支出增长明显加快。我省财政收入由2003年的259.7亿元增加到2006年的476亿元，年均增长22.42％，财政支出由2003年的540.4亿元增加到2006年的1 047亿元，年均增长24.84％。同时，全省检察机关经费收入与支出分别为26.75亿元和26.82亿元，年均分别增长15.02％和14.77％，占全省财政收入与支出的比重分别为1.88％和0.89％，经费保障整体水平较低。据统计，全省政法各部门相比较，检察机关的收入支出也存在增速不相协调的问题。2006年，公安机关经费收入53.8亿元，增长24.45％；检察机关经费收入8.195亿元，比上年增长15.78％；人民法院经费收入15.9亿元，增长14.83％。公、检、法经费收入分别占政法经费的70.65％、10.76％、14.30％。检察经费收入支出占财政、政法经费比重偏低，增速不相协调。据统计，2003～2006年，检察经费年均收入146亿元，年均增速比国家财政收入年均增速少6.94个百分点，有8个省份与财政收入年均增速的差距在10个百分点以上。按检察经费收入的增长速度与国家财政收入增长速度相协调测算，国家给检察机关少投入10.13亿元。其中，东、中、西部地区检察经费年均收入分别为63.17亿元、50.19亿元、32.66亿元，年均增速分别比地方财政收入少9.33％、5.97％、5.96％。国家财力对东、中、西部投入欠账分别为5.89亿元、3亿元、1.95亿元。以山西省为例，四年中省财政收入年均348.53亿元，年均增长率46.62％，同期全省检察机关经费收入年均3.81亿元，年均增长率25.45％，增长率相差21.17个百分点，年均少投入检察经费0.81亿元。从对东、中、西部地区财政收入支出增幅与检察经费收入支出增幅相比较看，2003～2006年，东部地区财政总收入和财政总支出分别为3.3万亿元、4.3万亿元，年均增长率分别为23.18％、19.78％；检察经费总收入和经费总支出分别为252.7亿元、248.35亿元，年均增长率分别为13.85％、13.62％，分别低于财政收入支出9.33、6.16个百分点。中部地区财政总收入

和财政总支出分别为 1.26 万亿元、2.72 万亿元，年均增长率分别为 23.57%、23.08%；检察经费总收入和经费总支出分别为 200.71 亿元、197.22 亿元，年均增长率分别为 17.6%、17.49%，分别低于财政收入支出 5.97、5.59 个百分点。西部地区财政总收入和财政总支出分别为 0.93 万亿元、2.34 万亿元，年均增长率分别为 23.43%、20.45%；检察经费总收入和经费总支出分别为 130.63 亿元、128.56 亿元，年均增长率分别为 17.46%、17.37%，分别低于财政收入支出 5.96%、3.09%。收入增长率相差 7%以上的有 17 个省份。以山西省为例，增长率相差 22.17%。

当前检察机关在履行法律监督职能的过程中，面临着许多新情况、新问题。(1) 查处职务犯罪的费用成本越来越高，办案难度越来越大。跨区域、跨国境职务犯罪增加，腐败分子反侦查能力增强，与洗钱、黑社会、有组织犯罪相勾结，境外抽逃资金现象突出，查处职务犯罪的办案成本越来越高，办案难度越来越大。(2) 办案经费预算科目不健全、经费预算不足。由于特情费、情报费、信息费等费用基本没有列入预算，交通、通信、电子工程、网上办案、远程指挥、网上追逃等装备费用投入不足，成为制约办案的瓶颈，一些职务犯罪案件，该办未办，该立未立，该追缴的赃款未追缴，该引渡的腐败分子未引渡到案，导致一些大案查成小案，要案被搁浅，小案不了了之。例如，深圳市中级法院五名法官受贿案，办案经费数百万元；湖北省长动集团原董事长于志安，贪污境外投资年分红收益 1 800 万元后潜逃美国案，检察机关立案侦查，通过国际协助，涉案地菲律宾提出需要 200 万美元协助费，潜逃 14 年未能缉捕归案，由于经费不足，最终放弃；湖北省交通厅原副厅长熊国贤（正厅级）涉嫌滥用职权一案，致使国家利益损失过亿元，湖北省院成立专案组开展调查，支出办案经费 159 万元，后因该案涉及境外，经费不足无法出境取证，致使熊的渎职、受贿问题未能彻底查清；黑龙江省原政协主席韩桂芝受贿窝案，涉及 67 名正副厅级干部，办案费用数百万元；湖南省郴州市腐败窝案，共牵扯包括原市委书记李大伦在内的 150 多名党政干部，办案历时两年，办案开支 150 多万元。(3) 办理民事行政案件成本过高，费用需要不断增加。如湖北省院办理的博格华纳公司与十堰场地租赁合同纠纷申诉案（中美加入 WTO 谈判时，美方将此案作为“中国司法不公四大案件”之一），历时 8 年，耗费 50 余万元。美籍华人台商熊泽海不服法院拍卖申诉案，湖北省检察机关组织人员协调办案，历时 6 年，耗资近 100 万元。(4) 办理死刑二审和复核监督案件需要新增费用。据湖北省院统计，仅一年办理死刑二审上诉、抗诉案件和死刑复核案件的办案经费需 500 万元。由于保障不足，制约了诉讼监督和职务犯罪侦查工作。

（三）传统的经费保障体制，同法律监督的持续发展不适应

我国从1983年开始实行“分灶吃饭”的财政管理体制，从1994年开始实行“分税制”。“分灶吃饭”和“分税制”都是按照“分级负担，分级管理”的原则确定的。从调研情况看，我省检察机关公用经费保障标准亟待完善。(1) 保障标准不统一。分为2.6万元/人年、2.1万元/人年、1.8万元/人年三个等级；(2) 保障标准偏低。人均2.16万元/年，在全国排第26位；(3) 落实不到位。2007年，我省76个基层院执行公用经费保障标准，有26个没落实到位，最低的是房县，才0.4万元/人年。全省还有6个院年初预算未安排公用经费预算；(4) 未对市一级检察院制定公用经费保障标准。许多市一级保障经费比县一级更困难。

由于现行基层公用经费保障标准未能跳出“分级负担、分级管理”的传统保障模式，一些检察院经费捉襟见肘，难以适应法律监督工作持续发展。据统计，2003～2006年，全省工商、质监、药监、土地、物价等行政执法部门对各类违法行为立案查处51万件，移送司法机关追究刑事责任的仅300余件，占0.059%；国税、地税执法部门对偷税、漏税等违法行为立案查处14万件，移送司法机关追究刑事责任的仅175件，占0.125%；审计部门查处违纪违规资金1 095.2亿元，移送司法机关追究刑事责任的仅416件，占0.31%；农业、水政执法部门立案查处各类违法行为2.1万件，移送司法机关追究刑事责任的占5.64%；林业执法部门立案查处各类违法案件3.43万件，移送司法机关追究刑事责任的仅1 355件，占3.95%。同期，全省发生交通事故、火灾87 545起，造成人员死亡10 218人，受伤48 815人，直接经济损失3.49亿元。据统计，2003～2006年，全国工商、质监、药监、土地、物价等行政执法部门对各类违法行为立案查处461.37万件，移送司法机关追究刑事责任的仅4 431件，占0.096%；国税、地税执法部门对偷税、漏税等违法行为立案查处268.48万件，移送司法机关追究刑事责任的仅2 953件，占0.11%；审计部门查处违纪违规资金12 236亿元，移送司法机关追究刑事责任的仅6 742件，占0.35%；农业、水政执法部门立案查处各类违法行为444.61万件，移送司法机关追究刑事责任的仅339件，占0.008%；林业执法部门立案查处各类违法案件73.5万件，移送司法机关追究刑事责任的仅21 567件，占2.93%。同期，全国发生交通事故、火灾297.66万起，造成人员死亡40.9万人，受伤187.6万人，直接经济损失145亿元。行政执法领域以罚代刑、徇私枉法、滥用职权、执法不公是社会反映强烈的热点问题之一，由于经费保障体

制不健全，检察机关无力及时介入事故的前期调查，一些重大失职渎职、贪赃枉法的大要案件未能及时有效查处，影响了法律监督职能的充分发挥。

（四）“明脱暗挂”的收支两条线运行机制，同法律监督的健康发展不适应

据调查，2003～2006 年，全省检察机关经费总收入分别为 5.3 亿元、6.19 亿元、7.19 亿元和 8.06 亿元，赃款返还数分别为 1.17 亿元、1.43 亿元、1.28 亿元和 1.16 亿元，分别占总收入的 22.04%、23.17%、17.78%和 14.32%。位列全国的第 7 位、第 4 位、第 6 位和第 11 位，赃款返还无论是绝对数还是排名，均在全国前列，尤其是人员经费赃款返还占的比例较高，分别为 14.69%、9.92%、8.69%和 6.81%，分别位列全国第 1 位、第 2 位、第 3 位和第 3 位。通过这次全省普查调研了解，我省除恩施、武汉市区、潜江市院外，其他单位将罚没收入追缴数额与收支挂钩或变相挂钩情况突出，一是普遍将罚没收入列入综合预算（检察机关实际为赃款返还）。全省 125 个单位，年初预算地方财政下达有赃款上缴指标的 53 个，占 42.4%。荆州、黄冈等地均下达或变相下达了赃款上缴指标，53 个单位年初共下达赃款上缴指标为 12 973.72万元，占年初财政预算的 22%。黄冈全市总收入为 8 887.86 万元，赃款上缴数为 4 770.26 万元，财政实际净拨款为 4 117.6 万元，6 个单位上缴比例在 50%以上，最高的是英山县院上缴比例 74.82%，这些单位不仅公用经费没有着落，就连人员经费也需要赃款返还来保障；二是赃款返还占地方财政预算数比重较大。2007 年全省地方财政预算拨款为 86 296.69 万元，其中赃款返还占总数的 28.33%，最多的是咸宁、荆州、黄冈、孝感市，分别占地方财政总收入的 62.17%、58.68%、51.14%和 50.73%，除恩施自治州外，最少的是宜昌市，也占 9.22%。三是检察机关工作的开展依赖于赃款返还收入。同期全省公安系统罚没收入 4.77 亿元，占经费收入的 8.87%；法院系统罚没收入和诉讼费 1.3 亿元，占经费收入的 11.97%。检察系统罚没收入 1.3 亿元，占经费收入的 13.13%，分别高于公安机关和人民法院 4.26、1.16 个百分点。

据调查，2003～2006 年，全国检察机关经费收入中赃款返还 83 亿元，占经费总收入的 14.18%，其中赃款返还用于人员经费开支、公用经费开支、装备费开支的比例分别为 2.6%、20.8%、25.6%。全国检察机关仅有北京、上海与赃款返还彻底脱钩。赃款返还占经费收入比例最高的省份是江西、湖南，前十名是江西、湖南、河北、吉林、黑龙江、山东、广西、安徽、湖北、河南。赃款返还比例高于全国平均数的有 13 个省份。其中，江西省赃款返还 5.86 亿元，占经费收入的 33.93%，高于全国平均水平 19.75 个百分点，其

中，用于人员经费、公用经费、装备费的开支比例分别为 7.34%、49.66%、46.04%；湖南省赃款返还 8.7 亿元，占经费收入的 32.13%，其中，用于人员经费、公用经费、装备费开支的比例分别为 13.95%、46.12%、42.66%。由于保障体制机制不到位，保障供给总量不足，客观上助长了一些基层检察院利益驱动，办案为钱，为钱办案，一些执法不规范、不严格、不廉洁的现象时有发生，有的甚至在初查阶段乱扣、乱追款物。

（五）检察人员待遇低，收入差别大，同检察事业的后续发展不适应

（1）与全国检察机关相比，我省检察机关人员经费偏低。据调查，2003～2006 年，我省检察机关人员经费分别为 1.81 亿元、2.26 亿元、2.46 亿元、2.89 亿元，人均分别为 1.77 万元、2.36 万元、2.5 万元、2.95 万元，分别位列全国第 23 位、第 15 位、第 17 位、第 19 位，在全国处于中下等水平。（2）地区间差异大。据统计，2003～2007 年，武汉、黄冈、宜昌、咸宁检察机关人年均工资和津贴分别为 38 214 元、20 324 元、22 091 元、18 801 元。其中武汉市高出咸宁市 19 413 元，是其 2.03 倍。（3）与政法系统相比，基层待遇不均等。如武汉市检察机关在同级政法机关中，人员经费最低；（4）行业间差距明显。与有关垂管单位相比，收入尤其是津补贴相差悬殊。据调查，2003～2006 年，检察人员经费总收入 234.14 亿元、总支出 245.96 亿元，分别占检察经费收入支出的 40%、43%，年均 58.54 亿元和 61.49 亿元，分别增长 12.2%、12.2%。按人均支出计算，全国检察机关人员经费标准低，地区收入不平衡、差别大。人均收入 2.74 万元 ，年均增长 11.4%，比经费收入增长率低 0.8%。其中东、中、西部地区人均分别为 4.12 万元、2.26 万元、2.33 万元，东、中、西部地区人员经费年人均支出比例为 1.83∶1∶1.03。与东部地区人员经费人均数最高的上海市 9.15 万元相比，中部地区的山西省 2.13 万元相差 4.3 倍，西部地区的甘肃省 2.09 万元竟相差 4.38 倍。据调查分析，2006 年，全国县级院人均财政拨款 6.56 万元，最高的深圳福田区院达到 31.19 万元，而中西部地区还有 20 个县级院不足 2 万元，最低的黑龙江塔河县院仅 0.85 万元，相差 35 倍。即使在一省之内，经费保障情况也相差很远。广东全省县级院人均财政拨款 10.75 万元，最低的韶关翁源区院仅 2.68 万元，与福田区院相差 10 倍。同其他政法机关相比，检察人员经费保障也存在较大差距。据对湖北省的抽样调查，2007 年度公、检、法、司年人均收入分别为：厅级干部，公安系统 54 696 元，检察系统 53 432 元，法院系统 60 926 元，检察机关分别低 1 264 元、7 494 元；处级干部，公安系统 45 691 元，检察系统 45 256元，法院系统 46 741 元，检察机关分别低 435 元、1 485 元；科级干

部，公安系统 33 309 元，检察系统 29 603 元，法院系统 32 499 元，检察机关分别低 3 706 元、2 896 元；办事员，公安系统 25 411 元，检察系统 22 109 元，法院系统 22 450 元，分别低 3 302 元、341 元。同垂直管理部门相比，收入差距悬殊更大。据抽样调查，湖北省国税系统津补贴月人均为 4 100 元（年人均49 200元），而湖北检察机关津补贴月人均仅为 920 元（年人均 11 040 元），前者是后者的约 4.5 倍。

工资津补贴标准低、收入差别大、标准不统一，影响了检察机关干警的工作积极性和队伍稳定。根据《检察官法》的规定，检察官任职必须达到本科学历，通过国家司法考试。据统计，截至 2007 年底，全国检察人员大专文化程度以下的有 73 078 人，占总人数的 33.4%；司法考试制度建立以来，共有 20 503人通过司法考试，通过率为 20.29%。按照目前本科毕业率和司考通过率测算，完成资格培训任务十分繁重。根据晋升、初任、易岗、检察专业人才均需培训的要求，需要单列经费预算，设置经费预算科目。省级检察官培训分院、分站、培训中心是提高检察官素质的基地，其建设项目需要纳入国民经济发展规划，加大投入，加速建设。检察教育教材体系亟待建立。由于检察人员培训经费预算大都基本为零，基地设施建设严重滞后，严重制约了检察官素能养成、业务水平提高、人才良性生长，制约了检察事业的后续发展。

（六）正常经费增长机制缺位，债务包袱沉重，装备水平落后，同检察事业的创新发展不适应

据调查，全省检察机关经费保障普遍未建立正常经费增长机制，按照“保吃饭，保运转”的思路，尚未建立健全同财力收入与支出增长相协调，同检察事业发展相适应的稳定增长机制。许多基层院检察长、财务管理人员长年为跑经费、跑待遇、跑保障奔波，这被称为“蚂蝗”精神和“四千”精神。财政保障不足原因是多方面的，但究其根源，是地方财力发展不平衡，收入增长幅度不大，可用于支持解决政法经费的调控能力十分有限，不少地方财政是杯水车薪，心有余而力不足，有的甚至是“踩黄线、闯红灯”，明的暗的把赃款同政法机关的经费保障挂钩。

应用高科技手段提高战斗力，节省人员编制，减少人员经费开支，是适应刑事犯罪高发、查办职务犯罪任务加重、开展诉讼监督难度加大的新形势，强化法律监督，维护公平正义的必然选择。由于正常的增长机制缺位，经费预算结构不科学，检察装备费预算安排长期摆不到应有的位置，许多地方靠赃款返还作为装备费来源的主渠道，严重制约装备整体水平的提高，影响整体战斗力的提升。全省检察装备投入不足，科技含量不高，发展不平衡。据调查统计，

2003～2006 年，全省检察机关装备费总收入 2.93 亿元，占检察经费总收入的 10.97％，其中赃款返还 1.08 亿元，占装备总收入的 36.94％。

据调查统计，2003～2006 年，全国检察机关装备费总收入 62.03 亿元，占检察经费总收入的 10.59％，其中赃款返还 6.57 亿元，占装备总收入的 25.59％。按地区分，东部地区装备费收入 23 亿元，占检察经费总收入的 9.1％，其中赃款返还 5.26 亿元，占装备总收入的 22.87％；中部地区装备费收入 22.89 亿元，占检察经费总收入的 11.4％，其中赃款返还 7.93 亿元，占装备总收入的 34.65％；西部地区装备费收入 16.14 亿元，占检察经费总收入的 12.21 ％，其中赃款返还 3.12 亿元，占装备总收入的 19.34％。

据调查，检察经费保障体制、机制不健全，正常保障增长机制缺位，究其根源，既有观念上的误区，也有体制和机制障碍，还有管理等方面的问题。

（1）观念上的误区。根据宪法和法律规定，检察权属中央事权，其根本目标是保障宪法和法律在全国范围内统一正确实施，维护宪法和法律的尊严、权威。与此相适应，需建立国家公共财政均等化统一保障的体制与机制。长期以来，我们习惯于把检察权这一中央司法事权作为地方事权对待，按照分级保障的体制和机制来保障检察权的行使，影响了适合作为中央事权的检察权统一行使相适应的经费保障体制与机制的建立。

（2）体制上的缺陷。自 1983 年财政体制改革以来，司法保障体制一直实行“分级负担、分级负责”的体制和机制，检察经费保障完全依赖和受制于地方。由于东、中、西部地区经济发展、财力状况、增长速度的不平衡性，带来检察经费保障的不平衡性与差异性。经济欠发达和西部不发达地区，许多是“吃饭财政”，只能保人员经费、保基本运转，无力提供发展的保障。许多地方不得不采取变通的办法，实行收支挂钩、以收定支、赃款返还奖励等政策措施。尽管中央三令五申强调“收支两条线”，一些地方仍然我行我素，形成“收支两条线”财政管理上政令不通的局面。地方财力不足，收支不能真正脱钩，必然滋生办案为钱、为钱办案，执法不公、不严、不廉等问题。由于经费受制于地方，一些地方检察机关难以正确处理维护宪法、法律统一正确实施与保护地方利益的关系，甚至滋生部门保护、地方保护等问题。

（3）管理上的滞后。现行罚没收入管理机制的根本缺陷在于，未将罚没收入真正作为中央财政收入，也未真正实行收入与支出彻底脱钩。管理方式上，仍由司法和其他执法机关上缴财政，名义上是上缴国库，实际上是纳入综合预算，成为地方财政的“精养鱼池”。结算方式上，是中央同地方冲抵一般转移支付、专项补助。地方对罚没收入的掌控、调剂的余地很大，以致一些地方将其作为弥补人员经费不足，安排业务经费、装备费用的主要来源之一。一些地方实行账面收支脱钩，罚没款转了个圈又回到司法执法部门，成了检察业务经费保障不正常的激励和约束机制，以致助长乱扣乱追、执法违法。检察保障体制不健全，增长机制缺位，有的检察机关滋生了滥用检察权，直接违规违法进入国民收入初次分配领域，不该扣押的扣押，不该追缴的追缴，该返还的不返还，以弥补国民收入再分配的不足，扰乱了国民收入分配秩序，损害了法律尊严与权威，损坏了党和国家的形象，成为治理司法腐败的难点问题。

三、改革检察保障体制的总体目标、基本原则和方案选择

（一）改革检察保障体制的总体目标

根据党中央对深化司法体制改革的总体要求，结合检察机关的实际情况，改革检察保障体制的总体目标是：建立国家统一保障检察机关经费的体制，真正实行收支两条线的财政管理体制；研究各省、自治区、直辖市、专门检察院所属检察机关经费保障的具体标准；建立与经济社会发展相适应的正常经费增长机制；制定完善各级检察机关基础设施建设和装备配备标准体系；建立同公务员法相衔接、体现检察官法规范管理要求的检察人员工资、津补贴等待遇标准；建立鼓励干警到基层、到贫困地区工作的激励机制。形成较为完备的中国特色国家统一保障检察经费的体制、机制。

（二）改革检察保障体制应当坚持的原则

检察保障体制改革，是司法体制改革的重要组成部分，是改革完善司法保障体制的重要内容，应当遵循以下几项原则：

（1）必须坚持从国情出发。检察保障体制改革，必须坚持以科学发展观为统领，从社会主义初级阶段的国情出发，既要有利于保障和促进中国特色社会主义检察事业全面发展，又要坚持量力而行；既要适应检察业务工作规范化、队伍专业化、保障现代化要求，又要贯彻“厉行节约、勤俭建国”的方针；既要与时俱进，改革创新，又要实事求是，稳步推进。

（2）必须有利于公正司法。检验保障体制改革成效的根本标准在于，适应人民群众新要求、新期待，实现司法公正和社会公平正义。把保障和维护人民群众最直接、最关心、最现实的利益问题作为改革的根本出发点、落脚点。从人民群众日益增长的司法需求入手，研究制约履行法律监督职能、实现司法公正、维护社会公平正义的传统保障体制、机制的弊端及根源，探索总结增强法律监督能力保障方面的新经验、新方法，建立有利于实现司法公正和社会公平正义的新型司法保障体制机制。

(3) 必须与组织、人事、财政体制改革相衔接。政法检察保障体制改革既是组织、人事、财政体制改革的有机组成部分，又同司法体制改革密不可分，且具有自身的特点。政法检察保障体制改革的目标、任务、内容及其相关政策的调整，既要与《党政领导干部选拔任用条例》《公务员法》《预算法》等相衔接，又要体现《检察官法》《法官法》《警察法》《安全法》《监狱法》等管理规范的要求；既要适应组织、人事、财政体制改革的新目标、新要求，又要体现政法检察保障体制改革的新特点、新发展；既要同组织、人事、财政体制机制改革相匹配，使组织、人事、财政部门在政法检察保障体制机制的调控主导作用更为充分，又能发挥政法检察机关在保障方面的高效组织、管理、监督作用。

(三) 改革检察保障体制的方案选择

在调研过程中，各级检察机关、中央与省垂直管理部门、社会界，围绕政法检察保障体制改革问题提出了许多建议和设想。具有代表性的有两种。

1. 纳入中央财政预算，实行国家统一保障

其主要内容是：全国政法检察机关的人员、公用、装备及设施建设经费全部纳入中央财政预算，实行国家统一保障。根据预算法的规定，政法领导机关、最高人民检察院作为中央的部门预算单位，负责对其所属的全国政法机关、各级人民检察院及专门检察院的年度预算及调整、决算提出编制草案，通过财政部提请国务院核准，并由国务院提交全国人大审查批准；政法领导机关、最高人民检察院会同财政部按照审查批准的预算、决算组织执行、管理和实行财务管理和内部审计监督；财政部、审计署及驻各省、自治区、直辖市专员办负责财务监督、审计监督。

(1) 实行国家统一保障体制的可行性。我国宪法对人民检察院法律地位和领导体制的规定，决定了检察权属于中央事权，地方各级人民检察院行使法律监督职能都属于行使中央事权。根据事权和财权相统一的原则，检察机关的人财物应由中央全部负担。

一是党中央对深化司法体制改革，完善政法检察保障体制提出了明确要求。党的“十七大”关于深化司法体制改革的总体要求是：“优化司法职权配置，规范司法行为，建设公正高效权威的社会主义司法制度，保证审判机关、检察机关依法独立公正地行使审判权、检察权。加强政法队伍建设，做到严格、公正、文明执法。”胡锦涛总书记、温家宝总理多次强调指出，没有司法保障，就没有司法公正。《中共中央关于进一步加强人民法院、人民检察院工作的决定》指出，“人民法院、人民检察院是国家司法机关”，“要高度重视并

切实解决人民法院、人民检察院经费保障问题。根据经济社会发展水平，人民法院、人民检察院的审判、检察工作任务和国家财政保障能力，逐步建立和完善人民法院、人民检察院经费保障机制，提高人民法院、人民检察院经费保障水平，保证人民法院、人民检察院履行职能所必须的经费”。“要将人民法院、人民检察院基础设施、技术装备和信息化建设纳入国民经济和社会发展规划和财政预算”。周永康同志在深化司法体制改革调研工作座谈会上的讲话，强调指出：“要研究政法经费确保的财政体制，制定并完善不同地区的政法经费基本保障标准，建立政法经费正常增长机制，确保政法机关依法充分履行职责。”中央政法委《关于司法体制几项重要改革的安排意见》，强调把“改革政法经费保障体制，探索建立国家统一保障政法机关经费的体制，真正实行收支两条线的财政管理体制，研究政法机关经费保障的具体标准，建立与经济社会发展相适应的正常经费增长机制；制定各政法机关装备配备标准，将政法机关的基本设施、装备建设纳入国民经济发展规划；建立政法干警不同于一般公务员的工资、津贴和待遇标准；鼓励干警和高素质人才到基层和欠发达地区工作”。所有这些，为建立国家统一保障体制指明了方向，提供了指导思想、目标原则、制度框架，是我们改革政法检察保障体制的行动指南，必须坚定不移地贯彻执行。

二是检察权、审判权属于中央事权，应当由中央政府提供保障。政法检察机关的共同目标是保障宪法、法律在全国范围内统一正确实施。其根本职能任务是巩固中国共产党的执政地位，维护国家安全，维护社会公平正义，惩治犯罪、保障人权，促进和谐社会建设，保障经济社会持续健康协调发展。法官、检察官由地方选举、产生和任命，是中央事权授权行使方式之一，不是同地方分权，更不是地方事权。按照中央事权与财权相一致的原则，建立国家统一保障的体制机制，符合宪法及组织法、选举法、公务员法、法官法、检察官法等法律规定。从现代公共财政基础理论看，检察权、审判权等司法事权属中央政府提供的全国性公共产品服务，具有受益范围不受国土大小、地方财力多寡状况等限制，且散布均匀，提供者为中央政府，不可能是某一地方政府专属等特性，中央政府在提供检察权、审判权等司法事权方面的全国性公共产品服务时，应提供与之相匹配的人财物方面的国家统一保障。因此，改革传统的政法检察保障体制机制，建立国家统一保障的体制机制，在中国特色的现代公共财政管理理论上也是说得通的。

三是国家调控财力的能力有了较大提升。随着国民经济社会快速发展，综合国力显著增强。2007 年度我国财政收入突破 5.1 万亿元，比上年度增长

32%。国民收入再分配对政法检察机关提供统一保障的调控能力明显增强，相应的，也就增强了对政法检察机关的统一保障力度。

四是由中央财政统一负担政法检察经费，符合政法检察工作的要求。首先，我国各级检察机关均依同一部宪法设置，一切检察活动都是依据全国人大或全国人大常委会制定的宪法、法律或法规而进行的，政法检察工作所产生的经济、社会和法律影响力都是全国性的，而非地域性的。这就要求各级检察机关的人财物保障具有统一性。其次，检察工作的整体性、统一性，要求人财物保障的均衡性和稳定性。各级政法检察机关依据统一的法律、统一的工作部署和要求开展工作。尤其在办理一些重特大案件时，需要在上级政法领导机关、检察机关的指挥协调下，各地政法检察机关跨地区统一行动，共同执法。这就要求各级政法检察机关人财物保障具有相对均衡性和稳定性。只有由中央统一保障，才能全面履行政法检察职能任务，维护宪法、法律统一正确实施。第三，检察机关上下统一的领导体制，要求人财物保障的适应性。根据人民检察院组织法的规定，上下级检察机关是领导与被领导关系。为保证上级检察院对下级检察院领导作用的有效发挥，必须赋予上级检察院以人、财、物方面的领导权，最高人民检察院对全国各级人民检察院，上级人民检察院对下级人民检察院，在人财物保障方面具有充分的调控能力。由中央提供统一的人财物保障，是坚持宪法原则，落实宪法规定的检察机关领导体制，发挥全国检察机关行使法律监督职能，保障宪法、法律统一正确实施的需要。

五是人大代表、政协委员、社会各界和基层群众广泛支持。调研过程采取座谈、访谈、问卷等形式，广泛征求了社会各界的意见，其中对湖北省所属市、州、区、县 6 675 人采随机无记名问卷调查方式。其中省人大代表、政协委员 998 名，市县（区）两级人大机关 424 名、政协机关 461 名，专家学者 259 名，人民监督员 809 名，党政机关 988 名，社会团体 75 名，中央垂直管理部门 305 名，政法部门 1 385 名，基层群众代表 742 名，其他人员 239 名；问卷调查内容包括：改革现行司法保障体制的必要性、可行性，与宪法、法律的关系，建立国家统一保障体制，建立人员经费、公用经费、装备费和基本建设经费保障标准，以及内部财务管理、审计监督、与地方政府的关系、人员身份的界定、债务化解等 21 项。通过对问卷的统计分析，被调查人员认为建立国家统一保障政法检察经费的体制是非常必要和可行的占 97%，认为这项改革与现行法律是一致的和相衔接的占 98%。尤其是人大代表、政协委员和专家学者、党政、人大、政协、垂管部门等工作人员认知度更高，并且提出了许多合理化建议。

六是由中央统一保障的体制机制，符合国际惯例。从国际情况看，世界上一些主要国家，无论是联邦制还是单一制，也不论社会制度如何，司法权都列入中央事权，履行中央事权的经费全部由中央负担。以美国、加拿大、越南为例，美国是联邦制国家，预算管理体制分为联邦、州和地方三级预算，社会安全费用、司法部门支出属于联邦预算支出的范围。加拿大也是联邦制国家，属于联邦范围内的中央事权所需人财物由联邦政府统一保障。越南原司法保障体制同中国特色的司法保障体制相类似，为了保障司法权的统一正确行使，应对其在政治经济体制改革中出现的司法腐败滋长的状况，于 20 世纪 90 年代初通过了《越南最高人民检察院组织法》等相关法律，其中《组织法》第 49 条明确规定，人民检察院的经费由最高人民检察院负责预算并建议政府递上国会讨论决定，军事检察院经费由国防部和最高人民检察院预算，并建议政府递上国会讨论决定；第 48 条规定，检察官调查人员在实施任务过程中的工资补贴、身份证、制服制度由国会常务委员会规定；检察院、法院等政法机关人员津贴比一般公务员高约 20%。由此，完成了建立国家统一保障体制，并取得了明显成效。

（2）建立国家统一保障体制机制的重大现实意义。建立国家统一保障的体制机制的时机条件已经成熟。其重大现实意义表现在：有利于巩固中国共产党的执政地位，防止和纠正司法权运行的地方化，维护中央的权威；有利于宪法、法律统一正确实施，防止和纠正破坏法制统一的现象，维护宪法、法律的尊严权威；有利于适应人民群众的新要求、新期待，纠正和防止执法过程中损害人民群众利益的违法乱纪现象，保障公民、法人和其他组织的合法权益；有利于维护国家安全、维护社会和谐稳定、纠正和防止执法办案中失职渎职等现象，维护社会正常的生产、工作、生活秩序，实现国家的长治久安；有利于加强政法队伍建设，从源头上预防和治理执法不公、不严、不廉的现象，树立政法检察机关的形象，增强社会的公信度、支持度；有利于增强地方政府对地方经济社会发展的调控能力，从源头上解决地方政府治事理政尤其是在提供政法检察保障中因财力捉襟见肘的困扰，促进地方经济持续、健康、协调发展；有利于推进组织、人事、财政体制深化改革，形成改革合力，增强改革整体效益。从政法检察保障体制层面，既可以消除经费保障严重不平衡性，促进政法检察事业协调发展，又可以消除政法检察经费保障增幅与财政收入增长的不协调性，促进政法检察事业快速发展；既可以革除传统保障体制机制的诸多弊端，促进政法检察事业持续发展，又可以建立起真正的收支两条线财政管理体制，促进政法检察事业健康发展；既可以建立起鼓励到基层、到经济欠发达地区工作的激励机制，使发达地区大中城市的政法工作人员的待遇不受损失，改善大多数政法检察人员待遇偏低、收入差别大的状况，建立健全同公务员法相衔接、体现政法检察专门法律规范要求的人员津补贴待遇标准的激励机制，促进政法检察事业后续发展，又可以弥补政法检察正常经费增长机制缺位，形成装备设施建设渐进发展，债务包袱良性化解，同国民经济发展规划相适应的新的增长机制，促进政法检察事业的创新发展。

（3）国家统一保障体制运行中相关矛盾的预测。据对中央垂直管理部门保障体制改革调研，执行国家统一保障体制机制运行中涉及经费基数核定上划，建立应急突发事件经费预算调整机制，债务化解，中央对其所属人员津补贴标准核定政策的制定和掌握，同地方财政、审计部门关系协调等矛盾和问题。据中央垂管部门提供信息，他们在调研的基础上争取中央及组织、人事、财政等部门的支持，现已逐一规范解决。

（4）国家统一保障体制改革方案选择的民意调查。调研中，我们广泛征求了基层人大代表、政协委员、党政领导、社会各界及基层群众的意见，绝大多数支持由国家统一保障的改革方案。湖北省的抽样调查，共向全省所属市、州、县、区上述人员发出问卷调查 6 675 张，收回 6 675 张，赞成国家统一保障改革方案的占 98.5%；向中央垂直管理部门国税、海关，与省垂直管理部门工商、技术质量监督、地税及下管一级的国土部门发出问卷调查 305 张，收回 305 张，赞成这一方案的为 99%。

2. 实行中央与省两级预算分担，省级统一保障

其主要内容是：全国政法检察机关的人员、装备及设施建设经费纳入中央财政预算并转移支付给各省，公用经费由省级预算统一安排，形成国家统一保障的过渡体制。根据预算法的规定，省级政府的预算，由中央转移支付及专款补助、地方收入构成。各省、自治区、直辖市的政法领导机关、省人民检察院作为省级的部门预算单位，负责对其所属的全省政法机关、各级人民检察院及专门检察院的年度预算及调整、决算提出编制草案并向最高人民检察院备案审查，通过财政厅（局）提请省级政府核准，并由省级政府提交省人大审查批准；省级政法领导机关、省人民检察院会同财政厅（局）按照审查批准的预算、决算组织执行、管理和实行财务管理和内部审计监督；财政厅（局）、审计厅（局）负责财务监督、审计监督。

（1）国家统一保障过渡体制的两种模式。一是中央与省两级负担的国家统一保障过渡体制。中央预算保人员经费与装备、设施建设费，省级财政预算保政法检察日常公用经费与业务费。据调研，2007 年度政法检察人员经费、日

常公用经费及业务费、装备及设施建设费的支出比例结构为 40∶40∶20，由中央预算通过转移支付、专项补助的方式分担人员经费，装备、设施建设经费，作为省级财政统一保障经费预算的来源，省级预算分担政法检察日常公用经费与业务费。取消市、州、县（区）提供政法检察经费保障的体制。

二是省级财政负担的国家统一保障过渡体制。即省级财政预算统一保障政法检察的人员经费、日常公用经费与业务费、装备及设施建设费。中央对各省、自治区、直辖市政法检察经费转移支付专项补助的比例综合测算安排50%（其中中央财政安排预算 40%，国家发改委安排项目投资 10%），并根据因素分析法的方法下达，作为省级财政预算安排政法检察经费的来源，取消市、州、县（区）提供政法检察经费保障的体制。

（2）实行省级统一保障过渡体制的可行性。一是实行省级统一保障的过渡体制符合中央关于政法检察经费保障的政策精神。中办发［1998］30 号文件提出："省级财政部门要结合本地区的实际情况，逐步建立起有效的政法机关的经费保障机制。"《中共中央转发〈中央司法改革体制领导小组关于司法体制改革的意见〉的通知》明确要求："省、自治区、直辖市根据本地区经济发展水平和司法机关业务经费实际需要情况，制定分类别、分阶段的县级司法机关经费基本保障标准。"实行省级统一保障政法检察经费的过渡体制，符合中央关于加强政法检察经费保障的一系列政策精神，是改革完善政法检察经费保障机制的重要组成部分，是实现建立国家统一保障体制的必经阶段与重要步骤。

二是实行省级统一保障的过渡体制有相关法律依据。根据《人民检察院组织法》第 2 条第 2 款规定：省级人民检察院既受高检院直接领导，又领导所属地方各级人民检察院的工作，对辖区内的专门检察院的工作进行指导，在建立国家统一保障体制的过渡阶段，实行省级统一保障的体制，既有利于发挥省级人民检察院对所属各级人民检察院的领导工作，增强其组织指挥、调控能力，又为深化政法检察保障体制改革、顺利完成向国家统一保障体制过渡期积累经验。

三是实行省级统一保障的过渡体制适应现阶段中央与地方综合财力的发展状况。尽管近年来我国综合国力显著增强，财力总量增长较大，速度较快，但省区之间经济发展财力状况十分不平衡，反映在政法检察保障方面也呈现出东中西部差异大，保障水平不平衡的状况，改革完善政法检察保障体制需要中央、省综合财力的支撑，既增加中央转移支付的力度，提高中央分担政法检察人员经费、装备及设施建设费在整个保障支出结构中的比重，又要充分发挥省级地方的积极性，增强其提供政法检察保障的调控力度，承担对所属政法检察经费支出结构的比例，确保中央司法事权在所辖区内公正、高效、权威的运行，共同巩固党的执政地位，维护国家安全，维护社会和谐稳定，维护宪法、法律的统一、尊严。

四是实行省级统一保障的过渡体制是政法检察保障体制改革探索的经验总结。20世纪90年代以来，省、自治区、直辖市党委、政府及政法检察机关为建立健全保障体制机制作出了艰苦的探索与努力，如北京、上海、天津都实行检察经费由市级财政统一保障，较好地解决了基层人员经费、公用经费、装备和设施建设费用保障不平衡、差异大、整体水平不高，保障调控能力较弱，赃款返还同保障支出挂钩，收支两条线运行不到位等，也较好地纠正了执法办案中有油水的案子抢着办，越权办案，插手经济纠纷，搞地方保护、部门保护等不公、不廉、不严等问题，基层普遍反映较好。湖北省针对人员经费与办案经费困难状况，建立人员经费专项补助与办案预备金制度，解决年初预算下达滞后与办案急需的矛盾，提高基层保障水平；吉林省制定同中央专项补助与省级补助的办法，共同提高政法检察经费保障水平，也收到了积极的效果。

(3) 实行省级统一保障的过渡体制的弊端。实行省级统一保障的过渡体制加重了省级财政综合预算调控的压力。由于财税体制的制约与省级财力发展不平衡所制约的政法检察经费保障严重不平衡的问题难以从根本上解决；一些经济欠发达地区提供统一保障的财力将面临新的困扰；罚没收入与保障支出明脱暗不脱，收支两条线的财政管理体制机制运行将难以到位；执法办案中因保障短缺所引发的利益驱动，办案为钱，为钱办案，搞地方保护、部门保护，执法不公、不廉、不严等突出问题，将难以根治与防范；政法检察人员待遇偏低，收入差别大的状况将在短期内难以改变；鼓励到基层、到欠发达地方工作的激励机制运行的收效将会降低；同人民群众对维护宪法、法律统一正确实施，维护公平正义，维护社会和谐稳定，保护其合法权益的新要求、新期待不相适应的执法不规范、不文明的突出问题将在一定范围一定时期内继续存在。

四、实行国家统一保障体制的基本制度

(一) 国家统一保障体制的基本内容

所谓国家统一保障政法检察经费的体制，是指建立国家宪法、法律统一正确实施所要求的，与经济社会发展相适应，与国家财力增长相协调，不受东中西部地区经济社会发展与财力增长状况制约，为履行政法检察职能所需，由中央（或中央与省共同负担）提供人员、公用、装备及设施建设经费统一保障与管理及其正常增长机制的总称。其基本内容如下。

1. 建立与公务员法相衔接、体现检察官法、法官法等规范管理要求的人员工资、津补贴、待遇保障标准

针对政法检察人员工资、津补贴、待遇偏低，地区津补贴标准不统一、不平衡，检察官、法官的职务、级别、工资、津补贴、待遇没有同公务员法的系列相衔接，基层、艰苦地区的工作人员工资、津补贴、待遇低，保障不到位等问题，建议在《公务员法》的总体框架内，建立与《公务员法》《检察官法》《法官法》等法律相衔接的，体现其规范管理要求的检察人员工资、津补贴、待遇标准体系。(1) 明确人员分类。按照《公务员法》《检察官法》《法官法》的相关规定，比照《国务院办公厅关于规范公安机关人民警察职务序列的意见》，将职务系列分为检察官（法官）类、检察（法官）辅助人员类、综合管理类和专业技术类。(2) 规范职务晋升。检察官（法官）类、检察（法官）辅助人员、综合管理类职务晋升，按照《公务员法》《检察官法》《法官法》及其配套文件执行。专业技术人员职务晋升，在国家未明确相关规定前，按照其所在机关或者内设机构的机构规格、职数比例以及职务层次晋升职务。司法警察参照《公务员法》《警察法》及《国务院办公厅关于规范公安机关人民警察职务序列的意见》的规定执行。(3) 规范职务与级别对应关系。《检察官》《法官法》明确了检察官、法官四等十二级的职务关系，尚未同级别、工资、津补贴挂钩，对检察、法官辅助人员类，综合管理类及专业技术类均未明确。为此，建议对这四类人员职务级别对应关系按公务员法及工资制度改革方案予以对应衔接，并制定实施方案。(4) 细化级别晋升。按照《公务员法》及其实施方案、《国务院关于改革公务员工资制度的通知》及公务员工资制度改革实施办法的有关规定执行。(5) 建立基层人员激励机制。按照鼓励检察院、法院工作人员扎根基层院工作，到艰苦边远地区工作的政策原则，建议比照军队基层干部岗位津贴标准和艰苦地区补助标准办法，建立基层检察院、法院工作人员岗位津补贴标准和艰苦边远地区人员津补贴标准。

2. 建立政法检察公用经费保障标准

针对公用经费供给总量不足，地区预算不平衡，预算安排标准偏低，赃款作为公用经费安排来源比重较大，公用经费正常增长机制缺位，涉及检察业务的信息情报费、国际司法协助费、特情费、刑事赔偿费、举报有功人员奖励费、检务督察费、职务犯罪预防费等项目预算安排缺位，用于侦查、技术检验鉴定、信息通信、基础网络工程、设备购置等装备费在预算结构中比例偏低，无正常增长机制，装备整体水平不高，科技含量低，制约检察战斗力提升等问题，尤其是检察业务费、装备费供给严重不足，制约检察机关查办职务犯罪、

审查批捕、审查起诉、诉讼监督等业务工作的开展。建议以1992年财政部、高检院制定的《人民检察院公用经费保障标准》和2006年财政部、高检院制定的《县级人民检察院公用经费保障标准》为依据，对公用保障体系进行设计，其主要内容是：(1) 科学界定科目类别。将日常公用经费细化为十四个方面，以适应检察机关日常工作的正常运转。同时，对检察业务费、装备费、教育培训费、其他经费四个方面进行界定。(2) 明确重点科目内容。公用经费标准应把检察业务费中的办案费、特勤费、举报控告申诉费、职务犯罪预防费、检务督察费、刑事赔偿费、宣传费、奖励费、法律政策研究费、人民监督员费、派驻检察机构经费等14个方面作为特类进行细化，对支出科目作相应调整，主要根据检察机关执法办案职能任务，明确其经费开支范围，突出执法办案的经费保障。(3) 优化结构比例。将侦查设备、技术鉴定设备、通信设备、交通工具、武器械具、检察网络工程等设备项目开支从公用经费中分离出来，作为专门的项目预算安排，以优化支出结构，确保急需，适度加大装备投入力度。同时，将侦查设备、技术设备、通信设备、交通工具、武器械具、检察基础网络等维修费、消耗费从装备购置费分离，继续作为日常性公用项目。据测算，标准出台后，人员经费、公用经费、装备费的比例结构调整为40∶40∶20。(4) 增设教育培训项目。鉴于检察教育培训欠账较多，标准应增设教育培训费项目，以加大培训力度，逐步提高检察人员素质。(5) 制定层级保障标准。应按照划分个人、单位两条线，分高检院、省级院、地市级院、县级院四个层级，结合地理位置、气候条件、经济社会发展水平，合理测算确定东、中、西部地区省级院、市级院、县级院三级保障标准。

3. 建立统一的检察装备配备标准

针对当前装备整体投入不足，财政预算基数偏低，发改委部门中短期投资机制不健全，装备及设施建设费普遍与追赃挂钩；装备总量供给不足，数量偏少；检察机关办案办公、基础信息网络等装备落后，科技含量不高；装备保障不平衡，政法检察战斗力提升困难等问题，建议拟定《全国检察机关装备配备标准》(简称《标准》) 及实施方案。(1) 制定原则。坚持需求主导、合理布局，实用节约、适度前瞻，立足当前、兼顾未来，通俗简便、易于操作。(2) 制定依据。根据《中华人民共和国宪法》《中华人民共和国刑法》《中华人民共和国刑事诉讼法》《中华人民共和国民事诉讼法》《中华人民共和国行政诉讼法》《中华人民共和国人民检察院组织法》《中华人民共和国检察官法》及其他有关法律、法规和规定，以《人民检察院2008～2010年科技装备发展规划纲要》为指导，借鉴《公安装备配备标准》的相关规定。(3) 制定结构。立足检察机关各内设机构的工作职能，分检察业务装备、技术检验鉴定装备、综合办公装备、基础信息网络装备和人员教育培训装备等5个大类、33个门类，规定装备配备的项目、单位、数量和配备类型，建立相对统一、门类齐全的装备配备标准。（4）项目要求。突出反贪、反渎等业务部门的装备配备，同时兼顾各项检察工作协调发展对装备配备的具体需要，使装备保障标准更具有针对性、可行性和可操作性。（5）把握难点。重点对基础信息网络设备进行细化，同时注重检察技术器材设施的更新配备。

4. 建立检察教育培训设施标准

针对检察教育培训设施投入不足及“两房”设施建设计划尚未完成，建议国家发改委将教育培训设施设备建设和“两房”建设纳入国民经济发展规划，列入项目库管理，逐年安排实施。

5. 建立与经济社会发展相适应的正常经费增长机制

针对检察经费在财政支出中的比重较低，在公检法司经费支出中比重偏小，其增长速度既低于国家财政收支增长速度，也低于其他政法机关收支增长速度等问题，建议建立与经济社会发展相适应的正常经费增长机制。（1）调整检察经费在财政收入中的比重。建议将目前检察经费在财政收入中的0.45%比重调整提高到0.6%，检察经费年增长幅度与国家财政收入、公检法司其他部门经费收入基本相协调。（2）调增检察经费投入中的增长比例。针对检察经费在政法支出的比例偏低，增长幅度偏小的状况，建议调整检察经费在公检法司投入中的比例结构，调整增长幅度。使之与政法投入结构相协调。（3）建立正常经费增长评估、反馈机制。加强对经费支出状况的评估分析与监测，根据检察任务的加重，适时调整经费支出在财政收入中的比重与增长幅度，保障检察经费增长机制有序运行。

建立政法检察经费正常增长机制可综合考虑三项指标。

（1）国民生产总值（GDP）的增长比例。《预算法》第29条关于各级预算收入编制的规定，应当与国民生产总值的增长率相适应。政法检察经费正常增长应于GDP的增长幅度相适应。

（2）财政经常性收入的增长比例。由于财政收入是GDP初次分配的结果，财政收入的比例是GDP的增长的反映形式。2007年，我国GDP增长11%，财政收入达到5万亿元，增幅达31%。根据国家财政经常性收入的增长幅度，建立与之相适应的政法检察经费正常增长机制，是中央政府提供司法事权等公共产品服务的必然要求，是国家统一保障体制在增长机制方面的重要表现。我国多部法律关于经费正常增长机制的规定都是按照财政经常性收入作出的，如

《义务教育法》第 42 条规定，国务院和地方各级人民政府用于实施义务教育财政拨款的增长比例应当高于财政经常性收入的增长比例，保证按照在校学生人数平均的义务教育费用逐步增长，保证教职工工资和学生人均公用经费逐步增长。《科技进步法》第 45 条规定，国家逐步提高科学技术经费投入的总体水平，全国研究开发经费应当占国民生产总值适当的比例，并逐步提高，同科学技术、经济社会发展相适应；全国研究开发经费占国民生产总值的具体比例，由国务院予以规定；国家财政用于科学技术的经费的增长幅度，高于国家财政经常性收入的增长幅度。《文物保护法》第 10 条规定，国家用于文物保护的财政拨款随着财政收入增长而增加。按照国家财政经常性收入的幅度，建立政法检察经费正常增长机制与其他立法例是相协调的。

（3）政法检察经费实际支出的增长比例。除了根据国家经济社会建设确定增长指标之外，还必须考虑政法检察机关上一年度或阶段年度实际支出的增长幅度，同时中央财政部门按照因素分析法方式综合考虑政法检察年度经费预算的比重及增长机制时，要根据政法检察机关职能任务调整、业务工作量的增加，执法难度增大，办案成本增加，国际司法协作增多，对信息技术与装备设施投入的依存度提高等变量要素（简称“变量要素”，下同），合理确定政法检察经费在中央与省公共财政支出结构中负担的比例及其逐年增长的幅度，以建立科学的增长机制。

6. 建立“收支两条线”的财政管理体制

针对目前罚没收入与政法检察经费预算支出明脱暗不脱，收支两条线不到位、以收定支等问题，建议建立罚没收入与支出真正彻底脱钩的收支两条线财政管理体制。（1）建立司法机关罚没收入全额上缴中央财政的制度。任何一级司法机关的罚没款必须全额、足额上缴，不得截留、占用、挪用、或者拖欠，取消按比例分成的方式。（2）废止任何政法机关、财政部门将罚没收入同综合预算中的人员经费、公用经费、装备费挂钩，以及实行年初预算、年中追加、奖励返还等措施。（3）建立地方财政支出转移支付调节补偿机制，地方罚没收入上缴中央，不再同支出挂钩，对省级统一保障经费预算的缺口部分由中央财政通过转移支付、专项补助予以平衡。（4）取消各省、市（州）县（区）以罚没款同政法检察机关的人员、公用、装备费直接或间接挂钩的任何政策措施。（5）建立罚没收入管理问责制度、查究制、倒查制。对罚没款与政法检察经费支出任何返还挂钩的问题，由监察机关、财政部、审计署及驻各地专员办实施对问责查究。（6）建立罚没款、赃款专户监管制度。对于政法机关所追缴的赃款全部足额上缴中央财政专户，委托商业银行代办。任何变相代收代支、坐收坐支的行为，一律作为违反《预算法》和财经纪律的行为，由相关部门实施查究问责。

（二）建立中央与省级财政预算分担政法经费保障的配套机制

（1）实行国家统一保障的体制机制。需要理顺中央与地方国民收入初次分配关系，梳理中央与地方政法检察经费保障的现状、在国民收入再分配中的比例结构、增长状况、主要缺陷及其根源，有针对性地调整政法检察经费在中央预算中的比例结构，合理划分地方财政承担的政法检察经费（人员经费、日常公用经费、装备及设施建设费）的基数，按照"因素分析法"与政法检察经费增长"变量要素"，合理确定中央财政对政法检察经费年度预算安排比重结构及正常增长比例。

（2）实行国家统一保障的过渡体制机制。亦应按照上述思路，理顺中央与地方国民收入初次分配关系，梳理中央与地方政法检察经费保障的现状、在国民收入再分配中的比例结构、增长状况、主要缺陷及其根源，合理确定中央与省各自承担政法检察经费（人员经费、日常公用经费、装备及设施建设费）的基数比例，按照"因素分析法"与政法检察经费增长"变量要素"，确定中央与省级财政对政法检察经费年度预算安排比重、结构及正常增长比例。

（三）规范政法检察经费预算管理与监督的配套制度

（1）加强收入与支出管理。严格执行各项财务管理制度，加强对经费的支出监管，提高经费的使用效率，防止资金损失和浪费；严格执行"收支两条线"管理的各项规定，防止和纠正收支与罚没收入挂钩，严肃查纠坐收坐支，挪用罚没款的违纪违法行为；贯彻艰苦奋斗、勤俭节约的方针，坚决治理和整顿装备设施建设中大手大脚、奢侈浪费的不正之风；严格执行国家规定的开支范围和标准，积极开展减支节约活动，大力推进"节约型"机关建设；建立健全财务监管、审计监督机制，提高资金监管水平。

（2）健全经费支出考评机制。全面推行重大装备、设施建设政府采购、招投标、国库集中支付等改革举措；建立政法检察经费支出考评制度，制定符合政法检察经费支出特点的考评指标体系，科学考评经费使用效益，并以此作为安排政法检察经费的重要依据，提高资金使用效益。

（3）加强检察机关人员编制管理。适应组织、人事、财政体制改革与建立政法检察体制保障要求，认真清理中央政法专项编制，妥善处理地方编制，积极稳妥地清理、清退超编人员，切实解决基层政法检察机关"进人难""人才断档"等问题，在充实基层人力资源的同时，尽量减轻财政负担。

34. 人民监督员制度的根据、特征与功效*

人民监督员制度的创设与试行，已产生了良好的社会影响乃至国际影响，标志着中国民主法治建设迈出了坚实的步伐，标志着中国特色社会主义检察制度日臻完善。随着人民监督员制度基础理论探究的深入，进一步研究其概念与制度功效以推进其规范化与法制化建设的必要性日益凸显。围绕人民监督员制度概念的争论亦是众说纷纭，形成了不同的观点，概括起来主要有如下 6 种：(1) 外部监督说。有人从比较权力机关监督、检察体系、诉讼程序的不同特点与差别出发，提出了这种观点。他们认为，所谓人民监督员制度，是指在人民检察院体系外，由人民监督员按照规定的程序和规则，对检察院直接受理侦查的案件进行社会性监督的制度。❶ 这一概念揭示了该制度体系的外部特征、运行方式与社会监督的性质和地位，但其并未揭示该制度的法源基础、本质特征及其功能作用，故其理论创新不足。(2) 人民监督说。有人从权力察赋、权力制衡、主权在民的理念出发，试图揭示人民监督员制度的性质与本质特征。他们指出，所谓“人民监督员制度……是推进检察改革、保障检察权的正确行使，维护社会公平正义，接受人民监督的一项非常重大的举措”。❷ 这一概念揭示了该制度的具体目标功效与普遍目标功效，肯定了其性质与地位，但该定义未对其运行主体、程序规则、本质特征等作深刻揭示，且将其定位在“措施”范畴，存在理论性与规范性的缺陷。(3) 制度创新说。有人认为，人民监督员制度是检察机关在现行法律框架内，为完善直接侦查案件的外部监督机制

---

* 本文发表于《法学评论》2006 年第 6 期，2007 年 4 月被最高人民检察院评为“2006 年度检察基础理论研究优秀成果二等奖”。

❶ 刘明祥等：“人民监督员制度若干问题研究”，载《全国检察理论研究工作会议暨第 6 届年会论文集》，2005 年 4 月，第 676 页。

❷ 李卫东：“人民监督员制度的实践思考”，载《人民检察》2005 年第 4 期。

而进行的一项改革，是检察机关落实宪法的规定，主动接受人民监督的一项制度创新。❶ 显然，这是从评价创设主体的角度来说明该制度的法源基础、性质地位、时代特点的。但从概念的要素与特征衡量，其在本质特征、基本功能、内涵与外延等方面仍存在不足。（4）比较分析说。有人运用比较分析的新视角，指出人民监督员制度是依照宪法精神，贯彻权力制约原则，公民参与司法决策，增加检察决策透明度，防止检察权滥用，保障诉讼当事人合法权益，提高司法的社会公信力，继人民陪审员、人民调解员制度之后充分体现民主性质的一项制度。❷ 这一概念运用实证分析方法，为我们揭示人民监督员制度的性质、地位、功能、作用及其本质特征提供了新视野，具有一定的新颖性与启迪性。（5）监督务实说。有人从研究人民监督员制度的宪政理论、民主监督原理、政治文明、践行“三个代表”重要思想以及构建和谐社会等基础理论出发，全面评价人民监督员制度法制化的必要性与可行性，在回应学界、司法界关于民主监督程序、合宪性与合法性、独立行使检察权等方面的争鸣的基础之上，将人民监督员制度界定为“是将宪法和法律赋予公民对检察机关及其工作人员公务活动的批评、建议等监督权通过规定监督程序落到实处”的制度安排。❸（6）检察民主说。有人从完善司法民主与检察民主出发，将人民监督员制度界定为：“落实党的十六大关于推进司法体制改革的精神，扩大公民有序参与司法、参与检察民主进程的一项制度创新。”❹ 这一概念视角宽、立意新，不失为独特的诠释。

综合上述各种观念，笔者认为，所谓人民监督员制度，是指依据民主法治的宪政原则加以设置，由职权机关和相关组织遵循规则推举选任的人民监督员，按照一定规范与程序，对法律监督机关管辖的职务犯罪案件行使自由裁量权进行程序性监督，以规制职务犯罪侦查权、侦查监督权以及起诉权，保障其有序、公正、廉洁地运行，维护公平正义的一种新型社会监督制度。笔者认为，这一概念能够揭示人民监督员制度创设的根据，描述其路径，界定其性

❶ 左卫民、吴卫军：“人民监督员：理念与制度的深化和发展（1）”，载《人民检察》2005 年第 1 期。

❷ 穆红玉：“从司法改革看公民对司法的参与”，见《中国与欧盟刑事司法制度比较研究》，中国检察出版社 2005 年版，第 16 页。

❸ 文盛堂：“人民监督员制度的理论依据与立法探析”，载《全国检察理论研究工作会议暨第 6 届年会论文集》，2005 年 4 月，第 671 页。

❹ 陈大豪：“人民监督员制度是检察民主的重要举措”，载《检察日报》2005 年 11 月 2 日，第 3 版。

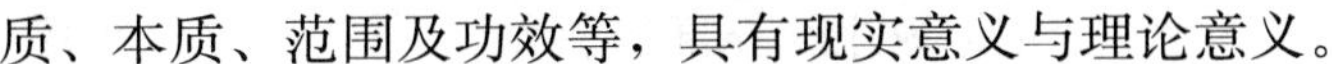

质、本质、范围及功效等，具有现实意义与理论意义。

一、人民监督员制度的确立根据

首先，人民监督员制度符合权力禀赋论，具有宪法等法律上的依据。《宪法》明确规定，中华人民共和国的一切权力属于人民，人民有权依法“通过各种途径和形式管理国家事务”，一切国家机关和国家工作人员必须依靠人民的支持，经常保持同人民的密切联系，倾听人民的意见和建议，接受人民的监督，努力为人民服务。《刑事诉讼法》第6条规定，人民法院、人民检察院和公安机关进行刑事诉讼，必须依靠群众，必须以事实为根据，以法律为准绳。《人民检察院组织法》也规定，人民检察院在工作中必须贯彻执行群众路线，倾听群众意见，接受群众监督。《检察官法》第8条规定，检察官应当履行接受法律监督和人民群众监督的义务。人民监督员制度通过规范的程序将检察机关的执法活动置于人民群众的监督之下，在保证检察机关依法独立行使检察权和不改变法定的刑事诉讼程序的前提下，增设一个倾听人民群众意见、接受人民群众监督的工作环节，不仅能够将宪法和法律关于检察权接受人民监督的规定具体化和制度化，而且是为克服权力机关与社会各界分别在个案监督上的局限性而进行的一种制度创新。在我国，检察机关系由人民代表大会选举产生，对人大负责，受人大监督。检察权作为一项国家的基本权力，是统一的国家权力的重要组成部分之一，其权力是人民赋予的，来源于人民，除了应受人大宏观的、全局的监督之外，还应接受人大的个案监督，但是从理论和实践上分析，这种个案监督虽然是刚性监督，但往往只是针对重点的、疑难的、群众和社会各界反映强烈的个案，故不可能深入检察机关直接受理侦查案件的所有诉讼环节。而社会监督，诸如群众监督、舆论监督、检察机关聘请的特约监督员、检风监督员监督等，虽然能够弥补人大个案监督的上述局限，将检察机关直接受理侦查案件的所有诉讼环节纳入监督范围，但却不可能启动监督程序予以刚性监督，而只是将有关申诉、控告、举报移交有关部门调查处理，难以具体监督到个案的具体事实认定及法律适用环节，呈现出社会监督手段“软”的一面，即“无程序，无权力。”人民监督员制度则既反映了要求加强监督的人民意志，又找到了兼顾人大个案监督手段之刚性与社会监督范围之广泛性各自优点的具体实现形式，即一方面，从社会各界中经民主协商产生的人民监督员，具有代表的广泛性，将检察机关办理直接侦查案件的所有诉讼环节纳入监督范围，另一方面，人民监督员的具体监督程序保障了监督权力行使的刚性。

其次，人民监督员制度遵循权力制衡原则，有利于加强对检察权的监督和制约。由于检察机关办理直接受理侦查案件的外部监督缺乏刚性的监督程序，故往往难以达到理想的监督效果。要彻底解决检察机关在查办自侦案件中出现的执法不公、不严、不廉等问题，就必须对办案环节实行有效的全方位监督，除了建立规范化的内部监督制度外，还必须构建程序化、制度化、规范化的外部监督机制，而人民监督员制度正是这样一种外部监督机制，它将人民监督员对检察机关自行侦办案件的所有环节的监督纳入了制度化、规范化、程序化的轨道，使检察机关查办职务犯罪案件受到强有力的外部社会权利制约，这一制度的设置不仅契合了权力制衡论的基本原理，而且能够较好地回答“谁来监督检察机关”的问题，提高检察机关执法活动的透明度，促进检察机关公正执法、文明执法、廉洁执法。人民监督员制度把社会权利引入国家权力的运行机制，使检察权的行使受到社会公众的监督，其实质是加强对检察机关的外部监督和制约，符合“十六大”报告提出的加强对权力的监督和制约的要求，能够有效地促进检察机关和检察人员公正执法、文明办案，尊重和保障人权，树立程序观念、法治观念、打击与保护并重的诉讼观念，做到惩罚犯罪和保障人权的有机统一。

最后，人民监督员制度契合司法现代化的价值取向。司法现代化旨在通过司法制度建构的现代化和具体司法运作的现代化，实现社会的公平正义，维护社会生产、生活秩序，保障人权。人民监督员制度在实践中的试点和推行也发展了社会主义司法民主的形式，丰富了社会主义民主政治的内涵。人民监督员制度符合社会主义检察制度的本质要求，体现了检察权的人民性。[1] 人民参与司法，是现代法治国家司法文明与进步的重要标志。[2] 人民监督员制度体现了司法运作的现代化，即人民监督员直接参与司法，增强了人民群众参与监督的意识，消除了检察机关与涉案人之间以及检察机关与社会各界在案件处理的认识上所存在的矛盾与偏差，树立了民众对司法的信仰和权威，促进了司法民主的真正贯彻与实现，顺应了公民参与司法的世界潮流，是现代法治国家司法文明与进步的重要标志。

二、人民监督员制度的特征

人民监督员制度属于社会监督范畴，其与党的领导和监督、人大权力机关的监督、法律监督、行政监察监督以及审计监督等均不处在同一层面。在社会

---

[1] 谢鹏程：“人民监督员制度的法理基础”，载《检察日报》2004 年 3 月 1 日，第 3 版。

[2] 卞建林、田心则：“人民监督员制度立法当议”，载《人民检察》2006 年第 15 期。

监督的子系统中，可以把人民监督员制度视为与人民陪审员制度、人民调解员制度同一个层级而又有所差别的制度。其特点如下。

1. 制度根源的基石性

民主法治是人类社会文明进步的产物，是一国政治文明、精神文明的标志，是社会主义物质文明、政治文明、精神文明建设的要旨，是构建社会主义和谐社会的目标之一，更是人民监督员制度的基石。而司法民主、公民参与司法，是民主法治建设的题中应有之义，是推进司法体制改革、促进司法现代化的目标要求。人民监督员制度贯彻了主权在民、依法治国、权力监督的宪政理念与原则，顺应了司法现代化的潮流，寻找到了人民管理国家事务、参与司法、充分行使批评、建议等监督权的新的实现形式。其制度创设的初衷始终坚持了“民主法治”这一根本。

2. 路径依赖的渐进性

人民监督员制度遵循了制度创设的一般“路径依赖”规律。同人民检察院推行层级管理模式对职务犯罪侦查权、起诉权滥用的内控校正；利用执法检查、案件评查与责任追究的事后内控校正；引入现代 ISO 管理理念，导入过程控制、动态监督、持续改进、节点考核、绩效评估新型内控模型等相比较，人民监督员制度的优势即制度创设及运行成本较低、运行风险基本为零，运行收益则是可圈可点。而有人总是企图抛弃我国既定的政治体制与法律框架，扰乱既定政治资源即党的领导、人大监督下的行政权、检察权与审判权有序分权与制衡的配置秩序，从来不愿考量制度创新“路径依赖”的规律，更不愿考量与评估由此所支付的巨大社会成本和难以预测的高风险以及社会收益的不确定性。固然，人民监督员制度的有序规范尚处试验的阶段，但可以预料，其表现出的制度功效与社会价值，再转化为法律规范，其制度创新成本仍然是低廉的，其预期收益仍将会是较高的。

3. 选任主体的授权性

一方面，应然状况下对国家公权予以监督制约的社会监督权行使主体的选任或委任，似应由相应层级的权力机关承担，以避免出现被监督者选任监督者这种尴尬局面，这是没有疑义的。另一方面，一项社会监督权行使主体的选任或委任由层级权力机关充当，这也会导致社会监督权性质的异化，不仅将引发人民监督员身份及法律地位的变化，而且会引发人民代表大会职权结构与行使程序的相应变动。其制度变动的成本是难以考量的。相比而言，人民调解委员会被定位为群众性组织，承担调解民间纠纷的职责，在基层政府与法院指导下工作，其人员组成由授权选举产生，而非权力机关选任。人民陪审员制度则实行由基层组织推荐或本人申请，法院与司法行政机关共同审查，法院院长提名，同级人大任命等程序产生。事实上，我国法律规范中有关职权主体的产生有三类，即直接行使、授权行使与委任行使。人民监督员制度在试验阶段采用有关组织与职权机关“推举选任”模式，这是特定因素与外在环境所决定的，具有现实必要性与合理性。人民监督员制度要上升为法律规范，其选任模式借鉴人民陪审员的推举、审查、提名与权力机关确认委任的创设路径，是具有经济性与可行性的，由“被监督者选任监督者”的尴尬局面就会迎刃而解。

4. 监督客体的确定性

人民监督员制度的客体是指程序性社会监督关系所指向的对象。人民监督员制度质的规定性决定了其监督权能结构包括两类：一是程序性社会监督权；二是非程序性社会监督建议权。其对象具体包括两类：第一，人民检察院行使职务犯罪侦查的终局自由裁量权（拟撤案、拟不起诉）与法定逮捕强制措施采用权的非公正、非秩序与非廉洁性。当这两项权能的运行处于公正、有序、廉洁状况时，人民监督员制度内在固有评价功能的启动运行过程，即是支持检察机关依法行使职权的过程，其结果是实现了法律监督机关自我评价与社会监督评价的有机结合，亦是专门监督与社会监督的双向“互联互通”，消除了两大评价机制的“阻隔”，撤除了两大监督网络间的“壁垒”，从而增进了法律监督机关执法办案的公信度与社会支持度，完成了法律监督与社会监督双向目标的趋同确认，其制度运行成本相对于建立一套提高法律监督机关执法公信力的新型制度安排的成本，无疑是节省的。而当这两项权能运行处于不同程度的非公正、非秩序、非廉洁性时，人民监督员制度内在之程序性社会监督请求权的启动与运行这一带有刚性约束功能，使得检察长、检委会、上一级检察院三个层面的内控监督权依次启动运行，进而使这两项权能运行的非公正、非秩序、非廉洁性及时得到校正、恢复与补救。第二，人民检察院与检察人员行使职务犯罪侦查权过程中的失规失范行为，具体指人民监督员制度所囊括的“五种情形”(应当立案而不立案的，超期羁押的，违法搜查、扣押、冻结的，应当给予刑事赔偿而不依法予以确认或者不执行刑事赔偿决定的等)。由于对这些情形是否违规的查证、认定、判别较为复杂，制度规则采用非程序性社会监督建议权的方式，其权能效力较前一类稍弱，其运行亦无程序性规制，其监督收益会低于前者，但会高于一般的社会监督，且监督运行成本常常被前一类程序性社会监督运行成本所分摊。

5. 制度运行的程序性

程序公正是现代司法理念的标尺，也是执法者孜孜追求的价值目标。人民监督员制度的创设者们一开始就注重并引入程序公正的理念，遵循程序公正的规则进行制度设计。如《最高人民检察院关于实行人民监督员制度的规定（试行）》第4章有关人民监督员的“监督程序与要求”中，对“三类案件”接受监督的准备、前置审查、提起监督、监督人数确定、组成方式、推举主持、独立评议、独立表决、意见反馈、申请回避、监督步骤、职权审查、意见采纳、执行监督、异议提请、集体决定、提请复核等程序都作了严密的设计与安排。其主旨在于确保人民监督员社会监督权运行的公正、有序与廉洁，防止社会监督权的滋用，达到有效规制职务犯罪侦查、起诉终局裁量权与逮捕强制措施采用权，实现两者互动规制，共同维护公平正义的价值目标。实践证明，该制度运行的程序是可行的和有效率的，其运行成本也是较为经济的。

6. 目标价值的多元性

人民监督员制度的功能价值具有多元化的特征：第一，体现司法民主的价值。司法民主是我国构建和谐社会的目标内容，是现代民主法治国家的重要特征之一。人民监督员制度顺应公众奋与司法的时代潮流，体现了司法民主的价值内涵。第二，反映司法公正的价值。司法公正是司法的灵魂，是社公平正义的前提与基础。人民监督员制度的设置主旨就是通过司法民主、社会监督来校正或防止司法权胜用，维护社会公平正义。第三，凸显人权保障的价值。职务犯罪侦查权、侦查监督权、起诉权的行使，相对于罪嫌疑人、被告人而言，其强制性、威慑性是显而易见的，他们通过诉讼权利的行使所获之权益保护收益也相当有限的。人民监督员制度通过外控程序性社会监督权的行使，能在一定范围内有效地保障人权。第四，实公平正义的价值。人民监督员制度的创设与运行，就是追求社会公平正义的最高价值目标，且同司法民主、司法公正、人权保障的价值目标相衔接与协调，大大丰富了中国现代政治文明、精神文明建设的内容，成当代法治文明与司法改革的精神动力、智力支持与文化氛围。

三、人民监督员制度的功效

功效是指以客观作用为评价尺度，一项制度所具有的功能与作用。从实践来看，人民监督员这种社会监督的制度安排是有效率的。从社会福利（经济的、政治的、法律的及其文化的）功效视角评价，人民监督员制度不仅具有制度的普适性、确定性与开放性等一般特点，而且也显示出其增进社会秩序、鼓励社会信赖与信任、减少社会合作成本、执法成本与监督执行成本的功能作用。从法律属性上分析，人民监督员对职务犯罪案件拟撤销的、拟不起诉的、犯罪嫌疑人不服逮捕决定的，通过一定监督程序所形成的相对多数的表决权，其实质是一种社会监督的请求权，其功效表现在：

（1）对检察机关业务部门建议权的请求启动审查规制。即：启动检察长对业务部门建议、意见的审查权、对人民监督员简单多数意见的评估权，并促成其依职责之决定权的行使。这表现在，当人民监督员的简单多数意见被检察长所采纳，并转化为检察长的决定权时，人民监督员的社会监督的请求权则通过检察长决定权的传导，有效地规制与防止处于比较优势地位的办案部门或执法人员自由裁量建议权的滥用可能性，这就使检察机关推行的“过程控制、持续改进、节点考核、事中监督”的内控机制与社会监督的外控机制有机结合，收到了“防患于未然”的功效。

（2）对处于比较优势地位的检察长决定权请求启动团队决策规制。现行法律制度安排有关检察权尤其是职务犯罪侦查权、侦查监督权、起诉权的行使，是通过层级结构的检察长、检察委员会、部门负责人、办案团队人员依职权分级负责原则行使与运行的。当人民监督员的简单多数意见被处于检察权行使比较优势地位的检察长所否决时，检察长的否决权并不能立即直接产生效力，而必须启动法律授予的提请权，即提请检察委员会讨论。这种程序性社会监督请求权的行使与运行，虽然增加了提请讨论、协调与执行的成本，一定程度上削弱与限制了检察长职权的刚性与比较优势，却能阻止或延缓检察长滥用侦查自由裁量权、侦查监督权、起诉权的可能性。当人民监督员的程序性社会监督请求权启动检察长的提请权后，则引起检察委员会按照民主集中制原则行使职权，其功能与作用是双重的：一种是办案团队、检察长的意见被检委会确认为正确时，人民监督员的简单多数意见事实上起到了检察长、检察委员会依职权导人内控机制重新自我评价，这虽然增加了自我内控评价成本，却能有效地防止因外控监督缺位、引发内控自我评价与校正动力不足；另一种即人民监督员的简单多数意见被检委会采纳，则这项请求权对检察长的职权进行了程序性的有序与正效规制。因此，其收益是一箭双雕，且始终大于监督成本。

（3）对处于比较优势地位的检委会团队决定权请求启动上一层级的组织规制。这表现在，当处于比较优势地位的检委会否定了人民监督员的简单多数意见时，简单多数人民监督员仍可行使社会监督异议请求权进行“救济”，即要求上一级人民检察院复核，也就是说人民监督员的简单多数异议请求权可以启动上一级人民检察院的复核权，尽管复核结果不完全等同于其异议预期，但其功效同一般人民群众的批评与建议权相比，其程序刚性却是显而易见的。

正是由于人民监督员简单多数社会监督请求权所显现出的三个层面功效，从而建立起了职务犯罪侦查权、侦查监督权、起诉权运行的三道规制防线，科学地回答了“监督者由谁监督”制度创设的历史难题，实现了职务犯罪侦查权、侦查监督权、起诉权的内控制度与外控制度的“合璧”，成为中国法制建设史上的妙笔篇章。自2003年开展人民监督员制度试点工作以来，最高人民检察院坚持把这项工作作为检察改革的重点，在总结试点经验、组织专家论证并广泛听取意见的基础上，从2004年10月起扩大试点范围。各省级院、349个地市级院和2 407个基层院开展了试点，经各级人大、政协和有关部门推荐，共选任人民监督员18 962名。各试点单位对职务犯罪案件中拟作撤案、不起诉处理和犯罪嫌疑人不服逮捕决定的，一律启动监督程序，由人民监督员独立评议，提出监督意见。截至2005年底，全国有80％的检察院实行了人民监督员制度，人民监督员共对9 652件拟作撤案、不起诉处理和犯罪嫌疑人不服逮捕决定的职务犯罪案件进行了监督，其中不同意办案部门原拟定意见的484件。经检察长或检察委员会研究，检察机关决定采纳218件，对没有采纳的依据事实和法律向人民监督员作出了说明。同时，还探索开展了人民监督员对检察机关查办职务犯罪工作中该立案不立案或立案不当，违法搜查、扣押等“五种情形”的监督，取得了较好效果。通过监督，促进了办案人员执法观念的转变，提高了办案质量，也减少了办案的阻力和干扰，促进了公正执法。[1]

总之，从人民监督员制度的理论与实践层面来看，人民监督员制度的创设与运行，不失为推进社会主义民主法治进程的有益探索，有利于社会监督制度体系的完善，有利于中国特色社会主义检察制度的建设，是对法律监督机关职务犯罪侦查权、侦查监督权、起诉权进行有序的社会监督规制的较佳形式之一，是一种新型的社会监督制度安排。

---

[1] 参见2005年、2006年最高人民检察院工作报告。

35. 人民监督员制度功效的经济学分析*

人民监督员制度的创设与试行，标志着中国民主法治建设迈出坚实步伐、中国特色社会主义检察制度日臻完善，已产生了良好的社会影响与国际影响。随着人民监督员制度基础理论探究的深入，有关对其概念与制度功效的研究凸显出来。本文试从新制度经济学的视角，对人民监督员制度的定义与特征及其功效进行分析，以促进该项制度法制化与规范化建设。

一、人民监督员制度的概念

20世纪中叶崛起的新制度经济学派（New Institutional Economics），以一套“成本—收益”的理论与方法来比较和分析不同制度的概念的本质属性及其配置效率。❶ 他们指出，所谓制度，是指“人们有意识制造的一系列政策和规则，它包括政治规则、经济规则和契约以及由各类正式规则所形成的一种等级结构”。❷ 广义上的制度则是人们现实所形成的各种经济、社会、政治组织或体制的集合体，是一切经济活动（司法与社会活动—笔者加论）与种种经济关系（法律关系或其他社会关系—笔者加论）所产生和发展的框架。❸ 新制度经济学派的代表人物舒尔茨（Thodore W. Schults）、诺思（Douglass C. North）、林毅夫（Justin Y. Lin.）、纽金特（J. B. Nugent）、柯武刚（Wolfgang Kasper）等人从不同角度揭示制度一般功能的同时，注重对制度特征的研究。德国新制度经济学家柯武刚、史漫飞（Manfred E · Streit）等人研究认

* 本文发表于《检察日报》2005年12月13日。

❶ 张培刚主编：《发展经济学教程》，经济科学出版社2001年版，第151页。

❷ 同上书，第152页。

❸ 同上。

为，制度的本质特征在于普适性，它是指一般而抽象的（而非针对具体事件的），确定的（明确了而可靠的）和开放的，它们能适用于无数的情境；简单规则大都比复杂规则更易于了解，并因此能更好地发挥它们的功能（See Leoni，1961；Epstein，1995）。彼得·舒克（1992）为了鉴定制度复杂性机能障碍（dysfunctional complexity），提出了四个特征：一是密集化，即制度要调控大量细节，且常常以指令性方式来调节；二是技术化，即规则无法被普通公民理解，只有专家学者才能解释和应用它们；三是不统一，这是指在不同的法律体系（如地方法律、州法律和国家法律）之间存在着重叠之处；四是不确定性，这是指存在许多有条件规则（conditional rules），结果没有任何单一的审问决定法律后果。理查德·爱泼斯坦为了克服人们被强加于服从的高昂成本，提出了个人自立，第一占有权（first possession）、自愿交易、抑制侵权、必要情况下的有限优惠、在不得不进行再分配时为接管产权提供正常简化规则。[1] 随着我国人民监督员制度的创设与实践功效的凸显，有关人民监督员制度基础理论的研究随之兴起，众多学者、司法同仁、社会各界围绕人民监督员制度概念与特征、理论基础、性质与地位、基本功能、机制运行、立法完善展开了热烈争鸣。其中围绕人民监督员制度概念的争论亦是众说纷纭，形成了不同的观点，概括起来有如下 6 种。

（1）外部监督说。这些研究者从比较权力机关监督、检察体系、诉讼程序的不同特点与差别出发，提出了“外部监督论”的定义。他们认为，所谓人民监督员制度，是指在人民检察院体系外，由人民监督员按照规定的程序和规则，对检察院直接受理侦查的案件进行社会性监督的制度。[2] 这一定义揭示了该制度体系的外部特征、运行方式与社会监督的性质与地位，是人民监督员制度基础理论研究中较早提出的定义。但是，这一定义尚未揭示该制度的法源基础、本质特征及其功能作用，凸显其理论创新不足。

（2）人民监督说。这些研究者从权力禀赋、权力制衡、主权在民的理念出发，试图揭示人民监督员制度的性质与本质特征。他们指出，所谓“人民监督员制度……是推进检察改革、保障检察权的正确行使，维护社会公平正义，接受人民监督的一项非常重大的举措”。[3] 这一定义揭示了该制度具体目标功效

---

[1] ［德］柯武刚、史漫飞著：《制度经济学——社会秩序与公共政策》，韩朝华译，商务印书馆 2000 年版，第 150 页。

[2] 刘明祥等：“强化法律监督与两法修改”，载《全国检察理论研究工作会议暨第 6 届年会论文集》，2005 年 4 月，第 676 页。

[3] 李卫东：“人民监督员制度的实践思考”，载《人民检察》2005 年第 4 期，第 43 页。

与普遍目标功效，肯定了其性质与地位，具有可取性。但该定义未对运行主体、程序规则、本质特征作深刻揭示，且将其定位在“措施”范畴，凸显其理论性与规范性的不足。

(3) 制度创新说。学者左卫民、吴卫军则认为，人民监督员制度是检察机关在现行法律框架内，为完善直接侦查案件的外部监督机制而进行的一项改革，是检察机关落实宪法的规定，主动接受人民监督的一项制度创新。❶ 显然，这些学者是从评价创设主体的角度来说明该制度的法源基础、性质地位、时代特点的。但从定义的要素与特征衡量，其在本质特征、基本功能、内涵与外延等方面仍存在不足。

(4) 比较分析说。这些学者运用比较分析的新视角，指出人民监督员制度是依照宪法精神，贯彻权力制约原则，公民参与司法决策，增加检察决策透明度，防止检察权滥用，保障诉讼当事人合法权益，提高司法的社会公信力，继人民陪审员、人民调解员制度之后充分体现民主性质的一项制度。❷ 这一理论观点运用实证分析方法，为我们揭示人民监督员制度的性质、地位、功能、作用及其本质特征提供了新视野，具有新颖性与启迪性。

(5) 监督务实说。这些研究者从研究人民监督员制度的宪政理论、民主监督原理、政治文明、践行“三个代表”重要思想，构建和谐社会等基础理论出发，全面评价人民监督员制度法制化的必要性与可行性，回应学界与司法界对其规定中有关民主监督程序、合宪性与合法性、独立行使检察权与否争鸣的基础上，对人民监督员制度界定为“是将宪法和法律赋予公民对检察机关及其工作人员公务活动的批评、建议等监督权通过规定监督程序落到实处”的制度安排。❸

(6) 检察民主说。这些研究者从完善司法民主与检察民主出发，将人民监督员制度界定为：“落实党的十六大关于推进司法体制改革的精神，扩大公民有序参与司法、参与检察民主进程的一项制度创新。”❹ 这一界定视角宽、立

---

❶ 左卫民、吴卫军：“人民监督员：理念与制度的深化和发展（1）”，载《人民检察》2005年第1期（下），第26页。

❷ 穆红玉：“从司法改革看公民对司法的参与”，见《中国与欧盟刑事司法制度比较研究》，中国检察出版社2005年版，第16页。

❸ 文盛堂：“人民监督员制度的理论依据与立法探析”，载《全国检察理论研究工作会议暨第6届年会论文集》，2005年4月，第671页。

❹ 陈大豪：“人民监督员制度是检察民主的重要举措”，载《检察日报》2005年11月2日，第3版。

意新，不失为独特的诠释。

综上所述，有关人民监督员制度概念的研究与争鸣日渐深入，对其内涵与外延、本质特征、功能作用的揭示也越清晰，认识且逐渐统一。综合各派学术观念，笔者认为，所谓人民监督员制度，是指依据民主法治的宪政原则设置，由职权机关、组织遵循规则推举选任的人民监督员，按照一定规范与程序，对法律监督机关管辖的职务犯罪案件行使自由裁量权进行程序性监督，以规制职务犯罪侦查权、侦查监督权、起诉权，保障其有序、公正、廉洁运行，维护公平正义的一种新型社会监督制度安排。这一定义揭示了该制度创设的根据，描述了其路径，界定了其性质、本质、范围及功效等，具有现实意义与理论意义。

二、人民监督员制度的功效

经济学上的“效用”与法学上的“功效”是有区别的。前者是指以主观心理评价为尺度，消费者从一单位商品消费中所获得的最大满足程度，其“边际效用递减规律”则是指增加一单位的投入或消费所产生的效用是递减的；后者是指以客观作用为评价尺度，一项制度所具有的功能与作用。顺着前述对效用以主观评价为尺度的逻辑思维方法进行实证模型检验，人们对人民监督员制度运行的“效用”评价却是与此逆向的，即这种社会监督权运行的制度安排是有效率的。从社会福利（经济的、政治的、法律的及其文化的）功效视角评价，人民监督员制度不仅具有制度的普适性、确定性与开放性的一般特点，显示出其增进社会秩序、鼓励社会信赖与信任、减少社会合作成本❶、执法成本与监督执行成本的功能作用。从法律属性上分析，人民监督员对职务犯罪案件拟撤销的、拟不起诉的、犯罪嫌疑人不服逮捕决定的，通过一定监督程序所形成的相对多数的表决权，其实质是一种社会监督的请求权，其功效如下。

（1）对检察机关业务部门建议权的请求启动审查规制。即：启动检察长对业务部门建议意见的审查权、对人民监督员简单多数意见的评估权，并促成其依职责的决定权的行使。这表现在，当人民监督员简单多数意见被检察长所采纳，并转化为检察长的决定权时，人民监督员的社会监督的请求权则通过检察长决定权的传导，有效地规制与防止处于同其权能比较优势地位的办案部门或执法人员自由裁量建议权的滥用可能性，这就使检察机关推行的“过程控制、

❶ ［德］柯武刚、史漫飞著：《制度经济学——社会秩序与公共政策》，韩朝华译，商务印书馆2000年版，第33页。

持续改进、节点考核、事中监督”的内控机制与社会监督的外控机制有机结合，收到了“防患于未然”的功效。

(2) 对处于比较优势地位的检察长决定权行使请求启动团队决策规制。现行法律制度安排有关检察权尤其是职务犯罪侦查权、侦查监督权、起诉权的行使，是通过层级结构的检察长、检察委员会、部门负责人、办案团队人员依职权分级负责原则行使与运行的。当人民监督员简单多数意见被处于检察权行使比较优势地位的检察长所否决时，检察长的否决权并不能立即直接产生效力，而必须启动法律授予的提请权，即提请检察委员会讨论。这种程序性社会监督请求权的行使与运行，虽然增加了提请讨论、协调与执行的成本，一定程度上削弱与限制了检察长职权的刚性与比较优势，却能阻止或延缓检察长滥用侦查自由裁量权、侦查监督权、起诉权的可能性。这种增加一单位的制度运行监督与协调执行成本所产生公正、秩序、廉洁的可能性收益，则不构成经济学上“边际效用递减”的现象。当人民监督员的程序性社会监督请求权启动检察长的提请权后，则引起检察委员会按照民主集中制原则行使职权，其功能与作用是双边的：一种是办案团队、检察长的意见被检委会确认为正确时，人民监督员简单多数意见事实上起到了检察长、检察委员会依职权导入内控机制重新自我评价，这虽然增加了一单位的自我内控评价成本，却能有效地防止因外控监督缺位、引发内控自我评价与校正动力不足；另一种即人民监督员的简单多数意见被检委会采纳，则这项请求权对检察长的职权进行了程序性的有序与正效规制。因此，其收益是一箭双雕，且始终大于监督成本。

(3) 对处于比较优势地位检委会团队决定权请求启动上一级层级组织规制。这表现在，当处于比较优势地位的检委会否定了人民监督员简单多数意见时，简单多数人民监督员仍可行使社会监督异议请求权进行“救济”，即要求上一级人民检察院复核，也就是说人民监督员的简单多数异议请求权可以启动上一级人民检察院的复核权，尽管复核结果不完全等同于其异议预期，但其功效同一般人民群众的批评与建议权相比，其程序刚性却是显而易见的。

综上所述，正是由于人民监督员简单多数社会监督请求权行使所显现出三个层面的功效，从而建立起了职务犯罪侦查权、侦查监督权、起诉权运行的三道规制防线，科学地回答了“监督者由谁监督”制度创设的历史难题，实现了职务犯罪侦查权、侦查监督权、起诉权的内控制度与外控制度的“合璧”，成为中国法制建设史上的妙笔篇章。

总之，从人民监督员制度模型理论与实践层面讨论，人民监督员制度的创设与运行，不失为推进社会主义民主法治进程的有益探索，有利于社会监督制

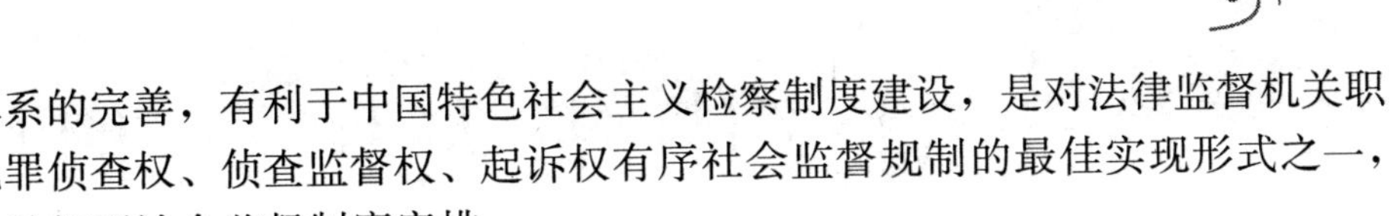

度体系的完善，有利于中国特色社会主义检察制度建设，是对法律监督机关职务犯罪侦查权、侦查监督权、起诉权有序社会监督规制的最佳实现形式之一，是一种新型社会监督制度安排。

36. 关于对《中华人民共和国人民检察院组织法（修订草案·征求意见稿）》的修改意见*

人民检察院组织法，是检察职能行使、检察工作展开、检察事业发展的“总章程”。修改组织法是高检院推进司法改革的重大举措，更是完善中国特色检察制度的根本要求。修改好这个章程意义十分重大。这次会议提交的意见稿思路比较清晰、结构较为严密、体系较为完备、文字也比较精练，是一个较为成熟的稿子。主要特点是：（1）体现了检察机关在国家政权结构中的宪法地位；（2）反映了中国检察制度的主要特色；（3）坚持了我国检察制度的成功经验；（4）借鉴了外国检察制度建设的有益经验；（5）吸收了司法改革和检察改革的重要成果。总之《草案稿》具有系统的继承性、鲜明的时代性、制度的创新性和体系的科学性，是一部较好的法律草案。从坚持和完善中国特色检察制度出发，现就几个问题提出修改意见。

一、关于领导体制

建议在第 6 条前增加一款，作为领导体制的定格条款：

“第 6 条（领导体制）

国家实行中央与省级以下人民检察院垂直领导相结合的体制。”

---

* 本文系作者 2005 年 7 月对《中华人民共和国人民检察院组织法（修订草案·征求意见稿）》提出的修改意见。

(一)理论根据

(1)权力制衡理论。一定的检察制度的产生和发展，根源于当时社会的物质生活条件。检察制度、检察权同民主与法治并行不悖。它冲破封建专制而成长起来，一旦形成体系，便具有自身的相对独立性。以制度规制制度，以权力制衡权力，是社会文明进步的标志，是人类社会科学地配置政治资源、管理国家、推动社会文明进步的必然选择；检察制度、检察权同民主法治的进程相伴始终，是各国政治家治理国家、造福于民须臾不能离开的法宝。中国检察制度的分权制衡功能是非常明显的，它既规制行政权，又规制审判权，但要真正保证其规制功能顺利实现，就必须实行检察一体化和检察机关的有条件垂直领导体制。

(2)关于检察权性质和功能的理论。检察权是法律监督权，是维护国家法制统一的有力武器，是国家权力自我制衡的重要工具。强化法律监督职能，维护国家法律统一正确实施，要的是完善检察权，使之足以抵抗外界不良干扰。实行检察一体化和检察机关的有条件垂直领导体制，是依法、独立、科学、公正行使检察权的重要保证。

(3)列宁关于法律监督的理论。为了保证检察机关法律监督权的统一正确实施，列宁曾提出，要"'否决'双重领导，规定地方检察机关只受中央机关领导"[1]。列宁的这一论述，对于完善中国检察机关的领导体制仍具有重要的指导作用。

(二)实践根据

(1)必要性。当前，地方利益、部门利益至上，是对法制统一的最大挑战。由于检察机关的领导体制不顺，人、财、物、事受地方制约太多，有的地方领导甚至借口"稳定"或"经济发展"而干预检察机关依法独立公正行使检察权。这种检察权地方化状况，不利于检察机关独立行使检察权，不利于检察机关有力维护法制的统一，不利于建设一支高素质的检察队伍。为了扭转这种状况，最根本的在于进行有条件的垂直领导体制的设计与创新。

(2)可行性。一是社会主义民主与法治的发展，为改革现行检察机关领导体制提供了有利的社会环境。检察机关领导体制问题日益受到社会关注，人们逐渐认识到，要维护国家法制的统一，保证国家权力的合法行使，从制度上保障检察权的独立行使，维护法律监督的权威性和有效性，必须改双重领导体制为有条件的垂直领导体制。二是社会经济的发展为改革现行检察机关领导体制

[1] 《列宁全集(第43卷)》，人民出版社1987年版，第198页。

提供了物质基础。改革开放20多年来，我国社会主义经济已经有了长足发展，中央和省一级的财政实力大大加强，这为领导体制创新提供了较为充分的物质保障。三是政治体制改革的深入为检察机关领导体制改革提供了经验和借鉴。随着我国经济体制改革向纵深发展，政治体制改革也取得了很大成绩，一些系统已成功实行垂直领导体制，如行政机关的安全、海关、工商、税务等，金融机构及其监管部门的人民银行、商业银行、保险公司以及证监会、保监会、银监会（局）等，还有一些政企合一的系统如民航、交通、铁路、邮电、石油等。实行垂直领导的直接后果，就是步调协调一致，政令畅通，运转高效，外部的不当干预被有效阻隔，中央的监管力度和权威得到进一步加强。这些系统的垂直管理模式，一方面为检察体制改革积累了有益的经验，奠定了较好的社会心理基础；另一方面，这也反映出检察机关实行有条件垂直领导的必要性和紧迫性。

（3）渐进性。考虑到我国幅员辽阔，目前各地政治经济发展还极不平衡，领导体制的变更会涉及一系列配套改革的问题，需要有一个过程。因此，实行从中央到基层检察机关的全国垂直领导体制（即大垂直）尚有一定困难。我们认为，可考虑分步改革，首先实行省以下检察机关垂直领导体制（即有限垂直），待时机成熟再实行全国垂直领导体制。因为省级具有一定的权威性和集中性，也具有相应的财力，目前实行省级以下检察机关在人事、财政、业务等方面垂直管理体制的条件已经成熟。

（三）法律根据

现行宪法和人民检察院组织法都明确规定，我国上下级检察院之间是领导与被领导的关系，这与法院系统监督与被监督的关系大相径庭。而且，新中国成立以来，我国的宪法和法律曾经多次将检察机关的领导体制定位为垂直领导，这是对实践经验的科学总结，应充分借鉴和吸收。

（1）1949年12月颁行的《中央人民政府最高人民检察署试行组织条例》规定：“全国各级检察署均独立行使职权，不受地方机关干涉，只服从最高人民检察署之指挥。”

（2）1954年《宪法》第83条规定：“地方各级人民检察院独立行使职权，不受地方国家机关的干涉。”

（3）1954年《人民检察院组织法》第6条规定：“地方各级人民检察院和专门人民检察院在上级人民检察院的领导下，并且一律在最高人民检察院的统一领导下，进行工作。”

（4）1979年7月第五届全国人大二次会议对检察机关的领导体制进行了

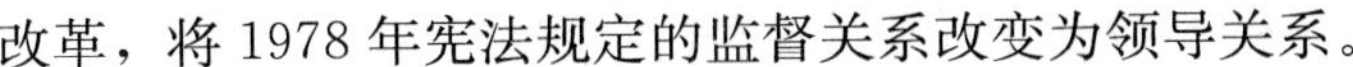

改革，将1978年宪法规定的监督关系改变为领导关系。

（5）1982年12月4日第五届全国人大五次会议通过的《宪法》第132条第2款规定："最高人民检察院领导地方各级人民检察院和专门人民检察院的工作，上级人民检察院领导下级人民检察院的工作。"

（6）现行《人民检察院组织法》第10条第2款规定："最高人民检察院领导地方各级人民检察院和专门人民检察院的工作，上级人民检察院领导下级人民检察院的工作。"

（四）国外立法例

现代检察制度起源于中世纪的法国和英国。其共同背景是，两国当时都处于封建割据状态，检察制度是适应当时加强以国王为代表的中央集权，同宗教势力进行斗争，实现民族国家的统一，对抗封建司法专横这一历史需要而产生的。由于两国政治、经济、文化的差异性，逐步演变成两大法系检察制度并行的格局。从世界范围内检察制度的发展变化来看，无论是英美法系、大陆法系，还是社会主义法系，检察权从分散到集中，并逐步走向垂直领导，已是大势所趋。

1. 英国检察机关的领导体制

英国检察制度是从国王的法律代理人演化而来的。英国检察机关的行政权属性较为明显，并且追诉犯罪的权力大部分不由检察机关垄断行使，任何人都有起诉权。这种组织松散、职责不明、追诉软弱的状况，受到各界批评，至20世纪70年代达到高潮。卡拉汉首相于1977年授权展开对检察机构和刑事诉讼的研究。1981年，其建议议会立法建立新检察机构。1983年，内政部发表白皮书。1984年《刑事起诉法》草案提交议会审议。1985年5月，撒切尔夫人执政时国会通过《刑事起诉法》：（1）1986年10月起，成立皇家法院；（2）制定皇家检察官法；（3）在全国设立独立的、自成体系的检察机构，中央设总检察长和皇家检察院，下设各级皇家检察院，并在英格兰、威尔士设42个地区检察院、31个区院、55个分院；（4）检察机构不对地方政府负责，不受制于警察系统，实行垂直领导，统一行使公诉权；（5）依据《严重欺诈局法》，建立总检察长领导下的严重欺诈局，直接立案侦查起诉500万英镑以上的重大、复杂欺诈案件。1998年，议会决定进一步推进检察制度改革：（1）检察官在警察局派驻律师；（2）向警察执行提供建议；（3）加强检察官在刑事侦查中的作用。从而使英国检察制度同现代检察制度相衔接。这一制度模式为英联邦国家所效法，新西兰、挪威、乌干达、南非等相继成立了由总检察长领导下的严重欺诈局。

英国不仅作为英美法系检察制度的代表，而且在苏格兰保留大陆法系检察制度的独特传统，成为两大法系检察制度“双轨运行”的国家。苏格兰实行大陆法系检察制度的历史渊源是，1295 年苏格兰同法国结盟，检察制度同英格兰相左；1707 年苏格兰才成为英国的一部分，但其司法检察体制保持独立。其特点是：（1）检察机关既不属于法院，也不属于政府，它由总检察长统一领导，向国会负责；（2）所有检察官以总检察长名义办理案件，总检察长有最终裁定权；（3）所有检察官都由总检察长任命；（4）经费由中央财政统一拨款。其职责是：（1）实行起诉垄断主义，所有刑事犯罪都由其提交法庭审判；（2）对严重欺诈、警察违法、死因不明等三类案件进行侦查；（3）起草法律草案，向政府部门提供法律咨询；（4）对一些涉及政府和公益的事务进行监督和管理，如慈善事业和无主财产的管理。

2. 西班牙检察机关的领导体制

西班牙《检察部组织章程》规定，检察机关实行“下级服从上级”的组织原则。检察系统内部各检察机关之间为隶属关系，实行统一领导的体制。该组织章程规定，全国只有一个检察部。国家总检察长是检察部的最高领导，代表整个西班牙的检察机关，负责检察部的总体领导，发布有关检察系统的工作及行动的命令和指示。各级检察机关的检察长都由上级检察机关和国家总检察长领导。该组织章程还规定，检察部的成员可负责各种检察工作，他们代表检察部并在其上司的领导下行使职权。检察部成员应当向国家总检察长报告其工作中出现的重要情况和带有普遍性的问题。各检察机关检察长与检察部的成员有类似的职权和义务，并对其上级长官负责。当某一检察官行使职权不力时，其上司可指派另一名检察官接替其工作，但应向检察官委员会报告。

3. 苏联检察机关的领导体制

随着 20 世纪 30 年代以来社会主义制度的建立和发展，以苏联为代表的社会主义国家检察制度应运而生。十月革命以后，列宁给俄共中央政治局写了《论双重领导和法制》的著名长信，阐述了成立检察机关并实行单一垂直领导体制的必要性，在党内统一了思想。政权建立后，苏联建立了联盟检察系统。1933 年 6 月，成立了新的、独立的检察院，以取代最高法院检察署。1936 年 7 月，各加盟共和国检察院从各自共和国司法体系中分离出来，直属苏联检察长。1936 年 12 月，苏联通过了宪法，进一步明确了检察机关在国家体制中的地位、作用、职权和组织原则等。至此，苏联特色的高度垂直、统一的检察制度基本完成。此后虽有补充和修改，但基本内容没有变化。

第二次世界大战以后，随着社会主义国家阵营的建立，包括中国在内的亚非欧美各新兴社会主义国家都仿效苏联的检察制度。经过 20 世纪 80 年代末、90 年代初的“苏东巨变”后，社会主义检察制度未能幸免于难。独联体国家按照俄罗斯模式进行了改革，东欧原社会主义国家则按照法国、德国模式进行改革。现在沿用苏联模式的有朝鲜、越南、古巴和蒙古四国。

4. 俄罗斯检察机关的领导体制

进入 20 世纪 90 年代，苏联解体，社会制度发生了重大变化，检察制度的性质发生了根本变化。1995 年 10 月 18 日，俄联邦国家杜马通过了《俄罗斯联邦检察院法》，自 1996 年 1 月 1 日起生效。这部法律保留了苏联检察制度中一般监督、垂直领导的特点和其他大部分原有职能，最重要的修改是抹掉了社会主义色彩。《俄罗斯联邦检察院法》规定，俄罗斯联邦检察机关独立行使检察权，实行垂直领导体制。下级检察长服从上级检察长并服从于联邦总检察长；联邦各级检察机关检察长都隶属于总检察长，由总检察长任免，向总检察长负责。检察机关在国家机构中是独立的，检察系统只受最高国家权力机关监督。

上文的资料表明，在英国检察制度创立以来 800 余年的历史进程中，虽然其国家性质和检察权的性质并无大变，然而检察机关的领导体制却发生了根本性的变化：1985 年颁行《犯罪起诉法》后，建立了垂直领导的体制，形成了统一领导的从中央到地方独立的检察系统。与此相反，苏联解体后，俄罗斯的国家性质发生了根本性的变化，检察权的性质也随之改变，然而检察机关的领导体制仍被沿袭，继续实行高度集中的全国垂直的领导体制。可见，不管社会性质变化与否，检察机关的领导体制总是在保持或者走向垂直和集中。近年来，无论是实行分散领导体制还是实行双重领导体制的国家，他们在独立设置检察机关的情况下，都格外重视实行一体化和集中领导的原则，使上下级检察机关建立严格的隶属关系，上级检察机关直接领导、指挥和监督下级检察机关，纠正其工作中的差错，从而也保证了检察机关避免来自其他行政机关的横向干扰。如美国近年强调，全国各州地方检察官办事处应该保持检控政策协调统一，并且在有的案件涉及“州利益”或该案可能创立一个重要的先例而受到关注时，检察官应听取检察长的意见和劝告。这对于一向各行其是的美国检察官来说，的确是朝着集中统一方面迈进了一大步。

从国际立法实践可以看出，检察机关是否实行垂直的领导体制，并不是评判其性质“姓资”与“姓社”的根本标准，它仅仅是检察资源配置的一种实现方式，是检察机关富于权威和效率的一种管理模式，资本主义国家可以用，社会主义国家同样可以用，并且，它已成为当代检察制度发展完善的总体趋势。

因此，我们应创新理论，敢于实践，尊重历史，关注现实，及时恢复检察机关的垂直领导体制。

二、关于人民监督员制度

《草案稿》第 14 条（接受监督原则）：人民检察院在工作中必须坚持实事求是，贯彻执行群众路线，倾听群众意见，接受社会和公众的监督。（现行检察院组织法第 7 条第 1 款）

人民检察院办理直接受理立案侦查的案件应当接受人民监督员的监督。人民监督员制度由法律另行规定。

建议修改方案：第 2 款修改为：人民检察院办理直接侦查的案件实行人民监督员制度，接受人民监督员的监督。

（一）理论依据

（1）人民监督员制度符合权力禀赋论。人民监督员制度通过规范的程序，将检察机关的执法活动置于人民群众监督之下，在保证检察机关依法独立行使检察权的前提下，增设一个倾听人民群众意见、接受人民群众监督的工作环节，是在检察工作中实践人民民主专政制度的重要形式，符合人民权力禀赋论。

（2）人民监督员制度符合权力制衡论。从司法权配置角度分析，我国检察权制度设置已体现了权力制衡的特点，即既受人大监督，也受公安机关和审判机关的职能分工制约。一方面，国家将职务犯罪侦查权赋予检察机关，其根本目的是对公权及其运行有效规制，防止和矫正其滥用，这本身反映了制度创设的一般规律。另一方面，具有规制公权运行，防止公权“寻租”或“异化”的法律监督权性质的职务犯罪侦查权本身也必须遵从这一规律。

（3）人民监督员制度符合司法现代化的价值取向。通过人民监督员直接参与司法这种形式，在人民群众与检察机关之间架起了一道理性沟通的桥梁，消除了检察机关与涉案人之间以及检察机关与社会各界在案件处理时认识上存在的偏差，有助于民众树立对司法的信仰和权威，促进社会主义司法制度在全社会实现公平和正义。

（二）法律依据

我国宪法、现行检察院组织法、检察官法、刑事诉讼法等都对国家机关接受人民监督和制约作出了原则性规定。《中华人民共和国宪法》第 2 条第 1 款规定：“中华人民共和国的一切权力属于人民”；第 2 条第 3 款规定：“人民依照法律规定，通过各种途径和形式，管理国家事务，管理经济和文化事务，管理社会事务”；第27条第2款规定：“一切国家机关和国家工作人员必须依靠人民的支持，经常保持同人民的密切联系，倾听人民的意见和建议，接受人民的监督，努力为人民服务”；第33条第3款规定：“国家尊重和保障人权”；第41条规定：“中华人民共和国公民对于任何国家机关和国家工作人员，有提出批评和建议的权利……”《中华人民共和国人民检察院组织法》第7条规定：“人民检察院在工作中必须坚持实事求是，贯彻执行群众路线，倾听群众意见，接受群众监督……”《中华人民共和国刑事诉讼法》第6条规定：“人民法院、人民检察院和公安机关进行刑事诉讼，必须依靠群众……”《中华人民共和国检察官法》第8条规定：“检察官应当履行下列义务：……（六）接受法律监督和人民群众监督。”上述宪法、基本法律制度关于国家机关尤其是检察机关“接受人民群众监督”的规定，为人民监督员制度提供了法律依据。

（三）实践依据

（1）人民监督员制度具有坚实的实践基础。2003年8月和2004年8月高检院先后两次决定全国各省、自治区、直辖市的部分检察院试行人民监督员制度，截至2004年12月30日，已监督结案“三类案件”3 341件，其中拟不起诉2 049件、拟撤案1 010件，不服逮捕282件。人民监督员同意检察机关业务部门意见的3 189件占95%，不同意原拟意见的152件占5%；检察机关采纳人民监督员意见的70件占46%，未采纳82件占54%。实践表明，人民监督员制度有坚实的社会基础和现实需要，极大地激发了人民群众参与诉讼监督的热情。

（2）人民监督员制度试点工作成效明显。人民监督员制度试点在湖北的实践，推动了职务犯罪侦查工作。2004年全国职务犯罪案件相对于2003年呈现了“三升两降”的特征：立案人数上升0.6%，大案上升1.8%，要案上升0.5%，撤案率下降1.5%，不诉率下降3.4%。数据显示，检察机关执法水平和办案质量逐步提高，广大检察人员严格执法、公正执法、文明执法、接受监督的自觉性进一步增强，试点工作促进了执法办案政治效果、法律效果与社会效果的有机统一。

（3）人民监督员制度将检察机关自侦案件的监督制约落到了实处。新刑事诉讼法在对检察机关直接受理侦查案件的监督方面存在缺陷。一是对采取逮捕措施缺乏外部的审查机制，形成了检察机关自己侦查，自己决定逮捕甚至自己执行逮捕的局面。二是撤案、不起诉等程序性终局决定缺乏外部监督制约，检察自由裁量权失去有效限制。将人民监督员制度引入刑事诉讼程序后，改变了该类案件由检察机关负责全部侦查、审查起诉的格局，把检察机关自侦案件的

监督制约工作落到了实处。

（4）人民监督员制度的试行，使宪法中民主权利原则性规定与刑事诉讼实践紧密衔接。从司法实践来看，我国宪法规定的公民民主权利与部门法如检察院组织法、刑事诉讼法等有关法律之间存在脱节现象，试行人民监督员制度，使得宪法中民主权利原则性规定具体化，实现了刑事诉讼程序与宪法民主权利原则性规定的有机结合。

（四）国外立法例

日本的公民检察审查会制度，就是公民审查检察官不起诉处分的系统，公民检察审查会决议虽然仅为检察官提供“参考”，但却因其代表民意而深受重视，成为对检察官不起诉最为重要的制约途径。该制度依照检察审查会法建立，内容包括：（1）检察审查会设在地方法院及其支部，目的是反映公民对公诉权实施的意见，衡量公诉权实施是否公正；（2）检察审查会成员从拥有众议员选举权的人中通过抽签选出，共有11名成员，任期为6个月；（3）检察审查会管理事项包括审查检察官不起诉处分是否适当，对检察业务的改进提出建议与劝告；（4）控告人、检举人、请求人或犯罪被害人提出申请或根据职权，审查开始；（5）审查程序不公开，作出应当起诉的决议必须有8名以上的多数赞成；（6）审查会的决议，必须以决议书形式送交检事正（日本地方检察厅负责人）；（7）检事正参考决议，认为应该提起公诉时，必须实行起诉程序。日本实行检察审查会制度以来，每年对于检察官作出不起诉案件，公民经过审查，其中约22%的案件被起诉，对打击犯罪起到了非常重要的作用。日本的公民检察审查会制度对中国试行人民监督员制度有借鉴意义。

总之，组织法明确人民监督员制度，为制度的施行提供了上位法依据。“人民检察院办理直接侦查的案件实行人民监督员制度，接受人民监督员的监督”。修改后的条文表述方式，从文字上看，突出了人民监督员制度的法律定位问题，其落脚点在于接受人民监督员的监督。人民监督员制度是人民群众介入检察机关的直接受理案件侦查活动并对“三类案件”进行刚性监督的一种全新探索，是检察机关接受人民群众监督的有效方式，是继人民陪审员制度和人民调解制度之后建立的又一民主化制度，如前所述，其产生有较充分的理论依据、法律依据和实践基础。但是，人民监督员制度的试行虽然已经有了理论和实践两方面的基础，但其法律依据却较为抽象，缺乏具体的、明确的、操作性强的条款。无论宪法、人民检察院组织法、刑事诉讼法等都没有提供明确的上位法依据。因此，作为规定人民检察院活动的基本准则、职权、机构、人员、编制等内容的组织法，应当明确规定对直接侦查案件实行人民监督员制度，以改善该项制度缺乏上位法、缺乏明确法律规定的尴尬局面。从另一个方面看，法律的实际效用就是根据实际需要，改变相对滞后的局面，不断地充实新的内容、适应新的情况和现实需要。将人民监督员制度作为一项制度在组织法中予以明确，目的是要为这项在实践中证明已行之有效的制度提供上位法依据。

三、关于检务保障

《草案稿》第 15 条：人民检察院的经费、装备和基础设施建设，由国家保障。

建议修改方案：人民检察院的经费、装备和基础设施建设，由中央财政和省级财政共同负担。

（一）理论依据

检察权是国家的中央事权，如同国家的外交、国防等事权一样由中央统一行使，不得同地方分权。这是因为国防权是保护国家领土完整、抵御外来侵略的权能，外交权是国家对外交往和解决国家争端的权能，这些权能作为国家最重要的事权之一，只有由中央统一实施，并由中央财政统一提供经费保障，才能保障其行使的严肃性、统一性、公正性与秩序性，以维护国家的最高利益。国家不允许因地域的不同、经济发展状况的差别、民族信仰的差异而形成各施其法的“地方割据”情形等等，国家利益的另一个重要组成部分就是国家宪法、法律在全国范围内的统一与正确实施，其根本保障就是设置检察制度、配置检察权，并且这种权能具有中央事权的属性，它是规制地方事权、遵守宪法、法律而设置的。由于中央事权所追求的利益、目标与地方事权所追求的利益目标的差异性，地方不得分享中央的事权。检察事权既然是中央事权，非地方事权，其经费、装备、设施等保障理所当然应当由中央财政统一供给，而不能由地方分摊，只有这样才能保证检察权的正确实施，纠正和防止检察权的地方化倾向。

由于我国地域广大、幅员辽阔，经济发展的不平衡性突出，国家财政还不十分充裕。因此，现阶段可实行中央财政和省级财政共同分担的体制。

（二）实践依据

我国现行的检察经费是分级负担的经费保障体制，即“分灶吃饭”体制。中央与地方在经济体制上实行“分灶吃饭”，可能是基于发挥各地的经济发展优势和潜能，但是，法律的实施如果也实行“分灶吃饭”，势必造成司法权力的地方化，如经济发达地区与欠发达地区从立案及追诉标准到量刑处罚幅度差异太大等。目前执法活动中，地方保护主义，部门保护主义，办案为钱、为钱办案，执法不公、不廉、不严等问题，都可以从财政供给制度缺陷寻找到体制根源。从现实情况看，一些地方财政因经济发展状况较差，检察机关所获得的经费保障基本只能维持人头开支，业务经费主要从上交财政获得的返款来维持，“以收定支”，地方财政按一定比例返还给检察机关，已经形成当地检察机关争取财政经费以弥补预算经费不足的主要手段。这就使得一些检察机关为了生存“为钱办案、办案为钱”，严重地影响了检察机关的声誉和国家法律的统一正确实施。要纠正和防范这些问题必须进行制度创新，即实行中央财政和省级财政共同负担的体制。

（三）政策依据

中办发［1998］30号文件是中央、公务员关于解决检察机关经费保障问题的纲领性文件。文件规定了经费保障实行分级管理、分级负责；确保基本需要；保证重要支出；支持贫困地区；讲究资金效益的基本原则，具有较强的针对性和可操作性。2003年国务院《政府工作报告》提出：“逐步完善政法经费保障机制，努力为政法工作提供必要条件。”党的“十六大”报告中也明确提出：“维护法制的统一和尊严，防止和克服地方和部门保护主义。”

（四）国外立法例

一般而言，西方经济发达国家的司法经费由中央财政统一支付。美国由于其联邦和州的检察体制实行双轨制，两者相对独立，其在经费上是由联邦和州两级财政分担。苏联检察机关的经费也由苏维埃政府直接拨付给苏联总检察长，由最高检察院向下拨付。

四、关于民事诉讼监督问题

《草案稿》第16条第6款：依照法律规定对民事审判和行政诉讼活动，实行法律监督。

建议修改方案：依照法律规定对民事诉讼活动和行政诉讼活动，实行法律监督。

（一）理论依据

（1）人民检察院对民事诉讼活动进行法律监督是由其法律监督机关的性质所决定的。宪法确立了检察机关是国家的法律监督机关，其实施法律监督的基本目的在于维护法律的统一正确实施。其法律监督职责是指对法律实施的全面监督，它不仅包括对刑事法律实施的全面监督，也包括对民事法律和行政法律实施的全面监督。因此，人民检察院对民事诉讼进行法律监督，应当是全方位的监督，包括提起民事诉讼的事前监督、参与民事诉讼的事中监督和对生效裁判提起抗诉及其执行的事后监督，涉及人民法院的审判活动和执行活动。

（2）民事审判监督应涵盖民事审判活动的全过程。民事审判活动是确认民事权利义务的程序，对解决民事纠纷、促进社会稳定和经济发展具有重要意义，也是人民法院行使审判权的过程。只有正确行使审判权，才能维护公民、法人和其他组织的合法权益并进而实现司法公正的目标。因此，人民检察院对民事审判活动进行监督，是民事检察监督的重中之重。从法律规定看，其审判活动监督的范围应包括：①生效的民事裁定。依据《民事诉讼法》第185条之规定，人民检察院能够提起抗诉的法律文书包括民事判决和裁定。判决是法院解决实体问题的法律文书，有关实体公正；裁定是法院解决程序问题的法律文书，有关程序公正。程序公正对实体公止具有决定性的保障作用，实体公正是在程序公正的基础上得以实现的。民事检察监督包含对实体公正的监督和对程序公正的监督两个有机联系的部分，两者缺一不可。因此，法院做出的所有裁定（比如关于管辖权异议、先予执行和财产保全等的裁定）都应当接受人民检察院的监督，人民检察院对民事裁定的监督是其行使民事监督职能的重要组成部分。②民事调解书。根据《民事诉讼法》第185条之规定，调解书并没有被列为民事检察监督的客体范围，但是这并不意味着人民检察院对调解书无权提起抗诉。人民法院进行调解活动并做出调解书的过程，实质上就是其行使审判权的一种方式和表现形式，而审判活动接受检察监督是一项基本原则，所以调解活动及作为其结果的调解书自然属于抗诉监督的范围。而且实践中违背实体和程序规范做出的调解书也并非鲜见，如果调解书对于国家利益、公共利益产生了损害，那么检察机关就应当提起抗诉。③非诉讼程序案件（选民资格案件除外）。我国民事诉讼法是从广义上规范审判程序的，诉讼程序和非诉讼程序的结合构成了审判程序的全部内容。人民检察院对审判活动的监督本身就包含了对非诉讼程序的监督，即除对选民资格案件之外的特别程序、督促程序、公示催告程序和破产程序的都有权进行监督。④审理程序。人民检察院对民事诉讼进行法律监督不仅是事后监督，而且还应当包括事中监督。比如组成合议庭时，应当回避的审判人员没有回避；在审判过程中违法追加第三人；在上诉程序中无限制地发回重审等诉讼过程中违法行为都应当接受人民检察院的法律监督。

（3）民事执行程序的监督应纳入民事检察监督范围。民事强制执行程序是实现民事权利的诉讼程序，直接关系到民事主体合法权利的维护，是民事法律得以正确实施的关键所在。①人民检察院对民事执行活动进行法律监督，是法律监督权的具体体现和必然要求，将法院的民事执行活动纳入检察监督正是法律监督的应然结论。而且，检察机关对民事执行活动进行监督，也可充分发挥其地位上的超脱性、业务上的专门性和执法上的权威性等优势。②人民检察院对民事执行活动进行法律监督是由执行权的性质所决定的。关于执行权的性质虽然存在着争议，但是混合权说（司法行政权说）已占主流地位。执行权具体包括执行实施权和执行裁判权。不受监督制约的权力必然导致权力的滥用。无论是执行实施权还是执行裁判权，如同行政权和司法权一样，都必须接受法律监督。③人民检察院对民事执行活动进行法律监督是由民事审判活动和民事执行活动的密切联系所决定的。广义的民事诉讼活动包括民事审判活动和民事执行活动。民事审判活动是确认民事权利义务的程序，民事执行活动是实现民事权利义务的活动，两者的有机结合才能实现对民事权益的有力保护。如果人民检察院只是监督民事审判活动，不对民事执行活进行监督，那么对民事审判活动的监督只能流于形式，因为当事人的合法权益往往成为“一纸空文”。

（二）实践依据

（1）当前民事诉讼活动中存在着诸多问题，缺乏有效监督，与民事司法公正的要求不相适应。①检察机关对民事审判的监督具有局限性。由于民事检察监督制度的不完善，一些地方民事、经济案件裁判不公、司法腐败现象时有发生。对民事立案程序缺乏监督，法院之间的立案管辖权之争，增加了当事人的负担；对民事审判组织缺乏监督，合议庭组成、审判人员的回避不依法进行，有损程序公正；对审理过程缺乏监督，法官在审理中随意追加第三人，造成案外第三人合法权益的损害；对上诉程序缺乏监督，二审法院无限制发回重审，造成案件久拖不决或者“无限审”，甚至对同一案件作出自相矛盾的判决，增加当事人讼累，有损司法权威的树立和司法效率的提高；对非诉讼程序缺乏监督，滥用或者怠于使用支付令，损害当事人的程序性利益；对妨碍民事诉讼强制措施缺乏监督，随意运用罚款、拘留等措施，侵犯当事人的人格权、名誉权和人身财产权等基本人权。②现行审判监督程序的立法规定过于抽象。从立法规定看，只能进行事后监督，不能同步监督；从监督权的行使主体看，基层检察院无直接抗诉权，仅有提请上级检察院抗诉的建议权；从监督范围看，对未生效判决和裁定的同级监督、审判活动监督、执行监督、调解监督等均未作出具体规定。抗诉案件的再审审级规定不明确，未规定向哪一级法院提出抗诉，由哪一级法院再审。“两高”对此规定也不一；抗诉案件的再审审理期限规定不明确。民事诉讼法规定了人民法院按照审判监督程序再审案件的审理期限，但是否适用于人民法院审理人民检察院按照审判监督程序提出抗诉的案件，尚未明确规定，导致法院对抗诉案件的再审期限拖得过长；人民检察院派员出席抗诉案件再审法庭的任务规定不明确。③民事执行过程中司法不公问题表现相当突出。现行执行程序中执行权过大，执行当事人的权利救济手段缺乏，在执行过程中的随意性和权力滥用导致“执行乱”“执行难”的问题，不少未执结案件背后就隐藏着司法不公问题。表现在滥用拘留、罚款等妨碍民事执行的强制措施，任意变更执行主体，执行过程中乱收费，个别法官侵吞执行款，为被执行人通风报信，拖延执行等。

（2）现行立法的欠缺及纰漏。①现行民事检察监督制度立法尚不完善。现行立法体现为三个层次。一是《人民检察院组织法》第5条规定：各级人民检察院对于人民法院的审判活动是否合法，实行监督。二是《中华人民共和国民事诉讼法》第14条规定：人民检察院有权对民事审判活动实行法律监督。第185～188条具体规定了检察机关对民事审判活动实行法律监督的手段、方式和相关程序。三是最高人民检察院1992年通过《关于民事审判监督程序抗诉工作暂行规定》，2001年最高人民检察院在总结多年民事行政检察工作实践经验的基础上，制定《人民检察院民事行政抗诉案件办案规则》，成为今后一个时期民事检察监督的操作规范，取消了检察机关出席抗诉再审法庭时参加法庭调查的权利，仍保留调取法院审判案卷权利的规定。从严格意义上说，上述《暂行规定》和《办案规则》都只是检察机关制订的具有司法解释性质的文件，尚不属于立法范畴。这些规定只包括了检察机关对确有错误生效判决和裁定的抗诉权及抗诉条件，人民法院接到抗诉后应当依法再审、提出抗诉应当以书面形式以及人民法院再审时应当派员出庭等内容。②当前立法规定对于执行权的监督制约缺失。现行《人民检察院组织法》和《中华人民共和国民事诉讼法》只规定了人民检察院有权对民事审判活动实行法律监督，而人民检察院对于民事执行活动无权进行监督。另外，刑法修正案（四）规定了执行判决、裁定失职罪和执行判决、裁定滥用职权罪，仅仅只能追究少数执行人员的职务犯罪，尚不足以保障民事执行的依法、顺利进行。同时，人民法院对执行程序的监督制约机制不健全，不能充分发挥监督的作用和真正实现监督的目的。最高人民法院1998年制定《关于人民法院执行工作若干问题的规定（试行）》和2000年制定《关于高级人民法院统一管理执行工作若干问题》对执行工作进行了制约，但这种监督仅仅是法院的内部监督，当事人缺乏启动监督程序的程序权利，而且以上规定的上级法院对下级法院的监督，以及高级法院为中心的统一管理监督机制存在着监督范围不清，程序运用不明，监督缺乏透明度的问题。

（三）立法依据

（1）我国在20世纪50年代颁行的法律曾有检察机关提起或参与民事诉讼、行政诉讼的规定，但由于种种原因后来被取消。在制定民事诉讼法的过程中，曾在全国广泛征求过意见。20 世纪 80 年代初期，民事诉讼法起草小组在广泛听取各方面意见的基础上，在民事诉讼法草案中写了关于检察机关对民事诉讼实行法律监督的条款。但征求高检院意见时，高检院考虑到检察机关当时力量和办案经验不足，难以承担民事诉讼法律监督的任务，因此起草小组在提交人大审议时才不得不作了删除，并保留了几个原则性条款规定，以至今日民事检察工作十分艰难，民事司法不公问题凸显，这一教训极为深刻。这次修改组织法一定要汲取。

（2）国外立法情况。总体来说，英美法系国家的检察机关在民事诉讼领域的主要职能是以当事人的身份参与民事诉讼。大陆法系国家检察机关不仅对涉及公益诉讼事项的案件有提起诉讼、参与诉讼的权力，同时有权对不符合法律的判决提起诉讼，即对民事诉讼领域行使检察监督权。从对民事执行的监督来看，法国是规定民事诉讼检察监督比较早的国家，检察机关在执行程序中的职权比较特殊。1991 年法国颁布的新民事执行程序法中赋予了共和国检察官有保障判决与其他执行根据得到执行的使命（第 11 条），检察官有命令其辖区内所有执行员给予协助的权力（第 12 条）。俄罗斯联邦共和国明确规定对法院执行民事判决的活动享有监督权。根据《俄罗斯联邦民事诉讼法》第 428 条和第 431 条规定，检察长可以对法院执行判决时提起抗诉的情形包括：①对法院执行员执行判决的行为或拒绝实施判决的行为，可以提出抗诉；②对法院关于法院执行员行为问题做出的裁定可以提出单独抗诉；③对于法院作出的执行回转问题的裁定可以提出单独抗诉。

（3）目前《民事诉讼法》的修改正在进行之中，尤其是制定独立的民事强制执行法进入国家立法机关的视野，第九届全国人大常委会将制定民事强制执行法列入五年立法规划，第十届全国人大常委会再次将民事强制执行法列入立法规划。关于强制执行的监督方面，当前专家建议稿规定为检察监督与内部层级监督相结合的原则。根据法制统一原则和立法协调配套的要求，组织法应规定检察机关对民事诉讼活动的法律监督权，包括对民事执行的监督。

五、关于检察机关征集调用权

《草案稿》中未赋予检察机关征集调用权，建议对第 22 条内容进行调整补充。笔者认为，检察机关征集调用权，是指检察机关在履行法律监督职能过程中，为维护国家和社会公共利益，必须调用有关单位和个人的文件数据和财产物品时，依照法定条件和程序暂时征集使用并予以补偿的权利。

《草案稿》第 22 条：人民检察院根据履行法律监督职责的需要，可以调阅人民法院、行政机关或者其他机关、单位的案卷、文件、账簿、统计资料和其他材料，有关机关、单位和人员应当根据人民检察院的要求在规定的期限内提供材料或者说明。

建议修改方案：第 22 条：检察机关因履行法律监督职能确有必要时，可以按照国家有关规定依照法定程序征集调用机关、团体、企事业单位和个人的物品文件、电子数据、交通通信工具、场地和建筑物等。当法定征集调用事由消除后应当及时归还，并支付适当费用；造成损失的，应当赔偿。

（一）理论依据

（1）刑事一体化理论为设置检察机关财产征集调用制度奠定了理论基础。刑事一体化包括刑事学科建设或研究的一体化和刑事司法的一体化，它既要求将犯罪、刑罚和矫正等刑事理论问题统一加以研究，做到研究其中任何一门学科都要照应其他学科，建立起科学的刑事学科体系，又要求将侦查、起诉、审判和执行等刑事司法活动作为一个整体，统筹考虑其权限和职能，以便最大限度地提高刑事司法效能。从刑事司法活动一体化的角度看，最大限度地提高刑事司法的效能，不仅要统筹运用刑事司法机关的权限和职能，而且应当综合全社会的人力物力财力，共同服务于打击犯罪和保障人权的目的。

（2）犯罪控制论是设置检察机关财产征集调用制度又一理论依据。犯罪控制论认为，打击犯罪和预防犯罪是一项社会综合工程，既要发挥刑事立法和刑事司法的核心作用，又要动员社会各方面力量群防群治，形成犯罪控制的高效有机系统。当前控制和预防犯罪应实施综合预防和治理的对策已达成共识。但在寻求优化配置刑事犯罪控制资源的适当方式，寻找犯罪控制的刑事性措施与非刑事性措施（如社会预防、治安预防和情景预防等）之间达到最佳结合度，以便提高犯罪控制的经济效益和社会效益等方面仍应有所作为。检察机关财产征集调用制度是当前我国强化法律监督，实现社会公平正义，打击、遏制犯罪，提高犯罪控制效率的必要措施，能够有效优化配置社会资源，提高刑事犯罪侦诉效率，提高犯罪控制的经济效益和社会效益。

（3）新制度经济学派的制度功能效应论为增设检察机关征集调用权提供了制度功能需求的理论释明。新制度经济学派的制度功能论认为：制度具有协调功能，即协调制度规制各方使其相互信任，避免“超负荷识别”，减少“远期无知”；保护与控制功能，即保护个人自主领域使其免受外部的不恰当干预，并依赖恰当制度支撑的竞争对其施加控制；防止和化解冲突的功能，即制度规则一旦确认并运行，它能给人们提供防范冲突的预期，一旦现实的冲突发生，则人们可以运用制度规则去化解、调整这种冲突；权势和选择的功能，即消除权势和强力的无序扰动，定纷止争，达成理性和社会和平的有序状态。长期以来，检察机关一定程度上存在的所谓“三来一补”（来人、来车、来钱、补助用餐）等滥用职权、办案腐败、粗暴执法等现象，客观上是由于征集调用制度的缺失与征集调用制度功能需求之间的矛盾造成的。履行法律监督职能就不可避免地存在征集调用功能需求，而制度的缺失就会产生潜规则，潜规则运行的后果是处于强势的公权力不受约制，弱势的私权力得不到保护，引起冲突和纷争，严重的则以追究有关检察人员的刑事责任为成本代价。立法者的任务就是要遵循制度创新的“路径”依赖规则，用合理的显规则取代不受规制的潜规则，从而利用制度的有效功能终结纷争，达成协调有序状态。

（4）法律监督理论内涵，为设置检察机关财产征集调用制度提供了直接理论支持。法律监督权是国家检察机关为了国家和社会公共利益，行使检察权以维护宪法和法律的统一正确实施的一项法定职权。检察机关在履行职责时既是国家的代表，也是社会公益的代表，刑事追诉、民行监督等各项检察权的有效行使，不仅是维护国家和社会整体利益，也是维护全社会每个守法成员自身利益。法律监督这一理论内涵，既为设置该项制度的合理性提供了理论支撑，又为该制度的可行性作了深刻的实证性说明。

（二）实践依据

（1）明确检察机关征集调用权，是强化法律监督，提高控制犯罪效率的需要。刑事犯罪与犯罪控制的此消彼长，在一定程度上表现为经济力量对比关系。刑事犯罪手段的隐秘、规模的扩大以及犯罪分子用于犯罪的财力雄厚、装备先进的发展趋势，对侦查追诉犯罪的效率提出了严峻挑战。因而，单纯依靠司法机关的人力物力很难取得应有的效果。检察机关要做到强化法律监督，真正把维护全社会的正义的职责落到实处，就必须凝聚全社会的力量以增强监督力度。在法律范围内征集调用社会资源就成为当然的选择。

（2）刑事诉讼强制措施的不足，使增设财产征集调用制度成为必要。刑事诉讼法只规定了对犯罪嫌疑人的人身，没有规定对物的强制措施。而在侦查追诉犯罪过程中，有时又必须取得对相关物品、数据、场地等的控制使用。例如贪污受贿犯罪分子利用网上银行作虚假投资洗钱或转移赃款，检察机关只有依法获取相关网上开户、交易的电子数据才能有效揭露证实犯罪。又如，地方党政主要领导滥用职权，批准娱乐场所从事色情服务并责令公安机关免查。对此，检察机关应当有权进入该场所或利用周边场地、建筑物。

（三）法律依据

（1）国外立法借鉴。日本刑事诉讼法规定，检察官、检察事务官或司法警察职员在侦查中需要扣押的，可以进行搜索、扣押，“公务员所保管或持有的职务上的秘密物品，非经其监督官厅的承诺不得扣押，但除有妨害国家重大利益的情况外，不得拒绝承诺。”法国刑事诉讼法规定，检察官对重罪和轻罪案件拥有初步侦查权，在侦查过程中可以搜查并扣押有关的物品、文件。德国检察官则依法享有更加广泛的领导侦查和采取强制措施的权力。

（2）我国宪法依据和法律参照。①我国《宪法》第10条第2款规定：“国家为了公共利益的需要，可以依照法律规定对土地实行征收或征用并给予补偿。”②《宪法》第13条第3款规定：“国家为了公共利益的需要，可以依照法律规定对公民的私有财产实行征收或者征用并给予补偿。”③《人民警察法》第13条规定：“公安机关的人民警察因履行职责的需要，经出示相应证件，可以优先乘坐公共交通工具，遇交通阻碍时，优先通行”“公安机关因侦查犯罪的需要，必要时，按照国家有关规定可以优先使用机关、团体、企业事业组织和个人的交通工具、通信工具、场地和建筑物”。

六、关于检察官的等级与任免

《草案稿》无。

建议修改方案：增加1条（检察官的等级与任免）。

检察官等级设下列四等十二级：

（一）首席大检察官；

（二）大检察官：一级、二级；

（三）高级检察官：一级、二级、三级、四级；

（四）检察官：一级、二级、三级、四级、五级。

首席大检察官由全国人民代表大会任免；大检察官、一级高级检察官由全国人民代表大会常务委员会任免；二级高级检察官由省、自治区、直辖市人民代表大会任免；三级高级检察官、四级高级检察官、检察官由省、自治区、直辖市人民代表大会常务委员会任免。

（一）理论依据

第一，由省级以上人民代表大会及其常务委员会任免检察官，体现了人大的宪法职权。人民代表大会及其常务委员会是代表人民行使国家权力的机关，在我国政权组织设置中占据首要地位，其重要职权之一就是选举和任免国家机关领导人，各级检察机关的检察长、副检察长、检察委员会委员、检察员都是由人民代表大会及其常务委员会选举、任命或批准的。人民代表大会及其常务委员会对检察机关领导人的任免规定比其他国家机关领导人的任免规定更加细化，本身就体现了检察机关领导人任免问题在人民代表大会及其常务委员会工作中的特殊地位。检察官的任免同样应当在人民代表大会及其常务委员会工作中占有重要地位。检察官作为国家重要政权机关的重要成员，其任免由省级以上人民代表大会及其常务委员会决定，只是在现有基础上对检察官任免制度的完善，没有违反宪法的规定精神，没有违反省级以上人民代表大会及其常务委员会的宪法权限。

第二，由省级以上人民代表大会及其常务委员会任免检察官，有利于加强检察机关的领导体制。在我国，实行省级以下检察机关的"垂直领导"，是检察改革的重要环节。如何在实践中逐步落实省级以下检察机关"垂直领导"，检察官由省级以上人民代表大会及其常务委员会任免迈出了改革的第一步。在不违反各级检察院领导人由各级人民代表大会及其常务委员会产生的宪法原则基础上，将检察官的任免由现行的省级以下人民代表大会及其常务委员会、人民检察院自身任免提升到由省级以上人民代表大会及其常务委员会任免，有助于加强和完善检察机关的领导体制。

第三，由省级以上人民代表大会及其常务委员会任免检察官，有利于检察机关的队伍建设。实行检察官的分类管理，同样是检察改革工作中的共识。检察官任免的法定性、权威性是实行分类管理的前提和重要保障。人民代表大会及其常务委员会作为国家权力机关，具有最高的法定性和权威性，由其任免检察官，一方面有利于完善检察机关的宪法地位，另一方面有利于提升检察队伍的专业化水平，为检察官的分类管理打下良好基础。

第四，由省级以上人民代表大会及其常务委员会任免检察官，有利于加强检察机关工作人员的职务保障。检察官的任免由检察机关以外的机关决定，一方面是对检察官的监督，另一方面又为检察官履行职务提供了法律保障，有利于检察官更好地履行法律职能，同时有利于增强检察官的职业荣誉感，提升检察官的法律地位。

（二）实践依据

目前湖北省共有检察官 6 574 名，其中二级大检察官 1 名，二级高级检察官 10 名，三级高级检察官 55 名，四级高级检察官 732 名，一级至五级检察官共 5 776 名，即二级高级检察官等级以上的 11 名，6 563 名二级高级检察官以下的检察官需要由省人大常委会任命，增大了省人大常委会的工作量。但其工作主要是对检察机关提名的人选进行审查考核，明确任免标准，把住任免关口，提高任免法定性与权威性，实践中是可行的。由省级以上人民代表大会及其常务委员会任免检察官，检察机关在报请任免检察官时要严格按照公开、公平、公正以及透明的原则，报送提名人选，从而推动干部管理水平的提高。

（三）法律依据

检察官是行使国家检察权的主体，在我国法治建设特别是检察改革的进程中，如何创新和完善检察官的任免制度，是一个涉及国家权力架构和司法资源配置的重要问题。检察官在检察制度中处于极为重要的地位，检察权最终由检察官来行使，检察权的运用在现代法治国家的重要性最终是通过检察官的职能活动所体现的。由于历史的原因，现行《人民检察院组织法》对检察官等级制度没有明确规定，现行《检察官法》第21条对检察官的等级仅规定，“检察官的级别分十二级。最高人民检察院检察长为首席大检察官，二至十二级检察官分为大检察官、高级检察官、检察官。”检察官任免的表述不是按照检察官四等十二级的等级称谓，而是按照最高人民检察院、地方各级人民检察院的“检察长、副检察长、检察委员会委员、检察员、助理检察员”的称谓。因而，检察官等级序列的设置缺乏相应的制度配置，检察官的职权与等级不够对应，检察官的任免方式尚不能适应管理科学化、人员专业化的需要。按照“中华人民共和国检察院是国家的法律监督机关”这一宪法定位，检察官的等级任免问题属于检察制度的重要组成部分，并且与检察权的正确行使及法制建设的整体质量直接相关。

（四）国外立法例

各国检察官的产生，主要采用4种方式，即任命制、选举制、聘任制以及混合制。其中任命制是检察官产生的主要方式；选举制主要是检察院首长的产生方式之一；聘任制是一种补充形式；多数国家采取混合制，即采用任命与选举相结合的方式。

采用任命制，又有不同的任命机关和方式。(1) 由总统、内阁或司法部长等行政官员任命。如日本的检察总长、次长、检察长由内阁任免；法国的检察官在形式上均由总统任命；美国的联邦检察官都由美国总统直接任命，但须经联邦参议院同意。(2) 由国家权力机关任命。如俄罗斯联邦最高苏维埃对俄罗斯总检察长的任命，须由俄罗斯最高苏维埃主席提请俄罗斯联邦人民代表大会批准。(3) 由总检察长或检察长任命等方式。如俄罗斯各共和国检察长，由俄罗斯联邦总检察长和该共和国最高权力机关协商后任命。

七、关于其他修改意见

（一）关于立法宗旨和根据

第1条在立法宗旨上提出四个规范，即组织体系、机构设置、职权配置和人员管理，比较适合《草案稿》内容的实际，但从组织法共四章 45 条的整体结构看，职权配置的内容列在机构设置之前，因而在立法宗旨中将“职权配置”先于“机构设置”表述，则更为合乎逻辑顺序。

建议修改方案：第 1 条：为规范人民检察院的组织体系、职权配置、机构设置和人员管理，保障人民检察院依法履行职责，根据宪法，制定本法。

（二）关于对司法工作人员渎职行为的监督

第 23 条为新增条款。考虑到在相当长一个历史时期内，渎职侵权检察工作的重要程度，增加该条很有必要，但又应考虑在我国法律体系中，组织法与其他同位法律的配当及立法技术层面的因素，该条规定在列举渎职侵权行为时，可相对原则一些。

建议修改方案：“第 23 条　人民检察院发现或者接到反映、举报司法工作人员在办案过程中有渎职或者损害当事人合法权益的行为时，应予受理并进行调查。对涉嫌犯罪的，应当依法立案侦查；未涉嫌犯罪的，应当移送有关部门调查处理。”

（三）关于内部机构设置中主任检察官问题

第 27 条第 1 款中规定：“各检察业务部门设主任检察官一人、副主任检察官若干人。”笔者认为：(1) 根据内容的逻辑要求，规定了主任检察官和副主任检察官设置的同时，应规定其职责。(2) 联系第 29 条（关于检察长领导下的检察一体化）分析，《草案稿》的此项规定旨在克服当前检察业务行政管理色彩浓厚的弊端，建立一种检察长领导下的检察官独立履行职责的制度。但是，如果对主任检察官和副主任检察官的职责不予明确，反而造成对检察工作运行方式和检察业务体制的疑问和误解，进而形成规范化管理法律依据的不充分性。(3) 法律条文前后应统一协调，规定此条文时，理应考虑到第 29 条的主要内容和主旨。

建议修改方案：将第 27 条第 1 款第 2 句内容从内部机构设置一款中分离，单设一款，作为第 27 条第 3 款：“各检察业务部门设主任检察官一人、副主任检察官若干人。主任检察官负责召集、主持检察官会议以及处理业务部门的行政事务，副主任检察官协助主任检察官工作。”

（四）关于内部机构设置的名称

第 27 条对现行组织法修改较大。笔者认为：(1) 作为人民检察院组织法，机构名称显然为内部机构设置的主要内容，如果组织法对于检察机关业务部门和其他工作机构的名称都未作明确规定，可以说是一大缺失。(2) 当前各级检察机关，尤其是市、县级检察机关的机构设置存在着不规范的问题，甚至于机构的名称也不尽相同，如渎职犯罪侦查局、渎职侵权检察处（科）等不同名称并存，这些需要组织法予以统一规范。(3) 从检察立法的历史沿革来看，对于内部机构曾有过相对明确的规定，1979 年组织法曾规定："最高人民检察院设置刑事、法纪、监所、经济等检察厅，并且可以按照需要，设立其他业务机构。"现行组织法由其修改而来，其立法意图不明，但从现实需要和法律内容完善来说，有必要对内部机构的名称予以明确。(4) 如果考虑到检察工作适应形势变化，其内部机构可能作出相应调整的情况，完全可以设置特殊条款解决这一问题。

建议修改方案："第 27 条第 1 款　人民检察院根据工作需要，可以设立侦查监督、公诉、反贪污贿赂、渎职侵权检察、监所检察……（以下略，参见最高人民检察院有关内部机构的设置规定，但需要进一步统一规范）等若干检察业务部门和其他综合与保障工作机构。"

（五）关于章节名称

第四章的章名为"人民检察院的检察官和其他人员"。笔者认为：(1) 组织法中表述的"检察官"是当然的人民检察院检察官，没必要在此前贯以"人民检察院"字样；(2) 人民检察院的其他人员，在《组织法》中是指检察机关内除了检察官之外的其他人员，为了有别于一般理解，在删除"人民检察院"字样后加入"检察"二字，以突出主题。

建议修改方案："第四章　检察官和其他检察人员"。

37. 关于加强和改进党对检察工作领导的思考*

坚持党对国家政权和各项工作的领导是宪法确立的一项基本原则。检察机关依法独立行使检察权，是宪法和法律确立的一项重要原则。正确处理好坚持党的领导和依法独立行使检察权的关系，加强和改进党对检察工作的领导，保障检察机关充分发挥职能作用，是我国政治文明建设和法治建设的必然要求。

一、深刻认识坚持党的领导与依法独立行使检察权的一致性

党的“十六大”指出：“党的领导是人民当家作主和依法治国的根本保证。”检察机关必须认识到党对检察机关的领导和检察机关依法独立行使检察权在根本目的上是一致的，都是为了保证人民利益的实现，在实践中把两者有机统一起来是检察工作的基本原则。

（一）坚持党的领导是依法独立行使检察权的政治保证

党的领导地位是中国历史的选择，检察机关坚持党的领导是一种历史必然性的体现。党作为建设中国特色社会主义的领导核心，不仅领导人民制定法律，同时也领导人民实施法律。党对检察机关的领导，是执政党在国家政治生活中发挥主导作用的重要体现，也是党领导人民实施法律的重要方面。检察机关只有自觉置于党的领导之下，按照党的要求和法律规定开展工作，才能保证正确地贯彻执行法律，才能坚持正确的政治方向。这一点，在新中国检察制度的发展历程中得到了充分证明，人民检察制度的建设和检察工作的成就，都是在党的领导下取得的。同时，贯彻落实“三个代表”重要思想、发展社会主义市场经济、实施依法治国方略、加强政治文明建设等党的一系列重大理论成果和宏伟实践，对检察工作的发展具有重大指导意义，为检察制度的建设发展开

---

* 本文系作者 2005 年向中央政法委提交的调研报告。

辟了更为广阔的道路。

（二）依法独立行使检察权是坚持党的领导的重要内容

宪法和法律是党领导人民制定的，是党的主张和人民意志的统一。按照政治文明建设、依法治国基本方略的要求，执政党不能代替国家政权机关直接执行和实施法律，因此，党除了要善于把党的主张经过国家权力机关变成国家意志之外，还要坚决支持国家政权机关行使宪法和法律赋予的职权，通过依法治国来实现党的主张。检察机关作为国家的专门法律监督机关，肩负着维护国家法制统一与尊严的神圣使命和职责。赋予检察机关依法独立行使检察权的地位，保障检察机关充分发挥法律监督职能维护法律的统一正确实施，是从法律角度维护党对国家的领导，其实质是保障党的路线、方针和政策的正确贯彻实施，维护党和人民的根本利益。因此，依法独立行使检察权从根本上说是依法治国的客观需要，是坚持和维护党的领导而且是坚持和维护党中央统一领导的具体体现。

二、正确把握党领导检察工作的科学内涵

（一）党对检察工作的领导主要是政治、思想和组织领导

党章总纲明确指出："党的领导主要是政治、思想和组织的领导。"十六届三中全会指出"加强和完善党的领导方式和执政方式，坚持谋全局、把方向、管大事，进一步提高科学判断形势的能力、驾驭市场经济的能力、应对复杂局面的能力、依法执政的能力和总揽全局的能力。"因此，党对检察工作进行领导，主要是通过制定执行正确的路线、方针和政策，通过细致而有力的思想政治工作和宣传教育工作，通过严密而审慎的组织工作，通过检察机关党组织的活动和党员检察干部的模范带头作用来实现的。坚持党对检察工作的政治领导，各级党的组织和领导干部必须坚决改变过去那种以党代法、以言代法，不按法律规定办事，包揽具体检察事务，参与具体办案的习惯和做法。否则，就会使党委纠缠于具体司法事务而弱化其宏观决策、指导和监督能力，滋长检察机关、审判机关的依赖性，从而导致在一定意义上削弱党的领导。

（二）党对检察工作的领导是集体领导，是集中统一的领导

这是党的"个人服从组织，下级服从上级，全党服从中央"的民主集中制基本原则的必然要求和重要内容。坚持集体领导，有利于充分发挥各级党委每个成员的积极性和责任心，使党委能够依靠集体的智慧和经验，对各项工作包括检察工作实施正确领导，防止个别人的浅见、偏见、专断甚至徇私、徇情枉法等现象发生。坚持党的集中统一领导，有利于各级党委坚决贯彻执行党中央

确立的有关政法工作的大政方针，有利于防止少数地方为了维护局部利益实施地方保护主义、部门保护主义，干扰检察机关依法办案，为检察工作营造良好的执法环境。

（三）党对检察工作的领导，最重要的是保障国家法律的实施

党领导人民制定法律并贯彻实施，实行依法治国，是党领导和管理国家的主要方式。早在1979年9月，党中央在我国第一部刑法和刑事诉讼法即将施行的时候，向全党作出了《关于坚决保证刑法、刑事诉讼法切实实施的指示》，指出："加强党对司法工作的领导，最重要的一条，就是切实保证法律的实施，充分发挥司法机关的作用，切实保证人民检察院独立行使检察权，人民法院独立行使审判权，使之不受其他行政机关、团体和个人的干涉。国家法律是党领导制定的，司法机关是党领导建立的，任何人不尊重法律和司法机关的职权，这首先就是损害党的领导和党的威信。党委与司法机关各有专责，不能互相代替，不应相互混淆。"这一文件的精神，对现阶段加强和改善党对司法工作领导仍具有重要指导意义。党的"十六大"报告指出要"从制度上保证审判机关和检察机关依法独立公正地行使审判权和检察权"，十六届三中全会指出要"加大执法力度，提高行政执法、司法审判和检察的能力和水平，确保法律法规的有效实施，维护法制的统一"。这都给我们明确指出，加强党对政法检察工作的领导，基本的着眼点就是要保障国家法律的统一正确实施。

三、加强和改进党对检察工作领导应注意的几个问题

（一）加强党对检察机关的政治、思想和组织领导

党要根据社会政治经济发展的进程和检察工作发展的需要，适时研究和调整有关检察工作的方针政策，特别是中央要统一部署，按照十六大的要求稳步推进和实施司法体制改革、检察体制改革。党委要经常了解、研究司法检察工作情况，指导司法检察机关的党组织分析一定时期的敌社情及其他有关情况，确定工作重点，解决实际困难；检查、监督司法检察机关正确贯彻执行党的方针政策和国家法律的情况，帮助司法检察机关总结经验，发扬成绩，改进作风，纠正错误；严格按照检察官法的要求，为检察机关配备合格干部包括领导干部，加强对检察机关中党员干部的管理教育，不断提高他们的思想、政策和业务水平。检察机关要坚定不移地贯彻党的方针政策，紧紧围绕党和国家工作大局开展检察工作，自觉服从于服务于党和国家工作大局。检察机关在执行党的方针政策过程中，要经常性地向党委汇报请示工作，接受党的检查与监督。

（二）适应依法治国要求，改革检察机关领导体制，改进党对检察工作的领导方式

有效进行法律监督需要保证监督的权威性。检察权的法律监督这一性质特征权属性，以及检察权行使中护法性、适法统一性和整体性的特点，客观上要求实行检察一体化，从检察体制特别是检察领导体制上保证检察组织系统的上下贯通，检令畅通，保证检察权的独立行使。我国检察机关的现行体制，在实际运行中，已日益显现出与经济和社会发展、与法律监督权的独立性和权威性的客观要求严重不相适应的情况，导致产生一些制约检察权独立行使的体制性机制性障碍：（1）检察权的行政化，主要表现在检察机关组织结构的行政化与检察权运作的行政化；（2）检察权的地方化，主要表现在双重领导体制下实际形成以地方领导为主，在人事、财政、装备等方面都要信赖地方，检察机关行使检察不得不考虑和顾及地方利益，形成地方保护主义；（3）检察权的非独立化，主要表现是检察权的依法独立行使缺乏制度保证和法律保证。要解决这些问题，最重要最迫切的是按照检察一体化的原则改革检察领导体制。我赞成在现行宪政制度框架内，考虑我国的现实国情，遵循检察权的运行规律，建议高检院领导省级院现行体制不变，省以下检察机关实行垂直领导。建立省以下检察机关垂直领导体制后，党对检察工作的领导方式和途径作相应转变，由上级检察机关党组织直接领导下级检察机关党组织。这并没有削弱党的领导，只是领导方式的转变，实现管人管事的统一，从而更有利于加强党的领导。检察机关内部党组织进行上下级领导，与地方党委比较而言管理对象单一，中央的重大方针政策可以得到更及时、更迅速、更准确的贯彻落实；可以有效防止地方保护主义和个人干扰检察权的独立行使，保障体现党的主张的国家法律统一正确实施；可以更好地落实好党管干部的原则，在考察选拔干部中坚持政治素质和业务素质并重，克服地方党委考察干部往往重政治素质轻业务素质的倾向，促进检察队伍的职业化建设，保证检察权的正确行使。当然，实行垂直领导体制以后，仍应加强与地方党委的联系与沟通，特别是对于涉及地方的重大案件，应该及时向地方党委通报情况，争取地方党委的理解与支持，同时也便于地方党委做好相关工作。

（三）严格执行法律和党中央关于保证司法机关独立办案的规定

党中央1979年第64号文明确规定：“中央决定取消党委审批案件的制度。对县级以上干部和知名人士等违法犯罪案件，除极少数特殊重大情况必须向上级请示者外，都由所在地的司法机关独立依法审理。”这一规定，随着时间的迁移和形势的变化，实际上名存实亡，没有得到执行。当前，个别地方党政领

导由于法治观念淡薄，不适当的干预检察机关具体办案的情况还时有发生，对推进依法治国造成严重的不利影响。如有的借口党的领导，违反党的组织原则和法律规定，干扰案件查处；有的地方党委负责同志以党委为名，为地方局部利益甚至为个人私情干预办案；有的存在政法委协调定案、党委参与办案的情况，由党委、政法委决定案件诉讼走向，甚至制定或实行一些有悖法律规定和中央要求的制度，如有的在执行大要案党内请示报告制度过程中，擅自扩大请示报告范围，要求科级干部案件也要报告请示，实行科级干部案件初查前报告制度、立案前报告制度、采取强制措施前报告制度等，导致出现“党委不点头不敢查，政府不高兴不能查，纪委不移送不便查”的问题，影响了反腐败工作的健康开展。这既影响了检察机关依法独立行使检察权，损害了法律的权威性，同时也损害党的形象和在群众中的公信度。从制度上解决这些问题，有必要将党委对检察机关的领导关系规范化、程序化，在党委管什么、不管什么、怎么管等问题上形成一套较为完整可行的制度并切实执行，以有效地防止以言代法，以人代法，保证检察机关独立办案，公正执法。建议逐步恢复中央1979年第64号文的规定，取消党委审批案件的制度。即使一步做不到，也要严格执行高检院1991年第42号文件《高检院党组关于查办要案的党内请示报告制度》的规定，要求各地不得随意扩大请示范围。

（四）实现党的纪律检查与司法侦查之间的科学对接

党对党员干部违法违纪情况进行查处，是党保持先进性的制度设置，是必要的，不容置疑的。但是，纪律检查与检察机关对职务犯罪侦查的性质和手段是不同的，不能相互混淆。目前实践中，各级党的纪检部门对涉及犯罪的腐败案件一查到底以及纪检与检察混合办案的做法，不符合依法治国、保障人权、程序公正的要求，因而受到了较多批评。在反腐败斗争形势紧迫、任务艰巨的情况下，必须充分发挥纪律检查与检察机关侦查职能各自的优势，将两者科学地衔接起来，实现惩治腐败打击犯罪的最佳政治效果和法律效果。笔者认为，各级纪检部门查办案件，要界定在查处党员违反党纪和一般违法的范围内。纪检部门一旦发现涉嫌职务犯罪的情况，不能越俎代庖介入司法程序或使用司法手段，而是应该直接移交检察机关侦查，由检察机关按照刑事诉讼法的规定行使对国家工作人员职务犯罪的侦查权，从而维护我党所主张建立的法治秩序。划分这一界限，可以避免党的纪检工作陷入个案事务而无暇进行更全面、广泛的纪律检查，有效防止纪检工作的高成本、低效率。当然，检察机关要正视在反腐败斗争中自身工作的薄弱环节和司法手段存在的局限性，切实提高侦查水平和执法能力，充分发挥检察机关在侦查、追诉职务犯罪方面的职能作用，确保惩治腐败工作的合法性与严肃性，确保惩治腐败的力度。

（五）加大对检察机关党员干部违纪违法情况的纠察力度

检察队伍是一支以共产党员为主体的政法队伍，通过党员干部在司法过程中履行职责保证检察权的正确行使，是党领导检察工作的一个重要方面。当前，在检察执法过程中，少数检察人员执法不严，为检不廉，作风粗暴的现象仍时有发生，有的甚至徇情枉法、徇私枉法、插手经济纠纷、搞利益驱动违法办案，人民群众对此反映强烈。检察机关要依照执法为民的本质要求，加大对自身执法活动的监督力度。同时，要加强外部监督，特别是党的纪检部门要有效实施对检察干部违纪违法情况的纠察与惩处，保证党的纯洁性和司法的公正性。

38. 论人民监督员制度设置之合理性*

最高人民检察院决定对人民检察院直接受理侦查案件实行人民监督员制度，并在全国十个省、自治区、直辖市进行试点。笔者认为，这是检察机关深化改革，自觉接受外部监督的一项重要举措。作为一项制度创新，人民监督员制度的设立有充足的理论依据、现实依据和法律依据，其设置是合理的。

一、人民监督员制度符合人民权力禀赋论

人民监督员制度规定了人民监督员的职责：(1) 对检察机关办理直接受理侦查案件的三个环节实施监督：一是被逮捕的犯罪嫌疑人不服逮捕决定的；二是拟撤销案件的；三是拟不起诉的；(2) 发现人民检察院办理直接受理侦查案件时应当立案而不立案，超期羁押，违法搜查、扣押、冻结，应当给予刑事赔偿而不依法予以确认或者不执行刑事赔偿决定的，有权提出纠正意见；(3) 发现办案人员徇私舞弊、贪赃枉法的，有权要求调查处理并反馈结果；(4) 应邀参加检察机关直接受理侦查案件的执法检查活动，提出建议和意见；(5) 接受人民群众对检察人员的投诉，转交检举、控告材料等。上级人民检察院在各地的人民监督员，可以对本地检察工作实施监督，必要时可以直接向其担任人民监督员的检察院反映情况。这里，检察机关坚持专门工作与群众路线相结合，直接关系到保护人权、惩治犯罪和检察权的正确行使等检察自由裁量权纳入人民监督员的监督之下，并以具体的监督程序以规制，保障了人民监督权力行使的刚性。

从法理上讲，这种授予人民监督员对检察机关办理直接受理侦查案件以监

---

* 本文发表于《人民检察》2004 年第 4 期，2004 年 4 月被最高人民检察院评为“第五届全国检察理论研究年会优秀论文二等奖”。

督权力的制度，作为一项实践人民民主监督的有力举措，符合人民权力禀赋论，具有宪法根据上的合法性。我国《宪法》明确规定，中华人民共和国的一切权力属于人民，人民有权依法通过各种途径和形式管理国家事务，一切国家机关和国家工作人员必须依靠人民的支持，经常保持同人民的密切联系，倾听人民的意见和建议，接受人民的监督，努力为人民服务。《刑事诉讼法》《人民检察院组织法》《检察官法》也有关于接受人民群众监督的相关规定，要求检察机关试行的人民监督员制度，通过规范的程序将检察机关的执法活动置于人民群众监督之下，在保证检察机关依法独立行使检察权、不改变法定的刑事诉讼程序的前提下，增设一个倾听人民群众意见、接受人民群众监督的程序性规制环节，不仅使宪法和法律关于检察权接受人民监督的规定具体化和制度化，而且是权力机关监督与社会监督相衔接的一种制度创新。在我国，检察机关由人民代表大会选举产生，对人大负责，受人大监督。人大监督遵循依法集体行使职权而不包办代替的原则，主要采取听取和审议工作报告，对公正司法情况开展执法检查与评议，对检察官履行法定职责、清正廉洁情况进行述职评议，对重大违法案件监督检察机关运用内部监督机制纠正，但不代替其依法办案，不直接启动程序纠正错案。而社会监督，诸如群众监督、舆论监督、检察机关聘请特约监督员、检风监督员监督等，均发挥了有益作用，但其缺陷是不能启动程序直接规制检察权的行使直至纠正错案，使社会监督呈现出“无程序，无权力”的尴尬局面。人民监督员制度则既反映了人民要求加强监督的根本意志，又找到了兼顾人大个案监督手段之刚性与社会监督范围之广泛性各自优点的具体实现形式，增强了人民群众参与监督的意识，消除了检察机关与涉案人之间以及检察机关与社会各界在案件处理时认识上所存在的矛盾与偏差，树立了民众对司法的信仰和权威，促进了司法民主的真正贯彻与实现，是现代法治国家司法文明与进步的重要标志。

二、人民监督员制度符合权力制衡论

“以制度规制制度，以权力制衡权力”，是人类社会科学地配置政治资源、管理国家、推进社会文明进步的必然选择，是现代司法文明的重要特征，也是司法改革的重要内容。我国检察制度本身的设置，从司法权配置角度分析，已体现了权力制衡的特点：既受人大监督，也受公安机关和审判机关的制约。而对公职人员职务犯罪的侦查权，其性质是法律监督权的表达形式，亦称派生权，其本质是一种司法弹劾权。国家创设作为法律监督权重要组成部分的职务犯罪侦查权的根本目的，就是要有效地规制公职人员在行使公权过程中随时可能发生的“委托—代理”“寻租”等渎职犯罪行为，使公权运行的非公正性、非秩序性、非廉洁性得到有效矫正，从而使公权制度及其运行机制充分发挥协调、保护、控制、防止和化解冲突、推进社会全面发展的功能，避免公权运行偏离“法定轨道”而产生“超负荷识别”，减少“远期无知”。因此，我国宪法、法律把司法弹劾权——职务犯罪侦查机赋予检察机关，这反映了制度创设的一般规律，体现了司法现代化的发展方向，是符合中国国情的。另一方面，具有规制公权运行、防止公权“寻租”或“异化”、法律监督权性质的职务犯罪侦查制度本身，是否可以忽略或违背制度创设的一般规律呢？结论是否定的。当前，我国职务犯罪侦查制度创设实践正逐步向对公权的规制矫正与探索自身的运行规制并重转变。如机构设置上，将自行侦查与审查逮捕。审查起诉、刑事申诉、刑事赔偿、执法监督分设，通过职能分工、权力细化，设置规制程序，实行职能分离上的主动规制：领导分工上，由不同副职检察长分管，实行组织指挥分离上的主动规制；监督功能上，推行侦查监督引导侦查、“侦、捕、诉”三道工序三道制衡、上级院备案审查、办案质量检查、错案追究等制度，强化执法责任与错案追究制；外部监督上，认真接受公安机关、人民法院的制约以及律师在侦查、逮捕、审查起诉、提起公诉等诉讼环节的制约，尝试聘请检风监督员，接受舆论监督等。这些内外监督机制收到了一定实效。如何使内部监督与外部规制协调一致，尤其是对处于权能比较优势地位的检察长、检察委员会行使职务犯罪侦查权的决策、指挥及自由裁量权如何进行有效规制，是权力制衡埋论与实践的难题。而试行的人民监督员制度的程序设计，对检察长、检察委员会的终局自由裁量权进行了有序规制。即当人民监督员票决否定了检察业务部门的意见，检察长又不同意人民监督员票决意见的，检察长必须提交检察委员会讨论，也就是说检察长的终局性自由裁量权受到外部程序性权力的规制；当大多数人民监督员不同意检察委员会的意见，有权提请上一级人民检察院复核，也就是说人民监督员通过行使复核请求权，其对检察委员会的终局自由裁童权从程序性权力方面进行了规制，并且成为上级检察院审查复核权启动运行的发端。虽然人民监督员的否决权与提请复核权仅仅是程序性监督权力，不带有终局自由裁量的实体性权力性质，但正是这两项外部程序性权力的禀赋与运行，对于处于层级管理权能比较优势地位的检察长、检察委员会的终局自由裁量权进行了有序与有效的规制，从而回答了“监督者如何接受监督”的司法难题，寻找到了职务犯罪侦营权的内部监督与外部制约、以程序公正促进和保障实体公正的最佳形式。

三、人民监督员制度是中国检察制度的创新

人民监督员制度对检察机关的侦查权进行有效的规制和制约，体现了检察权在一定范围内从程序上接受人民群众监督的理念。其实，在日本检察制度中也有类似的制度。日本的检察审查会制度，就是公民审查检察官不起诉处分的系统，检察审查会决议虽然仅为检察官提供“参考”，但却由于代表着民意而深受重视，成为对检察官不起诉最为重要的制约途径。该制度是依照《日本检察审查会法》建立，内容包括：(1) 检察审查会设在地方法院及其支部，目的是反映公民对公诉权实施的意见，衡量公诉权实施是否公正；(2) 检察审查会成员从拥有众议员选举权的人中通过抽签选出，共有 11 名成员，任期为 6 个月；(3) 检察审查会管理事项包括审查检察官不起诉处分是否适当，对检察业务的改进提出建议与劝告；(4) 控告人、检举人、请求人或犯罪被害人提出申请或根据职权，审查开始；(5) 审查程序不公开，作出应当起诉的决议必须有 8 名以上的多数赞成；(6) 审查会的决议，必须以决议书形式送交检事正（日本地方检察厅负责人)；(7) 检事正参考决议，认为应该提起公诉时，必须实行起诉程序。日本实行检察审查会制度以来，每年对于检察官作出决定的不起诉，经过审查，其中约 22%的案件被起诉，对打击犯罪起到了非常重要的作用。❶

我国试行的人民监督员制度和日本检察审查会制度的架构有许多相同之处，但内容却有区别，主要表现在：(1) 在监督的范围上，日本检察审查会管理事项未限制案件的范围，但仅包括审查检察官不起诉处分是否适当，对检察业务的改进提出建议与劝告；而我国的人民监督员制度则限定了案件的范围，局限于检察机关直接办理的自侦案件，但拓展了检察处分权受监督的范围，即除不起诉之外，还囊括了逮捕和撤案两个环节。(2) 在监督的程序上，日本检察审查会作出的决议仅作为检事正❷处理案件时的参考，检事正认为审查会的决议正确时，予以采纳，否则不予采纳；而人民监督员制度的程序性更强，检察长审查后同意人民监督员表决意见的，有关检察业务部门应当执行；检察长不同意人民监督员表决意见的，应当提请检察委员会讨论决定，根据案件需

❶ ［日］田口守一著：《刑事诉讼法》，刘迪等译，法律出版社 2000 年版，第 11 页。

❷ 日本检察机构设置与四级法院相对应，分为最高检察厅、高等检察厅、地方检察厅、区（镇）检察厅。检察官分为检事总长（总检察长)、次长检事、检事长（高等检察厅长)、检事（地方检察厅长称检事正)、副检事等。

要，人民监督员可以应邀列席检察委员会会议；参加案件监督的多数人民监督员对检察委员会的决定有异议的，还可以要求上一级检察机关复核，上一级检察机关应当复核并及时反馈结果。与日本的检察审查会制度相比，人民监督员制度更趋完善、合理，更具制约性。

39. 关于进一步深化检察改革的建议*

依据十六大精神和高检院关于检察改革的部署，结合湖北实际，我们建议，进一步深化检察改革要注意四个方面的问题。

一、坚持四个要求

一是坚持正确的指导。必须以“三个代表”重要思想和十六大精神为指导。二是坚持正确的原则。坚持宪政原则，即宪法确立的“一府两院”政治体制和宪法关于检察机关为国家法律监督机关的规定；坚持党的领导、人民当家作主和依法治国有机统一的原则。三是坚持正确的方向。检察改革要有利于进一步完善中国特色社会主义司法制度，公正执法，提高效率，保障在全社会实现公平和正义。四是坚持正确的方法。要把检察改革纳入司法改革、政治体制改革的“大盘子”，统一领导，整体规划，依法进行，循序渐进，重点突破。要维护法律的严肃性和公信力，先变法再改革；既立足中国国情又借鉴国外有益经验，既解决现实问题又着眼长远发展；要不等不靠，按照长期规划、分阶段实施的方法，在巩固现有改革成果基础上，抓住已经达成共识、符合司法规律、条件具备的改革措施大胆推进，完善已有改革的保障措施，力争取得实质性进展，以重点突破带动全局发展，把改革逐步引向深入。

二、解决四个问题

当前制约检察工作深入发展的问题，主要有四个：一是检察权的地方化。检察权属中央事权，不能分割由各级检察院行使，向各级人大负责；否则，必然导致检察权地方化，违背设立检察权的初衷。需要在体制、法律制度安排上

* 本文系作者 2003 年对深化检察改革提出的论证意见。

考虑检察权的中央性、统一性，保障检察权依法独立行使，维护中央权威和法制统一。二是检察机关的行政化。目前，检察机关管理、人员配备、职级待遇按照行政管理方式进行管理，检察权运行方式和办案模式没有反映检察机关权力运行规律和司法特点，需要从制度设计和法律安排上进行完善。三是检察官的非职业化。现代检察官需要高素质人才充任，现代检察官管理需要引入资源管理机制，培养造就一批职业检察官是依法治国的内在要求；但由于长期以来检察官管理非职业化，导致检察官队伍庞大、素质较低、专业化水平不高。如我省检察干警 9 939 人，大学本科以上只有 3 313 人，占 33.3%，受过正规大学法学本科教育的 1 667 人，仅占 16.8%。四是检察执法的瓶颈制约。现行检察机关执法经费保障由各级财政分别负担，由于各地经济发展不平衡、财政收入状况相差较大，许多检察机关“皇粮吃不上、杂粮吃不饱”，经费困难成为制约检察工作健康发展的瓶颈问题，从我省检察机关看，经费缺口非常大，财政拨款比例较低，2002 年全省检察机关经费总开支 5.15 亿元，其中财政预算 2.12 亿元，追加 8 800 万元，中央财政拨款 1 300 万元，合计 3.13 亿元，占开支的 61%，赃款返还款 1.58 亿元，缺口 4 400 万元。办案经费严重短缺，全省 60%的检察院办案经费预算为零，不少检察院为了办案只能采取借款或垫支的办法筹措经费，随着业务量的增加，经费保障不足的问题更加突出。办案必需的交通、通信等装备既落后又不足，一些检察机关债务负担沉重，到 2002 年全省检察机关共欠债务 2.7 亿元。经费不足，办案一定程度上受利益驱动。有的地方甚至将检察机关作为“创收”单位，下达经济指标或搞“以收定支”。检察改革要深入，必须抓住主要矛盾，着力解决好上述四个问题。

三、把握四个方面

一是体制改革。要按照四个总体要求，抓住体制改革这个“龙头”，从制度上保证检察机关依法独立公正行使检察权。包括改革和完善党对检察工作领导的实现方式、人大对检察机关的监督途径，改革和规范地方政府与检察机关的关系，明确和规范检察机关与公安机关、审判机关的关系，完善和加强上下级检察院的领导关系，积极推进“检察一体化”。二是机制改革。在体制改革尚未启动前，可以从微观机制改革入手，探索淡化检察机关行政色彩、强化检察机关司法属性的改革措施。包括改革检察机关业务机构设置和职权划分；推进职务犯罪侦查指挥协作机制和一体化建设；改革检察官办案机制，进一步完善和推行主诉、主办检察官办案责任制，积极推动侦查检察官办案制度改革，逐步实现以检察官办公室为主体的独立自主的检察办案机制；改革检察委员会的职能，加强专家咨询机制建设；改革人财物管理机制，实现检察行政事务与检察业务相分离；改革检察执业保障和责任追究制度，完善和加强内部监督制约机制。三是业务工作改革。应当按照强化法律监督职能、确保公正执法的要求，加强检察业务工作改革，包括完善检察职权，探索对违宪行为或违宪案件的检察监督；完善和加强职务犯罪侦查权，改革检察机关自侦案件管辖权，赋予检察机关对律师、证人在职务犯罪侦查中妨害作证的侦查管辖权；改革、完善对“两益”案件、重大环境污染、劳动诉讼案件、反垄断案件、国有资产流失等民事行政案件的公诉制度。推行公诉活动的量刑建议，积极探索对轻微刑事案件的检察便宜处理制度，加强和规范检察机关的自由裁量权；进一步改革和完善公诉引导侦查，规范普通程序简化审理、不起诉案件公开审查制度，丰富和完善监督的法律手段，细化和规范监督的法律程序，增强检察监督的法律效果。积极推动诉讼程序的立法完善，确立和完善非法证据排除规则、庭前证据开示制度；改革刑事赔偿标准，健全赔偿程序。加强检察业务规范化管理改革和办案流程制度化建设，研究完善刑事、民事行政案件抗诉标准，确立办案质量评价标准和机制；改革和完善诉讼当事人权利保障、律师执业权利保障制度。四是队伍管理改革。包括检察官与检察行政人员相分离，检察官、书记员、法警、技术人员分类管理改革；检察官全国或全省统一考录、统一分配，检察长、副检察长由上级院检察长任命、一般检察官由检察长提请上级检察院任免的管理制度改革；检察官的地位、职权法定化改革；完善检察官选任、退休、免职等身份保障措施，加强检察官履行职责不受外界干扰的保障措施和行使职权的内部独立性保障制度，以及完善检察官的经济保障、奖惩、培训和责任追究等制度改革。

四、突出四个重点

第一，突出检察机关垂直领导体制改革。根据现实情况，垂直领导体制改革可以分两步走：第一步，探索省以下检察机关垂直领导；第二步，逐步过渡到全国检察机关实行垂直领导体制。体制改革是一项综合性的系统工程，应当由专门的权威机构进行统一组织、协调、推动。检察机关要及早着手分析、研究、探索工作，确立部分地方试点，并研究制定改革建议案，积极推动立法完善。第二，突出检察官管理制度改革。要按照“四化”加强检察官管理制度改革：一是员额化。现在的检察官不是少了而是多了，许多“检察官”有名无实。应加快检察官精英化步伐，对现有检察官按照主诉检察官、主办检察官、主侦检察官予以遴选、分流、精减。二是职业化。对现有检察官进行分类、分层和分流，对新任检察官严格职业准入，选任检察官应逐级遴选、自下而上有序流动；加强职业培训，提高职业技能和专业素质。三是职业等级保障化。要建立同检察官法四等十二级检察官等级管理挂钩的检察官工资、津贴、福利、保险、退休金等职业等级保障机制，与行政级别脱钩。四是执业风险化。将检察官职业待遇与其执业表现挂钩，对违背职业道德、违反职业纪律造成严重后果的检察官，除取消检察官资格外，还取消其以后将要享受的退休金，使检察官职业成为高风险职业。第三，突出检察权运行模式改革。修改检察院组织法时应将检察官确立为检察权行使主体，实行以检察官办公室为单元的办案模式。每一检察厅下设若干主诉（主办、主侦）检察官办公室，每一主诉（主办、主侦）检察官再配备数名助理检察官、书记员以及法警、技术人员和行政人员，由主诉（主办、主侦）检察官承担具体案件的办理和决策，重大案件和检察厅事务由检察官合议决定，检察长负责统一协调、组织、指挥和监督、管理。这样改革，将检察权的行使主体归位于个体的检察官，符合司法直接性、亲历性要求，保证检察官的相对独立性，有利于调动检察官的积极性、增强责任感，提高诉讼效率，保证公正执法。第四，突出检察经费保障机制改革。司法权具有统一、不可分割的特性，不能搞“地方司法”或“授权司法”，否则就会破坏整个国家的法制统一，因此，在国家专有、中央专属性质上，司法权与军事权是相同的。为了确保法制统一，必须如同保障军费开支一样，保障检察经费。考虑到我国经济发展的不平衡性．检察经费“吃皇粮”可分两步走；第一步是省以下检察经费由省级财政负担，中央财政通过转移支付实行重点扶持；第二步，过渡到中央财政统一保障，每年的检察经费在国家预算中单列，经全国人大审议后由检察院逐级下拨，切实从物质上保障检察机关依法独立公正地行使检察权。

40. 关于推进司法改革的思考与建议*

司法是经济健康运行、政治文明稳定、文化繁荣昌盛、人们生活安定、社会持续发展的基本保障和有效调节，必须随着经济、社会、文化的发展和小康社会的建设而改革创新。推进司法改革，要注意以下三个方面的问题。

一、科学确立司法改革的目标

司法制度与体制是政治上层建筑的基础性制度，司法改革的过程也就是政治现代化的过程。现行司法制度与体制是在计划经济条件下建立起来的，受特定时期经济条件的影响，不同程度地存在职权不明晰、体制不完善、机制不健全、管理不科学、程序不规范、运行效率低的问题，引发诸多司法弊端。针对这一现实，我国司法改革的目标，简单讲就是要建立现代司法制度，具体讲就是应按照“职权明晰、体系完善、机制健全、管理科学、程序规范、运行高效”的要求，建立法治的、民主的、公正的、高效的现代司法制度与司法体制。

二、正确把握司法改革的原则

除了坚持四项基本原则、坚持以“三个代表”重要思想和科学发展观为指导、坚持党的领导、人民当家作主和依法治国的有机统一、坚持社会主义法治、坚持保障人权等重要原则外，结合当前司法改革的理论与实践，尤其要强调以下几个原则。

（一）宪政原则

首先，我国现行宪法确立的基本政治架构及基本原则，是行之有效的，必

* 本文系作者2003年5月主持完成的高检院司法体制改革重点调研课题研究成果之一。

须坚持，司法改革不应突破这个框架；第二，要搭上已经启动的第四次修宪的“班车”，尽快确定司法改革在宪法层面需要修改的地方，而不要错过这次修宪良机；第三，司法改革必须有利于推行宪政，维护宪法权威，保持宪法的相对稳定。

（二）遵循司法规律原则

司法独立（党的领导和人大监督下的司法独立）、司法权分权制衡、实体公正与程序公正并重，是司法规律的内涵，为当代各法治国家司法实践所共同遵循，也是我国司法改革不能回避和必须坚持的。

（三）“成本—效益”预期控制原则

司法制度与体制的改革和运行，需要支付即期成本和预期运行成本。制度创新内在动力是：一项新的制度安排能带来原制度或体制无法获得的“收益”。如：寻求更有效率的机制替代低效率的机制；制度或体制安排中权责利不明晰，层级管理环节过多，易发高发的“外部性”“寻租”“逆选择”等问题，需要通过创新制度安排，使之“内部化”而增加社会总效益；针对制度资源配置机制失灵，通过创新规范科学的制度，扩大制度供给以获得潜在收益；不同的制度安排与权利界定和分配，则会带来不同效率的资源配置等。司法制度与体制的改革要符合制度创新及其运行的一般规律，借鉴制度经济学“成本—收益”控制的理论，通过合理的制度安排，提高资源配置效率，运用定性分析与定量分析相结合的方法，科学规划、评估司法改革预期运行可能带来的效果与收益，既不能一味追求节省司法改革成本，导致成本投入不足，也不能一味追求资源配置的十全十美，导致成本投入过大、收益低下；改革措施的选择，既要立足国情借鉴国外有益经验，又要依靠群众将实践中行之有效的做法予以制度化、法律化，实现司法资源配置的最优化和制度创新效率的最大化，力争取得最优的政治、经济和社会效益、最少的改革与运行成本、最小的改革风险和社会震荡。

（四）科学设计、整体规划、循序渐进原则

将司法改革纳入整个经济、政治体制改革系统中进行整体安排，将各项具体司法制度从宏观层面、整体角度予以统筹设计、长期规划、系统构建。要选择最佳的改革“路径”，可以考虑通过专家论证、部门讨论、人大审议、社会公开等方式制定司法改革的总体纲要，实现决策的科学化、民主化。根据司法改革纲要，制定司法体制改革的具体目标和方法、步骤、日程，积极稳妥地推进。

三、深入推进司法改革的重点

司法改革不仅要整体规划、系统推进，还要抓住其中的重点环节，以重点突破带动全局发展。

（一）明确职权

目前，司法机关职权存在以下几个主要问题：（1）授权不明，有些权力的授予与司法机关定位不相适应，司法机关之间职权划分不清晰；（2）自由裁量权过大，导致司法腐败问题较多；（3）存在较多的权力“真空”。因此，推进司法改革要以合理分配司法职权为核心。（1）确权，按照各司法机关不同性质和定位划分司法权力。如司法行政事务的部分管理权也可以从法院、检察院剥离，改由司法行政机关统一负责。在我国警察权中，部分是治安管理权，部分是刑事侦查权，后者具有较多的司法属性，根据司法独立性的要求，应与治安、消防等行政管理性质的警察权分离。（2）限权，加强对自由裁量权的规制与约束。推行主审法官制和主诉检察官制，基本方向是正确的，但应完善自由裁量权制约机制，否则将会形成司法腐败的温床。除了加强内部监督和检察监督，尽快完善证据采信规则外，可以考虑借鉴其他法治国家陪审制度中定罪权与量刑权的适当分离原则，通过对裁量权的分割来限制法官的自由裁量权，完善检察机关的追诉权与量刑建议权的统一。（3）授权，完善司法权力体系。在司法实践中，各级党委及政法委对各司法机关有着重要的领导、协调作用，但从法律的角度看，这也是一种司法权力的缺失，因此，选择有效途径，使党对司法工作的领导国家化、法制化，不失为一种有益探索。如利用现有的党委政法委资源成立专司协调和监督各司法部门职责的司法委员会，使司法协调权得以法制化。与检察机关专门负责国家法律监督的宪法定位相适应，应赋予检察机关行政法规、规章和地方性法规监督权，最高人民检察院对于行政法规、部门规章、省级地方性法规及省级政府行政规章，上级人民检察院对于下级政府行政规章、地方性法规可以进行监督，发现与宪法、法律相抵触的可以提请同级人大常委会予以废止；还应赋予检察机关公益案件公诉权，如提起反垄断诉讼；建立法律监督责任制度，完备不接受检察监督的责任追究权，使检察监督落到实处。

（二）完善体制

应当遵循司法规律，按照保证司法机关依法独立公正行使司法权力和强化司法权国家专有、中央专属性的原则完善司法体制。在外部管理体制方面，要按照党的“十六大”精神改革和完善党对司法工作的领导及其实现方式，积极探索党对司法工作领导的国家化、法制化途径。可以仿照党和国家对军事领导的专门委员会模式，设立国家司法委员会（可与中政委一套班子两块牌子，同时吸收部分法律专业人士参加），统一领导全国的司法工作（包括推进司法改革）；其下设立各省级司法委员会，负责全省司法工作的协调和监督，包括司法政策方针的制定、司法官的推荐、考核、调配、资格审查、违纪调查、经费预算及审计监督等；市、州及县、区不宜层层设立司法委员会。同时，按照“一府两院”政治架构加强最高权力机关对最高司法机关及全国司法工作的监督，规范和加强地方各级权力机关对司法活动的监督、制约。取消由地方政府分级供给的司法经费保障机制，建立如同军费保障的司法经费中央统一保障体制。也可以分两步走，先建立中央和省两级负责的司法经费保障体制。在内部管理体制方面，就检察机关而言，应恢复垂直领导体制，积极推进“检察一体化”，地方各级检察院由上级检察院产生并对其负责，人、财、物统一由上级院管理和保障；就审判机关而言，应建立上诉审法院可选择制度，最高法院在全国范围内划分大司法区设立巡回法院，分理省级法院管辖的上诉案件，以保证各级法院间的相互独立，防止上下级法院之间先请示后审判的问题。

（三）健全机制

按照司法亲历性、直接性要求，以司法官为司法权力主体，建立健全司法机关内部司法权运行机制。结合目前法院、检察院内部管理机制实际，机制改革应在提高司法人员专业素质基础上以下放权力、还权本体为核心。这种授权应遵循“激励相容约束”原则（信息经济学“委托—代理”理论）。一方面，减少权力授予层次，实行法院、检察院本体与司法权主体分离，法官、检察官为国家司法权力主体的直接承担者，其直接受权于国家和人民，成为共和国法官、共和国检察官，在院长、检察长领导下按照主审法官制、主诉（主办、主侦）检察官办公室等运行模式，依法独立行使审判权和检察权，从而还权本体、明晰责利、节约资源、提高效率。另一方面，应完善司法权约束机制和司法官惩戒制度。可以将法官合议推广为司法官办案合议制度，增强司法官之间的相互监督制约；加强司法机关内部民主监督，成立司法官民主选举产生的司法官考评委员会，加强司法官内部监督管理；在外部管理上，可以在司法委员会下设专门的司法官监督管理机构（可以将法院、检察院内部的纪检监察机构系属到该机构），负责对法官、检察官、律师、公证员、司法执行人员等司法官的经常性考核监督和违纪调查与惩戒。

（四）科学管理

司法官是用法律技术服务社会的专业人员，应当按照专业化要求进行科学管理；但目前司法机关工作人员不分类别，统一比照公务员模式进行管理，导致法官、检察官等级“空转”，专业人才进不来，一般人员出不去，队伍整体素质较低。因此，应减少司法官管理上的行政色彩，增加司法色彩，按照专业化方向建设和管理司法官队伍。（1）员额化。现在的法官、检察官不是少了而是多了，许多“法官”“检察官”有名无实，应通过遴选、分流、精减，加快司法官精英化步伐。可以考虑对现有法官、检察官，先按照主审法官、主诉（主办、主侦）检察官的任职要求予以遴选，未被遴选的法官、检察官予以分流，通过竞聘助理法官、助理检察官成为主审法官、主诉检察官的助手，落聘者不再具有法官、检察官资格，成为司法事务官。（2）职业化。对司法官和司法事务官实行分类管理制度，司法事务官按照司法类公务员进行管理，非经司法官考录程序不得成为司法官，并在司法行政事务管理权转由司法行政机关行使时，将其中大部分从事后勤服务的司法事务官从法院、检察院分流，取消现有司法行政管理职能的厅、处等机构。严格司法官职业准入，增加司法从业经历的资格要求。统一司法官招录，招录司法官应由司法机关提出名额，由省级司法委员会从具备资格的人员中统一招录、统一分配，新录人员除已有基层司法从业经历者外，原则上应到基层任职。改革司法官遴选制度，应逐级遴选，自下而上有序流动。建立统一的司法职业培训制度，加强不同职业司法官的交流。在司法权力运行管理上，创建“司法官团队”行使职权的本体运行职业化管理模式，在法院、检察院设立若干主审法官、主诉（主办、主侦）检察官办公室，每一主审法官、主诉（主办、主侦）检察官再配备数名助理法官、助理检察官和书记员、法警、技术人员以及秘书等行政人员，由主审法官、主诉（主办、主侦）检察官承担具体案件的办理和决策，重大案件由法官、检察官合议决定，院长、检察长负责统一协调、组织、指挥和监督、管理，审委会、检委会等现有决策机构应向决策咨询机构转变。（3）职业等级国家保障化。落实法官、检察官等级管理制度，使法官、检察官工资、津贴、福利、保险、退休金等职业保障与职业等级挂钩，与行政级别脱钩，其保障由中央政府统一提供。（4）执业风险化。司法职业“门槛”已提高，但司法官待遇并未提高，容易诱发司法腐败。可以借鉴国外“廉政保证金”和高退休金制度，建立司法职业保证金制度，增加司法官职业年津贴，但并不实际发放，而是作为退休金同时也是职业保证金由司法委员会予以储备，在司法官退休时一次性发放；但是，对违背职业道德、违反职业纪律的司法官，将视其背职情形予以扣减乃至取消其退休金，使司法官职业成为高风险职业。

（五）规范程序

程序性是司法的特性，必须按照程序正义要求规范司法程序，保障司法公正和人权。主要包括：积极推动诉讼程序的立法完善，完善刑事诉讼证据规则，规范审前程序，建立重大案件庭前证据开示制度，完善民事诉讼制度，规范再审程序，建立民事行政公诉制度；增强程序透明性，进一步推行审判公开、检务公开、警务公开，推广不起诉案件公开审查制度，减刑、假释、保外就医的公告公示制度等；加强程序监督，丰富和完善检察监督的法律手段，细化和规范监督的法律程序，加强动态过程监督，增强检察监督的法律效果。加强权利保障，改革和完善诉讼当事人权利保障、律师执业权利保障以及法律援助制度，科学完善刑事赔偿标准，健全赔偿程序，落实赔偿责任。

（六）提高效率

效率是司法公正的应有之义，现代司法制度在保障公平同时，应注重提高效率。(1) 简化程序。积极探索对轻微刑事案件的检察便宜处理制度，改革和完善公诉引导侦查制度，规范普通程序简化审理制度，建立替代执行制度等。(2) 案件分流。通过增加司法救济途径，加强审前程序案件处理的司法权力，使案件得以及时分流处理。如规范民事调解制度，建立诉讼上和解制度，探索刑事案件辩诉交易、替代措施，加强检察机关不起诉自由裁量权等。(3) 提高水平。加强司法官专业化建设，建立健全办案责任制，增强司法机关之间的配合，充分运用现代科技手段等。

41. 构建现代型检察管理模式的若干思考*

如何围绕“强化法律监督、维护公平正义”的检察工作主题，高起点、跨越式、全方位构建现代型检察管理模式，是当前检察机关面临的一个重要而紧迫的课题。

一、为什么提出这个问题

当前，我国正处于重要战略机遇期，这是一个“二元经济”的转型期、体制改革的转轨期，改革步伐加快、经济发展加速、法治建设加强，面对机遇和挑战，做好各项检察工作，建设现代化的检察院，必须高起点、跨越式、全方位地构建21世纪现代型检察管理模式。

第一，重要战略机遇期的新形势新任务要求我们必须建立现代型检察管理模式进行应对。在重要战略机遇期，特别是入世后我国法治进程加快，执法环境改善，为检察事业的发展带来了良好机遇；同时，随着改革开放和市场经济发展加快，按照世贸组织规则和国际公约公正执法，平等保护各类市场主体，大力推行司法文明和检务公开，对检察工作执法观念、执法方式、人员素质、知识要求都提出了新挑战，对检察机关强化法律监督职能、推进依法治国、保障社会主义市场经济发展提出了更高要求。为了应对新的机遇和挑战，一方面，检察机关的法律监督职能需要从以往侧重打击向打击保护服务多元价值并重转变，从侧重国家利益保护向多元主体利益平等保护转变，从侧重刑事法律监督、职务犯罪监督职能向刑事法律监督、职务犯罪监督、民事法律监督多元职能并重转变；另一方面，需要树立以人为本、管理兴院的理念，尽快实现从传统型检察管理模式向现代型检察管理模式的转变。我们过去的检察管理带有

---

* 本文系作者2003年主持完成的高检院司法体制改革调研课题成果之一。

浓厚的准军事化、行政化色彩，不符合检察工作规律，不利于团队精神的凝聚和战斗力的提高。比如在业务工作流程方面，我们最初是凭经验办事，把经验一代传一代，没有形成规范。现在情况有所改观，但还缺少几项关键的东西：(1) 缺少统一的证据标准。由于各个阶段的诉讼任务有所区别，相应的各阶段的证明标准也具有不同的特点。立案、逮捕、侦查终结、公诉需要达到什么样的证据标准，现在没有统一的规定，影响了执法的严肃性、公正性和统一性。(2) 缺少统一的操作规范。如美国的"米兰达"规则（"你有权保持沉默，但你所说的每一句话都将作为呈堂证供"），现在已经成为全世界多数国家侦查人员在履行执法职责时需要做的第一件事，我们现在就缺少这样的办案规范。在执行传唤、审讯、扣押、取证等执法活动时，第一句话该说什么，结束时该说什么，全国各地五花八门，亟待统一。(3) 缺少用以约束检察官自由裁量权的明确的、规范的办案政策。我们现在还不注重系统的办案政策的指导作用。没有办案政策、办案政策不完善、办案政策武断或办案政策不落实，都会导致检察官自由裁量权的行使偏向。这些问题需要建立科学的流程管理来解决。又比如，在案件质量管理方面，当前检察机关在执法活动中办案程序不规范，执法随意性大，执法不公、不严等办案质量问题屡屡发生，这与我们缺少严格的、完备的、详细的质量管理有关，必须从质量标准、质量控制、质量评价、质量考核等方面入手，建立一个科学的管理体系。

第二，政治文明建设与司法体制改革呼唤现代型检察管理模式。党的"十六大"和"十七大"都把推进司法体制机制改革作为建设社会主义政治文明的一项重要内容进行了明确部署，明确提出要加强对执法活动和司法工作的监督，确保法律的严格实施。这对检察机关强化法律监督提出了更高的要求，加重了责任。当前由于法律和体制不健全以及执法人员自身素质不完全适应等问题，不重视法制、不重视程序、不重视人权、有法不依、执法不严、违法不究、司法不公的问题还不少，促进依法行政，维护司法公正，维护法制统一和尊严的任务更加繁重，检察机关的法律监督职能必须进一步规范、加强、提高和拓展。推进检察改革、实现司法公正，要靠人来完成，关键在于高素质专业化的检察队伍来落实。但是，我们现在的检察人员管理存在诸多矛盾：(1) 职业化与行政化的矛盾。多年来，检察官职业化特征难以体现的一个重要原因是，从来没有区别检察官与公务员、检察院与行政机关的关系，检察管理体制、检察官人事管理制度的行政化色彩根深蒂固。这几年我们推行的有些制度如竞争上岗、双向选择、末位淘汰、投票选优等，虽然在某一方面有积极作用，但副作用是进一步强化了检察机关的行政化色彩，弱化了以专业化为基础的司法功能。(2) 职业化与检察官现实结构的矛盾。我们的现状是检察官队伍过于庞大、但素质普遍不高。实施职业化必然有进有出，现在司法考试的门槛已经抬高，出口机制却不畅通，再加上精简员额，如果职业化方式、途径设计不当，人员安置不当，就可能形成较大震荡，必然贻误工作。(3) 职业化与地区需求差异的矛盾。在大城市和经济发达地区推行职业化可能不成问题，但是偏远贫困山区问题就很大。(4) 职业等级与能力脱钩的矛盾。目前，我们对检察官等级的评定、利益的分配，都不涉及对检察官的能力进行评价，更没有对绩效的评价和管理，“官本位”色彩浓厚，需要向“能本位”转变，从而解决“能者不享其位”“能上不能下”的问题。(5) 职业培训与业务需求脱钩的矛盾。当前检察人员职业培训功利性太强，方式单一，缺乏活力，岗位技能培训、基本素养培训还是薄弱环节，与检察事业发展的需求不相适应。解决这五个方面的矛盾，就必须在分类管理、能级管理、素质养成、激励约束等方面探索新的路径，把“管人”与“管事”有机结合，从而达到科学配置人力资源的目的。

第三，科技的快速发展为构建现代型检察管理模式提供了物质保证。科学技术的日新月异和突飞猛进，为检察管理的跨越式发展提供了有利条件。比如，美国20世纪70年代以来大力推行案件管理信息系统，运用计算机技术，把办案信息、后勤支持信息、管理控制信息、问题分析信息、战略计划信息和总体研究信息进行数据处理，大大提高了办案质量和效率。检察机关只有紧紧把握现代科技发展的最新趋势，大力实施科技强检战略，不断提高检察工作的科技含量，才能充分发挥职能作用，不断提高维护稳定、惩治腐败、促进社会公平正义的能力。当前，检察机关科技强检进程中主要存在以下问题：(1) 没有提到战略高度来对待。尤其是对信息化建设可以大大促进检察机关战斗力、提高办案质量和执法水平的认识还不足，导致信息化建设步伐慢、检察工作科技含量低。(2) 信息技术资源管理职能不清，管理不对口，没有明确的目标和全国一体、步调一致、标准统一的方案，不能实现效益最大化。(3) 信息化建设的基础工作十分薄弱，硬件设施、软件配置、人员素质都还比较落后，没有提到应有的议事日程。(4) 经费及相应的政策对信息化建设的“瓶颈”制约十分突出。公安系统的“金盾工程”投资了数十亿元专项资金。检察系统需要争取相应的资金，并且拿出相应的经费政策。总之，就是要借助信息化建设的契机，带动和促进检察工作的现代化、正规化，提升检察机关的战斗力，提高检察工作的整体水平。

第四，中国特色社会主义检察制度的逐步成熟为塑造现代检察模式的形成提供了现实可能性。回顾检察机关恢复重建30年的历程，我们经历了刑事法律监督起步、职务犯罪监督扬威、民事法律监督拓展三个阶段。经过30年的实践，检察机关法律监督的地位不断得到巩固和提高，在保护人民，打击敌人，惩治犯罪，服务大局，维护稳定方面发挥了重大的作用。随着改革开放的推进，检察机关的法律监督工作实现了刑事法律监督、职务犯罪监督、民事行政法律监督三者并重的格局，这是人民检察制度趋于成熟完善的重要标志之一。在中国特色社会主义检察制度发展历程中，我们积累了很多经验，也在很多单项检察工作方面建立了示范模型，高检院推出的一批规范化建设示范基层院，就是检察机关在规范化管理、队伍建设、业务建设和科技强检方面的突出典型。由于在新形势新情况面前，传统的检察管理模式遇到了挑战，有很多问题不能解决，老的管理方式落后于形势发展的步伐，必须主动应对挑战，重新进行定位。就拿基层院建设来说，经过前几年的努力，检察机关的硬件建设（主要是两房建设和交通装备建设）、队伍建设有了很大提高，但是业务建设、现代化建设相对滞后。从当前基层院建设情况分析，我们认为，除了在宏观和中观层面出台指导政策之外，还应当具体研究微观层面的技术规则和操作规范；不仅提出平面性的要求，还应构建立体模型，从而使基层建设更具操作性、可塑性和针对性；不仅要突出队伍建设的分量，还要找准当前基层建设的突出矛盾，更好地把业务建设与队伍建设有机地捏在一起；不仅要进行一般性的部署，还要回应时代对当代检察机关的新要求，尤其是要回答如何在基层推进检察改革、加强现代化建设、塑造现代检察文化等问题；不仅要体现政法机关的共性要求，还要体现出检察机关专业化、职业化发展的独特要求。因此，现在有必要对过去的典型进行系统的总结、归纳、提炼、深化和规范，构建一批现代检察管理的模型，供全国检察机关学习、参照，以尽快实现传统型检察管理向现代型检察管理的转变和跨越。

二、现代型检察管理模式应当是什么样的

我们初步思考，高起点、跨越式、全方位地打造现代型检察管理模式，就是要形成“以规范管理为先导、以绩效管理为基础、以科技强检为平台、以提升素质为保障、以检察文化为支撑、以机制创新为动力”六项工程并举的工作格局，推动传统型检察院向现代型检察院全方位跨越，创新发展各项检察工作。主要内容如下。

（一）规范管理

坚持向管理要素质，向管理要质量，向管理要效率，建立现代检务工作模

式。积极引入现代管理理念和管理方法，进一步运用ISO质量管理体系及手段，建立和完善案件质量全程监控和评估体系，逐步形成一个权力配置合理、权责关系明晰、协调配合高效、制约机制完备的工作运转体系，建立健全完善的工作规范、行为规范、装备规范，构筑顺应时代潮流、符合司法规律、体现现代司法理念、具备科学理性的检察工作平台，促进检察工作水平尤其是执法水平取得更大的提升。规范管理的主要内容，就是要以规范办案和工作程序，确保执法质量和工作质量为目的，实行标准统一、流程管理、过程控制、持续改进。检察工作流程管理包括两个方面：一方面，检察工作的专业化发展方向要求把检察院视作一个工厂，每项检察工作就是一条流水线，每条流水线分割成若干检察环节，实行分段流水作业，在一般情况下，上一环节没有完成，就不能进入下一个环节；另一方面，每一个环节必须遵循一定的操作规程，即按规则办事。检察工作的流程管理必须把握创新发展、专业化发展的趋势，通过过程控制、动态管理机制，使管理活动由静态的终端管理变成动态的过程管理，覆盖检察工作全过程。检察机关执法标准及流程管理的主要内容如下：（1）办案规范及流程。检察机关的各项业务工作，包括控告、申诉、举报、初查、立案侦查、审查逮捕、审查起诉、抗诉、执行监督、办理申诉案件和刑事赔偿案件、纪检监察、内部制约等，都要按照法律法规和高检院的相关规定，就案件承办人员的职责要求、办案程序、案件监督、责任追究等内容作出明确的可操作性的规定。（2）检务管理规范及流程。就是检察机关的办公、办文、办会、思想政治工作、干部人事管理、检察宣传、财务管理、装备管理、行政管理等，也要制定流程规则，以规范检务活动，降低检务成本，提高办事效率，扩大管理效益。（3）其他工作规范及流程。对于检察机关的每一个工作环节，都要建章立制，建立技术性的操作规范，做到用制度管人管事。（4）检察改革工作规范及流程。对于涉及检察改革的工作，也要纳入流程管理中来，通过制定相应的流程图表和工作规则，进行规范化管理。（5）统一的证据标准。（6）系统的办案政策。

同时，要建立质量保障体系，主要内容包括：（1）建立执法质量考核评议制度。基本思路是：检察机关各个业务部门制定符合本部门特点的、科学的、合理的、量化的考评办法；法律政策研究部门在此基础上，制定针对检察机关整体的执法质量考评办法，并作为执法监督部门负责具体实施；以院为单位，进行年度执法质量考核评议，考评结果分为优秀、合格、基本合格、不合格四个档次，作为衡量检察机关及其业务部门工作实绩和“创争当”活动评选的重要指标。（2）建立质量保障基础机制。①制定符合法律规定的办案质量标准。

对于检察机关办理的直接受理侦查、审查批捕、审查起诉、诉讼监督、民行检察、国家赔偿、控告申诉等案件，都要分别制定质量标准。②规范办案流程和司法文书，并根据办案流程不同环节的规范化要求，完善岗位责任制。③建立办案质量预警制度。根据检察办案的规律，对各类办案数据设定预警标准，达到警戒线则及时预警，启动调查研究程序，分析、发现问题，制定整改措施，防患于未然。④建立现代化的司法统计和案件管理系统。加强个案质量跟踪管理；加强内部统计执法，切实监督纠正有案不报、瞒案不查，虚报浮夸、弄虚作假，增强宏观质量监控能力，形成办案质量检查监督体系。（3）实行“四个结合”。一是把执法质量考评与检察机关其他各种考核评议活动活动相结合。明确执法质量考评的主导地位，有效地解决多头考评、重复考评和形式主义等问题，增强考评实效。把执法质量考评结果作为检察机关综合考核评价体系最重要的指标，对优秀单位通报表彰；连续两年优秀，有资格申报全省先进检察院；连续三年优秀，对单位及主要领导记功表彰。对不合格单位通报批评，取消评优受奖资格；连续两年不合格，检察长应当辞职，或由上级检察机关商请有关部门予以免职。二是把执法质量考评与内部执法监督相结合。建立完善检察机关内部执法监督工作机制和检察干警执法过错责任追究制，从强化内部监督制约、预防检察干警违法违纪入手，制定操作性强的监督管理措施，最大限度地预防和减少执法不公、徇私枉法等问题的发生。三是把定期考评与日常监督检查相结合。全面的执法质量考评一年一次，但日常执法监督要常抓不懈。把执法质量考评标准细化分解到日常监督检查中，及时整改多发性、常见性和带倾向性的执法偏差问题。四是把对单位的考评与对个人的考评相结合。把执法质量作为考评检察干警的重要依据，与评功授奖和提拔使用挂钩，实行“一票否决”，促进检察干警增强严格、公正、文明执法的意识，切实提高执法水平。

（二）绩效管理

积极探索绩效管理机制，通过全面实施“绩效计划、绩效实施、绩效考核、绩效反馈”，实现检察工作科学考评和人力资源合理配置。按照政府管理规律、司法规律和行为科学理论要求，通过对内设机构和每个干警工作绩效的科学评估，决定干警的使用（包括培训、上岗、易岗、升降），进行检察队伍管理（包括发现能力、开发能力、使用能力），并及时将能力与职级、报酬挂钩，使每个干警随着能力的增强而进步，因能力变化而升降或享受不同的待遇，从而充分调动全体干警的积极性和创造性，促进人力资源的优化配置和合理利用。绩效管理变被动管理为主动管理，变静态管理为动态管理，变总结式管理为经常性管理，可以更好地使“能者有其岗、能者有其位、能者有其资、能者有其享”。绩效管理的主要内容包括四个方面：（1）分类设置。以职位说明书的形式实行分类管理，将检察干警定岗定责，分为检察官、书记员、司法警察、行政管理四大序列。（2）客观评定。制定科学的绩效测评标准和指标体系，通过自评、互评、考评、工作实绩量化评和党组综合评等多种方式，定性分析与定量分析相结合，对每个干警的知识、智力、政治水平、德才表现、专业技能、实践能力、工作业绩进行综合评定，精确、公正、规范、合理考评干警。（3）激励约束。实行“三挂钩”，将绩效结果与职务、岗位、物质利益挂钩。（4）动态管理。把即时管理、年终考核、绩效使用、能力培训有机地结合，实行动态的开放式的管理。同时，强化检察督察机制，加强执行力建设，保障检令畅通、检纪严明，推动法律监督工作规范运行、有序开展。

（三）科技强检

充分运用现代通信、网络和计算机技术，以办案现代化、办公自动化和信息网络化建设为内容，加强科技装备建设，全力打造“数字检察院”，提高检察机关的战斗力。“数字检察院”主要包含以下方面：（1）办案现代化。主要是检察机关的各个部门都要将科技装备转化为战斗力，广泛运用全程网络办案系统、自动举报受理系统、案件流程查询系统、移动侦查指挥系统、多媒体示证系统、同步录音录像系统、辅助量刑系统、检验鉴定系统、高科技侦查包等，提高办案质量和效率。（2）办公自动化。主要是建立先进的局域网系统、公文处理系统、声像管理系统和后勤管理系统，实现无纸化办公、文件传输网络化、检察管理网络化。（3）案件管理信息化。通过建立电子案件管理中心、电子质量控制系统、电子预警机制、电子流程动态管理、内外部情报资料交换库等，实现案件管理的规范化、科学化和效用最大化。（4）思想政治工作和人事管理虚拟化。运用现代科技手段，比如网上学习、培训和交流，使思想政治工作更加生动活泼，贴近时代，贴近生活，贴近干警。五是业绩考核动态化。运用网络系统对检察干警的日常工作和下级检察机关的工作进程进行即时跟踪监管，把经常性的动态考核与年终考核有机地结合起来。

（四）提升素质

坚持以人为本、从严治检，以提高检察人员的整体素质为根本，努力建设一支政治坚定、业务精通、作风优良、执法公正的高素质专业化的检察队伍。在大力加强思想政治建设、领导班子建设、检风检纪建设的基础上，着重抓好以下几个方面：（1）检察官的职业管理。按照“四化”加强检察官管理：一是员额化；二是职业化；三是等级化；四是风险化。（2）完善检察官的惩戒制度。一是对检察官的司法行为规则作出具体规定，并明确检察官实施某一违法违纪行为时所应承担的责任后果和具体处罚种类，使检察官的行为有明确指向，保障惩戒的不枉不纵、不偏不倚。二是设立专门的惩戒机构。根据我国的司法体制格局，可以在检察机关内部成立专门的督察机构，组成人员吸收一定的权力机关及本系统以外的法律职业人士参与，以使惩戒不至于流于形式、保证惩戒的公正。三是完善惩戒程序，包括如惩戒事由的认定、惩戒的提请、惩戒决定的作出、被惩戒者的申辩权、申诉权及要求复议权等，都应作出具体规定。四是完善“错案追究制”以作为惩戒制度的补充，作为一种过渡性的措施予以存在，但随着职业化的形成、惩戒制度的健全，最终应予取消。五是建立执法作风投诉处理等经常性机制，促进检察机关公信度的提高。（3）加强检察官的教育培训。坚持以专业化建设为方向，突出重点、学以致用，积极开展多途径、多形式、多层次的正规化培训和岗位练兵，强化高层次和实用型人才培养，逐步实现从知识型培训为主向能力型培训为主的转变，从普及性培训为主向专业化培训为主的转变，从临时性培训为主向规范化培训为主的转变，提高队伍整体素质和法律监督能力，为检察工作创新发展提供人才保障和智力支持。一是开展应知应会的基本知识和基本技能培训，主要面向全体干警，采取岗位练兵、短训与干警自学相结合等方式，主要培训从事检察工作所必需的法律、检察、侦查、行业管理和科技知识。二是开展以提高业务技能水平为主要内容的培训和专门知识培训，主要面向检察骨干，采取集中办班、专门培训或抽调办案等方式进行，针对某项检察工作所需要的特别专长，有计划地组织进行金融、证券、经济监管、行政执法、贸易、计算机等专门知识的培训，进行行业规范与侦查、审讯、审查方法的培训，突出培训的实用性、针对性，着重提高实战能力。三是开展组织指挥能力培训，主要面向各级检察机关部门负责人，重点围绕决策、指挥和协调等内容进行，突出培训现代高科技条件下远程指挥、网络传输、综合运用社会信息进行实战等新工作方式、方法的运用。

（五）检察文化

坚持以社会主义核心价值体系和社会主义法治理念为指导，弘扬社会主义法治精神，构建检察人员共同价值体系，大力培育良好的检察职业道德风尚，牢固树立立检为公、执法为民的根本宗旨以及符合法律监督工作基本规律的价值目标，培养拼搏进取的团队精神和健康向上的生活情趣，保持高尚事业追求和生活追求。深入开展“创学习型检察院、当学习型检察官”活动，不断完善学习机制，实行激励考核，丰富学习平台，深化学习效果，引导干警树立“终身学习”“团队学习”“工作学习化、学习工作化”的先进理念。坚持从物质、精神、制度、管理等各个层面营造检察文化建设氛围，以文明创建等争先创优活动为平台，营造诚信友爱的人文环境，增强机关的亲和力；营造公平竞争的发展环境，增强机关的向心力；营造团结平等的民主环境，增强机关的凝聚力；营造开拓进取的工作环境，增强机关的创造力，努力形成“忠诚、公正、和谐、奋进”的良好氛围，引领干警不断争创一流检察工作业绩。

（六）创新机制

坚持解放思想，勇于创新，以创新激活力，以创新促发展。紧紧围绕“强化法律监督、维护公平正义”工作主题，积极探索完善法律监督机制、强化法律监督、提高法律监督水平的有效措施，整合检察资源，增强监督合力，拓宽监督途径，提升监督实效，实现各项法律监督工作的新飞跃。(1) 完善检察工作机制。一是侦查监督改革以提高办案质量、增强打击合力为中心，深化审查逮捕方式改革，强化引导侦查取证，加强侦查监督部门与侦查机关、检察机关其他内设机构之间的工作协调。推行主办检察官办案责任制。二是公诉改革以形成侦诉合力、提高审查水平、增强庭审控辩能力为中心，积极稳妥地推行公诉引导侦查取证、被告人认罪案件普通程序简化审、庭前证据开示、多媒体示证等改革，逐步建立与侦查、辩护、审判机制相协调的完备高效的公诉机制。要进一步规范和完善主诉检察官办案责任制。三是职务犯罪侦查改革以建立健全一体化办案机制为方向，继续推进侦查指挥协作机制改革，加强侦查指挥中心建设；深化查办重大复杂案件运行机制改革，建立健全重大复杂案件提上一级办、指定异地管辖、挂牌督办等制度；大力推行“提前介入”和“跟踪配合”相结合的内部协作机制；继续探索立案方式的改革；推行侦查检察官办公室办案团体责任制改革。四是诉讼监督改革以拓宽监督渠道、完善监督范围、强化监督措施为中心，强化检察机关发现诉讼活动违法的功能，探索建立诉讼监督的提前同步介入制度；探索在侦查、审判和刑罚执行监督工作，扩大检察机关直接参与诉讼活动的范围；探索在刑事诉讼活动对违法行为行使处分建议权；探索在民事行政检察中运用检察建议启动再审程序的监督方式，积极尝试对“两益”案件支持起诉或提起公诉。等等。(2) 完善监督制约机制。一是继续深化检务公开，依法做到检察工作的依据公开、程序公开和结果公开。二是强化诉讼民主意识，健全诉讼参与人权利保障机制，依法保障人权。三是强化以分散和制约个人、部门权力为主要内容的内部监督机制。进一步落实党风廉政建设责任制，加强对办案和执法过程的勤政廉政监督，建立与完善检察官重大事项和财产申报制度，建立检察官述廉制，通过廉政举报电话自觉接受社会各界监督。四是加强与人大代表、政协委员的联系，自觉接受党委、人大和上级机关的监督，自觉接受其他司法部门的制约。五是探索职务犯罪侦查工作救济制度。探索对逮捕、扣押、查封、冻结、监视居住等强制性侦查活动的监督制约；探索建立高效率的执法投诉和复议机制；积极推行人民监督员制度，建立对直接受理侦查职务犯罪案件的外部“刚性”监督机制。(3) 探索检察权运行模式改革。(4) 完善检务保障机制。

上述 6 项工程，是传统型检察管理模式向现代型检察管理模式全方位跨越的重要标志，其最终目的是创新发展各项检察工作，落脚点为“强化法律监督、维护公平正义”。

三、怎样打造现代型检察管理模式

第一，要把这项工作提到战略高度来认识。多年的实践证明，检察事业的发展，重在基层，功在基础。现在，基层检察院建设孕育着大的发展，酝酿着新的突破，具有前途远大的发展前景。构建 21 世纪现代型检察管理模式不是一时的权宜之计，而是一项重大的战略任务，要抓住机遇，迎难而上，为检察事业的长远发展，找到一个可持续发展的新路子。

第二，要根据我国幅员辽阔，各地政治、经济、文化发展不平衡的特点，实行统一性与差别性相结合，在东部、中部、西部分别选择工作基础好的检察院，确定不同的标准和要求，建立三种先进程度略有差别的现代检察管理模型。

第三，统筹规划，典型试验，逐步推开。可以考虑用五年左右的时间分阶段、分步骤地逐步实施和推进六项工程，实现检察工作的跨越式发展。

第四，要同推进检察改革密切配合。在构建现代检察模式的过程中，涉及体制的问题，可以先不触及，但中央有明确意见的，在试验院要率先积极推行；涉及机制创新的问题，特别是高检院已经有明确部署的改革和不涉及法律修改的改革，试验院可以全方位地开展探索，而不仅仅局限在某一个方面。

42. 侦查检察官办案责任制理论透视*

最近，韩杼滨检察长在全国检察机关职务犯罪侦查工作会上提出，“要进一步深化侦查改革”，“初步建立符合侦查工作特点和规律的办案责任制”。邱学强副检察长进一步强调，要“按照统一指挥、分级负责、整体作战、监督制约的侦查工作特点和内在规律进行新的探索，形成更加符合侦查工作规律的办案管理模式”。会议确定若干省市检察机关进行侦查检察官办案责任制改革试点。这是在总结主诉、主办检察官办案责任制试点经验的基础上推行的，是检察制度改革的深入发展，是职务犯罪侦查工作改革的一项重大举措。对于建立有中国检察特色的职务犯罪侦查工作机制、体系，发展与完善中国检察制度都将产生重要影响。本文拟对侦查检察官办案责任制作一些理论探讨，以期对推动这项工作有所裨益。

一、侦查检察官办案责任制的基本内涵

所谓侦查检察官办案责任制，是指人民检察院职务犯罪侦查工作在检察长的领导下，以侦查长官为核心，以主任侦查官办公室为单位，以主任侦查官为直接责任人。以执行侦查官为办案主体，分级负责，程序简化，资源优化，上下一体，协调高效的办案模式和运行机制。其主要特点如下。

（1）严密的一体性。这种办案模式和运行机制首先强调的是组织指挥功能。在一个检察机关内部，检察长领导侦查长官，侦查长官领导主任侦查官，主任侦查官领导所属执行侦查官及侦查人员。这体现了作为具有法律监督性质司法弹劾权属性的侦查权，更具有运行一体化的特点。它有别于主诉、主办检

---

* 本文发表于《检察实践》2002年第4期，2003年4月被最高人民检察院评为“全国检察机关优秀调研成果一等奖”，2004年10月被湖北省人民政府评为“湖北省第四届社会科学优秀成果三等奖”。

察官办案责任制所形成的内部关系，是在坚持司法弹劾权属性的前提下（由此同公安机关、安全机关的侦查属性相区别）强调的不是侦查官的相对独立性，而是一种具有上下一体化隶属特性的组织严密性。

（2）一定的独立性。它体现的是侦查主体的地位和作用问题。传统体制与机制有几个弊端：一是侦查资源按行政管理模式配置，极易形成“吃大锅饭”，不利于发挥侦查主管的办案积极性；二是不利于一线办案人员对紧急情况的应急处置。为此必须明确赋予各侦查主体以相应的权力、责任与利益。即对侦查长官、主任侦查官、执行侦查官的职权、责任、利益分别作出明确的规定，使三个等级的侦查官在授权的范围内各司其职，各展其才，各显其能，并且遵循授权与制衡相互平衡的原理，对侦查主体要实行过错责任追究制，谁决定行使侦查权谁负责，谁指挥谁负责，谁执行谁负责，从而达到权利与责任明确，使其能够各负其责。同时，在一个较大的侦查团队内部，又设置功能齐全的侦查小团队，既能形成内部的激励约束机制，又能促使各侦查小团队开展有序竞争与竞赛，从而形成办案质量与效率的良性循环。

（3）程序的简易性。侦查检察官办案制是以主任侦查官办公室为侦查团队的办案模式，这就要求试点改革与推行必须相应取消内设处科等机构的交叉职能。通过试点改革，减少中间行政环节和层次，淡化“行政管理”色彩，强化行业与专业管理特色，形成侦查长官领导，由主任侦查官为直接责任人的若干侦查团队，以便提高侦查效率。

（4）人力资源配置的科学性。在侦查部门内部撤销具有行政属性的内设机构后，将侦查处科长等一批侦查官员竞争选任为主任侦查官或执行侦查官，将有限的人力资源配置在办案第一线。这能有效地按照侦查规律配置侦查资源；其侦查成本会相对节省，侦查风险会相对降低，侦查效益将实现最大化，克服过去办案中临时组“团队”或“搭档”，使侦查资源配置无序，监督约束成本加大，协调难度增加，侦查效益降低，侦查错案责任追究制无从落实等弊端。同时，在一个主任侦查官办公室的力量配备上，可以根据类案组合配备。也可以根据查办行业犯罪需要组合配备，将一些查办某领域案件的侦查专家、能手配于其中，甚至可以根据需要配备计算机、司法会计等，从而能在较大时空范围内实现侦查官的智力资源、侦查技能资源、体能资源、时间资源的优化配置组合，既克服按行政职能组合资源所形成一定程度的资源闲置与浪费等弊端，又避免主办检察官各种资源补给不足的缺憾，体现了侦查人力资源的科学配置。

（5）侦查装备配置的合理性。侦查检察官办案责任制突出的是以主任侦查官办公室为侦查团队，具有“自助稳定器”“调节器”的功能作用。着眼于实战性，与之相适应的侦查装备必须以主任侦查官办公室为装备单元。为此，要在加强对侦查指挥网络系统的“宏观装备”，案件信息管理系统、侦查预审、监控设施等“中观装备”配备的同时，加大对主任侦查检察官办公室“微观装备”的配备力度，用3～5年时间给主任侦查官办公室配备“六机一箱”（即微型摄像机、便携式计算机、录音机、手机、寻呼机、照相机、勘察箱），全面提高侦查现代化水平。这有利于克服过去侦查需求和装备供给脱节的问题，使科技强检战略落实到侦查团队的基础平台上，使技术装备有效地转化为现实的战斗力，从而提升侦查检察官办公室的战斗力。

二、侦查检察官办案责任制的法理基础

改革有其特定的原则和规则，侦查改革也不例外。检察机关的侦查改革必须坚持民主集中制和检察长负责制相结合，符合集体行使权力的理念，必须符合现行的检察机关领导体制、检察长、检察官地位职权的法律制度安排，必须符合现行的保障体制。这三个方面的支持，是检察侦查改革的前提和基础。侦查检察官办案责任制符合上述三个方面的特殊要求。

（1）侦查检察官办案责任制强调的是集体行使侦查权，而不是个人行使侦查权，符合我国国家机关的组织活动原则。这是侦查官办案责任制与主办制的最大区别。近两年来，有些地方检察机关在侦查部门进行主办检察官办案责任制的改革和试点，为侦查改革作了一些有益的探索和尝试。但从试点情况看，主办制在大多数地方难以推行。究其原因，其机制安排同我国现有司法理念及法律制度安排存在一定的冲突。我国宪法规定的人民检察院独立行使检察权，是人民检察院作为一个整体来行使的，而不是检察官（包括侦查官）个人独立来行使的。这同西方国家检察官个人本位理念、检察官个人独立办案的制度模式是有根本区别的。因此，侦查检察官办案责任制的制度设计遵循了我国检察机关集体行使权利的理念与权力运行规则，也适度引入了与个人负责制相结合、充分发挥个休积极性与创造性的理念，形成了具有中国特色的侦查检察办案模式。

（2）侦查检察官办案责任制符合现行法律的规定。《人民检察组织法》《检察官法》对我国检察机关的领导体制，对各级检察长、检察官的法律地位、作用、职权、责任都作了明确规定。由于侦查官属于检察官，对侦查官的授权不能超出现行法律对检察官的授权，侦查检察官办案责任制的制度设计遵循了这一原则，如对侦查工作有关诉讼环节的决定权现行法律都是授予检察长和检察

委员会的，因此侦查长官、主任侦查官都只有建议权和执行权。

(3) 侦查检察官办案责任制符合现行的财政保障体制。西方国家的检察官、法官个人独立办案与执法，具有雄厚的物质基础，许多国家的大法官与总统的年薪相当，大检察官与副总统的年薪相当。如美国为调查克林顿而任命的独立检察官耗资几千万美元。我国政府的财力十分有限，难以达到检察官个人独立办案与执法所需的财力水平。同时，现阶段检察官的素质也难以胜任个人独立担负侦查职务犯罪的繁重任务，且人民群众对此认同度也难以达到。因此，侦查检察官办案模式具有深厚的群众基础，符合中国国情。

三、侦查检察官办案责任制的实践意义

近几年来，随着形势的发展变化，职务犯罪呈多样化、智能化等趋势日益凸显，而检察机关的侦查体制、侦查模式却一直停留在一个低水平的层次上，日益不能适应斗争的需要。这就要求加大侦查改革的力度，建立新型的侦查体制和办案模式，以适应新形势下查办职务犯罪侦查工作的需要。正是在这一大背景下，侦查检察官办案责任制应运而生。

(1) 侦查检察官办案责任制符合侦查工作的特点和规律。检察机关的侦查工作的性质既具有司法根本属性，有别于公安机关、安全机关的侦查工作，又决定了检察机关的侦查工作整体作战性强，要求上下一体，步调一致，指挥有力，管理严格，纪律严明。侦查检察官办案责任制，既强调主任侦查官办公室独立作战，更强调强有力的组织指挥核心；既强调发挥侦查主体查办案件的积极性，又强调制约与责任，符合侦查工作的规律和查办案件的需要。

(2) 侦查检察官办案责任制有利于提高效率，提升战斗力。建立和实行侦查检察办案责任制，强化检察长和侦查长官的横向和纵向的指挥功能，通过发挥上下一体、指挥有效的侦查机制，可以克服条块分割、各自为战、信息不畅、指挥不灵、权责不明，导致侦查检察权地方化、办案件效率不高等问题。另外，明确主任侦查官直接听从侦查长官的指挥，并对其负责，简化了中间行政管理程序，节省了资源，提高了办案效率。而侦查装备以主任侦查官办公室为单元配备，能够充分发挥装备资源效能，大大提升侦查团队的战斗力。

(3) 侦查检察官办案责任制符合侦查队伍专业化的要求。侦查队伍是检察官队伍的一个分支，既具有检察官的一般性特点，又有其自身特殊性的要求。因此，必须明确侦查检察官具有检察官的一般要求外，还要求具有侦查专业知识结构、侦查工作经历、行业知识与经验等特殊条件。同时，强调侦查检察官一经产生，不得随意任免和调动，有利于防止侦查检察官随意进出，稳定侦查

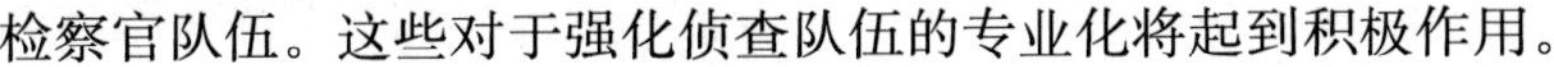

检察官队伍。这些对于强化侦查队伍的专业化将起到积极作用。

（4）侦查检察官办案责任制符合国际惯例和国际检察机关侦查职能的发展方向。当前，国际检察制度改革和发展总的趋势是：等级严密，分级负责，自成体系，垂直领导。从目前的国际通例看，各国职务犯罪侦查机关在组织上纷纷实行以侦查人员为主体的侦查队伍专业化建设。在侦查人事制度上，各国都建立了侦查人员选拔、培训、考核、晋升、奖惩等一系列制度，使侦查队伍的管理更加规范化、法制化和专业化。在指挥上强调上下一体化；如法国、德国、日本等国家和地区检察机关，上级检察官有权指挥下级检察官和警察侦查，检察官和警察根据职权划分进行侦查，并对所办案件向上级检察官负责。俄罗斯等国家则为强化上下一体的办案指挥体制，在检察机关中实行 14 个等级的军衔制，从而形成上下一体、等级有序的组织系统和快速反应、指挥有力的侦查办案机制。为查处职务犯罪案件起到了积极的作用。因此，我们要借鉴和吸收国外检察机关侦查运行中的合理成分，结合我国实际，制定侦查检察官办案责任制，这既符合国际惯例，也符合国际检察机关侦查职能的发展方向。